Roland Girtler · **Sommergetreide**

W0057648

Dem Andenken meiner Eltern,
den Landärzten Dr. Leopoldine
und Dr. Roland Girtler, gewidmet,
die mich meine Wege gehen ließen.

Roland Girtler

Sommergetreide

Vom Untergang der bäuerlichen Kultur

böhlauWien

Umschlagabbildung: Léon Augustin Lhermitte, „La Moisson"
(Photographie Giraudon; Musée des Beaux-Arts, Carcassonne)

Umschlagentwurf: Tino Erben, Cornelia Steinborn

Die Deutsche Bibliothek – CIP-Einheitsaufnahme

Girtler, Roland:
Sommergetreide : vom Untergang der bäuerlichen Kultur / Roland
Girtler. – Wien ; Köln ; Weimar : Böhlau, 1996
    ISBN 3-205-98560-3

Satz: Zehetner Ges. m. b. H., A-2105 Oberrohrbach

Druck: Manz, A-1050 Wien

Inhalt

1. Erinnerungen und Gedanken zu dem Buch

Die alte bäuerliche Kultur ist untergegangen. Und dort, wo es sie noch geben sollte in Europa, dort wird sie bald verschwunden sein. Die Erinnerungen an meine Kindheit und frühe Jugend in den vierziger und fünfziger Jahren sind mit dieser Kultur verbunden. Ich erlebte sie als Kind einer braven Landärztin und eines wackeren Landarztes in dem alten oberösterreichischen Bergbauerndorf Spital am Pyhrn. Und diese Erinnerung knüpft sich an ein buntes Bild, das Bauernknechte, Mägde und Bauern an einem heißen Sommertag bei der Getreideernte zeigt. Es ist ein farbenfrohes Bild mit bunten Tüchern, sattgelben Ähren, braunen Pferden am Rande des Feldes, mit schwitzenden Bauersleuten und gefüllten Mostkrügen, zu denen man griff, wenn die Nachmittagssonne herunterbrannte und der Durst immer größer wurde.

Diese Kultur, zu der dieses Bild gehört, existierte seit der Jungsteinzeit, als der Mensch seßhaft wurde, Getreide anzubauen und Vieh zu züchten anfing. Ab den fünfziger und sechziger Jahren begann sich in unseren Breiten allmählich der Untergang dieser alten Kultur abzuzeichnen. Es ist ein weltgeschichtlich höchst bedeutsamer Wandel, der sich da vollzog. Davon soll hier erzählt werden. Die bäuerliche Kultur hatte ihre Schönheiten, aber auch ihre Härten, unter denen die Menschen, gerade die Dienstboten, zu leiden hatten. Getragen war diese Kultur vom Prinzip der Autarkie, der Selbsterhaltung. Der bäuerliche Hof mit seinen Knechten und Mägden war als solcher ein beinahe abgeschlossenes System, das ohne wesentlichen Einfluß von außen existieren konnte. Man erzeugte ursprünglich nicht nur die Nahrung für sich, sondern auch die Kleider und andere Dinge des täglichen Lebens. Von dieser Autarkie ging der Bauer immer mehr ab und wurde in andere Systeme, wie das der Molkerei und diverser Genossenschaften, eingebunden. Der Bauer wurde zum Spezialisten und damit abhängig von anderen. Im Gebirge und auch in anderen Gegenden wurde er zum bloßen Viehproduzenten. Hühner, die früher zum Hof gehörten, verschwanden weitgehend, und vom Getreideanbau, der bis in die sechziger Jahre das Leben auch der Bergbauern bestimmte, hat er keine Ahnung mehr.

Ich behaupte, daß die Bauern durch das Abgehen vom Prinzip der Selbsterhaltung und ihre Eingliederung in immer größere Wirtschaftsverbände sich entweder selbst aufgeben oder zu bloßen Managern in einer Welt werden, in der die Frage nach dem Gewinn alles diktiert. Der Sohn eines Bergbauern, mit dem ich darüber sprach, meinte wehmütig zu mir, es sei „ein großes Unglück, daß die Bergbauern ihre alte Kultur über Bord werfen müssen, um überleben zu können".

Die Aufgabe alter bäuerlicher Kultur und die Einbindung in größere Wirtschaftssysteme kann schließlich zum Nachteil für alle Menschen werden, vor allem dann, wenn es plötzlich zu einem Problem im Transportsystem kommt. Dann fehlt es an Milch, an Brot und anderem Wichtigen. Spätestens dann wird man sich erinnern, daß kleine Systeme – wie eben der alte Bauernhof mit seinem Vieh, seinen Getreidefeldern, seinen Hühnern und Obstbäumen eines war – die Menschen entsprechend zu ernähren vermögen. Dies zeigte sich nach den letzten Kriegen: Als alles darniederlag, zogen die Städter zu den Bauern auf das Land, um Nahrungsmittel zu „hamstern". Kommt es heute zu einer derartigen Krise, so geht es allen schlecht.

Dieser Prozeß der Spezialisierung, wie er symbolisch im Gebirge mit dem Verschwinden der Getreidefelder einsetzt, bewirkte also das Ende des alten bäuerlichen, aber auch des dörflichen Lebens.

Über diese alte Welt handelt dieses Buch. Es will zeigen, wie diese Kultur zu Ende ging. Es war eine sehr komplexe Kultur, die auch ihre Schönheiten hatte und an die sich viele nur noch mit Wehmut zurückerinnern. Zu dieser alten bäuerlichen Kultur gehörten nicht nur die Bauersleute, sondern auch Briefträger, Gendarmen, Wegmacher und anderes Volk, das sich gegenseitig ergänzte. Die Beziehungen zwischen ihnen allen möchte ich hier ebenso aufzeigen wie den Wandel dieser Kultur sowie die Bedingungen dieses Wandels.

Mich fasziniert dieses Thema, denn als Kind hatte ich eine sehr enge Beziehung zur alten bäuerlichen Kultur, nicht nur weil mich mein Vater im Pferdeschlitten auf Krankenbesuche zu den Bauern mitnahm, sondern auch weil ich bisweilen für meine verantwortungsvolle Tätigkeit als Kuhhirte von der Bäuerin mit ein paar Eiern belohnt wurde.

Die alte bäuerliche Kultur war eine Kultur der Arbeit, aber auch der Armut, in der Menschen zeitweise zu leben und unter der Dienstboten zu leiden hatten.

In den schlechten Jahren vor dem Krieg waren einige Bauern, die sich verschuldet hatten, allerdings gezwungen, ihre Höfe versteigern zu lassen, wodurch sich reiche und politisch gefinkelte Städter, vor allem Wiener, im Gebirge für eine Kleinigkeit an Geld einkaufen konnten.

Doch das alte bäuerliche Leben, das bis in die sechziger Jahre andauert, war nicht nur ein Leben in Armut und Unterdrückung, sondern hatte auch seine Schönheiten, denn die bäuerlichen Menschen wußten zu feiern und guten Most zu trinken, nicht nur am Feld, sondern ebenso, wenn jemand starb.

Einzelne Überschneidungen in diesem Buch mit Schilderungen in meinem Buch „Aschenlauge" waren nicht zu vermeiden gewesen. Allerdings unterscheiden sie sich dadurch, daß ich mich in der „Aschenlauge" auf den Wandel des bergbäuerlichen Lebens beziehe, während ich mich hier mit dem Untergang der bäuerlichen Kultur am Beispiel des Gebirgsdorfes Spital am Pyhrn auseinandersetze. Allerdings meine ich, daß meine Ausführungen sich prinzipiell sehr wohl auch auf andere bäuerliche Regionen in Europa anwenden lassen.

Der freundliche Leser, der sich vielleicht eine romantische Erzählung vergangenen Lebens von mir erhofft, sei jedoch

gewarnt, denn die alte Zeit, über die hier berichtet werden
soll, war nicht bloß „gute alte Zeit". In diesem Sinn meinte
auch einer meiner Gesprächspartner: „Ich frage mich immer, wann war die gute alte Zeit. Gut gelebt haben damals
nur wenige. Gut gelebt hat zum Beispiel der Herr Oberjäger.
Die Kleinen haben die Jagdherren auf die Berge getragen."
Sparsamkeit bestimmte das Leben auf dem Bauernhof,
und man konnte sich wohl nicht vorstellen, daß einmal eine
Zeit kommen werde, in der der Überfluß regiert und man in
Supermärkten bloß in die Regale zu greifen brauche.

Wir leben heute in einer Welt, die sich im Gegensatz zu
der vergangenen befindet, über dir mir ein alter Sensen-
werkarbeiter dies sagt: „Wir sind nicht vor der vollen Schüssel gesessen. Das Brot, das du bekommen hast, hast du mit
Bedacht gegessen." Und er fügte etwas hinzu, das dem
heutigen Konsumenten fremd zu sein scheint: „Uns ist damals nichts verdorben! Meine Mutter hat oft gesagt, du darfst
dir kein Brot mehr abschneiden, weil ich erst wieder am
Sonntag eines kaufen kann." Mit wenigem war man zufrieden, und man schätzte sich glücklich, ein Stück Brot, einen
Apfel und etwas Fleisch zu haben.

In der alten dörflichen und bäuerlichen Kultur endete für
den Menschen des Dorfes die Welt noch an der Dorfgrenze
oder hinter dem nächsten Berg. Darüber sinnierte ein früherer Tischler: „Die Welt ist heute im Vergleich zu früher klein.
Wenn in Amerika etwas passiert, weiß man es hier sofort.
Früher war das ganz anders. So ein Bauernknecht hat Kirchdorf, den Bezirkshauptort, womöglich nie gesehen. Er hat gar
nicht gewußt, wo dieser liegt. Auto hat es keines gegeben, mit
dem man schnell in die Nachbarorte fahren konnte. Daher
sterben heute auch die Kleinen, der Kleinlandwirt und der
Kleinkaufmann. Sie kommen unter die Räder."

In dieser alten bäuerlichen und dörflichen Szenerie, die
es heute nicht mehr gibt, bin ich groß geworden.

Wir bewohnten das alte Gemeindehaus im Kern von Spital
am Pyhrn. Dieses gehörte früher einmal zur benachbarten

Spital am Pyhrn mit dem Bosruck.

1   Das Dorf im Gebirge

Schmiede, und um 1797 sollen Soldaten Napoleons bei ihrem Durchzug von Leoben herauf darin übernachtet haben.
Ich erlebte die Zeit nach dem Krieg, als amerikanische
Soldaten ein zum Teil heiteres Dasein führten, als kühne
Ungarn mit dem Schatz der ungarischen Nationalbank, den
sie nicht den Russen überlassen wollten, hier eintrafen,
als Flüchtlinge aus dem Südosten Europas hier Zuflucht fanden, als meine Eltern noch zu Fuß und mit Pferdeschlitten
ihre Patienten in den Bergen aufsuchten und als Pferde im
Leben der Bauern noch von größter Bedeutung waren.
   Als Bub hatte ich ein schönes Leben, gemeinsam mit meinem um ein Jahr jüngeren Bruder und meiner kleinen
Schwester. Die Schule interessierte mich wenig, aber dafür
durchstreifte ich schon in jungen Jahren die Wälder und
liebte es, mit Freunden in Heustadeln zu spielen. In meinen
jetzigen Gesprächen mit alten Leuten mußte ich oft hören,
welch Lausbub ich gewesen sei. Ich hinterließ einen bleiben-
den Eindruck, als ich mit acht Jahren die Feuerwehrsirene
aufdrehte. Die Feuerwehr stand in voller Adjustierung auf

dem Hauptplatz und wußte nicht, wo es brennt. Einige saftige Ohrfeigen mußte ich, ebenso wie mein Bruder, der auch dabei war, danach einstecken. Aber meinen Vater muß diese Sache amüsiert haben, denn er hat, wie ich mich erinnere, zuerst gelächelt, als er durch den Gemeindesekretär von unserer Untat erfuhr. Ich genoß aber, obwohl ich einiges angestellt habe, die Sympathien der Leute – und dies kam mir jetzt bei meiner Forschung sehr entgegen. So lobte man allgemein, daß mein Bruder und ich stets „brav" gegrüßt hätten. Dies entsprach dem Auftrage meiner Mutter, die uns mit aller Strenge anhielt, die Menschen des Dorfes – egal ob Bürgermeister oder kleine Magd – als erste zu grüßen. Diese Grußpflicht steckt übrigens heute noch in mir.

Ansonsten führte ich ein ziemlich wildes Leben. So wäre ich einmal in unserem alten Schwimmbad jenseits des Trattenbaches gegenüber der Schmiede beinahe ertrunken, wenn mich nicht der brave Herr Paul Flach – auch er ruht schon auf dem Friedhof – herausgezogen hätte. Dieses Mannes sei hier in Hochachtung gedacht, ohne ihn ist dieses Buch nicht vorstellbar. Obwohl ich viel Ärger mit Lehrern und den Eltern hatte – sie alle meinten, aus mir müsse etwas werden –, hatte ich eine schöne Jugend. In meinem Hosensack befanden sich stets ein Taschenfeitel, Schnur, Nägel und sonstiges Zeug. Ich glaube überhaupt, daß sich den damaligen Buben ein ungleich schöneres Leben bot als den heutigen Knaben. Die Bauernhöfe boten Abenteuer, und es machte Spaß, Kühe zu hüten. Aber darüber wird noch zu erzählen sein.

Vor diesem Hintergrund war es für mich nicht schwer, liebenswürdige Bauern, alte Knechte, Mägde, Briefträger, Gendarmen und andere Leute dazu zu bewegen, mir aus früheren Zeiten zu erzählen. Methodisch bediente ich mich des freien Gespräches – und nicht irgendwelcher Fragebogentechniken o. ä. –, um zu dem Material für dieses Buch zu gelangen. Bei solchen Gesprächen, die ich in Anlehnung an Homers Erzählkunst als „ero-epische Gespräche" mir gestatte zu bezeichnen[1], bringt sich der Forscher selbst ein und ist auch bereit, mit seinen Gesprächspartnern gemeinsam zu trinken. Ich meine überhaupt, daß Wissenschafter am Biertisch oft mehr erfahren als am Schreibtisch.

Ich saß demnach mit obigen Leuten beisammen und lauschte ihren Erzählungen, die ich auf Kassette festhielt. Die Kassetten schrieb ich ziemlich genau ab, um einen guten Rohstoff zu haben. Ich hielt aber auch protokollarisch fest, wie die betreffende Gesprächssituation aussah, ob ich Probleme hatte u. ä. Echte Forschung bedeutet harte Arbeit, denn man ist dabei als Mensch voll ausgelastet. Daran erinnert die Niederschrift eines Gespräches, das ich mit einem Kriegsheimkehrer geführt habe. Dieser Mann hatte mich während unseres Gesprächs immer wieder aufgefordert, von seinem Schnaps und dann von seinem Wein zu trinken. Er verband die Aufforderung mit der Drohung, er würde mir nichts erzählen, wenn ich nicht trinke. Ich hielt protokollarisch im Anhang an die Kassettenabschrift also dies fest: „Betrunken verlasse ich das Haus von Herrn H. Betrunken fahre ich auf meinem Fahrrad. Die geräucherte Forelle liegt schwer im Magen, und ich spüre den Wein, einen Tokajer. Ich lege mich zu Bett. Während des Liegens wird mir immer übler. Ich muß erbrechen, wobei ich dies auf den Teppich und in die Schuhe meiner gütigen Frau Birgitt tue. Hier liegt ein großes Problem der Feldforschung – man muß mittrinken, ob man will oder nicht, sonst erfährt man nichts.“

Eine echte Forschung ist also eine harte Arbeit.

Festhalten möchte ich, daß ich mir viele Gespräche, auf denen dieses Buch aufgebaut ist, erwandert habe. Ich marschierte in den letzten vier Jahren zu Fuß, meist in Begleitung unseres Dackels, zu den Bauernhöfen, oder ich fuhr mit dem Fahrrad, manchmal auch auf Langlaufschiern zu meinen Gesprächspartnern. Ich halte es für wichtig, Studien

---

1 Siehe dazu den methodischen Teil meines Buches „Randkulturen“, Wien 1995.

solcher Art wandernd – wozu ich auch das Radfahren zähle – durchzuführen, denn erst so erhält man eine tiefgehende Beziehung zur Landschaft und ihren Menschen. Noch etwas sei voran eingefügt. Im Sinne meines methodischen Vorgehens ist auch die Darstellung des von mir erarbeiteten Materials. Das heißt, mir ist es wichtig, die betreffenden Menschen selbst sprechen zu lassen und jeweils kleine Geschichten zu erzählen, auch solche, die ich selbst erlebt habe.

Ich bin mir sicher, dies ist ein guter Weg der wissenschaftlichen Darlegung und Interpretation, um ein der Wirklichkeit einigermaßen entsprechendes – die volle Wirklichkeit können wir nie erfassen – buntes Bild gerade einer untergegangenen Kultur geben zu können. Es gibt jedoch freundliche Kollegen, die meinen, mein Vorgehen sei „unwissenschaftlich". Ihnen halte ich entgegen, daß eine echte Kulturwissenschaft bemüht sein muß, verständlich, aber auch spannend und anregend anderen über das Erforschte zu erzählen. Insofern können gute kulturwissenschaftliche Arbeiten auch gute Literatur sein, die jedermann gerne liest.

Herzlichst möchte ich mich bei all jenen bedanken, die es auf sich genommen haben, mit mir aus ihrem Leben und von vergangenen Zeiten zu sprechen. Allen voran waren dies: mein alter Schulfreund und Holzschnitzer Gustav Wolfbauer, der frühere Hüttenwirt Fredl Wögl, der Bauernsohn und kühne Holzführer Hans Neubauer, seine Schwester Liesl, Fritz Fösl, Rupert Rinesch, Hermann Maier, Hans Mayr, Ferdinand Kniewasser, Franz Stöger, Stefan Hackl, der Kerkermeister Rumplmayr, der Wegmacher Stummer, Franz Kniewasser, Hans Reitmayr, Sepp und Gerti Neubauer, die mir Wanderndem mit meinem Dackel stets eine freundliche Raststätte boten, und noch viele andere, die ich aus Platzgründen hier nicht nennen kann und von denen auch einige nicht genannt werden wollen.

Für ihre Güte mir gegenüber sei auch meiner Frau gedankt.

2. Die alte Zeit

Vorkriegszeit und Krieg – „vaterlose" Kinder

Gerade für die bäuerlichen Menschen im Gebirge, vor allem für die kleinen Leute und Taglöhner, waren die Zeiten vor dem letzten Krieg schlechte. Zu ihnen gesellten sich die Ausgesteuerten aus den Städten, also jene, die mit keiner staatlichen Unterstützung mehr rechnen konnten. Es hieß damals in den Städten: „Gehen wir aufs Land!" Arbeitslose Handwerksburschen und Entlassene aus den Fabriken füllten neben alten Vagabunden die Straßen und erbettelten bei den Bauern ein Stück Brot oder etwas Schmalz.

Aber die Armut betraf Degradierte und Verstoßene gleichermaßen. In meinem Buch „Aschenlauge" bin ich näher darauf eingegangen, hier mögen einzelne Hinweise genügen, die die damalige Situation für die Menschen am Bauernhof und im Dorf beleuchten.

Ein alter Autobuschauffeur, der um 1920 geboren wurde, schilderte mir diese Zeit so: „Die Zeit vor dem Krieg war eine schlechte Zeit, die dreißiger Jahre. Meine Mutter war alleinstehend, der Vater hat sich aus dem Staub gemacht. Gearbeitet hat meine Mutter als Taglöhnerin im Pflanzgarten beim Forst für 35 Groschen in der Stunde. Ein Kilo Brot hat damals 70 Groschen gekostet. Man mußte also zwei Stunden arbeiten, um ein Brot zu verdienen. Zum Pflanzgarten, der gleich beim Lofer war, fuhr meine Mutter mit dem Radl. Zuständig für die Arbeit war der Oberförster Haslacher. Meine Mutter hat geschaut, daß sie möglichst viel arbeitet, um für mich etwas zu essen zu haben. Zu ihrer Arbeit gehörte auch, wenn es trocken war, am Sonntag die Pflanzen zu gießen. Als sie wieder einmal zum Gießen mit dem Radl zum Lofer fuhr, da kam ihr der Oberförster entgegen und sagte zu ihr: ‚Frau Wurmhöringer, heute brauchen Sie nicht gießen, drehen Sie um!' Das war oft der Fall. Sie hat dann

nichts verdient. Was haben wir mitgemacht! Man hat damals
geschaut, daß die Leute nicht zu viele Wochenstunden zu-
sammenbringen, damit sie keine ‚Arbeitslose' erhalten. Angenommen, für die Arbeitslose wären 20 Wochenstunden
nötig gewesen, so hat man die Mutter schon nach 18 heim-
geschickt. So mußte man ihr keine ‚Arbeitslose' zahlen."
    Die Not war groß, und besonders zu leiden hatten die alten
Dienstboten, die, wenn sie nicht mehr arbeiten konnten, als
sogenannte Einleger von Bauernhof zu Bauernhof herum-
gestoßen wurden. Wenn so ein Einleger bei einem Bauern
krank wurde, verjagte man ihn zum Beispiel mit den Worten: „Führt ihn fort, bringt ihn aber nicht mehr heim!" Erst
als Dienstboten 1938 sozialversichert wurden, ging es ihnen
besser. Aber bis dahin fielen sie der Gemeinde zur Last, die
sie, wenn es notwendig war, in das gemeindeeigene Armen-
haus steckte. Versichert waren aber auch die anderen nicht.
„Früher als Kind kannte ich keinen Doktor. Wir waren ja
nicht versichert. Wir waren arme Teufel und hatten kein
Geld, um einen Doktor zu bezahlen", erklärte mir dazu ein
um 1922 geborener Holzknecht. Das Leben war durch Kargheit bestimmt, aber man wußte mit dieser Kargheit umzu-
gehen. So sparte man am Fleisch, denn das Vieh war teuer,
und es gab nur wenige Anlässe, bei denen saftiges Fleisch
kredenzt wurde: Weihnachten, Ostern und Pfingsten, aber
auch, wenn hart gearbeitet worden war, wie beim Getreide-
schneiden und beim Dreschen. Zu den Jausen gab es für
gewöhnlich, auch bei den größeren Bauern, nur Most und
Brot. Der Mensch mußte sich einschränken, und er tat dies
in vielerlei Hinsicht. Plastisch beschrieb mir dies ein alter
Kleinbauer: „Wir waren elf Kinder zu Hause. Jedes Jahr kam
ein Kind. Die Frauen waren damals arm. Man wußte nicht,
wohin mit den vielen Kindern. Mein Vater hat darum eine
größere Hütte für uns gekauft. Zwei oder drei Kinder haben
in einem Bett geschlafen. Damals hat sich auch keine Frau
helfen können (mit eincm Vcrhütungsmittel). Der Pfarrer
hat sogar einmal von der Kanzel gepredigt: ‚Wehe, wenn die

Frau empfangen kann und der Mann zieht sich zurück.' So etwas gehört nicht auf die Kanzel. Verhütungsmittel hat es ja nicht gegeben. Und aufgeklärt ist ja auch niemand worden. Früher sind alle für dumm gehalten worden." Die jungen Menschen hatten es damals nicht leicht. Dazu möchte ich einige Passagen aus der Erzählung unserer früheren Nachbarin, der freundlichen Frau Kaltenbrunner (die großartigen Apfelstrudel zu backen wußte), zitieren. Sie zeigen, unter welchem Druck man als junger Mensch damals stand: „Ich war zehn Wochen alt (um 1917), als meine Mutter mit 22 Jahren starb. Sie starb an Bauchtyphus. Mein Vater hat noch einmal geheiratet. Er hat nur gesoffen. Die Stiefmutter war nicht schlecht. Mit elf Jahren mußte meine Schwester als Magd zu einem Bauern. Ich kam mit 13 Jahren weg von zu Hause zu einem großen Bauern. Der hatte ein großes Erdäpfelfeld. In große Körbe mußte ich die Erdäpfel füllen. Und weil ich den Korb nicht auf den Wagen heben konnte, weil er zu schwer war, habe ich gleich eine Watsche bekommen. ‚Luder, du faules', haben sie gesagt. Meine Schwester war auch arm dran." Und auch über die Bettler der Zwischenkriegszeit weiß sie zu berichten: „Damals sind viele Leute zur Haustüre gekommen, um zu fechten (betteln). Der Bauer, bei dem ich war, dem ist es nicht schlechtgegangen. Im Tag sind oft bei 35 Leute gekommen, um zu betteln, das war um 1936. Es war eine schlechte Zeit, man kann sich das heute nicht mehr vorstellen."

Mit Armut war man in alten bäuerlichen Zeiten und besonders vor dem Krieg ständig konfrontiert. Entweder war man selbst arm, oder man wurde von Armen um eine milde Gabe angebettelt.

Auf das Leben in Armut geht auch ein 1923 geborener Tischler ein: „Ich bin in armen Verhältnissen aufgewachsen. Ich bin ein außereheliches Kind. Meine Mutter war Magd bei einem Bauern in Frauenstein. Für 15 Schilling mußte sie im Monat arbeiten, weil sie ein lediges Kind mitgebracht hat. Ihre Eltern waren auch ganz arme Leute. Meine Großmutter

hatte zwölf Kinder. Meine Mutter war das älteste Kind. Sie
wuchs in ärmsten Verhältnissen auf. Nicht einmal Schuhe
hatte sie. Fetzen band sie sich um die Füße und ging so zur
Schule. In der Schule war es schön warm. Dort schlief meine
Mutter als kleines Dirndl natürlich ein, worauf der Lehrer
ihr eine mit einem Meterstab hinaufhaute. Zuerst war die
Mutter Magd, dann ist sie in die Fabrik gegangen. Als die
Fabrik zugesperrt hat, ist sie wieder zu einem Bauern gegangen. Was wäre ihr sonst übriggeblieben? Früher gab es
keine andere Möglichkeit. Es gab nur Arbeit für meine
Mutter. Man hat nichts anderes gekannt, aber man war
damals zufriedener als heute. Eine Dirn, wie meine Mutter,
mit einem Buben hat überhaupt keine Möglichkeit gehabt.
Die wurde richtig bei ihrer Arbeit ausgebeutet. So war es
immer. Und trotzdem haben die Leute alleweil gesagt, die
gute alte Zeit! Ich weiß nicht, warum sie das gesagt haben.
Die gute alte Zeit, die Kaiserzeit, war miserabel, schlecht.
    Den einfachen Leuten ist es schlechtgegangen. Die Zeit
war überhaupt schlecht. Die Leute haben direkt geschrien
nach dem Hitler. Arbeit gab es für viele keine. Viele waren
ausgesteuert, die hatten überhaupt nichts. Von Deutschland
hat man manches gehört: der Hitler! Man hat gehofft, daß es
einem dann bessergeht. Wenn mir jemand etwas gibt, den
nehme ich. So hat man gedacht, welches Regime, das ist
egal." Ergänzend dazu meinte ein früherer Kleinbauer:
    „In den dreißiger Jahren war ich noch ein Schulerbub. Es
gab Arbeitslose, und das Holz war nichts wert (das man
verkaufen konnte). Die Leute haben gesagt: Es muß etwas
kommen, weil es nicht mehr so weitergeht. Und wie der
Hitler gekommen ist, ist es jedem gleich um ein Trumm
bessergegangen. Der Krieg dann war sicher ein Blödsinn.
Ich bin kein Nazi, aber ich sage heute, es hat so kommen
müssen. Ich sage dies, weil man heute so die damaligen
Ereignisse verteufelt. Heute kann man leicht sagen: Der
Hitler hat uns hineingestürzt." Die Menschen im Dorf sehen
in Hitler den Erlöser, und tatsächlich erleben sie zumindest

für kurze Zeit eine Besserstellung, wie ein Holzarbeiter erzählt: „Wir haben etwas verdient, wir konnten uns etwas kaufen. Vor dem Krieg hatten wir bei der Säge große Bretterstöße stehen gehabt, die uns niemand abgekauft hat. Da sind die Holzeinkäufer gekommen und haben gesagt, daß dies Ausschuß sei. Und haben nichts gezahlt. Damals waren viele Bauern bereits an der Tafel angeschrieben, sie waren im Konkurs, ihre Höfe sollten versteigert werden. Wäre der Hitler nicht gekommen, so wären viele Bauern heute nicht auf ihren Höfen. Ich bin kein Nazi, aber ich habe damals auch laut ‚Heil Hitler!' gerufen. Wären die Schwarzen damals nicht solche Gauner gewesen, so hätte es wahrscheinlich keine Nazis gegeben."

Die hohe Verschuldung der Bauern vor dem Krieg brachte es auch mit sich, daß reiche Städter, vor allem hohe Beamte und Industrielle aus Wien, billig in den Besitz von Bauerngütern gelangten. So sollen einem gewissen J., einem Schauspieler, einige Höfe um Spital am Pyhrn gehört haben.

Die Zeit des Krieges bringt für den Menschen der bäuerlichen Welt einige Änderungen. Es deutet sich bereits ein Wandel an, der nach dem Krieg weitergeht. Die Dienstboten erfahren eine Aufwertung, und der Bauer wird bei Strafe angehalten, ein gewisses Maß an Butter in eines der Geschäfte des Dorfes abzuliefern, wohl im Sinne der staatlichen Volksverpflegung, eine Situation, die ungefähr bis 1949 andauerte, als man Lebensmittel nur mit Bezugscheinen, den sogenannten „Markerln", erhielt. Eine Bäuerin erzählte mir, sie mußte um 1944 sogar einmal Strafe zahlen, weil sie mit dem Abliefern der Butter nicht zurechtgekommen sei.

Die Begeisterung, mit der der Nationalsozialismus begrüßt wurde, wich jedoch der Last des Krieges und dem persönlichen Jammer, der damit verbunden war. Gut kommt dies in einem Gespräch, das ich mit dem Sohn einer Bauerndirn führte, zum Ausdruck. Gleich nach der Schule war er Knecht bei einem Bauern geworden, doch dann mußte er als junger Bursche zum Militär: „Vom Habacher

(so hieß der Bauer) bin ich gleich eingerückt. Ich war da
17 Jahre alt. Das war verdammt hart für mich. Nach Ost-
preußen bin ich gekommen. In Windischgarsten bin ich mit
den anderen Rekruten in den Zug eingestiegen. Meine Mutter wollte mich bis zum Bahnhof begleiten. Ich habe ihr aber
gesagt: Das ändert nichts, ich sage jetzt pfüat di (behüt' dich
Gott) und bleib schön gesund. Ich find' eh alleine auf den
Bahnhof. Mit dem Koffer bin ich alleine zum Bahnhof.' Dort
ist bereits der Schmidleitner (ein Bauernsohn) gestanden.
Der hat soviel geweint. Der wollte nicht in den Zug einsteigen. Er war noch nicht einmal 17 Jahre alt. Ich habe zu ihm
gesagt: ‚Heni, zusammenhalten, gehen wir's an!'"
    Viele sind im Krieg gefallen. Mit dem Tod ihrer Väter,
Männer und Söhne änderte sich für die auf den Höfen und
im Dorf Zurückgebliebenen ungemein viel. So erzählte mir
ein 1940 geborener Gendarm: „Mein Vater war Schuhmachermeister in Vorderstoder. Wie er gefallen ist, sind wir
Kinder zum Elternhaus der Mutter nach Edlbach bei Windischgarsten gekommen. Dort bin ich aufgewachsen, als
Bauernsohn."
    Und die Tochter einer früheren Magd wußte sogar den
Betrübnissen des Krieges einiges abzugewinnen, allerdings
spricht sie – und das ist bemerkenswert – von den „vaterlosen Kindern". Auch sie war ein solches „vaterloses Kind":
„Der Bauer des Hofes, auf dem meine Mutter aufgewachsen
ist, war eingerückt und ist gefallen. Die Bäuerin war mit acht
Kindern verloren auf dem Hof. Sie hat nun meine Mutter
gebeten, ihr doch zu helfen, weil sie allein dasteht. Die
Buben der Bäuerin mußten schon mit 12 und 13 Jahren hart
im Holz arbeiten. Das waren die vaterlosen Kinder. Die
Kinder jener Männer, die einrücken mußten und dann fielen. Auch mich und meine Schwester hat meine Mutter zu
dieser Bäuerin mitgenommen. Wir kleinen Mädchen mußten Stuben putzen, die Stube reiben, das hat uns nicht gefallen. Lieber hätten wir gespielt. Wir waren die vaterlosen
Kinder, wir mußten viel arbeiten. Meine Mutter war ein

guter Mensch, sie hat überall geholfen. Der Zusammenhalt war während des Krieges sehr groß, das war schön. So einen Zusammenhalt gibt es heute nicht mehr. Wir haben alle zusammengeholfen, weil wir alle in der Not waren. Niemand hatte etwas. Man konnte sich auch nichts kaufen. Bezugscheine gab es, aber nur für bestimmte Sachen, wie Schuhe oder Bekleidung. Niemandem ging es besser und keiner war schöner, alle waren damals gleich, ob dies nun ein Knecht, eine Dirn oder eine Bäuerin war."

Ich wage hier den theoretischen Gedanken, daß es gerade diese „vaterlosen Kinder" waren, die große Energien entwickeln mußten, um einigermaßen überleben zu können, sie hatten aber auch wesentlichen Anteil an dem Wandel der alten bäuerlichen Kultur, von der später noch erzählt wird.

Aber noch ein anderes Phänomen dürfte die bäuerlichen Menschen während des Krieges beeindruckt haben, nämlich der Einsatz ausländischer Kriegsgefangener als Arbeitskräfte am Hof. Ein damals junges, auf einem Bauernhof lebendes Mädchen bemerkte dazu: „Der Bauer, bei dem ich gearbeitet habe, ist gefallen. Die Bäuerin war mit ihrem minderjährigen Sohn allein. Ich habe die Kühe gehütet, und eine Frau aus der Ukraine, eine Kriegsgefangene, mußte im Stall helfen. Ein polnischer und ein französischer Gefangener arbeiteten als Knechte. Mit diesen dreien hat es keine Probleme gegeben. Sie waren sehr freundlich. Geschlafen haben sie im Haus in zwei Kammern."

Und weiter erzählt die Frau: „Einmal sind wir Kinder zu den Schafen auf die Weide gegangen. Da ist der Widder auf mich losgegangen und hat mich niedergestoßen. Ich habe mich aufgerafft, um davonzulaufen, aber der Widder hat mich wiederum umgeworfen. Ich habe schon geblutet. Ein Gefangener, ein Franzose, hatte mir zugeschaut. Mit einer Schaufel kam er gerannt und hat dem Widder eine hinaufgehauen. Nun ließ der Widder von mir ab, und der Mann hob mich auf und trug mich heim zur Mutter. Ich habe sehr geblutet. Für seine Hilfe bin ich dem Gefangenen sehr dank-

bar, ich werde ihn nie vergessen. Diesen Franzosen möchte ich gerne wiedersehen."
Über die ungerechte Behandlung, die diese Gefangenen manchmal zu erleiden hatten, wußte meine Gesprächspartnerin folgendes zu erzählen: „Damals während des Krieges gab es in Spital einen Polizisten, den habe ich nie mögen. Der Pole, der bei uns am Hof gearbeitet hat, war ein netter Kerl. Er hat viel geleistet und brav gearbeitet. Uns Kindern hat er viel gelernt, er war ein lieber Mensch, Stani hat er geheißen. Diesen Mann hat man beschuldigt, etwas gestohlen zu haben. Er hat aber sicher nichts gestohlen. Da ist der Polizist gekommen, der war der größte Nazi. Er hat dem Polen eine Ohrfeige gegeben. Der Pole hat uns so leid getan. Er ist weggekommen, wir haben ihn nicht mehr gesehen."

Die Kriegsgefangenen, die bei den Bauern arbeiteten, wurden als wertvolle Hilfskräfte empfunden, denn schließlich unterstützten sie die alleine zurückgebliebenen Frauen.

Die bäuerliche Kultur wurde also vor allem von den Frauen getragen, während die Männer im Krieg oder in Gefangenschaft waren. Das Erlebnis des Krieges und das der Gefangenschaft bestimmte bis lange nach dem Krieg die zurückgekehrten Bauern und Dorfbewohner. In diesem Zusammenhang sei daher gestattet, aus Gesprächen mit „Heimkehrern" Passagen, die sich auf die Zeit der Gefangenschaft beziehen, zu zitieren. Schließlich bedeutete die Rückkehr der Männer so etwas wie einen Neubeginn.

So erzählte mir ein späterer Briefträger: „Wie ich von der Gefangenschaft gekommen bin, bin ich, wie die anderen auch, vor dem Nichts gestanden. Nicht einmal ein Gewand zum Anziehen habe ich gehabt. Ich war in französischer Gefangenschaft. Diese war schrecklich, denn die Franzosen hatten einen großen Haß auf uns. Man hat uns durch die Straßen getrieben, und mit Stöcken hat man uns gehauen. Das war bei Rennes in der Bretagne. Wir wurden dann zum Minensuchen eingeteilt. Das war furchtbar. Es gab dabei viele Tote und Verletzte. Zum Minensuchen gab man uns ein

Eisenstaberl. Mit diesem mußten wir den Boden durchsuchen, indem wir es immer wieder in den Boden steckten. Zum Minensuchen hat man deutsche Gefangene genommen! Ich hatte ein großes Glück dabei, denn ich kam zu einer Gruppe, die als einzige keine Minen suchte, sondern Bombentrichter zuschaufelte."

Über seine Erlebnisse berichtet auch ein anderer Spitaler: „Nach ein paar Jahren Militärzeit kam ich nach Frankreich. Das war vielleicht ein Glück. Aber am Atlantikwall wurden wir berotzt (beschimpft). In Dunant bin ich in Gefangenschaft gekommen. Die Amerikaner haben uns den Franzosen übergeben. Bei den Amerikanern ging es uns verhältnismäßig gut, nicht so wie bei den Franzosen. Wir haben damals oft gesagt: Wenn wir wieder einrücken zum Militär, dann gibt es keine lebenden Franzosen mehr. Beim Marsch durch Paris wurden wir von den Franzosen befetzt. In Achterreihen mußten wir marschieren. Wir wurden berotzt, bespuckt und mit Steinen beworfen. Ich war so gescheit, daß ich in der Mitte dieser Reihe marschiert bin."

Die Toten des Krieges und die Heimkehrer haben wohl auch zur Ernüchterung nach der Euphorie am Beginn des Krieges beigetragen, eine Euphorie, die, wie ich schon ausgeführt habe, aus der tristen Situation der Bauern zu erklären ist. Dazu möchte ich noch einen früheren Bürgermeister sprechen lassen: „Der Hitler hat den Bauern wohl viel gebracht. Wenn jemand etwas bekommt, wird er nicht sagen: Das mag ich nicht. Daher waren ja viele Nazis unter den Bauern. Daß der Krieg so furchtbar wird, das hat ja niemand gesehen. 1938 gab es viele Bauern mit neun oder zehn Kindern, sie waren am Abhausen. Wenn ich heute ab und zu mit der Jugend rede und ihnen von den damaligen Zeiten erzähle, glauben die nicht, daß es früher so arg war. Wir haben ja auch nicht geglaubt, daß es so kommen wird."

Besonders Schulkinder scheinen diesen totalitären Zwang sehr stark gefühlt haben. So erzählt mir eine Frau, die während der Kriegszeit zur Schule ging: „Der größte

Nazi, den es gegeben hat, war der Herr Oberlehrer. Er war
bekannt als Schläger. Die Buben schlug er häufig mit dem
Stock. Wir haben ihn gehaßt, er war bösartig. Wenn jemand
nicht ‚Heil Hitler!‘ gesagt hat, so mußte er um den Schulhof
rennen. Wir mußten auch in die HJ-Stunde. Wenn wir nicht
in diese wollten, sind wir auf den Kirchturm gegangen und
haben uns dort versteckt."

Es gab jedoch nur sehr wenige, die den Mut aufbrachten,
dem menschenfeindlichen Wahnsinn des Nationalsozialismus zu widersprechen. Jedoch erfuhr ich von einem ehemaligen Holzarbeiter, der 1938 bei der Abstimmung anläßlich
des Anschlusses Österreichs an Deutschland mit drei anderen eine Neinstimme abgab. Seine Tochter erinnert sich ihres
aufrechten Vaters: „1938 gab es nur ein paar Gegner des
Nationalsozialismus. Die, die am lautesten damals geschrien
haben, waren nach dem Krieg Sozialisten ersten Ranges. Zu
einem habe ich einmal gesagt: ‚Interessant, daß du heute so
ein großer Sozi bist, bei dir habe ich damals Marschlieder
gelernt, wie der Hitler kam.‘ Mein Vater war ein Gegner der
Nazis. Als 1945 an einem Samstag der nationalsozialistische
Bürgermeister zu ihm kam und ihm sagte: ‚Um 12 Uhr mittag
sind Sie mit dem Volkssturm auf dem Pyhrnpaß, um eine
Gruppe von gefangenen Juden zu übernehmen‘, da hat mein
Vater sein Hemd aufgerissen. Er hat gesagt: ‚Ihr könnt mich
erschießen, aber Juden treiben tue ich nicht. Sie können
mich sofort abführen.‘ Meinem Vater ist nichts passiert. Der
Bürgermeister war so anständig und hat ihm keine Schwie-
rigkeiten gemacht. Mein Vater hat zu ihm gesagt: ‚Ich bin ein
Roter und bleibe ein Roter. Sie können denken, was Sie
wollen. Ich werde euch nie mit ›Heil Hitler!‹ grüßen.‘

Der Bürgermeister, der Herr Ingenieur Eder, und seine
Frau waren hochanständige Leute. Sie sind für das Gute, das
sie getan haben, nach dem Krieg bestraft worden. Man hat
sie nach Glasenbach gebracht. Hätten wir doch nur mehr
solche Leute damals gehabt! Beide waren Superleute. Im
Krieg waren die Leute im Ort sehr unterwürfig zu den

beiden. Und nach dem Krieg hat man so getan, als ob sie die Pest hätten. Um Gottes willen haben sie gesagt. Ich, als Tochter eines Roten, eines Antinazis, kann nur das Beste von den beiden sagen."

Ich habe absichtlich zum Schluß meiner Betrachtungen über die Vorkriegs- und Kriegszeit sowohl die Einschätzung des Lehrers durch eine Betroffene gebracht, als auch diese kurze Charakteristik des ehemaligen Bürgermeisters in einer schweren Zeit.

Ich wollte damit nicht nur die Grausamkeit eines zunächst mit Jubel begrüßten Systems dartun, sondern ebenso darauf hinweisen, daß es auch in solchen Zeiten Menschen gibt, die versuchen, „anständig" zu bleiben.

Jedenfalls sollten die Erzählungen und Gedanken einen Blick in eine Zeit öffnen, in der Menschen aus der bäuerlichen Kultur viel zu leiden hatten und daher auch offen waren für einen grundlegenden Wandel ihrer Welt. Ein solcher Wandel wurde bereits eingeläutet, als knapp vor dem Krieg für Knechte und Mägde eine Sozialversicherung eingeführt wurde. Die alten Knechte und Mägde waren damit nicht mehr als sogenannte Einleger auf das Erbarmen von Bauern angewiesen, in deren Ställen sie schliefen und auch starben.

Heimkehrer

Der große Wandel einer alten bäuerlichen und dörflichen Kultur deutet sich bereits, wie ich im vorhergehenden Kapitel zu zeigen versucht habe, in der Zeit vor dem Krieg und während der Kriegsjahre an: Vor dem Krieg war es vor allem die Sozialversicherung, die den Knechten und Mägden aus ihrer oft erniedrigenden Position half und sie vor einem Alter in Armut als sogenannte Einleger bewahrte. Und während des Krieges lag die Last der bäuerlichen Arbeit auf den Schultern der Bäuerinnen, Mägde und der „vaterlosen" Kin-

der. Sie waren es schließlich, die sich mit neuen Situationen,
wie sie sich durch die am Hof arbeitenden ausländischen
Kriegsgefangenen, durch die amerikanischen Besatzer und
durch die heimkehrenden Männer sowie durch Flüchtlinge
aus dem Osten Europas ergaben, auseinanderzusetzen hatten. Um die Zeit des Neuanfanges zu verstehen, ist es wohl
ratsam, sich nicht nur mit dem herangerückten amerikanischen Militär zu beschäftigen, sondern auch mit der Lage
der aus dem Krieg Heimkehrenden. Viele aus dem Dorf
waren vor dem Feind geblieben, die meisten wohl in Rußland, wohin oberösterreichische Infanterieeinheiten, zu denen auch mein Vater als Militärarzt gehörte, geschickt worden waren. Viele verbluteten in Stalingrad. Meinem Vater,
der als Arzt in Stalingrad eingesetzt werden sollte, rettete
eine schwere Verwundung, die ihn nach Westen brachte,
wohl das Leben. Jene, die bald nach Kriegsende heimkehren
durften, sprachen von großem Glück, überhaupt wenn sie
in Rußland an der Front gewesen waren.

Die Rückkehr in die heimatliche Welt ist ersehnt, und man
freut sich, aus der Gefangenschaft entlassen zu sein. Von
dieser Freude kündet die Erzählung eines Bauernsohnes:
„Mein schönster Tag war, wie ich aus der Gefangenschaft
heimgekommen bin. In Italien, unten in Rimini, bin ich von
den Engländern gefangengenommen worden. Dann sind
wir herauf nach Pupping bei Linz gekommen. In diesem
Lager habe ich Wanzen bekommen. An einem der nächsten
Tage hat es geheißen, wir würden entlassen werden. Den
ganzen Tag haben wir gewartet. Erst am Abend um 7 Uhr
heißt es antreten, und dann sind wir entlassen worden. Auf
einmal stehen wir draußen vor dem Lager, aber wie kommen wir heim? Eine Zugsverbindung gab es im Moment
keine. So sind wir einmal querfeldein zu einem Bauern, dem
haben wir Gurken gestohlen, im Heu haben wir übernachtet. Ich habe in der Nacht nicht schlafen können, aus Angst,
daß ich den Zug, der um 6 Uhr früh abfuhr, versäume. Gott
sei Dank habe ich den Zug nicht versäumt und bin nach

Windischgarsten gefahren. In die Rosenau nach Hause ging ich zu Fuß. Mein Vater war gerade dabei, Streu zu hacken. Er stand mit dem Rücken zu mir. Ich ging zu ihm und griff ihm auf die Schulter. Er hat sich sehr gefreut und ich auch. Einen solchen Moment kann man nicht vergessen. Der Vater war froh, daß ich heil aus dem Krieg heimgekommen bin."

Medizinhistorisch geradezu bedeutsam ist die Erzählung eines anderen Heimkehrers, der mit 17 Jahren zu den Fallschirmjägern eingerückt war: „In Arnheim bin ich schwer verwundet worden, mit einem Kopfschuß (beim Halsansatz). Ich war drei Tage lang bewußtlos. In Bewußtlosigkeit bin ich in englische Kriegsgefangenschaft gekommen, in ein Frontlazarett. In diesem lagen englische, amerikanische und deutsche Verwundete. Bis zur Transportfähigkeit blieb ich dort. In diesem Lazarett war ich ein Versuchskaninchen der Engländer für die Erprobung des Penicillins. Penicillin durfte nur an den verwundeten deutschen Kriegsgefangenen ausprobiert werden, nicht aber an den englischen Soldaten. Das war mein Glück. Ohne Penicillin wäre ich sicher krepiert. Ihre eigenen Leute sind gestorben, denn diese hat man nicht mit diesem Mittel gespritzt. Das war 1945. Penicillin mußte eine Probezeit von drei Jahren durchlaufen. In dieser Zeit wurden die Deutschen damit geimpft. Wäre ich nicht in englische Kriegsgefangenschaft geraten, wäre ich sowieso gestorben. Mir ist es bei den Engländern gut gegangen. Ich war ja fast noch ein Bub. Von dort kam ich dann nach Bad Ischl ins Krankenhaus. Nach drei Monaten wurde ich entlassen und kam nach Spital am Pyhrn, wo mich der Arzt [mein Vater, R. G.] weiter behandelt hat."

Der Mann erhielt später eine Suchtkarte, mit der es ihm gestattet war, für einige Zeit Morphium gegen die noch weiter anhaltenden Schmerzen zu beziehen. Allerdings gelang es ihm, sich schnell wieder in das Dorfleben zu integrieren. Ausschlaggebend dafür war wohl auch, daß seine Freunde, die er vom Schifahren und der Schule her kannte, allmählich ebenfalls wieder heimkehrten.

Die jungen Heimkehrer bildeten eine feste Gemeinschaft, in der man sich gegenseitig unterstützte und sich auch vergnügte. Diese Zeit war übrigens reich an Vergnügungen, wovon im folgenden noch zu erzählen sein wird. Zunächst noch ein paar Gedanken zu den heimkehrenden Bauern. Sie kehrten an einen Hof zurück, auf dem die Bäuerin mit ihren Kindern, wie ich im vorhergehenden Kapitel gezeigt habe, alleine zu wirtschaften hatte. Dazu passen folgende Sätze der Tochter einer Magd und eines Handwerkers: „Die Bäuerin damals mußte hart arbeiten. Wir Kinder waren damals vaterlos. Wie der Vater aus der Gefangenschaft heimgekommen ist, waren wir schon fast erwachsen. Wie er gekommen ist, mußte er sich zu Hause erst wieder einfinden und eine Arbeit suchen. Er konnte sich nicht um uns Kinder kümmern. Er mußte schauen, daß Geld herein kam, daß er etwas verdient."

Die dörfliche Gemeinschaft bemühte sich, vor allem den später Heimkehrenden jeweils einen freundlichen Empfang zu bereiten. So spielte am Bahnhof stets eine Musikkapelle auf, und eine große Menschenmenge erwartete die aus der Gefangenschaft entlassenen Männer bei ihrer Ankunft.

Je später jemand heimkehrte, um so festlicher und ergreifender war der Empfang. Die letzten Heimkehrer kamen um 1955 aus Rußland oder Sibirien hier an. Einer der letzten war ein gewisser Paul Bar, der zehn Jahre in russischer Kriegsgefangenschaft zu leben hatte. Als es hieß, daß er nun ankäme, marschierte ich mit anderen Buben hinter der Musikkapelle zum Bahnhof. Der Zug fuhr ein, einige Frauen weinten, und Herr Bar entstieg mit ernstem Gesicht dem Eisenbahnwaggon. Die Musikkapelle spielte einen Marsch. Es war ein wahrer Triumphzug mit den Musikern an der Spitze, der Herrn Bar nach Hause brachte. Das ganze Dorf fühlte mit ihm und seiner Frau und zeigte sich bereit, ihm das Leben für die nächste Zeit zu erleichtern.

Um den Heimkehrern die Rückkehr vergnüglich zu machen, gab es immer wieder Heimkehrerfeste mit Tanz und Trinkorgien. Das größte Heimkehrerfest fand als eine Art Trachtenfest im Frühsommer 1949 statt. An diesem Trachtenfest nahm ich als Bub selbst teil. Es war viel los damals in Spital am Pyhrn. Dieses Fest stellte einen Höhepunkt im dörflichen Leben dar. Trachtengruppen von weit her waren gekommen, um gemeinsam mit den Spitalern zu feiern.

Ein ehemaliger Bauernbursch, der in diesem aus vielen Pferdewägen bestehenden Festzug eine Kutsche zu lenken hatte, erinnert sich: „Dieses Trachtenfest war ein richtiges Heimkehrerfest. Der Festzug war sehr lang, von einem Ende des Dorfes bis zum anderen waren sie aufgestellt, Trachtengruppen und Musikergruppen. Alle Spitaler sind mitmarschiert, und alle die, die im Krieg waren, im Ersten und Zweiten Weltkrieg. Ich bin einen Landauer gefahren, in diesem saßen die Ehrenbürger. Ehrenbürgerin war auch die alte Frau Grundner, sie ist ebenso bei mir mitgefahren."

Mich als Kind beeindruckten bei diesem Fest nicht nur die Pferdegespanne, die von den größeren Spitaler Bauern gestellt waren, sondern vor allem die auf den Wägen dargestellten Trachtenszenen, Holzknechtshütten, bäuerlichen Lebenformen und Szenen aus dem alten Bürgertum, das hier zuallererst von den alten Sensenschmieden getragen wurde.

Die Zeit nach dem Kriege war also wesentlich durch die Heimkehrenden bestimmt.

Die aus dem Krieg heimgekehrten jungen Männer wurden zwar mit Festen geehrt, litten aber wegen der Mädchen, die oft mit den amerikanischen Besatzungssoldaten intime Beziehungen aufgenommen hatten. Ein damals junger Heimkehrer erzählte mir dazu: „Man muß sich vorstellen, man kommt heim als Soldat, der seinen Schädel hingehalten hat. Der eine war halb zerschossen, der andere hatte einen Lungensteckschuß, und wieder einem fehlte die Hand. Und da muß man sehen, wie die schöneren Mädchen bei den

Amis sind. Vorher war ich den Mädchen zu wenig ein Nazi, und wie ich verwundet heimkomme, sitzen die bei den Amis an der Demarkationslinie und lassen sich von diesen nach Strich und Faden verführen. Als wir ein paar Tage daheim waren, haben wir uns gesagt, denen schneiden wir die Haare ab. Sie waren für uns Amihuren. Zweien dieser Mädchen haben wir wirklich einmal die Haare geschnitten."

Wie groß dieses Problem der „Ami-Hur" war, geht aus einer weiteren Erzählung dieses Mannes hervor: „Einmal war ich bei einer Hochzeit eingeladen. Meine Frau war dabei eine Kranzeljungfrau. Zum Hochzeitsmahl hatte ich den Hansl mitgenommen. Wie die Paula, die Braut, Hansl sieht, springt sie auf, schreit und jagt ihn fort. Ich habe mich mit der Paula ja ganz gut verstanden. Den Hansl wollte sie nicht, obwohl er ihr nie etwas getan hat, er hat nur einmal gemeint, sie sei eine ‚Ami-Hur'. Das war damals wirklich ein Problem. Stell dir vor, ich habe meine Hochzeit als Frau und da kommt einer herein, der einmal gesagt hat, ich sei eine Ami-Hur. Ich hätte das toleriert, nur keine Wellen! Aber die Paula hat den Hansl hinausgeschmissen. In einer solidarischen Anwandlung habe ich mich dem Hansl angeschlossen. Wir sind dann in das Gasthaus in der Grünau gegangen und haben uns dort angesoffen. Sie war wirklich eine Ami-Hur. Das sage ich ihr heute noch."

Um das Schimpfwort „Ami-Hur" zu rechtfertigen, fährt der Mann fort: „Man muß sich vorstellen, Deutschland und Österreich liegen darnieder und diese Mädchen lassen sich aus reiner Profitgier mit den Amis ein. Das war für mich damals das Schäbigste, was es gegeben hat. Vorher waren sie die größten Nazifrauen."

Das Kriegsende bekamen übrigens auch die ehemaligen nationalsozialistischen Parteimitglieder zu spüren. Ein Tischlergeselle war gerade mit diesen Leuten in engem Kontakt und erzählte mir: „In der Tischlerei waren wir oft bis zu zehn Gesellen. Unter ihnen war auch der Lehrer B., der als Nazi zunächst Berufsverbot hatte. Die gestrandeten

Nazis haben in einem eigenen Raum Spielwaren aus Holz hergestellt. Spielwaren waren gefragt nach dem Krieg. Mit der Laubsäge haben sie Figuren ausgeschnitten und bemalt." Die Jahre nach dem Krieg brachten Leben in das Dorf, aber auch Verwirrung und Unsicherheit. Besonders für Kinder und junge Menschen bedeutete es ein völliges Umdenken, denn die alte Wirklichkeit des Nationalsozialismus wurde durch eine neue ersetzt, die aber auch voll des Abenteuers war.

Ich will daher im folgenden aus dem Blickwinkel von Kindern, von Buben, die früher meine Freunde waren und es auch heute noch sind, zeigen, wie diese neue Welt erlebt wurde.

Ein 1945 acht Jahre alter Bub, der in der Gegend des Hengstpasses aufwuchs, erzählt dazu: „Eines Tages hat es geheißen, der Krieg ist aus. Jetzt fahren alle heim. Ich bin zur Straße schauen gegangen, und ich habe gesehen, wie deutsche Fahrzeuge der verschiedensten Waffengattung vom Ennstal her, wo der Russe schon war, herübergekommen sind. Die Soldaten haben sich in Oberösterreich abgesetzt. Wenn ihnen der Treibstoff ausging, haben sie die Autos mit den Gerätschaften einfach am Straßenrand stehenlassen. Die Soldaten haben, wie ich weiß, versucht, zu Zivilgewand zu kommen. Die Uniform haben sie im Wald ausgezogen und weggeworfen. Einige haben die Fahrzeuge einfach den Hang hinunterfahren lassen. In den Gräben sind sie steckengeblieben."

Für die dort lebenden Kleinbauern bedeutete dieser Umstand einigen Vorteil, wie mein Gesprächspartner weiter berichtet: „Die Leute sind dann zu den Fahrzeugen gegangen, auch mein Vater. Sie haben geschaut, ob sie dort etwas Brauchbares finden können. Der eine hat sich einen Schraubenschlüssel geholt, der andere eine Zeltplane, der andere wieder eine Kappe. Mit einem solchen Uniformkappl und einer Schihose aus einem Militärmantel sind wir in die

Schule gegangen. Wie die kleinen Landser sind wir daher-
gekommen." Die von den Soldaten der Wehrmacht zurück-
gelassenen Geräte und Uniformen wußte man gut einzusetzen. Sie brachten so etwas wie einen wirtschaftlichen Aufschwung.

Auf einen solchen weist auch ein 1945 heimgekehrter,
späterer Autobuschauffeur hin: „Gleich nach dem Krieg
habe ich in den Steyr-Werken als Fahrer angefangen. In
diesen Werken wurden alte Autos, wie sie von der Wehrmacht stehengelassen worden sind, zusammengeschleppt.
Sie wurden generalrepariert und wieder verkauft." Ein solches Auto erwarb übrigens um 1949 mein Vater. Es war eine
Mischung aus einem alten Steyr-Auto und einem Volkswagen. Diese Mixtur nannte man Steyr-Baby, ein Auto, das brav
seine Dienste tat, für das ich mich als Bub später aber eher
schämte, denn die „bessergestellten" Leute fuhren schon
schönere Autos. Als ich 1951 Schüler des Klostergymna-
siums in Kremsmünster wurde, wo ich im dortigen Konvikt
untergebracht war, besuchten mich meine guten Eltern
regelmäßig mit diesem braven Steyr-Baby. Mir bereitete es
aber Unbehagen, wenn ich dieses Auto neben den breiten
Straßenkreuzern der Eltern meiner Kollegen im Stiftshof
parken sah. Interessant ist aber auch noch, was der für Autos
begeisterte Heimkehrer weiter erzählt: „Eines Tages fragte
mich der E., der zwei Lastwagen hatte, ob ich bei ihm als
Fahrer anfangen wolle. Ich stimmte zu, das war 1946. Wir
waren mit dem E. zu dritt. Wahrscheinlich auch aus Wehr-
machtsbeständen hatte der E. einen alten Lastwagen bekommen, einen Püsing. Diesen bauten wir um. Auf der
Ladefläche wurden Bänke für den Transport von Personen
angebracht. Über eine Leiter konnten diese einsteigen, und
bei Wind und Wetter wurde eine Plache über sie gespannt.
Ich hatte nur einen Führerschein für Lastwägen, aber keinen für den Personentransport. Einen solchen konnte man
nicht bekommen, da es noch keine Fahrschule dafür gab. In
Kirchdorf konnte man noch keine Prüfung dafür abnehmen.

Ich bekam jeweils nur eine begrenzte Genehmigung für sechs Monate für diesen umgebauten Lastwagen. Mit dem anderen Lastwagen vom E. wurden die Lebensmittel für die Geschäfte im Ort transportiert. Wir holten zum Beispiel aus Eferding Rüben. Immer war etwas zu führen." Dieses Lastauto, mit dem auch Ich elnige Male von Spital am Pyhrn in den Nachbarort und zurück fuhr, war ein ungemein wichtiges Verkehrsmittel.

Die Jahre nach dem Krieg waren also auch Jahre der Improvisation, vor deren Hintergrund wohl der weitere Aufschwung erst vorstellbar ist.

Einen besonderen Eindruck machte auf die Dorfbewohner die Ankunft der amerikanischen Soldaten, die auch das Ihre zu dem neuen Leben beitrugen.

Kaugummi, Amerikaner und Flüchtlinge

Spannend ist auch der Bericht einer meiner Freunde, des Sohnes eines Tischlers: „Wie die Amerikaner 1945 gekommen sind, waren wir Buben sechs Jahre alt. Wir wohnten im Alpenhof, nicht weit vom Friedhof, wo die Amis den Schranken errichtet haben. Als die Amerikaner in Panzerspähwagen gekommen sind, sind einige deutsche Landser dagestanden und haben uns gesagt, wir sollen nicht zu ihnen gehen, es ist gefährlich. Solche Panzerspähwagen hatten wir bis dahin noch nicht gesehen. Für uns waren die Amerikaner keine Feinde, für uns waren sie eine Sensation. Uns Buben, die wir auf sie neugierig waren, gaben sie Kaugummi und Kekse. Im Gasthaus N. hatten die Amis ihre Küche. Als Kinder sind wir mit dem Kochgeschirr zu ihnen. Im Gastgarten saßen die Amis, und wir haben geschrien: ‚Please, please!' Es war das erste, was wir gelernt haben, daß ‚please' ‚bitte' heißt. Uns gaben die Amis die Knochen, an denen kaum noch ein Fleisch dran war. Wir haben diese Knochen stundenlang gezuzelt, um den Geschmack von

Fleisch zu bekommen. Einen solchen Hunger hatten wir!
Einmal holten wir uns vom Abfallhaufen der Amis ein ver-
schimmeltes Brot. Ein Amerikaner hat das gesehen, hat uns
das Brot weggenommen, es war ja verdorben, und war so
freundlich, uns einen frischen Wecken Brot zu schenken."

Die Buben waren besonders von den Waffen fasziniert.
Einer meiner alten Schulfreunde erzählt dazu: „Zu Kriegsende hatten die Deutschen neben dem Straßengraben in der
Nähe des Alpenhofes ihre Gewehre aufgestapelt, kurz bevor
die Amerikaner kamen. Den riesigen Gewehrhaufen der
Deutschen haben die Amerikaner mit Benzin übergossen
und angezündet. Wir Buben haben eine Zeit danach im
Straßengraben dort einen Karabiner gefunden. Den haben
wir auf den Josefiberg mit hinaufgenommen. Eine Frau hat
uns erwischt, wie wir mit dem Karabiner gehen. Sie hat sehr
mit uns geschimpft und uns aufgetragen, den Karabiner
wegzuwerfen. Wir haben dies auch gemacht, aber, wie die
Frau weg war, haben wir uns den Karabiner wieder geholt
und sind mit ihm auf den Josefiberg. Wir wollten ausprobieren, wie der Karabiner schießt, aber dazu sind wir nicht
gekommen, denn zwei Burschen, beide um die 15 Jahre alt,
sind uns begegnet, haben uns sofort das Gewehr weggenommen und es ruiniert. Das Gewehr war noch geladen. Die
beiden Burschen hatten recht gehabt, denn von uns hatte
keiner eine Erfahrung mit Gewehren. In dieser Zeit passierte auch immer wieder ein Unglück mit Gewehren und anderen gefährlichen Sachen. So hat eine Handgranate einen
Buben zerrissen."

Auch erzählt er von den zurückgebliebenen Autos: „Beim
Kinzstadel (schief gegenüber der Kirche) war ein großer
Autofriedhof. Alles war voll mit deutschen Autos. Mit meiner
Tante ging ich dorthin. Sie ist überall hineingekraxelt und
hat Werkzeuge, Decken und andere Stücke herausgeholt. In
einem Wagerl, das ich gezogen habe, haben wir diese Schät-
ze nach Hause gebracht."

Ähnlich faszinierend wie die Waffen dürfte für die jungen

Leute auch der Kaugummi gewesen sein. Er hatte es vor
allem den jungen Burschen angetan. Mit dem Kaugummi
verbanden sie offensichtlich eine neue Kultur, die mit den
Amerikanern in das Dorf gebracht wurde und die ein neues,
heiteres Leben versprach. Da Kaugummi aber von den Besatzern nicht leicht zu bekommen war, stellten ihn einige
gewitzte Burschen selbst her, indem sie Harz von den Bäumen sammelten und es mit Zucker vermischten. Dieses
Gemisch kaute man anstelle des Kaugummis, allerdings war
die Qualität eine gänzlich andere, und die Zähne litten unter
dem Harz. Es dürfte nicht leicht gewesen sein, die durch den
neuartigen Kaugummi gänzlich verklebten Zähne zu reinigen.

Aber immerhin war der Kaugummi zum Symbol des Wandels einer ganzen Kultur geworden.

Das Leben im Dorf bestimmten in den Nachkriegsjahren
amerikanische Soldaten. Die Mädchen waren begeistert von
deren Lebensart, ihren attraktiven Uniformen und dem
Kaugummi sowie der Schokolade, die für sie leicht zu bekommen waren. Mein Vater, der Gemeindearzt, kündigte
damals einer Hausgehilfin, weil sie sich Nächte hindurch bei
den „Amis" vergnügt hatte. Für die Menschen im Dorf bedeutete die Ankunft der Amerikaner einen tiefgehenden
Wandel, der für viele nicht leicht zu akzeptieren war. Die
bereits erwähnten „Ami-Huren" zogen sich daher den Ärger
nicht nur der jungen Burschen zu.

Ein früherer Gendarm umreißt anschaulich die damalige
Situation: „Ich habe die Amis gut gekannt. Ein fescher Mann
war der Sergeant C., er war bei einen Meter neunzig groß,
hatte schwarzes Haar und eine schöne Frisur. Er rauchte
dicke Zigarren. Die Spitaler Frauen waren ganz narrisch auf
ihn. Als wir aus der Gefangenschaft heimgekommen sind,
hatten wir ja nichts, außer eine zerschlissene Uniform. Wir
waren nicht interessant für die Frauen. Die Amis konnten
etwas bieten, Schokolade, Seife und Seidenstrümpfe. Wir
hatten nichts, wir waren die Besiegten. Uns ist es aber nicht

schlechtgegangen. Wir hatten von den Amis Zigaretten. Gesoffen haben wir viel mit den Amis, aber auch gerauft."

Als Gendarm mußte dieser Mann bei den Amerikanern bis 1948 Dienst tun, allerdings als Mitglied des Gendarmeriepostens. Einmal hatte er ein spannendes Erlebnis mit einem Besatzungssoldaten: „Ich ging auf Patrouille in Richtung Pyhrnpaß, hinauf zur Landesgrenze. Als ich am Fuß des Passes bin, bleibt ein Jeep bei mir stehen und der darin sitzende Ami ruft mir zu: ‚Fuck police, come on, let's go!' Ich soll also einsteigen. Ich habe mir gedacht, wenn mich der mit hinauf auf den Paß nimmt, brauche ich nicht zu Fuß zu gehen. Ich sitze also im Jeep, und wir fahren mit 50, 60 Meilen dahin, ohne am Paß stehenzubleiben. Es geht durch Liezen und durch andere Orte. Mir war nicht klar, wohin wir fahren. Ich habe mir gedacht, ist ohnehin egal, ich fahre halt mit. Ich war in Uniform und bewaffnet. Wir fahren und fahren, ja Kreuzsakrament, wohin fahren wir denn? Zum Rauchen und Trinken hatte ich ja. In der Nacht kamen wir irgendwo an. Nun merkte ich, daß wir in Italien sind, und zwar in einer Kaserne. Amerikanische Soldaten starrten mich an in meiner Uniform, wie wenn ich von einem anderen Planeten wäre. Ich hatte eine schöne Uniform, eine umgebaute Wehrmachtsuniform. Und bei mir hatte ich eine 08 (Pistole) mit zwei Magazinen. Am meisten hat sie die Pistole (eine alte deutsche) interessiert. Sie war handlich mit einem Gelenk. Zuerst einmal haben sie ein Magazin verschossen. Dann ist eine Sauferei und Fresserei losgegangen. Am dritten Tag bin ich wieder in Spital am Pyhrn gewesen. Als ich zum Postenkommando komme, merke ich, daß viele Gendarmen anwesend waren, sogar der Bezirkskommandant war da. Was tun die alle da? Ich melde mich von meiner Patrouille zurück. Nun erfahre ich, daß man eine Suchaktion nach mir eben starten wollte. Man hatte geglaubt, ich sei in den Bergen verschollen. Sie wußten ja nicht, daß ein Ami mich im Jeep mitgenommen hat. Ich habe ihnen nun erklärt, wie das war, daß der Ami mich in den Jeep einsteigen ließ

und mit mir bis nach Italien fuhr. Hätte ich zu Fuß heimge-
hen sollen? Mit dieser Erklärung war man zufrieden. Um die
Sache gutzumachen, haben die Amis dann ein paar Flaschen
Whisky zum Posten gebracht.

In Italien hatten die Amis ihre Marketenderware, von der
holten sie sich im Jeep hie und da ein paar Sonderrationen.
Bei einer dieser Fahrten war ich also dabei. Diese Geschichte hat ihre Runde gemacht. Der E., also ich, haben sie gesagt,
hat seine Patrouille entlang der Donau bis zum Schwarzen
Meer."

Die Amerikaner machten das Leben im Dorf bunt, etwas,
das gerade uns Buben faszinierte. So beobachteten wir täglich voller Neugier das Ritual, wenn amerikanische Soldaten
morgens das Sternenbanner auf einer Stange in der Mitte
des Hauptplatzes hißten und es am Abend wieder einholten,
wobei ich bewunderte, wie exakt die Soldaten die Fahne zu
einem kleinen Dreieck zusammenlegen konnten.

Für die Schulkinder dürften die Amerikaner viel übrig
gehabt haben: So gab es bis zum Ende der vierziger Jahre
zu Mittag „Ausspeisung" in einem großen Saal des Stiftes.
Geschmeckt hat es uns, die wir mit Löffel und einem Reindl
zu dieser Fütterung erscheinen mußten. Wenig behagt hat
mir hingegen die amerikanische Trockenmilch. Auch an
eine große Weihnachtsfeier in einem Saal des Gasthauses
Grundner („Zur Post") kann ich mich erinnern. Bei dieser
Feier erhielten wir Kinder diverse amerikanische Erzeugnisse, wie Bleistifte mit Radiergummi, etwas, das mir bis
dahin völlig unbekannt war, und allerhand Bonbons und
Schokolade. Wir freuten uns ungemein über diese Geschenke und ließen uns die Zuckerln schmecken.

Einmal errichteten amerikanische Soldaten in der Nähe
der Kirche einen Boxring, in diesem durften wir Buben uns
mit Boxhandschuhen, die uns die Amis zubanden, verprü-
geln – zum Gaudium der Zuschauer. Die Amerikaner brachten also Leben in den Ort.

Das Dorf hatte für die Besatzungsmacht eine besondere

Bedeutung, denn es lag an einem Ende der amerikanischen
Zone und war daher wichtig für die sogenannte Zonenkontrolle. Darüber erzählte mir der bereits zitierte Gendarme-
riebeamte folgendes: „Oben beim Friedhof war der Schranken. Dort machten wir die Zonenkontrolle. Jeweils zwei
Gendarmen und zwei Amis waren dort, ebenso vier Krankenschwestern aus dem Ort. Wir mußten die aus der Steiermark Ankommenden kontrollieren und entlausen. Mit der
DDT-Spritze hat man sie angeblasen. Auch die Zugskontrol-
le gab es. Der erste Zug kam bereits um halb vier Uhr früh
an. Dazu mußten wir die Amis aufwecken. Mit zwei Schwestern fuhren sie dann zum Bahnhof. Die Ausländer, die kein
Tansfer-Permit oder keinen Identitätsausweis bei sich hatten, mußten wir festhalten. Meist war es so, daß diese Leute
ohne Ausweis, wenn der Zug in Spital ankam, einfach auf
der anderen Seite des Zuges ausstiegen. Uns Gendarmen
war das egal. Es waren bei 600 Personen, die wir pro Jahr
im Gemeindekotter vorübergehend eingesperrt haben. Sie
sind von der Steiermark gekommen. Fast alle waren Volksdeutsche auf der Flucht vor allem vor den Russen. Viele
kamen über die Berge zu uns."
    Ich erinnere mich gut an jene erbarmungswürdigen
Flüchtlinge, die zumindest eine Nacht im Gemeindekotter
verbracht haben. Dem Kotter war eine Waschküche angeschlossen, in der jene saßen, die keinen Platz mehr im Kotter
fanden. Einmal hat meine Mutter, die einen Schlüssel zur
Waschküche besaß, alle Inhaftierten freigelassen. Sie hatte
Mitleid mit ihnen.
    Zum Zonenschranken beim Friedhof erzählte mir der
Gendarm diese Geschichte: „Es war um 1947, da war ein
sehr großes Begräbnis, ich glaube, es wurde der Grundner
begraben. Die Amis hatten den Schranken heruntergelassen. Auf einmal steht der Pfarrer mit dem Sarg und den
Trauernden dort. Was sollen wir Gendarmen tun? Sie kontrollieren? Die Amis wollten sofort kontrollieren. Wir haben
ihnen ausgedeutscht, daß dies gescheiter wäre nach der

Trauerfeier, wenn sie zurückmarschieren. Endlich wurde
der Trauerzug durchgelassen. Die Amis haben aber die
Teilnehmer an diesem gezählt. Zu ihrem Ärger waren es
dann weniger, die zurückgingen. Diejenigen, die keinen
Ausweis besaßen, sind über den Josefiberg marschiert, sie
haben also die Grenze umgangen. Die Amis waren so blöd
und haben auf den Josefiberg geschossen, aber Gott sei
Dank niemanden getroffen."

Übrigens führten die Buben des in der Nähe gelegenen
Alpenhofes Flüchtlinge, die keinen Ausweis besaßen, gegen
eine kleine Entlohnung in die amerikanische Zone.

Für die Gendarmen war der Dienst beim Schranken nicht
unbedingt beliebt, wie mein Gesprächspartner andeutet:
„Immer, wenn jemand gekommen ist, mußten wir aus dem
Schrankenhäusl und den Schranken öffnen. Dadurch ist die
Hütte im Winter nie warm geworden, obwohl wir drinnen
geheizt hatten. Jetzt konstruierten wir eine besondere Art
der Schrankenöffnung. Wir bohrten in die Türe ein Loch,
durch das wir an einer Umlaufrolle eine Wäscheleine zogen.
Ist jemand gekommen, so haben wir einfach an der Leine
gezogen. Eigentlich hätten wir alle kontrollieren müssen,
aber wir kannten ja die Leute. Die, die auf der Straße gingen,
waren ja harmlos. Hat jemand etwas am Kerbholz gehabt,
so ist er eh woanders gegangen. Marschierte jemand ohne
Ausweis über die Grenze, so hieß dies unbefugte Grenzüber-
schreitung. Diese Grenzgänger haben wir registriert und sie
weiter an die amerikanische Sicherheitspolizei in Windischgarsten gemeldet."

Die Amerikaner führten ein heiteres Leben – eher im
Gegensatz zu den paar Engländern, die im Gasthaus Sighart
untergebracht waren. Einquartiert waren die Amerikaner
im Rohrauerhof, einem früheren Gasthaus gegenüber der
Kirche, ihren Club hatten sie im Gasthaus Neubauer an der
Straße zum Pyhrnpaß. Gerne saßen Spitaler mit Amerikanern beisammen, um zu trinken, wie berichtet wird. Allerdings überraschte alte Spitaler, daß die amerikanischen

Soldaten eine gewisse Lockerheit an den Tag legten. Dazu erzählte ein alter Tischler: „Vor dem Stift wachten Amerikaner, sie standen nicht stramm wie deutsche Soldaten, sondern saßen auf einem Sessel, die Füße über das Kreuz und den Kaugummi im Mund. Wenn ein Offizier vorbeiging, so hat der Soldat nicht einmal gegrüßt. Das war eine Disziplinlosigkeit. Beim deutschen Militär hätte es so etwas nicht gegeben. Der Dechant Stögmüller hat erzählt, daß es trotz der Bewachung leicht gewesen wäre, in das Stift zu kommen, wo der Schatz der ungarischen Nationalbank gelagert war."

Zu den Amerikanern gesellten sich also in diesen Nachkriegsjahren noch andere Menschen, nämlich die Flüchtlinge aus dem Osten, an die ich mich gut erinnern kann. Sie wurden am Rande von Spital am Pyhrn im sogenannten Lager, einem früheren Arbeitsdienstlager, untergebracht. Die Amerikaner nannten diese Menschen, die sich durch die Wirren des Krieges auf der Flucht befanden, „displaced persons".

Eine sogenannte Volksdeutsche, die in Spital am Pyhrn hängengeblieben ist und heute noch hier lebt, erinnert sich: „Mit ein paar Fetzen bin ich hierhergekommen. Zuerst hatte man mich in Kirchdorf als Volksdeutsche eingesperrt, da ich keinen Ausweis bei mir hatte. Dann bin ich hierher in das Lager, denn ich habe in Rumänien erfahren, daß meine Schwester und meine Mutter hier sind. Wir hatten Furchtbares im Banat mitgemacht. Die Frauen wurden dort vergewaltigt."

Von der Frau Tschurtschentaler, wie sie jetzt heißt, weiß ich, daß sie 1944 nach Rußland verschleppt worden ist. Sie hatte 48 Kilogramm, als sie hierherkam. Es gab traurige Schicksale von Menschen, die sich hier im Lager trafen. Unter den Buben gab es einige, die zu meinen Freunden wurden und mit denen ich wilde Abenteuerspiele im nahen Wald durchführte.

Die für die Dorfbewohner vielleicht interessantesten

Flüchtlinge waren die Ungarn. Sie waren im April 1945 in einem großen Treck und mit Eisenbahnzügen nach Spital am Pyhrn gekommen. Bei sich führten sie den Goldschatz der ungarischen Nationalbank, den sie so vor den hereinbrechenden Russen hierher in das Gebirge retteten. Als die Amerikaner kamen, waren ungarische Ulanen, die den Treck begleitet hatten, noch in Uniform und trugen ihre Waffen. Auch exerzierten sie regelmäßig. Die Amerikaner konnten dies nicht zulassen und vernichteten ihre Gewehre, indem sie sie an Bäumen zerschellten. Einige der Kinder der Bewacher des Schatzes waren meine Freunde, so ein gewisser Lazi, der später, um 1950, mit seinen Eltern nach England auswanderte. Ich erinnere mich an noble Leute unter den Ungarn. So an einen gewissen Paul de Bayo, der jedes Jahr einmal seine Ulanenuniform anzog, um zu sehen, ob er an Leibesumfang zugenommen habe. Oder an einen Herrn Dr. Ippoly, einen feinen Arzt, der einmal mit meinem Vater an einer Spitalerin eine Mandeloperation durchgeführt hat. Sie soll während der Operation eine der Mandeln geschluckt haben. Ich fragte meinen Vater später, ob dies der Frau geschadet habe. Er verneinte und verglich die Mandel mit einem Stück Gulaschfleisch.

Viele Menschen gab es dennoch in dieser Nachkriegszeit im und um den Ort. An die 8.000 Einwohner soll damals das Dorf gehabt haben. Dazu kamen die vielen Pferde des ungarischen Trecks. Diese Pferde weideten in der Au. Manche Bauern nahmen sich welche für die Feldarbeit. Dabei sollen einige Pferde militärische Kunststücke durchgeführt haben – zur Überraschung der ackernden Bauern.

Ein ungemein liebenswürdiger Herr war der Maler Professor Mechle aus Ödenburg. Er malte prächtige Bilder, von denen meine Familie einige besitzt. Er starb Mitte der fünfziger Jahre als hoch geachteter Herr.

Eine freundliche Dame war auch die Frau Hasenauer aus Ödenburg, die mit ihrer Mutter vor der Lawine der Russen hierher geflohen war. Sie war eine feine Frau, mit der

sich meine Mutter glänzend verstand. Mir sollte sie das Kla-
vierspielen beibringen. Tatsächlich genoß ich auch zwei Un-
terrichtsstunden bei ihr, doch dann meinte sie, es sei sinnlos,
mir etwas auf dem Gebiet des Klavierspiels beibringen zu
wollen, ich sei nicht nur unaufmerksam und frech, sondern
auch vollkommen untalentiert. Aber immerhin lernte ich,
das Kinderlied „Kuckuck" auf dem Klavier zu spielen.

Es war eine ungemein bunte Welt, die sich in diesen
Nachkriegstagen auftat, gleichzeitig aber wesentlich zum
später folgenden kulturellen Wandel beitrug.

Aber es war eine Kultur der Armut, in der die Menschen
damals lebten. Den Bauern ging es nicht so schlecht, denn
sie konnten von der schmalen Landwirtschaft leben und sie
machten auch gute Geschäfte mit den Städtern, die sie auf
sogenannten „Hamsterfahrten" aufsuchten. Ringe, Bro-
schen und Goldschmuck wanderten so zu den begüterten
Bauern, auch der Schmuck von Flüchtlingen.

Die dörflichen Menschen waren jedoch arm, nicht an Geld
mangelte es, sondern an Lebensmitteln. Dazu passen einige
Überlegungen der Tochter eines Kleinbauern: „Alle hatten
sich damals Geld erspart, im und nach dem Krieg, weil es
nichts zu kaufen gab. Daher gab es Bezugsscheine, aber mit
denen bekam man auch nicht viel, ein paar Kleider, ein paar
Schuhe oder ähnliches. Meine Mutter hatte 250.000 Mark
erspart. Für die erhielt sie dann bei der Entwertung 250
Schilling. Von denen konnte man sich aber auch nicht viel
kaufen."

Die Menschen waren arm und mußten darüber nachdenken, wie sie am besten überleben. Sie hatten es nicht leicht.
Ein heute älterer Herr, der der bäuerlichen Kultur der Armut
entstammt, meinte dazu zu mir: „Heute glauben die Leute,
es wäre damals so fesch gewesen. Wir haben nichts zu
fressen gehabt, so hat es ausgeschaut. Wir haben einen
Scheißdreck gehabt. Gearbeitet haben wir von früh bis spät.
Keiner hat gesagt: ‚Man kann ihn am Arsch lecken'. Man hat
hart gearbeitet." Besonders arm waren jene Frauen dran,

deren Mann gefallen war und die Kinder zu versorgen hatten. Ich denke hier an unsere freundliche Nachbarin, die Frau Kaltenbrunner, die wenig Geld und auch sonst nicht viel hatte. Ihre drei Kinder, zwei Mädchen und ein Bub, gehörten zu meinen frühen Freunden. Ihrer Erzählung will ich nun folgen, denn sie zeigt beispielhaft auf, wie es Menschen ihrer Art damals ergangen ist: „Mein Mann war zum Schluß des Krieges Feldwebel. Er ist gefallen. Im Jänner 1945 bekam ich das letzte Geld. Wir wohnten zuerst bei einem Bauern. Es war damals bitter für mich. Einmal bin ich mit der Helga im Arm gesessen und habe bitterlich geweint. Der Manfred hat gerade gespielt. Da klopft es. Es war unsere Nachbarin, die auch dort gewohnt hat. Sie hat gefragt: ‚Was haben Sie denn?' Darauf sagt der Manfred: ‚Weil wir kein Brot haben!' Fürchterlich war das. Jetzt hat mir die Nachbarin ein Laiberl Brot gegeben. Das kann sich niemand vorstellen. Als wir dann beim Schmied in einer kleinen Wohnung über dem Stall wohnten, konnte ich mir nicht einmal Scheiter zum Einheizen kaufen. Ich habe darauf mit den Kindern Äste aus dem Wald heruntergezogen. Und sie irgendwo gelagert, damit ich sie am nächsten Tag holen kann. Doch wie ich mit den Kindern wieder dorthin komme, waren die Äste gestohlen. Wir haben sehr geweint, mir haben die Kinder erbarmt, sie haben sich so geplagt. So ging es uns. Später erhielt ich einen Sägeschartenofen von einem Nachbarn. Sägescharten konnte ich mir leisten, aber keine Holzscheiter, mit dem bisserl Geld von der Witwenrente. Meine Kinder haben schätzengelernt, was es heißt, nichts zu haben. Sie können gut wirtschaften und sind gut verheiratet. Gott Lob und Dank. Unsere Hausfrau, die Frau Kolb, war zu uns freundlich, ich bin mit ihr gut ausgekommen. Einmal hat die Helga am Misthaufen ein Ei gefunden. Mit dem ist sie gleich zur Hausfrau gerannt und hat ihr gesagt, daß sie ein Ei am Misthaufen gefunden habe. Die Hausfrau, so haben wir sie genannt, ist in die Speis gegangen und hat zur Helga gesagt: ‚Weil du so brav und ehrlich bist,

bekommst du noch ein Ei.' Die Helga ist gehupft und gesprungen vor Freude. Ich habe den Kindern gesagt, was
nicht mein gehört, darfst du dir nicht nehmen.
Die Wohnung, die wir dort hatten, war eine Notwohnung
mit zwei Zimmern." Ich erinnere mich gut an diese Wohnung, sie hatte für mich sogar etwas Liebliches. Eine Stiege
führte zu ihr hinauf. Das Wasser mußte gebracht werden,
und der Abort war beim Misthaufen.
Frau Kaltenbrunner wußte die Armut in Würde zu bewältigen. Sie jammerte nie und achtete darauf, daß ihre Kinder
stets sauber und freundlich waren.
Da die benötigten Güter knapp waren, spielte nach dem
Krieg die sogenannte Bezugscheinwirtschaft eine überaus
wichtige Rolle. Gegen die entsprechenden Bezugscheine –
man nannte sie „Markerln" – konnten die erwünschten
Waren gekauft werden. Allerdings entwickelten sich
Tauschgeschäfte zwischen den Leuten, um zu den für sie
wichtigen „Markerln" zu gelangen. Wenn jemand zum Beispiel eine Hose erwerben wollte und dazu zu wenig Bezugscheine hatte, so tauschte er sich die betreffenden Scheine
einfach ein.
Allerdings bedurfte es einer Genehmigung der Bezirkshauptmannschaft, wenn jemand direkt etwas eintauschen
wollte, zum Beispiel eine Fuhre Holz gegen ein paar Kilo
Honig. Zum Überleben brauchte man also solche Scheine,
die „Markerln". Die Markerln bestimmten den Alltag der
Leute, wie es auch ein früheres, bei einem Bäcker angestell-
tes Hausmädchen erzählte: „Als es noch Markerln gab, sind
wir oft bis 10 Uhr auf d' Nacht gesessen und haben Markerln
gepickt (auf die vorgesehenen Formulare). Um ein Brot oder
Semmeln zu kaufen, brauchten die Leute eine bestimmte
Zahl von Markerln. Diese Markerln mußten wir picken. Die
Formulare mit den Markerln haben die Bäckersleute dann
eingeschickt (zur Bezirkshauptmannschaft). Dafür konnten
sie wieder Mehl kaufen und backen. Damals gab es noch das
Maisbrot, weil es so wenig Mehl gegeben hat. Dieses Brot

war furchtbar, es war immer aufgesprungen. Das Maismehl ließ sich nicht gescheit backen."

In dieser Kultur der „Markerln" oder Bezugscheine war der sogenannte „Schwarzmarkt" von besonderer Bedeutung, was in der Erzählung eines Tischlergesellen anklingt: „Mit einem Lehrbuben hatte ich beim Großbauer, dem Tischlermeister, ein Zimmer gemeinsam. Wir haben selbst gekocht. Erbsen und so Sachen, die wir damals 1946 auf Markerln oder auf dem Schwarzmarkt erwischt habe. So haben wir uns durchgefrettet. Pro Person gab es bloß ein achtel Liter Milch für den Kaffee und ein wenig Brot. Einmal habe ich mir Bohnen gekocht am Abend, und der Bursche hat sie mir am nächsten Tag zusammengefressen. Ein Kilo Bohnen hatte damals einen großen Wert."

Die Nachkriegsjahre prägte also die Sorge um die tägliche Nahrung. In den Gesprächen, die ich dazu geführt habe, wurde dies immer wieder betont. Der Sohn eines Kleinbauern mit einer sogenannten Keusche, einem kleinen Bauernhaus, das versteckt abseits des Ortes am Rande des Waldes lag – heute ist es leider verfallen –, schilderte mir: „Unsere Hauptnahrung waren Goaßmilch (Ziegenmilch) und Brot, und was der Vater hier und da so heimgebracht hat. Fleisch hatten wir nur, wenn wir unsere Sau abgestochen haben. Aber das haben wir schwarz getan, denn dazu bedurfte es einer Erlaubnis. Um Weihnachten herum mußte die Sau daran glauben. Wir hatten die Sau gut versteckt, so gut, daß die Mutter für das Füttern eine halbe Stunde gebraucht hat, denn sie mußte zuerst Stroh und anderes wegräumen, um zu der Sau zu gelangen. Die Sau durfte ja kein Fremder sehen und hören, denn damals, als es noch Lebensmittelkarten gegeben hat, mußte ja eine Sau abgeliefert werden . . . Ein paar Goaß (Ziegen) durften wir aber halten. Aber wir wußten nicht, wo wir sie weiden lassen sollen, denn der Bauer, der bei uns seine Wiese hatte, erlaubte es nicht. Daher sind wir als Buben zum Schlag beim Wald und haben zum Teil mit der Sichel das Futter geschnitten und es her-

untergebracht. Wir hatten auch Hühner. Oft hat die Mutter
von den Eiern einen Eierschmarrn gemacht, aus Eiern,
Mehl und Milch."

Es waren harte Jahre, die aber auch ihren Zauber hatten,
denn die Menschen waren gezwungen zu improvisieren,
und man wußte, wie man überlebt, auch wenn es nichts zu
kaufen gab. Ein Hausmädchen erzählte mir dazu: „Damals
nach dem Krieg gab es viele arme Leute. Viele haben Holler
gesammelt, haben Beeren gepflückt oder suchten Schwammerl. Natürliche Sachen holte man sich. Aus allen machte
man etwas. Im Garten baute man sogar Kraut an." Ein
damals acht Jahre alter Bursche ergänzte: „Im Gebiet zwischen Lofer und Mausmaieralm, da waren wir zu Hause.
Dort haben wir um 1946 und 1947 viele Schwammerl gefunden und im Rucksack heimgebracht. Hundert Liter Himbeeren hat damals meine Mutter eingekocht. Zum Einkochen
hatten wir genügend Zucker, denn in Spital am Pyhrn war
während des Krieges ein Zuckerdepot. Nach dem Krieg
haben die Amerikaner den Zucker unter den Leuten verteilt.
Wir hatten zwei riesige Säcke voll Zucker zu Hause."

Man war erfinderisch, und man wußte auch aus einfachen
Dingen köstliche Speisen herzustellen. So erzählte mir der
frühere Bürgermeister, er sei einmal zu einem Essen eingeladen worden. Er dachte, es wäre ein Hase, was man ihm da
vorsetzte, tatsächlich sei es eine köstlich zubereitete Katze
gewesen. Manche Bauern sollen froh gewesen sein, wenn
der stets zahlreiche Katzenbestand auf diese – zugegeben
etwas eigenwillige – Weise dezimiert wurde. Man ging in der
Not offensichtlich heiter mit den Problemen des Alltags um.
Davon kündet auch die Erzählung eines jungen Heimkehrers und Sensenwerkarbeiters, der knapp nach dem Krieg
die Idee hatte, zu heiraten: „1947 bin ich heimgekommen.
Zum Anziehen hatte ich nichts. Bei meiner Ziehschwester
hat ein Heimkehrer einen Anzug, den er irgendwo organi
siert hat, deponiert. Sie solle diesen für ihn aufbewahren.
Diesen Anzug borgte mir meine Ziehschwester. Im Sensen-

werk hatte ich eine Arbeit gefunden, die furchtbar dreckig
war. Dreimal am Tag mußte ich mich waschen mit einer
billigen Seife, mit der kein Dreck herunterging. Im Schleichhandel habe ich später um 80 Schilling ein viertel Kilo Kern-
seife erworben. Mein Wochenverdienst war 48 Schilling. Im
September 1947 habe ich geheiratet. 14 Tage vorher habe
ich zu sparen begonnen, damit wir wenigstens ein Hochzeitsessen zahlen können. Damals besaß ich eine Aktenta-
sche, in der alles enthalten war, mein ganzes Inventar. Eine
Geldentwertung hatte ich nicht zu fürchten, weil ich ohnehin kaum Geld hatte. Daß mich einer bestiehlt, das habe ich
nicht befürchtet. Es hätte mir jemand höchstens etwas geben können. Also zum Hochzeitsessen hatten wir nicht viel
– ein paar Knackwürste für ein paar Leute. Eingezogen bin
ich mit meiner Frau in einen Kellerraum unten beim Sensenwerk. Heute wäre eine Sau beleidigt, wenn man sie so
hält. Da gab es ein Fenster, das war direkt über der Erde.
Wir hatten einen hohen Ofen, zwei Betten und einen Tisch.
So wohnten wir."

In diesen Nachkriegsjahren war es für das Gemeindeamt
nicht leicht, für Heimkehrer, Kriegerwitwen und andere in
Not geratene Leute Unterkünfte zu besorgen. Die Ungarn
fanden in den Räumen des alten Stiftes, aber auch in privaten Häusern Wohngelegenheiten, den Flüchtlingen aus dem
Osten wies man das frei gewordene Arbeitsdienstlager zu,
und manche Kriegerwitwe führte mit ihren Kindern geradezu ein Vagabundenleben.

So erzählte mir Frau Kaltenbrunner, auf die ich bereits
hingewiesen habe: „Ich stand nach dem Krieg mit drei
Kindern da. 1946 habe ich als Rente 99 Schilling erhalten.
Davon mußte ich 22 Schilling Zins dafür zahlen, daß ich mit
meinen drei Kindern bei einem Bauern wohnen durfte. Ich
mußte bei dem Bauern den ganzen Tag mitarbeiten, damit
ich am Abend das Milchkandl vollbekommen habe. Zahlen
konnte ich ja nichts. Zum Essen gab es am Abend Erdäpfel
und ein bisserl Butter dazu. Von dort zog ich zu einem

anderen Bauern. Und schließlich konnte ich in der kleinen Wohnung über dem Stall bei der Schmiede unterkommen." Und noch ein Phänomen zeichnete diese Zeit nach dem letzten Krieg aus, das typisch für Krisenzeiten und Zeiten der Armut ist, nämlich das Phänomen des Auswanderns. Junge Leute suchten – auch aus Lust am Abenteuer – den Weg in Länder, in denen es den Menschen gut ging und die Chance bestand, durch gediegene Arbeit zu gutem Geld zu gelangen. Ein solches Land war die Schweiz. Eine Spitalerin, die mit 17 Jahren – sie war damals Hausmädchen beim Bäcker – in die Schweiz zog, schilderte mir ihre Situation: „Ich wollte einfach weg, aus dem kleinen Ort. Ich wollte einmal etwas anderes tun. Ich wollte hinaus in die Welt. Bis dahin bin ich nur nach Windischgarsten gekommen. Einmal war ich mit meinem Vater in Steyr, denn dort wohnten meine Großmutter und die Tante. Sonst kannte ich nichts. Ich muß einmal weit weg, habe ich mir gedacht. Damals waren bereits einige Spitaler in die Schweiz zur Arbeit gezogen. Durch einen Bekannten habe ich mir einen Arbeitsplatz in der Schweiz besorgt, und zwar als Kindermädchen bei einem Zahnarzt mit fünf Kindern. Damals lernte ich schwimmen im Züricher See. Zu Hause hatte ich keine Gelegenheit dazu. Den nächsten Arbeitsplatz hatte ich in einem Krankenhaus, wo ich mich nach einem Kurs für Diätkochen um die Diätspeisen zu kümmern hatte. Das hat mir gut gefallen. Ich wäre gerne noch dort geblieben, aber mein späterer Mann hat mich bei meinen Besuchen zu Hause zur Heirat gedrängt. In der Schweiz hat man gut verdienen können, bei uns hat man damals um 1949 nichts verdient. Ich bekam beim Schustermeister zuerst 50, dann 100 Schilling im Monat. Das war nicht viel. Von dem Geld, das ich im ersten Jahr in der Schweiz verdient habe, konnte ich mir alles kaufen, was ich gebraucht habe, dazu eine Uhr und Ohrringerln."

Der Ausflug in die weite Welt, nämlich in die Schweiz, erweiterte den Horizont, und man wußte nach der Rückkehr vom guten Verdienst und einem schönen Leben zu erzählen.

Die sieben Ursachen für das Ende der bäuerlichen Kultur

Ich habe mich oben redlich bemüht, den menschlichen Tatendrang, die Schwierigkeiten, aber auch die bunte Vielfalt an bescheidenen Vergnügungen, die nach dem Ende des letzten Krieges das Leben in der bäuerlichen und dörflichen Welt bestimmten, einigermaßen lebendig zu skizzieren. Diese Welt ist auch die meiner Kindheit, in der – so empfinde ich es heute – die Grundlage für einen allgemeinen Wohlstand gelegt, aber auch das Ende einer uralten bäuerlichen Kultur vorbereitet wird. Ein Ende, das Anlaß zur Trauer sein mag und für welches – dies sei zusammenfassend festgehalten – folgende Ursachen, vielleicht neben anderen auch, maßgebend zu sein scheinen:

1. Die heimkehrenden Soldaten treffen auf eine Welt, in der sie sich als Angehörige einer besiegten Macht als Fremde sehen. Nicht wenige Mädchen sympathisieren zum Ärger der jungen im Krieg gewesenen Burschen mit den amerikanischen Besatzern. Und die Kinder waren in einer „vaterlosen" Gemeinschaft aufgewachsen, in der die Frau es war, die die Last der bäuerlichen Arbeit zu tragen hatte. Diese komplexe Lebenslage der Heimkehrer und ihrer Angehörigen mag sie alle beflügelt haben, sich durch harte Arbeit den Anforderungen zu stellen, um an einer neuen Welt mitzubauen.

2. Für den Wandel der alten bäuerlichen Kultur war noch etwas charakteristisch, das viel zu wenig beachtet wird, nämlich die Rückkehr der Bauernknechte, die keine Knechte mehr sein wollen und es vorziehen, lieber irgendwo als Arbeiter eingestellt zu werden. Nach dem Krieg beginnt also das Erlöschen einer alten Kultur der Knechte und Mägde. Ein Erlöschen, das schließlich dadurch gefördert wird, daß die Bauern sich die erst 1938 eingeführte Sozialversicherung für ihre Dienstboten nicht mehr leisten können.

3. Während der Kriegsjahre werden Gefangene aus ver-

schiedenen Ländern, wie Polen, Frankreich und Rußland,
auf Bauernhöfen eingesetzt, um den verbliebenen Bauersleuten bei der Arbeit zur Seite zu stehen. Dadurch sollte die
fehlende Arbeitskraft von Bauern und Knechten ausgegli-
chen werden. Bäuerinnen und Mägde werden durch den
Kontakt zu den Kriegsgefangenen mit anderen Lebensformen vertraut gemacht, was sicherlich zu einer Erweiterung
ihres geistigen Horizonts beigetragen haben mag.

4. In den letzten Kriegstagen ließen die sich auf dem
Rückzug befindlichen deutschen Soldaten Autos, Lastwägen
und anderes Gerät einfach im Gebirge stehen. So war in
Spital am Phyrn die an die Kirche angrenzende Wiese bis
hinunter in die Au übersät mit verwaisten Militärfahrzeu-
gen. Mit Bewilligung der amerikanischen Besatzung konnten sich die Spitaler einzelner Geräte bedienen oder sich ein
Auto aneignen. Findige Köpfe verstanden es, aus diversen
Ersatzteilen elektrische Maschinen oder sogar ein privates
Elektrizitätswerk einzurichten. Ein Lastauto wurde, wie ich
bereits erzählt habe, zur Personenbeförderung benutzt, und
ein sogenanntes Kettenkrad (Kettenkraftrad) fand im Elektrizitätswerk des Ortes Verwendung. Dieses Kettenkrad war
ein eigentümliches Fahrzeug. Im Mittelteil sah es einem
Motorrad mit Lenker und Sitzen ähnlich, an den Seiten
befanden sich jedoch zwei Raupen, wie sie typisch für Pan-
zerfahrzeuge sind, und durch die diese Mischform angetrieben wurde. Aber auch die Pferde der ungarischen Ulanen,
die mit dem Goldschatz der ungarischen Nationalbank hierhergekommen waren, fanden dankbare Abnehmer vor allem unter den Bauern. Nicht wenige Pferde dienten Ernäh-
rungszwecken der hungernden Spitaler und der vielen
Flüchtlinge. Andere Pferde wurden als Ackergäule eingesetzt.

5. Die Jahre nach dem Krieg werteten die Bauern ungemein auf, denn sie waren es, die aufgrund ihrer uralten
autarken Lebensweise über Nahrungsmittel verfügten. In
den Städten herrschte nach dem Zusammenbruch des Ver-

sorgungssystems zuweilen bittere Not, und so zogen Leute aus der Stadt auf das Land, um bei den Bauern zu „hamstern". Gegen gutes Geld und teuren Schmuck verkauften letztere ein Stück Fleisch, Speck, Schmalz, Butter oder ähnliches. Plötzlich empfand der Städter die Wichtigkeit der Bauern und war bereit, diese aufzusuchen, um für sich und die Seinen Dinge zu erbetteln, die man so zum Leben brauchte. Die Bauern nutzten ihre Situation weidlich aus, und manche verboten es Fremden sogar, von den Bäumen gefallenes Obst aufzuheben. Plötzlich war das Geschäft für sie wichtig. Und man sieht, daß Fremde Geld bringen. Das Vermieten von Zimmern an Fremde wird nun interessant. Aber gleichzeitig beginnt in diesen Jahren ein Abgehen von der alten Selbstversorgung der Bauern, die schließlich zu einer immer größeren Abhängigkeit von diversen Verbänden, wie Genossenschaften und überstaatlichen Übereinkünften, führte.

6. Großen Einfluß auf das Dorfleben hatten auch die zahlreichen Flüchtlinge, die aus allen Teilen Europas gekommen waren und das Dorf bevölkerten. Diese Menschen waren ohne jedes Hab und Gut. Viele wanderten weiter, einige blieben jedoch und bauten sich hier eine neue Existenz auf.

7. Schließlich wurden durch die amerikanischen Besatzungssoldaten neue Lebensformen und neue Ideen in das Dorf gebracht – sehr zum Vergnügen der jungen Mädchen und kleinen Buben.

3. „Kleine Leute"

Kleinbauern

Von dem Drang nach Autarkie, nach Selbsterhaltung, war nicht nur das Leben der größeren Bauern bestimmt. Beinahe jeder Mensch im Dorf trachtete danach, sich möglichst weitgehend selbst zu versorgen. Durch eine kleine Landwirtschaft hoffte man, einigermaßen überleben zu können. Bevor ich mich mit dem Getreideanbau und anderen Themen, wie sie zum Leben der Bauern gehörten, beschäftige, möchte ich zeigen, wie der kleine Bauer, der sich kaum Dienstboten leisten konnte, wirtschaftete. Sein kleines bäuerliches Haus nannte man Keusche und ihn selbst Keuschler.

Die früheren Kleinbauern waren eigentlich so etwas wie Nebenerwerbsbauern, denn zumeist hatten sie ein kleines Einkommen als Holzknechte, als Arbeiter im Sensenwerk, als Handwerker oder als kleine Gewerbetreibende wie Schuster oder Bäcker. Man hielt sich ein paar Hühner, manchmal ein Schwein, meist eine Kuh, vielleicht ein paar Ziegen oder Schafe.

Die kleine Landwirtschaft war vor allem dazu da, die eigene Familie, zwar karg, aber doch zu ernähren. Der Sohn eines um 1935 geborenen Kleinbauern erzählte mir, wie sein Vater zu der Wirtschaft kam und wie sie in dem kleinen Bauernhaus lebten: „1939 hat mein Vater die Großhütte da hoch oben, die wahrscheinlich damals, weil sie so abgelegen war, niemand wollte, von einem gewissen Spannring, einem Jäger der Bundesforste, gepachtet. Und 1951 hat er sie von ihm gekauft. Vorher hat der Jäger aber alles schlagbare Holz fällen lassen und verkauft. Wir waren eine neunköpfige Familie. Mein Vater hatte es schwer, denn er mußte die Sachen, die wir so brauchten aus den Geschäften, herauftragen. Daher ging er immer so gebückt. Wir hatten vier Kühe

im Stall, aber diese brachten nicht die Leistung, die heute
vier Kühe bringen. Heute bringen schon zwei Kühe die
Leistung von fünf Kühen. Wir hatten damals wenig Futter.
Die Milch haben wir selbst verwertet. Wir haben nichts
verkauft. Wir machten uns die Butter selber und Topfenkäse.
Das haben wir selbst verbraucht. Auch die Schweine, die wir
fütterten, haben wir nur für uns gebraucht. Angebaut haben
wir etwas Roggen, und zwar einen Sommerroggen, keinen
Winterroggen, denn hier bei uns ist der Winter zu lange.
Auch Kartoffeln haben wir angebaut, auch Hafer. Es konnte
passieren, daß er acht Tage unter dem Schnee war, wenn es
im Herbst geschneit hat, bevor der Hafer zeitig geworden
ist."

Der oben am Berg in einer Keusche mit Stall hausende
Kleinbauer und seine große Familie versuchten das Beste
aus dem Boden und den Tieren herauszuholen. Es war ein
Leben in Kargheit, das sie da in großer Höhe führten, aber
es reichte zum Überleben.

Charakteristisch für die kleinbäuerlichen Familien war,
daß sie sich bemühten, das Nötigste zur Versorgung selbst
herzustellen, weshalb sie auch Getreide anbauten. Die Keuschen, in denen sie lebten, waren ebenerdige Häuser mit
zwei oder drei Kammern neben der Küche und einem kleinen Dachboden. Auf engem Raum drängten sich mehrere
Leute.

Manche dieser Kleinbauern hatten mit dem Haus auch
gewisse Nutzungsrechte übertragen bekommen, die auch
eine Art Entlohnung für die in den Keuschen lebenden,
gewisse Dienstbarkeiten verrichtenden Leute waren. Darüber erzählt ein 1939 geborener früherer Bauernknecht:
„Wir hatten eine kleine Landwirtschaft mit einer Keusche.
Im Stall hatten wir zwei Kühe, ein paar Geißen und ein paar
Schafe stehen. Wir hatten also Milch und von ungefähr zehn
Hühnern Eier. Zu einem großen Teil konnten wir davon
leben. Bei unserem Haus war ein Servitut dabei, nämlich das
Recht auf ein paar Festmeter Holz. Auch das Brunnrecht

2 „Kleine" Bergbäuerin (i. d. M.)

hatten wir. Angebaut haben wir Kukuruz und Hafer, aber als
Futter." Ähnliches erfuhr ich von einer Frau, deren Vater
Holzknecht war und in dieser Funktion eine kleine Landwirtschaft von der Forstverwaltung in Pacht bekam: „Wir
hatten zwei Kühe und ein paar Schweine. Wir haben auch
noch Getreide angebaut."

Es war aber möglich, daß in einem größeren Haus mit
einem dazugehörenden Stall zwei oder drei Familien von
den Bundesforsten einquartiert wurden. Die Männer gingen
ins Holz, und die Frauen kümmerten sich gemeinsam um
die Landwirtschaft.

Auch Wegmachern, also Männern, die sich abseits der
Dörfer um den Erhalt der Straßen zu kümmern hatten, teilte
man mit ihren Familien solche Keuschen zu. Zu der gerin-
gen Entlohnung gesellte sich also eine kleine Landwirtschaft, von der man Milch, Topfen, Eier und manchmal auch
Getreide zum Brotbacken erwarten durfte. Mittellose Fami-

lien suchten nach solchen Keuschen und waren froh, sie gegen einen billigen Pachtzins zu bekommen.

Eine Keusche hatte auch ein Taglöhner bis in die Mitte der fünfziger Jahre. Diese Hütte war im Eigentum eines angesehenen Gastwirtes und lag versteckt außerhalb des Dorfes, etwa eine Gehstunde entfernt, an einer Lichtung. Zu der Keusche gehörte auch ein Stall. Das Leben in dieser Keusche schildert mir der 1938 geborene Sohn: „Wir hatten nur ein paar Goaß (Geißen), eine Sau und ein paar Hühner. Um die Tiere mußte sich meine Mutter kümmern. Das Fleisch haben wir geselcht. Mein Vater hatte dazu aus runden Holzprügeln eine Selch gebaut. Die Feuerung dazu war aus Steinen gemacht. Das Wasser – einen Brunnen hatten wir nicht – mußten wir Kinder – wir waren fünf Kinder – täglich von der Klamm herauftragen. Unsere Hauptnahrung war Goaßmilch und Brot. Die Kuhmilch mußten wir uns von einem Bauern holen. Zum Essen gab es noch die Sachen, die mein Vater ab und zu von seiner Arbeit bei den Bauern mitgebracht hat."

Die Keuschen boten Möglichkeiten des kargen Überlebens. Dazu bedurfte es auch einigen Einfallsreichtums, um mit den Schwierigkeiten fertig zu werden. Ein in einer solchen Keusche in der Nähe des Hengstpasses aufgewachsener Mann schilderte mir dazu die Armut seiner Mutter, deren erster Mann tödlich im Holz verunglückt war: „Meine Mutter ist mit ein paar Kindern dagestanden. Eine Bekannte gab ihr Körndln zum Ansäen für Troat (Getreide). Und ein Bauer, der in der Nähe auf der Alm im Sommer sein Vieh hatte, redete ihr zu, anzubauen. Und er versprach ihr, im Herbst das Getreide zu dreschen und zu mahlen, damit sie Mehl hat."

Derselbe Mann, dessen Vater als Holzknecht arbeitete und seine verwitwete Mutter geheiratet hat, weiß auch über den Einsatz der Kinder für die kleinbäuerliche Landwirtschaft zu erzählen: „Das Leben war in Oberlaussa beschwerlich. Für das Vieh haben wir Streu gebraucht. Das haben wir Ende

August gemäht, bevor die Schule angefangen hat. Wenn es
schön war, ist es ein paar Tage liegengeblieben. Dann haben
wir es zusammengegeben, und mein Vater hat es später mit
dem Schlitten heruntergezogen. Auch Buchenlaub haben
wir gebraucht. Das haben wir mit einem langen Ziehgarn
(Karren zum Ziehen) von der Buglalm heruntergeholt. In
Tüchern haben wir das Laub gebündelt. Eine Kuh wurde
eingespannt, und so brachten wir es ins Tal. Und im Winter
haben wir unser Brennholz mit einem Schlitten herunterge-
führt. Auch der Mist wurde mit einem Schlitten auf das Feld
geführt. Das geschah meist in der Nacht bei Mondschein im
März, wenn der Schnee hart war."

Abschließend will ich noch eine Frau sprechen lassen, die
Tochter eines Kleinbauern, die auch die Romantik dieser
alten Kultur der Kleinbauern andeutet: „Früher haben die
Leute von so kleinen Landwirtschaften gelebt, denn Geld
hatte man nicht viel. Meine Mutter hat noch lange die Kuh
und die Hühner, obwohl sie es nicht mehr nötig hatte, aus
Leidenschaft (!) weiter gehalten. So lange, bis sie es nicht
mehr wegen ihrer wehen Hände tun konnte. Heute ist sie
90 Jahre alt. Sie will noch unbedingt ein paar Hühner haben,
aber sie wohnt jetzt bei meinem Bruder. Bis 1988 hat sie
alleine gewohnt. Jetzt webt sie im Winter Teppiche, den
Webstuhl hat ihr vor vielen Jahren der Vater gemacht. Die
Teppiche gibt sie den Nachbarn."

Kleine bäuerliche Wirtschaften, die etwa um 1960 endgültig verschwinden, gehörten zum Leben im Dorf. Sie verschafften den Menschen eine uralte, an Grund und Boden
gebundene Chance des Überlebens. Und zwar nicht durch
Abhängigkeit von anderen, sondern durch Autarkie. Über
Geld verfügt man nur in geringem Maß, man brauchte es
lediglich für wenige Dinge, wie Salz, Kleidung, Geschirr und
diverse Geräte. Dazu diente der oft karge Lohn des Fami-
lienvaters, aber man war bemüht, möglichst viel selbst herzustellen.

Die Kleinbauern mühten sich redlich, mit dem wenigen,

was ihnen zur Verfügung stand, in einer für sie immer
schwieriger werdenden Zeit zu bestehen. Dazu gehörte
auch, daß die Kinder, wie wir gesehen haben, zur Arbeit
eingesetzt wurden. Sie wuchsen also mit Arbeit auf. Mitunter
schickte man Kinder – noch vor Abschluß der Schule – zu
den Bauern, damit sie etwas Geld heimbrachten. Dies alles
gehörte zur alten bäuerlichen Welt, die es nicht mehr gibt.

Dienstboten und Hausmädchen

Die bäuerliche Kultur war getragen durch Mägde und
Knechte. Sie gehörten seit jeher zum Bauernhof, und ohne
sie war früher bäuerliche Arbeit nicht vorstellbar. Aber inzwischen hat sich einiges geändert: Der moderne Bauer
muß ohne sie auskommen, er kann sich Dienstboten im
klassischen Sinn nicht mehr leisten. In früheren Zeiten,
zumindest bis zum letzten Krieg und eine Zeit danach,
gehörten Mägde und Knechte zum Haus, sie waren billige
Arbeitskräfte, für die man nicht einmal eine Versicherung
zu zahlen brauchte.

Über dieses Ende der alten Dienstbotenzeit erfuhr ich von
einem früheren Bauernsohn dies: „Nach dem Krieg hat es
kaum noch junge Knechte gegeben. Die auslaufenden
Knechte sind noch gewechselt von Bauern zu Bauern, aber
das hat allmählich aufgehört. Es waren welche darunter, die
geistig nicht voll da waren, sie haben aber fleißig gearbeitet.
Damals haben die Bauern schon eingezahlt (die Versicherung) für die Knechte und Dirnen. Und die jungen Dirnen
haben weggehciratet, viele sind Arbeiterinnen geworden."

Nach dem Krieg werden die Dienstboten zu „normalen
Angestellten", die wohl noch wie ihre Vorgänger in die
Familie eingebunden waren, für die Bauern aber vor allem
wegen der zu zahlenden Sozialversicherung schließlich eine
immer größere Belastung wurden. Manchmal versuchten
die Bauern auch, noch verbliebene Dienstboten einfach

nicht bei der Versicherung anzumelden. Dabei konnte es zu Problemen kommen, wie mir ein alter Bauer erzählte: „Der Z. hat seinen Schwiegersohn, der bei ihm Knecht war, nicht bei der Versicherung angemeldet, das war 1958. Deswegen hat er große Schwierigkeiten bekommen. Damals haben wir unser Milchgeld von der Molkerei im Gasthof Kemmetmüller bekommen. Der Z. war vor mir beim Auszahlen dran. Der Sch., der das Milchgeld ausgezahlt hat, hat gleichzeitig auch die Krankenkasse übergehabt. Wie er den Z. sieht, hat er ihm gesagt: „Jetzt bleibt dir nichts anders übrig, jetzt mußt du den Schwiegersohn als Knecht anmelden. Sonst bekommst du Ärger.' Darauf hat der Z. gesagt: ‚Da muß er, wenn ich ihn versichern muß, sein Hackerl wieder nehmen und ins Holz gehen.' Und tatsächlich ist der Schwiegersohn dann wieder Holzarbeiter geworden."

Die Sozialversicherung trug das Ihre dazu bei, daß die Bauernhöfe immer leerer wurden. Damit verloren sie ihren ursprünglichen Charakter, der allerdings auch mit Armut, Bescheidenheit und Leid der Dienstboten verbunden war. Bis zum Krieg gab es die sogenannten Einleger, das waren die alten Dienstboten, die man auf den Höfen nicht mehr benötigte, weil sie nicht mehr arbeiten konnten. Diese Einleger wurden von der Gemeinde für jeweils ein oder zwei Wochen zu verschiedenen Bauern geschickt, wo man sie versorgen mußte. Einleger wurden als unnötige Esser empfunden. Sie schliefen im Stall und starben oft auch dort.

Die noch rüstigen Dienstboten verließen spätestens in den sechziger Jahren ihre Bauern, um dann als Arbeiter oder Arbeiterinnen in den Betrieben des Ortes oder in der näheren Umgebung angestellt zu werden. Ein sicherer Lohn, eine angemessene Sozialversicherung und vor allem eine Arbeitszeit, die auch ein Freisein von Arbeit und Urlaube zuließ, erschienen verlockender als die harte Arbeit beim Bauern, der sich ohnehin keine Dienstboten mehr leisten konnte.

Von einigem Interesse sind die folgenden Betrachtungen

eines 1941 geborenen heutigen Bauern, der sich der letzten Magd freundlich erinnert: „Nach dem Krieg hatten wir die Resi als Stalldirn. Für diese ist die Versicherung eingezahlt worden. Sie hat später dann eine Pension bezogen. Sie war unsere letzte Magd. Heute könnte man sich ohnehin keine leisten, und außerdem bekommt man keine.

Im Gegensatz zu früher, als die Dienstboten noch im Stall geschlafen und separat vom Bauern gegessen haben, ist die Resl bei uns bei Tisch gesessen und hat eine eigene Kammer im Haus gehabt. Die Resl hatte übrigens einen kleinen Sprachfehler, solche Behinderungen waren bei Dienstboten keine Seltenheit. Sie ist bis zu ihrem Tod bei uns im Haus geblieben. Das war der Wunsch meiner Großmutter, daß sie hier ihr Ableben hat. Sie war direkt ein Familienmitglied. Als sie dann um 1970 gestorben ist, wurde sie im Familiengrab begraben." Eine solche Behandlung der Dienstboten war jedoch selten.

Die Bezahlung der Sozialversicherung konnte oft zum Streitpunkt werden, überhaupt wenn es später um die Pension ging. So kann es vorkommen, daß frühere Knechte heute verärgert sind, daß man sie nicht versichert hat. „Beim Jagermann und beim Graberbauern sind sie deswegen übers Kreuz. Der Jagermann hat nämlich eine Zeit einmal beim Graberbauern als Knecht gearbeitet. Jetzt, wie er nicht mehr arbeiten konnte, hat er um eine Rente angesucht, doch der Graberbauer hat ihn nicht versichert. Das war bereits nach dem Krieg, daß er dort gearbeitet hat", so schilderte ein Bauer das Problem.

Die Einführung der Sozialversicherung bedeutete einen tiefen Einschnitt in die alte bäuerliche Kultur, allerdings zum Schutze der früher degradierten und im Stich gelassenen Dienstboten, die heute froh sind, einen finanziell sorglosen Lebensabend verbringen zu können.

An diese Stelle möchte ich die Gedanken eines heutigen Bauern einfügen: „In den fünfziger Jahren gab es noch ein paar alte Knechte. Wie die Sozialversicherung eingeführt wurde, hat das Ende mit den Dienstboten begonnen. Zuerst, 1938, als der Hitler die Versicherung eingeführt hat, war sie noch minimal. Dann ist sie immer höher geworden. Pensionen mußten eingezahlt werden und so weiter. Endgültig aus war es mit den Knechten in den sechziger Jahren: Nun konnte man sich Knechte nicht mehr leisten, und die Maschinen wurden eingeführt. So ein alter Knecht konnte ja auch mit dem Traktor nicht mehr fahren. Er kannte sich nicht aus. Die Kinder der Bauern sind nun mit den Traktoren gefahren. Und die Bauern sind jetzt selbst arbeiten gegangen."

Die Kinder der Bauern konnten allerdings noch als billige Arbeitskräfte eingesetzt werden, da man sie nicht bei der Versicherung anmeldete. Sie führten also zumindest für eine Zeit die Tradition der alten Knechte und Mägde weiter. Daher meinte eine um 1938 geborene Bauerntochter, die nach dem Krieg auf dem Hof hart arbeiten mußte: „Zum Doktor hat man nicht gehen können. Man hat geschaut, die Krankheit zu überbrücken."

Aber noch in den fünfziger Jahren versuchten vereinzelt Eltern, ihre Kinder ganz im Stil der alten Zeit als Dienstboten bei Bauern unterzubringen, denn man versprach sich davon von alters her sichere Arbeitsplätze. Über seinen Einsatz als junger Bauernknecht erzählt mir ein um 1940 geborener Kleinbauernsohn. Sein Bericht ist insofern bemerkenswert, als er auch Auskunft über die Bedeutung des Ranges der Dienstboten gibt: „An meinem letzten Schultag, das war im Jahr 1954, bin ich nur kurz in die Schule, um mein Zeugnis zu holen, und in die Kirche. Zu Mittag bin ich schon mit meiner Mutter zum Lofer-Bauern gewandert. Meine Mutter hat das bereits mit ihm ausgemacht, daß wir kommen. Eigentlich wäre ich gerne Mechaniker geworden, aber das ging nicht, weil wir kein Geld hatten. Wohl hätte ich in Kirchdorf einen Lehrplatz bekommen, aber dafür wäre etwas fürs Quartier und die Verköstigung zu zahlen gewesen, denn ich hätte dortbleiben müssen. So wurde ich jedoch

Bauernknecht. Mir ist es beim Lofer nicht schlechtgegangen. Das Essen war gut, und die Bäuerin hat mir immer wieder etwas zum Essen zugesteckt."

Über die Bedeutung des Moarknechtes, des Vorarbeiters am Hof, weiß er folgendes zu berichten: „Im Vorzimmer des Bauernhauses war ein circa 40 Zentimeter breites rupfertes Tüchl, ein Endlostuch auf einer Rolle. Das hat der Moarknecht jeden Tag ein Stückerl nachgezogen. Zuerst hat er sich vor dem Frühstück, dann die anderen Mägde und Knechte nach ihrem Rang hineingewischt. Vor dem Frühstück ist ja schon gearbeitet worden. Viel gewaschen hat man sich damals nicht. Gegessen haben wir um einen großen runden Tisch. Wir waren damals an die zwölf Leute. Ich war der Jüngste. Der Moar war der erste, der in die Stube gegangen ist, dann sind sie der Reihe nach, bis zum Prügelknecht hinunter, ihm gefolgt, ich als letzter. Der Moar hat auch als erster aus der Schüssel zu essen begonnen.

Einmal habe ich vom Moar eine Watsche bekommen, weil ich im umpassenden Augenblick gelacht habe. Das war so: Wir haben Troat (Getreide) gefaßt – damals wurde das Troat mit der Sichel geschnitten. Wenn die Halme trocken waren, wurden sie auf den Leiterwagen gelegt. Die Halme rutschen leicht. Der Moar hat das Troat gefaßt, ich mußte die Ochsen, die den Wagen gezogen haben, weisen. Als die Fuhr fertig war, wurde sie mit dem Wischbaum gebunden. Wir fuhren nun ab, der Feldweg war ziemlich holprig. Oben auf der Fuhre saß der Moar. Auf einmal sind wir mit dem Vorderradl in ein Schlagloch gefahren, da ist ein ganzer Teil der Fuhre abgerutscht – mitsamt dem Moar. Deswegen habe ich natürlich lachen müssen. So schnell konnte ich gar nicht schauen, da ist der Moar aufgesprungen und hat mir ein paar Watschen gegeben, weil ich gelacht habe. Es war ja eine Schande für den Moar, wenn ihm die Fuhre abrutscht."

Ein Bauer schildert die rangmäßige Abstufung der Knechte und Mägde folgendermaßen: „Nach dem Krieg gab es noch beim Bugl ein paar Knechte und ein paar Dirnen. Der

Chef war der Moar, nach ihm kam der Prügelknecht, wie es
halt früher war. Wenn die Bauersleute mit den Dienstboten
am Sonntag zur Kirche gingen, so konnte man gut den Rang
der einzelnen sehen. Der Bauer und die Bäuerin sind mit der
Kutsche gefahren. Der Moarknecht, die Knechte und die
Dirnen sind zu Fuß gegangen. Schön rangmäßig. Vorne ging
immer der Moar. Zur Maiandacht ist die Bäuerin mit zwei
oder drei Menscher (Dirnen) mit dem Fahrrad gefahren. Sie
ist entweder vor oder hinter ihnen geradelt, so daß man
gemerkt hat, sie ist die Bäuerin."

Die alte Hierarchie, die heilige Ordnung des Bauernhofes,
verschwand jedoch bald. Ausgerichtet war diese überkom-
mene Ordnung an dem Prinzip Arbeit, für das Knechte und
Mägde sich voll einzusetzen hatten: „Wenn es eine Arbeit
gegeben hat, hat man sie tun müssen. Auch an den Feiertagen. Allerdings wenn man an einem Bauernfeiertag arbeiten
mußte, hat man dafür einen anderen freien Tag bekommen.
Die Stallarbeit mußte aber jeden Tag getan werden. Am
Feiertag ist man in die Kirche gegangen. Nach dem Kirchgang hat man bis Mittag freigehabt. Dann ist man zum
Mittagessen gegangen. Nachmittag ist man meistens etwas
spazierengegangen. Recht viel Unterhaltung hat es ja nicht
gegeben."

Hier sei hinzugefügt, daß der Mann, der mir dies über
seine Arbeit als junger Knecht bei einem Bauern erzählt hat,
erst nach ein paar Jahren dahintergekommen ist, daß ihn
sein Dienstgeber nicht bei der Sozialversicherung angemeldet hatte.

Spannend und für unsere Diskussion nicht uninteressant
ist auch die Geschichte eines anderen Burschen, der 1951
als Knecht bei einem großen Bauern im Dorf eingestellt
wurde: „Ich mußte als Knecht am Hof so ziemlich alles
machen. Der Bauer hat mich aber gleich am Beginn versichert. Darüber bin ich heute froh, weil ich so meine Versi-
cherungsjahre für die Pension zusammengebracht habe.
Damals erhielt ich im Monat 150 Schilling. Als ich mein

erstes Fahrrad gekauft habe, es war ein gebrauchtes, habe
ich ungefähr drei Monatslöhne zahlen müssen. Ungefähr
450 Schilling also . . . Zwei Jahre war ich beim Bacher, dann
bin ich weggegangen. Der Bacher hätte mich noch weiter
als Knecht halten wollen, aber ich wollte nicht mehr." Die
Arbeit als Knecht erschien ihm im Sinne der Zeit als wenig
attraktiv, denn es war eine harte Arbeit, die er als Bauernknecht zu verrichten hatte. Er fühlte sich offensichtlich dem
Arbeiter gegenüber benachteiligt. Daher meinte er noch:
„Es hat mir nicht leid getan, als ich beim Bacher-Bauern
aufgehört habe. Es war schwer für mich. Im Sommer sind
wir schon um drei Uhr aufgestanden, um am Grundnerkogel
zu mähen. Erst 1953 haben wir einen Motormäher bekommen, mit dem aber keiner so richtig umgehen konnte. Und
auch sonst war es nicht einfach beim Bacher. Geschlafen
habe ich mit dem Just in einem eigenen Kammerl neben
dem Preßhaus. Es war ein gemauertes Kammerl mit einem
Sägeschartenofen. Und Holzstangen gabe es zum Gewand-
trocknen. Auch die Roßdecken hingen dort. Man kann sich
vorstellen, wie das in der Nacht gestunken hat. Zu meiner
Arbeit gehörte es auch, mit den Rössern zu fahren. Das habe
ich schnell heraußen gehabt, die anderen haben es einem
erklärt, wie man das Roß leitet."
    Geregelte Arbeit gab es für die Dienstboten nicht. Die
Tätigkeit richtete sich nach dem Wetter und den Anforder-
nissen. Dies schildert auch der eben zitierte frühere Knecht:
„Wenn schlechtes Wetter war, dann gab es nur wenig Arbeit,
nämlich nur Kuh futtern, Stall putzen, Rösser striegeln oder
Wagen schmieren und reparieren. Wenn das Wetter grob
war, konnte man vieles ja nicht machen, wie heuen oder
ernten. Wer ist schon gern bei strömendem Regen dåni
gegangen, um das Obst zu klauben. Ackern konnte man
auch nicht. Dafür haben wir dann, wenn es schön war, von
der Früh bis um neun Uhr auf d' Nacht gearbeitet. Die
Stunden sind nicht gezählt worden, so etwas wie Überstun-
den gab es nicht. Der Lohn war 150 Schilling, egal, wie lange

und wieviel man gearbeitet hat. Und was meinst du, wie
viele Stunden es sind, die man arbeitet, wenn man um vier
Uhr in der Früh' aufsteht und bis auf d' Nacht arbeitet? Bei
den Bauern war es so: In der Früh' beginnt man mit der
Arbeit, wenn man etwas sieht, und hört mit der Arbeit auf,
wenn man nichts mehr sieht. Da hat niemand gefragt: Wie
viele Stunden hast du gearbeitet? Zum Bauern konnte man
nicht sagen: Heute habe ich soundso viel Stunden gearbeitet
und daher muß ich diesen Monat soundso viel mehr bekommen." Vielleicht war es dieser dauernde Druck der Arbeit
und die stete Kontrolle, unter der er als Knecht stand, die
den Erzähler schließlich veranlaßt hat, dem Bauernhof „auf
Wiedersehen" zu sagen und zur Eisenbahn zu wechseln.
Aber noch etwas kommt hinzu, wie er zugibt: „Eigentlich
wollte ich kein Bauernknecht bleiben. Denn von anderen
habe ich gehört: Ewig kannst du kein Bauernknecht bleiben,
da kommst du nicht weiter, fang bei der Bahn an, da hast du
große Möglichkeiten. Ich bin also zur Bahnmeisterei gegangen und habe gefragt, ob ich hier arbeiten könne. Ich habe
beim Oberbau angefangen, ich mußte die Strecke abfahren,
Schienen auswechseln und ähnliches machen."

Die regelmäßige Arbeitszeit und eine gewisse Freiheit, die
es am Bauernhof nicht gegeben hatte, bestärken den Bauernknecht in seiner Absicht, ein „gewöhnlicher" Arbeiter zu
werden. Und Arbeiter brauchte man in den Jahren nach dem
Krieg überall: Die Sägewerke hatten Hochbetrieb, Häuser
wurden gebaut, und die Städte lockten.

Die Eltern, die früher wie selbstverständlich ihre Kinder
bei Bauern unterbrachten, überlegten sich, ob dies überhaupt noch sinnvoll sei. So meinte der Sohn eines Holzknechtes, der um 1938 geboren wurde: „Ich wollte etwas
lernen, aber der Vater hat gesagt: ‚Zuerst mußt du sowieso
zu einem Bauern als Knecht, das gehört so.' Mit allem Hin
und Her hat er dann eingesehen, daß ein Beruf als Bauernknecht nicht viel bringt. Er hat davon abgelassen und
hat gesagt: ‚Schau'n wir, daß du einen Lehrplatz be-

kommst, wirst halt Zimmerer.' Und so habe ich Zimmerer gelernt."

Mit den Dienstboten war es also in den sechziger Jahren zu Ende. Die Zeit stellte sich gegen sie und überhaupt gegen die alte bäuerliche Kultur, zu der eben der Dienstbote gehörte. Meine Überlegungen zusammenfassend, möchte ich die Worte eines älteren Bauern anfügen: „Angefangen hat der große Wandel bei den Bauern dadurch, daß man Dienstboten nicht mehr bezahlen konnte, aber auch keine mehr bekam. Die Landwirtschaft hat sich auf Maschinen umgestellt. Das war ein Geschäft für die Industrie. Es wurden weitere Maschinen erfunden, den Traktor hat man verbessert oder den Ladewagen. Immer kam etwas Neues auf den Markt." Die Maschine ersetzt den Knecht und die Magd. Das Leben am Bauernhof hat sich nun grundlegend geändert. Es fehlt am Gewirr der Stimmen, am befehlenden Ton des Bauern, der den Knecht zurechtweist, und den Rufen der Mägde, die nach den Hühnern sehen. Heute gibt es oft nicht einmal mehr Hühner.

Einen besonderen Stellenwert nahmen die bis in die sechziger Jahre hinein üblichen Dienstmädchen ein. Diese Dienstmädchen waren das Gegenstück zu den Mägden der Bauern, auch ihre Karriere verlief mitunter ähnlich. Bei beiden stand am Beginn ihrer Laufbahn der Wunsch der Eltern, für die Mädchen eine gute Dienststelle – entweder bei einem Bauern oder in einer Familie – zu finden. Auch meine Eltern, die beide hart in ihrem ärztlichen Beruf zu arbeiten hatten, nahmen bis gegen Ende der fünfziger Jahre jeweils ein Dienstmädchen auf. Ihre Fluktuation war groß, wie ich mich erinnere. Viel bekamen sie nicht bezahlt, sie bewohnten ein kleines Zimmer und hatten sich so ziemlich um alles zu kümmern, was so anfiel. Sie mußten sich um uns Kinder kümmern, hatten für die Mahlzeiten zu sorgen und halfen meiner Mutter, wenn es darum ging, Ordnung im Haus zu halten.

Die Zuständigkeit eines solchen Dienstmädchens war ge-

radezu universal. In besonderer Hochachtung gedenke ich
noch unserer Anni, einer dunkelhaarigen Schönheit, der wir
Buben sehr zugetan waren und der die Burschen des Dorfes
nachliefen. Die klassischen Dienstmädchen, die es heute
nicht mehr gibt, hatten ihren eigenen Charme. Jedenfalls
Anni hatte Charme, sie heiratete später einen Briefträger
und zog weg. Leider starb sie jung. Ihr sei hier gedacht als
einer klassischen Hausgehilfin, die noch Teil der dörflichen
Familie war.

Und Dienstmädchen waren ungemein tüchtig. Ich will
daher hier die Worte einer bei einem Bäckermeister tätig
gewesenen Hausgehilfin wiedergeben, die ebenfalls – so
nebenher – Stallarbeit zu verrichten hatte: „Ich war beim
Bruckmüller als Dienstmädchen. Vor allem war es meine
Aufgabe, zu kochen. Für den Stall hatten wir eine Stallmagd,
die mußte sich um die Kühe kümmern, sie melken und
austreiben (auf die Weide) und das Grünfutter mähen. Wenn
die nicht da war, mußte ich eben im Stall arbeiten. Ich habe
damals das Melken gelernt, die Frau des Bäckers hat es mir
beigebracht. Wenn man mit dem Melken anfangt und es noch
nicht gut beherrscht, bringt man dabei noch keinen Schaum
zusammen. Von Tag zu Tag habe ich mehr Schaum zusammengebracht. Erst wenn man das kann, kann man sagen,
man kann gut melken. Zum Schaum kommt es, wenn man
die Milch schnell in den Kübel melkt. Wir hatten damals auch
Milchkundschaften: der Bosch, der Hawlicek und der Frühwirt haben die Milch von uns geholt, die Milch, die ich
gemolken habe. Beim Bruckmüller war ich Mädchen für
alles, ich mußte kochen und sogar mit dem Fahrrad die
Semmeln ausführen. Und wenn der Lehrbub nicht da war,
mußte ich um drei Uhr früh in der Backstube die Semmeln
löschen. Das heißt, ich mußte die Semmeln, wenn sie aus
dem Backofen kamen, pinseln. Ich habe damals mit 14 Jahren sogar gelernt, Brioche zu flechten. Im Winter, wenn die
Wasserleitung, die damals vom Schwarzenberg bis zu uns
ging, gefroren war, mußte ich jeden Tag vom Bach minde-

stens fünfzig Kübel mit Wasser zum Haus tragen für die zwei
Kühe des Bäckers. Das Trinkwasser für uns mußte ich vom
Nachbarn holen, der hatte eine direkte Leitung von einem
Berg herunter. Damals um 1948 waren wir beim Bäcker im
Haus insgesamt neun Leute. Zu den vier Kindern, der Bäk-
kersfrau, dem Bäcker kamen noch der Lehrbub und zwei
Hausmädchen. In dieser Zeit gabe es in der Bäckerei noch
den alten Ofen, in dem man das Feuer angemacht hat. Zuerst
wurde geheizt, dann mußte die Asche herausgekehrt werden, und nun ist das Brot eingeschossen worden." Interessant
an ihrer Erzählung ist auch der Hinweis auf ein Hochwasser
im Jahre 1949, das nur möglich war, weil man den dort
vorbeifließenden Bach nicht reguliert hatte: „Auf einmal in
der Nacht läuten die Glocken, und die Sirene hat geheult. Die
Leute bei uns haben geschrien, und die Nachbarn, die Trin-
kels, die direkt am Bach wohnen, sind zu uns gekommen,
samt ihren Kühen, die man bei uns untergestellt hat. Wie ein
Wildbach ist der Bach die Straße heruntergeronnen zum Ort.
Damals mußte ich mit dem Radl die Semmeln zum Gasthaus
Alpenrose führen, aber ich konnte nicht hin, denn der ganze
Ort war voll Wasser. Ich war ein junges Madl, da denkt man
sich nichts. Ich zog mir die Schuhe aus und wollte so mit dem
umgehängten Brotkorb durch das Wasser fahren. Aber mich
haben Leute zurückgehalten, denn das Wasser hätte mich
mitgerissen. Ich mußte also mit den Semmeln wieder zurück.
Die Kinder sind am Rande des Wassers gestanden und haben
zugeschaut, wie es herunterkam. Auch ich habe geschaut.
Man hat uns verjagt. Ich war ja selbst noch ein Kind, ich habe
gespielt mit den Kindern vom Bäcker." Und über das Familienleben beim Bäcker – schließlich gehörte auch sie als
Hausmädchen zur Familie – weiß sie zu erzählen: „Um einen
großen Tisch in der Küche sind wir bei den Mahlzeiten
gesessen. Auch der Bäcker und seine Frau saßen bei uns. Es
war immer lustig. Der alte Bäcker war bei uns allen sehr
beliebt, denn er hat uns gerne Geschichten, vor allem Geistergeschichten, auf d' Nacht erzählt. Wir haben ihm andäch-

tig zugehört, nachdem wir unsere Arbeit gemacht hatten.
Während er erzählte, haben wir Mädchen gestrickt. Wenn er
eine traurige Geschichte erzählt hat, hat er selbst geweint.
Einmal hat er von einem Mädchen erzählt, das in einen
Burschen verliebt war, der dann tödlich verunglückt ist. Das
Mädchen ist dann dorthin, wo der Bursche gelegen ist. Das
war furchtbar. Jetzt hat der alte Bäcker wegen seiner eigenen
Geschichte zu schluchzen begonnen. Dann haben auch wir
und die Kinder geweint. Wenn er Geistergeschichten erzählt
hat, so hat er sie so erzählt, als ob sie wirklich wahr wären,
und wir haben uns gefürchtet, wenn wir dann über die
dunkle Stiege oder über den dunklen Hof gegangen sind."
    Auch über die Körperpflege, die ähnlich wie die der Bau-
ern war, erzählt sie: „Gewaschen haben wir uns in der
Waschküche, in einem Grander (gemauertes Wasserbek-
ken) und in einem Schaffel jeden Tag. Einmal in der Woche
haben wir uns in einem blechernen Wandl gebadet. Beim
Waschen sind zuerst die Kinder drangekommen, die mußten
ja schon um sieben Uhr im Bett liegen, weil sie ja nächsten
Tag in die Schule mußten. Wir anderen haben uns später
gewaschen, denn für uns war noch einiges zu tun. Wir
mußten Geschirr abwaschen, zusammenräumen. Und das
Gewand, das man gebraucht hat, mußte genäht werden,
wenn es löchrig war. Wir haben sogar richtig geschneidert."
    Das Hausmädchen wechselte schließlich zum Schuster:
„Dann war ich im Dienst beim M., dem Schuster. Der alte M.
war Mitglied des Gesangsvereins, er gehörte sogar zu den
Gründern. Oft gab es Proben in diesem Verein, nach diesen
ist er spät heimgekommen. Seine Frau war eine etwas
Scharfe und hat immer mit ihm geschimpft, wenn er wieder
spät heimkam. Einmal hat sie ihn sogar hinausgesperrt. Ich
aber – er hat mir leid getan – habe ihm aufgesperrt und ihn
in das Haus gelassen. Sie hat ihn darauf vom Zimmer hinausgesperrt. Dann mußte der Arme im Parterre auf einem
Diwan schlafen."
    Die Schilderung dieses Hausmädchens, das schließlich

einen Zimmermann heiratete und Mutter einiger liebenswürdiger und tüchtiger Kinder wurde, gibt einen guten
Einblick in das Leben am alten Dorf, als in den Häusern der
Handwerker noch reger Betrieb herrschte und die Kontakte
zwischen den Menschen noch eng waren.

Als Dienstmädchen verdiente sie um 1950 lediglich dreißig Schilling im Monat, wovon sie sich, wie sie meinte, nicht
einmal Schuhe hätte kaufen können.

Es gab übrigens auch – dies sei nur nebenher erwähnt –
zum Dienstmädchen auch das männliche Gegenstück, nämlich den Hausknecht, der ebenso „für alles" zuständig war,
was so im Haus anfiel; vor allem hatte er aber doch wohl
handwerkliche Leistungen zu vollbringen.

Die Möglichkeiten für Dienstmädchen, ebenso wie für alle
anderen Dienstboten, waren sehr beschränkt. Der Lohn war
gering, und die Abhängigkeit zu den Dienstherren war groß.

Die der bäuerlichen Welt entstammenden jungen Menschen, das zeigen die obigen Beispiele, versuchten daher,
dieser Welt zu entfliehen. Die Zeit nach dem Krieg mit ihrem
neuen Aufschwung bot sich dazu besonders an. In diesem
Zusammenhang ist noch die Geschichte eines um 1928
geborenen, auf einem kleinen Bauernhof aufgewachsenen
Mannes interessant.

Als er aus dem Krieg, an dem er kurz teilnahm, zurück-
kehrte, arbeitete er noch einige Zeit am Bauernhof seiner
Mutter, doch dann war es soweit: „1947 bin ich von daheim
fort, es war der Ostermontag. Zu meiner Mutter habe ich
gesagt, für mich ist kein Platz daheim, denn es waren nur
10 Hektar beim Hof, das war zu wenig für mich und meinen
Bruder. Und Knecht wollte ich nicht sein. Ich habe zu meiner
Mutter gesagt, ich gehe zum Eckhart, dem Lastwagenunter-
nehmer im Dorf, und frage ihn, ob ich bei ihm als Beifahrer
anfangen kann. Meine Mutter hat gesagt: ‚Geh, aber schau,
wie du zusammenkommst!' Ich bekam da einen riesigen
Stolz. Ich ging nun in den Ort mit meinem Rucksack, in dem
ein Kilo Butter, ein Geselchtes, Zucker, etwas Speck und

Wäsche waren. Der Eckhart hat mich gleich als Beifahrer eingestellt. Der Beginn war für mich hart. Geschlafen habe ich die erste Nacht im Stift bei einem Ungarn, der mit dem Schatz der ungarischen Nationalbank hierhergekommen ist. Er hat mich im Vorzimmer schlafen lassen, in einem alten Bett. Am ersten Tag habe ich gleich verschlafen. Da war das Lastauto, in dem ich hätte mitfahren sollen, schon weg. Jetzt mußte ich in der Garage arbeiten und diese zusammenkehren. Am Freitag drauf fuhr ich das erste Mal mit. Um ja nicht zu verschlafen, setzte ich mich schon am Abend in den Lastwagen. Wir fuhren nach Kindberg in der Steiermark, um dort Blech für den Mark (die Metallwarenfabrik) zu holen. Mein Wochenlohn war damals, 1947, schon 400 Schilling, was im Vergleich zu anderen recht hoch war.

Aber wir haben nicht 45 Stunden in der Woche gearbeitet, sondern 90 Stunden. Auch am Sonntag habe ich gearbeitet, sonst wäre ich zu nichts gekommen. Die erste Zeit wohnte ich im Stift, dann im Rohrauerhof, wo auch amerikanische Soldaten stationiert waren. Mit einem Chauffeur bewohnte ich zwei Zimmer. Dann zog ich in die Neue Heimat. Und nach ein paar Jahren mietete ich mich im Gasthof Grundner ein. 1954 habe ich vom M.-Bauern einen Grund gekauft und ein Haus gebaut. Und dann machte ich eine Tankstelle auf. Ich habe hart gearbeitet, auch jeden Samstag und Sonntag. 1958 habe ich geheiratet. Urlaub habe ich kaum gehabt. Mit den Ölfirmen habe ich hart verhandelt. Erst wollten sie mir nichts zahlen für die Tankstelle. Ich habe mir nun leere Ölkessel gekauft und sie vor das Haus gelegt. Jetzt sind die Vertreter der Firmen gekommen, von Mobil, Martha und anderen. Shell hat mir dann 100.000 Schilling gegeben. Mit diesem Geld habe ich dann gut weiterbauen können. Das war damals viel Geld. Aber auch meine Tante hat mir mit Geld für die Tankstelle und das Gasthaus, das ich dazugebaut habe, geholfen. Sie hat mir 70.000 Schilling geliehen. Auch hat sie Holz schlagen lassen für den Hausbau. Das vergesse ich ihr nie."

Diese Geschichte, mit der ich meine Betrachtungen über die alten Dienstboten der Bauern abschließe, zeigt gut auf, wie jemand seiner bäuerlichen Welt, in der er zum Bauernknecht ausersehen war, rechtzeitig den Rücken kehrt, um als Arbeiter eine Karriere zu beginnen, die ihn schließlich durch Fleiß, Ausdauer und Geschick zu einem wohlhabenden Mann machte. 1995 starb er als Bürgermeister. Ihm sei hier gedacht, nämlich als Symbol für das Ende einer alten Kultur der Knechte und Mägde, in der dieser Mann keine Chancen mehr für sich sah.

4. Kindheit und Jugend

Das Kind und die Arbeit – das Los der Unehelichkeit

Die alte bäuerliche Kultur war geprägt durch eine harte Kindheit. Geradezu typisch für diese Welt war die Unehelichkeit der Kinder von Mägden, die ihre Liebe kurzweilig bei Bauern- und Holzknechten, bei Bauernburschen, aber auch – dies zumeist unfreiwillig – bei den Bauern selbst fanden. Darauf, wie fest Unehelichkeit mit der alten bäuerlichen Kultur verknüpft war, verweist ein Bauernsohn: „Mein Vater hat vier Brüder gehabt, und jeder hatte mindestens ein uneheliches Kind." Vielleicht scheinen Bauernburschen auf ihre an keine Zwänge der Ehe gebundene Fruchtbarkeit auch stolz gewesen zu sein. Immerhin erinnere ich mich an einige dieser Burschen, die am Wirtshaustisch mit ihren Erfolgen prahlten. Aber bevor ich über die Unehelichkeit der Kinder erzählen werde, will ich das Prinzip Arbeit, unter dem die Kinder – sowohl eheliche als auch uneheliche – am Bauernhof bis lange nach dem Krieg standen, näher betrachten.

Kindheit im bürgerlichen Sinn gab es bei den Bauern nicht, nämlich eine wohlbehütete Kindheit, die dem Kind gewisse Freiräume einräumt, die aber auch das Freisein von Arbeit möglich macht. Und noch etwas war charakteristisch für diese alte Kultur, nämlich: man achtete die älteren Menschen und kannte keine Kritik an den Eltern. Eine frühere Bauerntochter drückte es so aus: „Für uns waren die Eltern Respektspersonen. Zu den Großeltern mußten wir ‚Ös' und ‚Enk' (Ihr und Euch) sagen. Und Onkel und Tante waren für uns Vetter und Moam (Muhme), auch sie sprachen wir mit ‚Ös' und ‚Enk' an. Was der Vater oder die Mutter gesagt hat, das hat gegolten. Und wenn der Vater gesagt hat: ‚Das tut ihr jetzt', so haben wir es getan. Zum Beispiel beim Holzführen hat er uns immer gesagt: ‚Rennt's, wenn es eben ist!' Wenn er uns so etwas angeschafft, dann sind wir gerannt. Obwohl der Vater so viel von uns verlangt hat, haben wir unsere Eltern so gerne gehabt. Wir haben aufgeschaut zu ihnen, das kann man sich heute nicht mehr vorstellen. Wir Kinder mußten alle folgen."

Und mit den Worten einer früheren Sennerin klingt dies so: „Ich habe mich als Kind nicht aufzumucken getraut. Wir waren früher nie frech zu den Erwachsenen. Mich wundert, wie frech die heutigen Kinder zu ihren Eltern sind. Wir mußten hart arbeiten. Zu mir hat einmal ein alter Knecht beim Dreschen, das war eine schwere Arbeit, etwas gesagt, das ich mir gemerkt habe. Ich habe gewagt zu sagen, daß mich die Arbeit beim Dreschen nicht freut. Er meinte darauf: ‚Dirndl, was du nicht gern tust, mußt du gern tun!'"

Das Leben für die bäuerlichen Kinder war hart, sie standen unter dem Druck, arbeiten zu müssen. Nicht uninteressant ist die folgende Bemerkung der Sennerin: „Oft sage ich, wie schön es die jungen Leute heute haben. Heute geben sie mir zur Antwort: ‚Warum bist du so dumm gewesen und hast so viel gearbeitet!' Die verstehen nicht, wie hart es einmal war. Bei den Bauern hätte man ja mit Sensen und Rechen auf die Welt kommen sollen."

Bereits das bäuerliche Kind war in den Arbeitsprozeß eingegliedert und mußte sich daher fügen.

Heute genießen die früheren Mägde und Knechte einen ruhigen, gesicherten Lebensabend – und sind darüber froh, denn man hatte es nicht leicht, überhaupt als Kind einer Magd, die von einem Bauernburschen oder einem Knecht geschwängert worden war und nicht geheiratet wurde. Es hieß da: „Das Kindermachen ist das Vergnügen der armen Leute." Viele Menschen der bäuerlichen Welt wuchsen daher bei Zieheltern auf. Genau dies klingt in einem Gespräch an, das ich mit der heute gut verheirateten Tochter einer früheren Magd führte: „Meine Mutter hatte Zieheltern gehabt, es waren Bauern. Damals vor dem Krieg hat man die Kinder hergeschenkt. Der eine ist dorthin gekommen, der

andere da. Kaum jemand hat seine eigenen Kinder aufgezogen."

In dieser Überlegung wird auf eine Kultur der Unehelichkeit verwiesen, die in dieser Form bis lange nach dem Krieg
weitergeführt wird, nämlich eine Kultur, für die es als selbstverständlich gilt, daß man als schwangere Frau das Kind
auch zur Welt bringt. Gedanken an eine Abtreibung schien
man von sich zu weisen. Dies meinte auch ein alter Tischler
mir gegenüber: „Es ist gescheiter, Kinder zu einem Bauern
zu geben, als sie umzubringen." Und irgendwie wußte man
auch die sogenannten ledigen Kinder über die Runden zu
bringen. Hieß es doch, wie auch meine Mutter, die Ärztin,
sagte: „Schickt der Herr das Haserl, schickt er auch das
Graserl." Mägde mit unehelichen Kindern hatten allerdings
ein schweres Leben, ebenso wie die Kinder selbst. So erzählte mir eine 1923 geborene spätere Sennerin auf einer Alm
im Toten Gebirge dies: „Ich bin ein lediges (uneheliches)
Kind. Ich war ein ausgestoßenes Kind, denn meine Mutter
war eine Magd, die mich herumgeschickt hat. Einmal war
ich bei dem Bauern und dann bei dem. Ich habe keine gute
Jugend gehabt. Zuletzt war ich bei meiner Goden (Patin).
Meine Mutter hat sich nie viel um mich geschert. Liebe habe
ich nie gekannt. Mein Vater war ein Holzknecht, der aber
eine andere geheiratet hat. Ich habe ihn später ein paarmal
besucht. Das war ihm aber wegen seiner jetzigen Frau nicht
angenehm. Bei den Bauern, zu denen mich meine Mutter
geschickt hat, habe ich arbeiten müssen. Vor dem Schulgehen in der Früh' mußte ich das Vieh hüten. Meine Mutter hat
sich nicht um mich gekümmert, und ich wollte auch nichts
mehr mit ihr zu tun haben. Auch meine Geschwister wollte
die Mutter nicht. Sie hat sie zu Bauern gegeben und gesagt:
‚Da, schert euch drum!' Meine jüngste Schwester hat sie
ausgesetzt. Sie hat mich geschlagen. Aufgeblüht bin ich erst,
als ich mit 16 Jahren als Sennerin auf die Alm kam."

Es ist bemerkenswert, daß diese frühere Magd und Sennerin, die als uneheliches Kind unter ihrer Mutter gelitten

hat, selbst zwischen 1947 und 1950 drei uneheliche Kinder gebar. Zunächst hatte sie von ihrer Arbeit her keine Möglichkeit, sich viel um ihre Kinder zu kümmern. Ihre älteste Tochter wuchs bei ihrer Mutter, also der Großmutter, auf. Zu den Enkeln dürfte die Mutter der Erzählerin einigermaßen liebevoll gewesen sein, vielleicht hatte sie etwas für sich gutzumachen. Die Sennerin selbst suchte jedoch – im Gegensatz zu ihrer Mutter –, eine liebevolle Beziehung zu ihren Kindern aufzubauen.

Die unehelichen Kinder von Mägden, die einem ungemeinen Druck von seiten der Bauersleute ausgeliefert waren, hatten es also nicht leicht. Schließlich galt Unehelichkeit bis lange nach dem Krieg als schändlich. Und die Mütter bemühten sich in einer schweren Zeit redlich um ihre ledigen Kinder, wie ein pensionierter Tischler mir andeutete: „Meine Mutter war erst Magd und dann Fabrikarbeiterin. Ich bin in armen Verhältnissen in der Rosenau bei meiner Großmutter aufgewachsen. Meine Mutter hat nach der Schule zu mir gesagt: ‚Bua, du mußt einen Beruf lernen.‘ Sie hat sich auch um einen Lehrposten in Micheldorf umgesehen, bei einem Tischlermeister. Meine Mutter mußte ihm damals noch etwas für mich zahlen, damit ich bei ihm lernen kann.“

Allerdings dürften es die Töchter von Kleinbauern leichter gehabt haben als Mägde, wenn sie geschwängert wurden.

Bemerkenswert ist vor diesem Hintergrund die Geschichte einer um 1935 geborenen heutigen Bäuerin: „Der Karl war bei uns Knecht. Der wäre der richtige Schwiegersohn, meinte meine Mutter. Damals mit 17 Jahren war ich noch richtig dumm. Ich habe mich auf ihn eingelassen und bin gleich geschwängert worden. Er hat mich aber nicht geheiratet. Meine Mutter hat mit ihm gestritten. Der Karl ist dann fort. Dann waren wir wieder allein. Wir haben uns dann dahingefrettet. Zwei Kinder, einen Buben und ein Mädchen, habe ich vom Karl. Es war viel Arbeit. Eine Waschmaschine gab es damals noch nicht. Ich habe in der Nacht Wäsche gewaschen. Und aus einem alten Hemd, das schon etwas

kaputt war, das man nicht mehr anziehen konnte, habe ich
den Kindern Gewand gemacht. Heute wird soviel weggeworfen. Ich hebe die Stoffreste heute noch auf, um einen
Fleckerlteppich daraus zu machen."

Unehelichkeit war charakteristisch für diese alte Kultur
der Armut und der „kleinen" Leute. Eine Folge dieser Ten-
denz zur Unehelichkeit ist auch der oft vergebliche Versuch,
dahinterzukommen, wer die freundlichen Vorfahren waren,
denen man sein Leben verdankt. So erzählte mir ein früherer Briefträger, der als Kind bei einem Kleinbauern aufgewachsen war, sein Großvater hätte ihm nie gesagt, wer
dessen Vater gewesen wäre. Dieser dürfte es auch nicht
gewußt haben, denn früher war es nicht verpflichtend, den
Namen des Vaters eines unehelichen Kindes anzugeben.
Allerdings glaubt mein Gesprächspartner, daß der damalige
Pfarrer oder der Rauchfangkehrer sein Vorfahre gewesen
sein könne.

Für diese Kultur der Unehelichkeit war aber auch etwas
typisch, das mir ein anderer Sohn eines Kleinbauern schilderte, nämlich das gemeinsame Aufwachsen von Kindern
verschiedener Generationen:

„Ich bin aufgewachsen in Oberlaussa. Mein Vater war Holzknecht, er war bei den Bundesforsten angestellt und hatte dort
eine Dienstwohnung erhalten. Meine Mutter war zuerst mit
einem Herrn Dernauer verheiratet, der ist 1922 bei der Holzarbeit tödlich verunglückt. Sie hatte schon sechs Kinder. 1929
hat sie meinen Vater geheiratet. 1937 kam ich dort zur Welt.
Gleich nach der Geburt marschierte eine Frau mit einem
Körbel, in dem ich war, nach Oberlaussa, wo ich getauft
wurde. Meine Kindheit war schön, denn meine Eltern waren
gute Menschen. 1939, und das ist interessant, hat meine
unverheiratete Halbschwester, also die Tochter meiner Mutter aus ihrer ersten Ehe, ein Mädchen geboren. Dieses wuchs
mit mir bei meinen Eltern auf. Wir waren wie Geschwister.
Ich war ihr Onkel, obwohl ich nur zwei Jahre älter war."

Uneheliche Kinder erweiterten die Familie, oft zur Freude

der Großeltern und der Bauern, die auf diese Weise sich wohl weitere Arbeitskräfte erhofften.

Bis in die fünfziger Jahre, als man vom alten bäuerlichen Wirtschaften allmählich abging, herrschte daher Leben auf den Höfen – im Gegensatz zu heute. Zu diesem Leben auf dem Hof gehörten wesentlich die unehelichen Kinder. Darauf verweist auch ein um 1950 bei einem größeren Bauern im Dorf arbeitender Knecht: „Der P. hat außer seiner Frau zur Arbeit noch die Menscher (Mädchen) gehabt, die er angenommen hat. Ob eines dieser Menscher wirklich seine Tochter war, weiß ich nicht. So war die heutige Frau R. entweder ein vom P. angenommenes Kind oder ein lediges von ihm oder ihr, der Bäuerin. Genaueres weiß ich nicht. Ähnlich war es mit den anderen Menschern auf dem Hof, der Anna, der heutigen Frau S., der Pepperl. Es gab also viele Leute am Hof, die alle zur Arbeit eingesetzt wurden, zum Waschen, Bügeln, Stallgehen und so weiter."

Geradezu spannend klingt die Geschichte eines um 1928 in einem hoch gelegenen Bauernhaus geborenen Mannes, der mich zu sich in dieses Haus – nun prachtvoll im alten Stil restauriert – eingeladen hatte: „In diesem Haus bin ich geboren. Hier in dieser Kammer habe ich mit meiner Mutter, einer Magd, gehaust. Mein Vater ist der Stummer Hansl, er ist 1933 beim Holzführen tödlich verunglückt. Er ist vom Holz erschlagen worden. Darauf hat meine Mutter 5 Schilling im Monat für mich als eine Art Rente bekommen. 1938 hat sie von hier zum S. weggeheiratet. Dort ist der Michel geboren. Ich bin mit meiner Mutter mitgezogen, aber nur für kurze Zeit. Dann bin ich wieder zurück in mein Geburtshaus, weil man mich beim S. nicht wollte. Was hätte meine Mutter auch tun sollen? Ich habe selbst gesagt, ich gehe wieder zur Tante. Dort bei der Tante habe ich als kleiner Bub alleweil bei einem Knecht im Bett geschlafen, weil mir in der Kammer oben so gefroren hat. Vorher, solange ich bei der Mutter war, habe ich bei ihr geschlafen. Das Bett bestand aus einem Strohsack, in das kupfernes Stroh gefüllt war. Die

heutige Jugend versteht das nicht mehr. Die jungen Leute
heute sagen, sie sind ja nicht so blöd, dauernd zu arbeiten.
Wir alle hatten nach dem Krieg das Bedürfnis, zu etwas zu
kommen. Und deshalb mußten wir arbeiten."

Am Bauernhof war also Leben – im Gegensatz zu heute.
Kleinkindergeschrei gehörte ebenso zum Hof wie der Einsatz aller verfügbaren Leute, auch der Kinder, zur Arbeit.
Wie er selbst als Kind arbeitend eingespannt wurde, erzählte
mein obiger Gesprächspartner, der damals bei seiner Tante
wohnte: „Als meine Tante einmal vom Roß geschlagen wurde, mußte sie drei Monate im Bett liegen. Nun mußte ich
als Schulkind die Stallarbeit machen. Um fünf Uhr früh
bin ich dazu bereits aufgestanden. Ich mußte die Kühe melken."

Arbeit und karges Leben bestimmten das Kind auch noch
in den Jahren nach dem Krieg. Und man freute sich über
Kleinigkeiten. Dies klingt auch in den Worten eines heutigen
fleißigen Bauern an: „In der Früh' vor dem Schulgehen haben
wir Futter gemacht, und nach dem Schulgehen sind wir ins
Holz gegangen. Immer war für uns Kinder etwas zu tun. Hier
und da, wenn wir zum Beispiel unsere Pferde zum Schmied
im Ort brachten und beim Beschlagen mithalfen, durften wir
uns beim Fleischhauer, beim Landl, eine Knacker holen.
Heute hauen sie die Wurst weg. Was wir damals um 1949 alles
für eine Knacker oder ein Paar Würstel getan haben! Man
kann sich nicht vorstellen, wie uns so eine Knacker geschmeckt hat." Freilich war der Arbeitseinsatz des jungen
Buben mit großen Gefahren verbunden. Auch davon erzählte
mir der Bauer: „Damals – 1953, ich war zwölf Jahre alt – war
ich, weil ich Grippe hatte, von der Schule ferngeblieben. Als
es mir am Nachmittag schon ein bisserl besser ging, wollte
mein Vater mit den Rössern hinunter zum Grundner fahren,
um Holz zu bringen. Wir hatten zwei Rösser, ein junges und
ein altes. Ich sollte mit dem alten fahren. Während der Vater
auflud, habe ich das junge Roß gehalten. Wie das alte Roß
vorgeht, springt das junge weg und haut mich um. Es ist mir

genau auf die Kniescheibe gesprungen. Ich hatte nur eine Fleischwunde, gebrochen war nichts. Dein Vater (der Arzt) hat mich auf dem Tisch in der Stube genäht. Deine Mutter war auch mit, sie hat die Wunde lokal betäubt. Es war eine menschliche Beziehung zu diesen Ärzten. Heute würde man gleich ins Krankenhaus geschickt werden wegen einer solchen Wunde, wie ich sie hatte. 14 Tage bin ich im Stübl gelegen, dann war alles geheilt."

Er fügt noch hinzu: „Das war eine Schinderei damals." Und auf dieser Schinderei als Kind geht auch ein anderer, 1941 geborener Bauer ein: „Man hat damals schon als Kind hart arbeiten müssen. Jeden Tag bereits vor dem Schulgehen mußte ich die Rösser führen, zum Beispiel beim Ackern – ‚vorgehen‘ hat man dazu gesagt. Und am Nachmittag, nach der Schule, hat man das Roß als Bub beim Heueinführen weisen müssen."

Besonders hart dürfte das Kinderleben von Kleinbauern gewesen sein, überhaupt wenn man als Bub zu einem Bauern in die Arbeit geschickt wurde.

So erzählte ein 1940 geborener Schulfreund von mir: „Wir waren zu Hause drei Kinder. Ich hatte eine ältere und eine jüngere Schwester. Eines Tages kommt der Gendarm und hat uns die Nachricht gebracht, daß der Vater unter den Zug gekommen ist. Er ist tot. Nun hatten wir es schwer. Von der Landwirtschaft allein konnten wir nicht leben. Daheim habe ich der Mutter im Stall geholfen. In der Früh' mußte ich ausmisten. Am Nachmittag nach der Schule mußte ich das Futter herrichten, damit es die jüngere Schwester ‚firegeben‘, also füttern kann. Die Aufgabe der Mutter war zu melken. Später haben dann wir Kinder gemolken.

In der Schulzeit mußte ich dann schon bei Bauern arbeiten. Verwandte sind zu uns gekommen und haben gefragt, ob ich bei ihnen arbeiten könne. Meine Mutter hat es mit ihnen ausgemacht. Im Frühjahr, im Jahr nach dem Tode meines Vaters, habe ich also schon bei den Bauern gearbeitet, wenn man mich gebraucht hat. Meist war es nach der

Schule. Wenn man mich dringend gebraucht hat, bin ich halt
von der Schule weggeblieben.

Für meine Arbeit bekam ich bisserl etwas zum Essen, wie
Erdäpfel oder sonst etwas. Ganz selten bekam ich Fleisch.
Ich war damals ungefähr neun Jahre alt. Vom Bauern weg
bin ich täglich zur Schule gegangen. Das Essen bekam ich
beim Bauern. Zu Hause brauchte ich nicht essen, es war also
ein Esser weniger. Einmal ist mir etwas Blödes passiert. Es
war ein Regentag, wir fuhren um ein Kuhfutter. Da liegen
unter einem Apfelbaum ein paar Äpfel, ein paar wurmstichi-
ge. Zwei davon habe ich in meine Lederhose geschoben,
und einen habe ich gleich gegessen. Ich habe mir nichts
dabei gedacht. Ich habe dann zusammengerecht, und wir
fuhren in den Hof. Ich habe den Rechen aufgehängt und bin
im Hof zum Brunnen gegangen. Dort habe ich mich gewaschen. Und wie ich zur Haustüre hineingehe, bekomme ich
rechts und links ein paar Tetschen (Ohrfeigen) vom Bauern,
der geschrien hat: ‚Du Heberger-Bub[2], du hebst kein Obst
zusammen!‘ Ich sehe den Bauern heute noch vor mir, wie er
schrie, weil ich ihn nicht gefragt habe, ob ich die Äpfel
zusammenklauben darf.“

Eine beliebte Tätigkeit, die man Kindern zutraute, war das
sogenannte Viehhüten. Dazu erfuhr ich einiges von der
ledigen Tochter einer Frau, die während des Krieges als
Magd hart arbeiten mußte. Interessant ist auch der soziale
Hintergrund, vor dem sich die Kindheit des damals um 1945
ungefähr acht Jahre alten Mädchens abspielte: „Mein Bruder und ich waren die ledigen Kinder meiner Mutter. Sie hat
mit 39 Jahren vom Edhof weggeheiratet. Nur meine Schwester ist ehelich. Der Mann, den meine Mutter geheiratet hat,
war also mein Stiefvater, und der war während des Krieges
eingerückt. Meine Mutter hatte es mit den drei Kindern
schwer. Bei einem Bauern, beim Grasl in der Au, hatte sie

---

2   „Heberger-Bub“ – kommt wahrscheinlich von „Herberge“ und dürfte
    soviel wie „Kleinhäusler-Bub“ oder „Taglöhner-Bub“ heißen.

eine Dienstwohnung, dafür mußte sie im Stall bei den Kühen arbeiten. Für ihre Arbeit hat sie nichts bezahlt bekommen. Sie mußte für die Wohnung arbeiten. Und ich mußte das Vieh hüten. Schwer war es, eine Geiß zu hüten. Die kann man nicht hüten. Immer wieder ist sie davongelaufen, aber sie ist wieder zurückgekommen. Zum Kuhhüten habe ich meine Schultasche mitgenommen und dabei gelernt, denn am Abend wäre es schon zu spät gewesen, um zu lernen. Beim Lernen habe ich vor den Kühen laut gesprochen, damit ich es mir besser merke. Gerne habe ich Gedichte auswendig gelernt. Ich durfte sie in der Schule aufsagen, weil ich das so gut konnte. Wenn ich beim Kuhhüten Gedichte gelernt habe, sind die Kühe um mich gestanden. Sie haben wahrscheinlich geglaubt, ich rede mit ihnen. Sie haben mich angeschaut, wenn ich laut geredet habe. Ich habe zuerst ins Buch geschaut und dann auf die Kühe. Ich muß heute noch darüber lachen, wenn ich daran denke."

Das Kind wurde also schon sehr früh zur Arbeit herangezogen, wie es eben charakteristisch für die alten Kulturen der Armut ist.

Barfußgehen – Schuhe und Kleidung

Bergbäuerliche Bescheidenheit zeigte sich seit alters her in der Alltagskleidung, vor allem bei den Schuhen. Schuhe waren ein kostbares Gut, schließlich mußten sie vom Schuster, von denen es im Dorf drei gab – heute gibt es keinen mehr –, angemessen werden. Bereits das Anmessen war eine rituelle Handlung, bei der der Schuster eine Beziehung zu den Füßen des Kunden aufnehmen mußte. Eine solche Beziehung ist heute nicht mehr notwendig, da bereits fertige Schuhe vom Kunden bloß aus dem Verkaufsregal genommen werden können.

Schuhe konnten vor allem die Dienstboten sich nicht so ohne weiteres leisten. Für gewöhnlich war es auch der

Bauer, der dem Schuster, ebenso wie dem Schneider in
Störarbeit, d. h. im eigenen Haus, den Auftrag gab, für seine
Mägde und Knechte Schuhe und Gewand anzufertigen. „Das
Notwendigste, was man an Gewand und Schuhen gebraucht
hat, hat man zu Weihnachten mit ein Paar Schafwollsocken
bekommen", erzählte ein früherer Knecht. Vor allem wegen
der Wolle hielten sich manche Bauern bis in die sechziger
Jahre Schafe. Dann, als man Wolle günstig kaufen konnte,
ging man auch langsam ab von den Schafen. Schafwolle
wurde gesponnen und von Mädchen und Frauen zu Stutzen
und Socken gestrickt. Während des Krieges, als die Schafwolle knapp wurde, verwendete man sogar gewöhnliche
Watte zum Spinnen und Stricken.

Die Kinder aus der alten bäuerlichen Welt spürten den
Mangel und gingen daher, solange es die Jahreszeit erlaubte, barfuß. Andere Kinder fanden ebenso nichts dabei,
tagaus, tagein ohne Schuhe auf den bloßen Sohlen zu gehen.

3   Die Doktorbuben

Auch ich als Sohn des Arztehepaares marschierte barfuß durch den Großteil des Jahres. Wir waren abgehärtet und spürten die Steine auf den Schotterstraßen und die Stoppeln auf den Feldern kaum. Lediglich die mit einem eigenartigen Teeröl eingelassenen Böden in der Schule waren mir lästig.

Wenn es im Herbst kühler wurde, wurde auch das Viehhüten, das auch mir ab und zu Spaß machte, zur Beschwernis. Daher stellte man sich, überhaupt wenn der Boden naßkalt war, in die warmen Kuhfladen. Von denen ging wohlige Wärme aus.

In den kalten Monaten freilich benötigte man Schuhe, aber die waren für die Armen nur schwer erschwinglich. Sogar die Schule besuchten wir barfuß.

Der Sohn eines Kleinbauern, der in einer hoch und abseits gelegenen Keusche aufwuchs, schildert plastisch, wie er als Kind barfuß gehen mußte: „Wir sind auch barfuß in die Schule gegangen. Sogar noch im Herbst, als schon der Reif auf den Wiesen war. Der Reif war sehr unangenehm. Es ist auch vorgekommen, daß im September, während wir in der Schule gesessen sind, es in der Höh' zu schneien begonnen hat. Da sind wir dann ein Stück bis zu unserem Haus barfuß im Schnee gegangen. Da ist uns niemand von unseren Geschwistern oder Eltern mit Schuhen entgegengegangen. Der Neuschnee war für das Barfußgehen nicht so schlimm wie der Reif, der war kälter." Und als ich ihn nach seinen Schuhen fragte, erzählte er: „Neue (!) Schuhe habe ich als Kind nicht gekannt. Alte Schuhe von anderen Leuten haben wir angezogen. Mein Vater hat sie selbst geflickt und zusammengeschustert, wenn sie kaputt waren."

Besonders spürte man als Kind das Barfußgehen beim Kühehüten, wenn man zu Herbstbeginn auf dem kalten Gras zu stehen hatte. Eine besondere Methode, es beim Kühehüten doch einigermaßen angenehm zu haben, schilderte mir der um 1926 geborene Sohn eines Kleinbauern: „Ich hatte damals keine Schuhe. Wenn es im Herbst beim Hüten kalt war, habe ich in einen Kothauen (Scherhügel) hineinge-

brunzt und habe mich darauf gestellt. So war mir auf den
Füßen wenigstens etwas warm."

Wie er nach dem Krieg zu Schuhen kam, erzählte mir der
eben zu Wort gekommene Mann so: „Den Bezugschein für
die ersten Schuhe habe ich 1948 vom kommunistischen Ge-
meinderat erhalten." Es war also nicht leicht, zu Schuhen zu
gelangen, und seien es bloß „Turnschuhe", wie mir ein Tischler, der um 1953 dreizehn Jahre alt war, ausführte: „Damals
habe ich Schnecken für eine Salzburger Firma gesammelt
und diese in Kisten verpackt. Später ist dies wegen des Na-
turschutzes verboten worden. In einem Wagerl habe ich die
Kisten zur Bahn gebracht. Nach 14 Tagen wurde mir dafür
das Geld überwiesen. Pro Steige gab es ungefähr 80 Schilling.
Das war damals sehr viel Geld. Für meinen ersten Verdienst
habe ich mir neue Turnpatschen im Konsum gekauft. Diese
Geschäfte habe ich auf den Namen meines älteren Bruders
gemacht, denn ich war noch zu jung. An meinen Bruder ist
auch das Geld überwiesen worden." Der junge Bursch freute
sich also über seine Turnschuhe, für die er immerhin fleißig
zu arbeiten hatte, denn für ihn – und auch alle anderen Buben
– waren Schuhe etwas Besonderes.

Der Wert der Schuhe wird auch in der Geschichte eines
früheren Sensenarbeiters hervorgehoben, wobei bemerkenswert ist, daß er ein Paar Schuhe nicht für sich alleine
besaß: „Ich hatte bei der Arbeit nur holzbodene Schuhe. Statt
des Leders hatte ich eine Sohle aus Holz. Es ist ja nicht so
wie heute gewesen, daß jeder Flüchtling gleich drei Koffer
mit Gewand und Schuhen bekommt. Wir bekamen damals
von niemandem etwas. Damals, 1946, habe ich und der
Schweiger Herbert für seinen Onkel am Moltersberg ungefähr 15 Meter Scheiter aufgestellt. Statt einer Bezahlung
erhielten wir miteinander vom Onkel ein Paar Schuhe für
uns beide. Zu zweit hatten wir nun ein Paar Schuhe! Ich habe
nun die Schuhe auf d' Nacht angezogen und er untertags.
Ich war 1946 20 Jahre alt und er 15 Jahre. Der Herbert hat
also am Abend eh nicht weggehen dürfen, schon gar nicht

zu einem Mensch (Mädchen), daher war es kein Problem, daß ich die Schuhe am Abend anzog. Während des Tages hatte ich ja bei der Arbeit meine Arbeitsschuhe mit Holzsohle. Ich brauchte also nur auf d' Nacht ordentliche Schuhe. Die hatte ich nun, allerdings nicht alleine."

Ähnlich erging es auch einer Kriegerwitwe, die ihre drei Kinder – es waren unsere Nachbarkinder, mit denen ich als Bub spielte – unter großen Entbehrungen alleine großzog: „Die Gerti und ich hatten miteinander ein Paar Schuhe, weil wir uns ein zweites Paar nicht leisten konnten. Die Gerti hatte mit elf Jahren schon große Füße mit der Schuhnummer 37 gehabt, und meine Schuhnummer war 37$^1/_2$. Wenn sie die Schuhe anzog, habe ich in die Schuhe Einlagen gegeben, damit ihr die Schuhe auch passen. Und wenn ich zum Beispiel nach Linz fahren mußte, dann habe ich die Schuhe angezogen. Diese Schuhe waren unsere Sonntagsschuhe. Während der Woche hatten wir alle ganz gewöhnliche Schuhe. Das war schon hart. Wie meine Kinder von zu Hause fort sind – eine Tochter hat nach Wörschach geheiratet und die andere nach Niederösterreich –, habe ich ihnen gesagt: ‚Jetzt seid ihr auf eure eigenen Füße angewiesen. Ihr müßt jetzt selbst für euch sorgen. Daß ich keine Klage höre! Ich gehe nachfragen.' Ich muß ehrlich sagen, meine Kinder sind überall gelobt worden. Wenn ich bei der Heuernte geholfen habe, damit wir etwas zu essen haben, hat eines der Mädchen das Zimmer aufgeräumt, das andere hat das Geschirr abgewaschen, und Manfred hat die Stiege gerieben. Wegen ihrer Ehrlichkeit hat man meine Kinder überall gern gehabt." Im Leben der Frau und in ihrer Erinnerung haben die Schuhe eine große Bedeutung. Es ist daher interessant, daß sie auch auf die „Füße" verweist und damit auf ihre Armut. Sie ist stolz darauf, daß ihre Kinder trotz des Lebens in Armut zu „ordentlichen" und „ehrlichen" Menschen wurden.

Schuhe hatten also – im Gegensatz zu heute – einen hohen symbolischen Wert. Wenn sie schlecht waren, so wiesen sie ihre Träger als arme Leute aus, ebenso waren schöne und gepflegte Schuhe ein Zeichen des Wohlstandes und der „Anständigkeit". Und Schuhe waren auch ein teures Geschenk zu Weihnachten. „Mein Onkel, der Bartl, war Schuhmachermeister. Zu Weihnachten machte er uns, für mich und seinen Sohn, fast jedes Jahr ein Paar Schuhe", bestätigte mir ein Bauernsohn.

Ein Schuster im Umkreis des Dorfes war der Mitterwenger Schuster, man sprach von ihm als dem „kleinen Schuster", weil er ein Liliputaner war. Bis in die sechziger Jahre hinein machte er, wie die anderen Schuster auch, Schuhe, doch dann verlegte er sich auf das Flicken von Schuhen. Damit war es im wesentlichen zu Ende mit dem Anmessen von Schuhen. Fertige Schuhe konnte man ab nun bei jenem Schuster, der sein Gewerbe nicht aufgegeben hatte, kaufen. Das Anmessen von Schuhen ist bis heute allerdings eine Sache nobler Leute geblieben.

Die Armut sah man schließlich auch am Gewand, denn es war für die kleinen Bauern, Dienstboten und Arbeiter nicht leicht, zu einer passablen Kleidung zu kommen. Billige Konfektionsware gab es noch lange nach dem Krieg nicht.

„Das Gewand hat der Schneider und die Schneiderin gemacht. Damals hat man sich kein Gewand kaufen können. Man hat sich den Stoff beim Ofner in Windischgarsten gekauft und ihn zum Schneider Rebhandl getragen. Beide, sie und er, waren Schneider. Heute läßt man sich keine Kleider machen. Das käme viel zu teuer. Heute lassen sich nur die oberen Zehntausend das Gewand machen", erinnert sich eine alte Magd. Mit Kleidung mußte man also sehr sparsam umgehen. Dienstboten dürften besonders arm dran gewesen sein. Die Frau eines früheren Korbflechters, die als Magd bei einem Bauern gearbeitet hat, weiß dies zu erzählen: „Ich bin als Dirn mit den Rössern gefahren, auch im Winter bei Kälte. Wir hatten einen Kittel an, darunter nichts, keine Hose. Aber schafwollene Strümpfe über die Knie hinauf hatten wir. Wenn der Kittel naß geworden ist, ist er

gefroren. Das hat uns nichts gemacht. Wir waren nie krank."
Man mußte sparen und sich einschränken, wollte man sich
eine gute Hose oder ein nettes Kleid beim Schneider, von
denen es damals einige gab, anmessen und nähen lassen.

Darauf verweist diese Erzählung der Frau eines Sensenarbeiters: „Vor dem Krieg ist meine Mutter mit mir im Herbst
am Abend in die Allee gegangen, um Kastanien zu sammeln.
Ich habe ihr dabei geleuchtet mit der Taschenlampe. Die
Kastanien hat sie dem Forst für die Wildfütterung verkauft.
Von dem Geld, das sie davon bekam, kaufte sie mir einmal
einen Stoff, aus dem eine Schneiderin mir einen Kittel genäht hat. Für das Nähen wollte die Schneiderin kein Geld,
weil wir eh keines hatten. Deshalb sind wir an einem Sonntag auf den Moltersberg Himbeeren brocken gegangen. Diese haben wir der Schneiderin gebracht für das Nähen. Im
Laufe der Zeit wurden so viele Flecken auf den Kittel genäht,
daß man nicht wußte, was der eigentliche Stoff ist. Ich frage
mich immer, wann war überhaupt die gute Zeit?" Viel Arbeit,
wie diese Geschichte zeigt, wendeten Frauen auf, um schad-
haft gewordenes Gewand zu reparieren. Daß jemand ein
Kleidungsstück zum Müll gegeben hat, wie es heute üblich
ist, war unvorstellbar.

Daß sogar ein alter Mantel zum Gegenstand eines Tausch-
geschäftes werden konnte, zeigt diese Erzählung eines Sensenarbeiters: „Als ich heiratete, wollte ich mir den Kasten,
das einzige Erbstück meiner Mutter, einer Dienstmagd, von
meiner Schwägerin holen. Sie hatte sich diesen Kasten um
1944 angeeignet und mir dafür einen Mantel gekauft. Dieser
Mantel war aus der französischen Uniform eines Kriegsgefangenen gemacht. Ich sagte nun zu meiner Schwägerin:
,Ich möchte meinen Kasten!' Doch sie hat gesagt: ,Ich habe
dir dafür doch einen Mantel gekauft!' Das kann man sich
heute gar nicht mehr vorstellen. Heute jammert jeder, wenn
er nicht 25 Hosen und 73 Röcke hat."

Im wesentlichen kannte der gewöhnliche Mensch nur
zwei Typen von Kleidung: das Alltagsgewand, das meist

identisch mit dem Arbeitsgewand war, und das sogenannte
Sonntagsgewand. Und auch an weißen Hemden mangelte
es. Manche Männer hatten oft überhaupt nur ein Hemd. War
dieses schmutzig, ist es sofort gewaschen worden, um am
nächsten Sonntag oder Feiertag wieder angezogen werden
zu können.

Wurde das „schöne" Gewand allmählich alt und schäbig,
wurde es zum Arbeitsgewand degradiert.

Typisch für diese alte Kultur war, daß man Kindern grundsätzlich höchstens nur eine Kleidung anmessen ließ, in die
sie „hineinwachsen" und die dann die jüngeren Geschwister
eine weitere Zeit tragen konnten. Gewisse Kleider, vor allem
Kinderkleider, stellten die Frauen selbst her.

Gerade bei Kindern war man oft nicht geneigt, große
Aufwendungen zu machen. So schilderte der Sohn einer
Magd: „Wie ich drei Jahre alt war, mußte ich einen Kittel
anziehen. Eine Hose oder so etwas hat es nicht gegeben.
Dazu war kein Geld da."

So drastisch war es zwar nicht überall, aber die Mütter
hatten viel zu tun, aus altem, abgetragenem Gewand Kleidungsstücke herzustellen.

Einen besonderen Reiz hatte übrigens die Lederhose, sie
war etwas Kostbares und eigentlich dem noblen Jäger oder
Sommergast vorbehalten.

Vielleicht war sie deswegen nicht nur für Wildschütze
interessant, sondern auch für andere Leute. Die kurze Lederhose, viele Bauern hatten nur eine solche, wurde auch
im Winter getragen, allerdings dann gemeinsam mit einer
langen Unterhose, die den schönen Namen „Gattihose" trug
und zwischen Hosenbein und Stutzen zu sehen war. Beliebt
war die Lederhose auch bei den Buben, aber ebenso bei den
Eltern, denn sie war eine Allzweckhose, die man zu allem
tragen konnte.

Schuhe und Kleider in der alten bäuerlichen und dörflichen Welt achtete man, sie waren kostbar und nicht so leicht
verfügbar. Im Gegensatz zu heute, wo Schuhe und Kleider,

4 Bauernkinder

oft als Billigware, schnell erworben, aber ebenso schnell
auch weggegeben werden. Dem modernen Menschen ist es
daher auch nicht vorstellbar, daß die Kinder dieser uralten
Kultur, die in den sechziger Jahren endet, barfuß gingen,
vom Frühling bis in den Herbst hinein, in der Schule, auf den
Straßen und beim Viehhüten.

Der lange Marsch zur Schule

Von besonderer Bedeutung für das Bauernkind war weniger
die Schule als der Weg dorthin. Es bedeutete oft ungemeine
Mühe, zur Schule zu gelangen, überhaupt wenn viel Schnee
lag. Darüber erzählt die Tochter einer Sennerin: „Aufgewachsen bin ich in einem kleinen Häusl beim Pflegerturm.
In den paar Häusern dort waren wir Armen alle beisammen.
Meine Mutter war im Sommer auf der Alm, und mein Vater
war Arbeiter beim Mark (Eisenwarenerzeuger). Wir hatten
keine gescheiten Schuhe und keine Hose. So wateten wir im
Winter – damals ist noch kein Schnee geräumt worden – zur
Schule. Der Vater ist mit uns gegangen. Man kann sich das
heute nicht mehr vorstellen. Wenn der Weg schlecht war,
haben wir fast zwei Stunden zur Schule gebraucht."
    Dieser Weg zur Schule war überhaupt das größte Problem
für die Kinder der Bauern im Gebirge. So auch für den Buben
eines Kleinbauern, der in ungefähr 1000 Meter Seehöhe in
einer kleinen Hütte, welcher ein Stall mit ein paar Kühen und
Ziegen angeschlossen war, lebte: „1939 sind wir hier herauf
zur Großhütte gekommen. Vorher waren wir dort, wo der
Stückelbauer gewohnt hat, von dort mußten wir weg, weil der
Stücklbauer seinen Altersanspruch auf dieses Haus hatte. Ich
war damals sechs Jahre alt und habe mit dem Schulgehen
angefangen. Damals gab es – zumindest bis gegen Ende der
vierziger Jahre – noch keine Straße und kein Licht. Im Haus
hatten wir Petroleumlicht. Zu Fuß sind wir einen Serpenti-
nensteig in den Ort hinunter. Mein Vater hat diesen Steig

angelegt. Damals hatten wir noch starke Winter. Da war es
schwer für uns Kinder, überhaupt zur Schule zu kommen. Im
ersten und zweiten Schuljahr ist mir der Vater oft den Weg
entgegengekommen. Damals hatten wir noch nachmittags
Schule. Wenn die Schule erst um drei Uhr aus war, so war es
im Winter, wenn die Tage kurz sind, bald dunkel beim Hinaufgehen. Und da ging der Vater mir entgegen."

Über die Härte des Schulweges erzählte mir auch der
Sohn eines Bauern, der unten im Tal, aber in einiger Entfernung vom Ort, wirtschaftete: „Das war hart, damals wurde
noch keine Straße vom Schnee geräumt. Wir mußten jeden
Tag zu Fuß in die Schule, vier Kilometer weit. Wir gingen
mit den Kindern vom Nachbarn, vom Leitl. Bei dem wohnten
nach dem Krieg viele Ausgebombte aus Wien mit ihren
Kindern, aber auch Südtiroler, die Tschurtschentaler, die
während des Krieges hierhergekommen sind." Der Marsch
in die Schule war für die Kinder aber auch „eine Hetz" und
Gelegenheit zum Spiel. Man lief im Sommer um die Wette
und ärgerte die Mädchen. Und im Winter erleichterte man
sich gegenseitig das Stapfen im Schnee dadurch, daß man
abwechselnd spurte.

Für manche Kinder war der Marsch durch den Schnee ein
besonders mühsamer: „Ich bin als Kind zehn Kilometer in
die Schule gegangen. Hin und zurück waren es 20 Kilometer, die ich unterwegs war. Wenn man ausrechnet, wie viele
Kilometer ich als Schulkind gegangen bin, wäre ich vielleicht einmal um die Welt gegangen. Im Winter sind wir
Kinder mit den Schiern gefahren, weil es leicht bergab ging.
Wenn eine schöne Bahn war, sind wir so schnell vorwärts
gekommen. Beim Heimgehen haben wir die Schier getragen, oder wir haben sie mit dem Schnürl angehängt. Nur
wenige Leute sind diesen Weg zu uns ins Holzknechthaus
gegangen: mein Vater, mein Halbbruder, meine Nichte und
ich; und hat der Briefträger etwas Wichtiges gehabt, so ist er
auch hineingegangen, aber auch Schifahrer, die zum Ad-
monterhaus wollten, hat man hier getroffen. Es sind höch-

stens vier bis fünf Leute am Tag gegangen. Meine Mutter
ging, wenn es zugeschneit war, nie hinaus, weil sie Gelenk-
schmerzen von der Arbeit auf der Wiese mit dem Vieh hatte.
Aber wir Schulkinder mußten täglich hinausmarschieren."
Wenn mehrere Kinder unterwegs waren, so war der
Marsch stets eine gemeinschaftliche Angelegenheit. Beson-
ders spannend wird dies bei einem Sohn eines Kleinbauern
in der Nähe des Hengstpasses gezeigt: „Wir waren neun
Kinder, die wir da draußen wohnten. Wenn um drei Uhr die
Schule aus war, sind wir erst um fünf Uhr heimgekommen.
Wir brauchten eine Stunde für einen Weg. Also insgesamt
zwei Stunden waren wir am Tag unterwegs.
Im Winter sind wir in die Finsternis gekommen. Dabei hat
der eine sich beim anderen beim Mantel angehängt. Vorne
gingen die Größeren, hinten die Kleineren. Oft lag tiefer
Schnee. Die Schuhe waren naß. Die gaben wir gleich zum
Ofen, denn jeder von uns hatte nur ein Paar Schuhe. Am
nächsten Tag waren die Schuhe steif, so daß man sie nicht
einmal gescheit zuschnüren konnte."

Für Marschverpflegung sorgten die Kinder meist selbst,
wie eine Bauerntochter schilderte: „Zum Schulgehen habe
ich ungefähr zehn Äpfel mitgenommen, die ich in die Schultasche steckte. Beim Hinaufgehen habe ich den ersten Apfel
gegessen."

Ältere Kinder benützten aber bald schon ein Fahrrad,
wenn sich die Gelegenheit bot, ein solches zu erwerben.
Kinderräder hatten die ungarischen Flüchtlinge mit hier-
hergebracht. Von ihnen konnte man eines gegen guten
Speck, Eier oder ähnliches einhandeln. Der Großteil der
Schulkinder hatte jedoch zu Fuß zu gehen.

Der Schulmarsch war hart für die Kinder von Bauern und
Holzknechten, die fernab des Ortes auf den Bergen oder in
der Au wohnten. Sie hatten viel Mühe aufzuwenden, um
rechtzeitig beim Läuten in der Schulklasse zu sein. Und die
Lehrer zeigten oft kein Verständnis für das Zuspätkommen
und die Anstrengungen der bäuerlichen Kinder, die auch

während der Schulstunden spüren mußten, daß es mühsam ist, dem Unterricht wachsam zu folgen. Endgültig zu Ende war diese Art des Schulgehens mit der Einrichtung des Schulbusses, in dem auch der Sohn meines Freundes, des oben zitierten Bauern, in den achtziger Jahren zur Schule geführt wurde. Erst ab jetzt bestand für das Kind eines Bauern die Chance, einigermaßen ausgeruht in der Schulbank zu sitzen.

Die schulische Leistung war früher, zumal es den bäuerlichen Eltern auch gar nicht auf eine echte Bildung ihrer Nachkommen ankam, nur selten hervorragend. In den einklassigen Volksschulen, wie sie in den Bauernweilern heute noch existieren, mit nur einem Lehrer, war es für die Kinder schwer, überhaupt Wichtiges zu lernen. So erzählte der Sohn eines Holzknechtes: „Ich hatte sicherlich auch gute Noten, aber in der einklassigen Volksschule, die ich besucht habe, da lernte man nicht viel. Am Vormittag, von 8 bis 12 Uhr waren die großen Schüler und am Nachmittag von 1 bis 3 Uhr die kleinen dran, bis zur dritten Klasse. Wir saßen schön gestaffelt. Vorne die vierte Klasse, dahinter die fünfte und die anderen. Wenn der Lehrer etwas Interessantes für die Großen erzählt hat, hat man als Viertklaßler sich alleweil umgeschaut und sich gefragt: Was erzählt der da? Einen Lehrer hatten wir, bei dem durften wir nicht schwätzen. Wenn der an der Tafel etwas geschrieben hat, er war Brillenträger, hat er es so gemacht, daß er in seinen Brillen gesehen hat, was sich hinten tut. Er hat sich nicht umgeschaut und bloß gesagt: ‚Fritz, sei ruhig!‘ Wir haben den Lehrer aber dennoch heiß geliebt!"

Für die alte Schule in der bäuerlichen Zeit war also mitunter nicht nur ein langer Schulweg typisch, der aus eigener Kraft hinter sich gebracht werden mußte, sondern auch eine eigentümliche Beziehung zur Bildung, die als nicht notwendig begriffen wurde – und eine hohe Achtung vor den älteren Menschen: wie den Eltern, den Tanten, Onkeln, Großeltern, dem Pfarrer und eben dem Lehrer. Für das Kind im Dorf war es daher selbstverständlich, jedermann höflich zu grüßen.

Genau in diesem Sinn prägte meine Mutter, wie ich schon erzählt habe, meinem Bruder und mir ein, erwachsene Leute, sei es der Herr Pfarrer oder eine „gewöhnliche" Stalldirn, als erster mit einem Gruß zu bedenken. Heute noch meinen daher die alten Leute in meinem Heimatort: „Lausbuben waren sie, die Doktorbuben, aber sie haben freundlich gegrüßt."

In all dem hat sich allerdings im Laufe der Zeit viel geändert.

Beschenkte und bettelnde Kinder

Für das Leben der in der bäuerlichen und dörflichen Armut aufwachsenden Kinder war noch etwas von ungemeiner Bedeutung: nämlich die Chance, zu bestimmten Zeiten und von gewissen Personen Geschenke zu erhalten oder diese zu erbetteln. Solche Gaben, die vorrangig dem Verzehr dienten, wie Eier und Bäckereien, stellten einen Ausgleich zu den üblichen Tagen des Darbens und Sparens dar. Man freute sich als Kind also ständig darauf, sich wieder einmal ordentlich an Naschereien satt essen zu können.

Zu den für die Kinder bedeutungsvollen Personen, von denen man sich mit gutem Recht etwas zu gewissen Feiertagen erwarten durfte – es bestand beinahe eine Art Rechtsanspruch –, gehörten die Firm- und Taufpaten beziehungsweise die Firm- und Taufpatinnen. Bei der Firmung erhielt man eine Uhr und ein Firmungsbüchl. Und auch sonst erhoffte man zu den kirchlichen Hochfesten wie Weihnachten und Ostern angenehm schmeckende Dinge.

Zu Ostern erwartete man sich vom Taufpaten, vom Göd, oder der Taufpatin, von der Godel, Ostereier und Süßigkeiten, die den Patenkindern feierlich überreicht wurden, wenn diese in freudiger Erwartung, sauber gewaschen und

freundlich gekleidet erschienen. Zu Ostern war es das Go-
denkipfel oder zu Allerheiligen der Allerheiligenstriezel, die
genußvoll verzehrt wurden.

Als Paten oder Patinnen wählten die Eltern wohl vorrangig jene Bekannten und Freunde aus, von denen man auch
erwarten durfte, daß sie die Patenkinder auch entsprechend
mit Geschenken versorgen konnten. Manche angesehenen
und nicht unbedingt armen Leute hatten bis zu sechs Patenkinder, die sie regelmäßig zu beschenken hatten.

Gerade zu Ostern erfreute man sich an den hartgekochten
und bemalten Ostereiern, die allen gut schmeckten und
nahrhaft waren. Diverse Bräuche wie das Eierpecken, bei
dem man das vom eigenen Ei durch „Pecken" ruinierte Ei
des Gegners erwerben konnte, hatten also nicht bloß Wett-
bewerbscharakter, sondern auch den „gewöhnlichen" Sinn,
sich weitere Nahrungsquellen zu erschließen.

Die Kinder in dieser Zeit der Armut erfreuten sich an all
diesen Bräuchen, zu denen auch gewisse Formen des Bet-
telns gehörten. So zogen Buben zu Neujahr oder zu Ostern
durch die Gegend von Bauernhof zu Bauernhof und sangen
Lieder, um dafür ein paar Groschen oder Bäckereien zu
erhalten. Das Singen der als „Heilige Drei Könige" verklei-
deten Burschen nützte damals weniger der Kirche als den
Sängern selbst, die sich an dem Erbettelten erfreuten. Ich
marschierte selbst einmal in den Faschingstagen mit ein
paar Buben zu Bauersleuten, vor denen wir irgendwelche
wilden Lieder – ich selbst sang furchtbar falsch – zum besten
gaben.

In dieser Kultur der Armut hatten also die Bettelnden
ihren Platz, und für die Bedürftigen hatte man etwas bereit.
Eine bemerkenswerte Einrichtung, die heute verschwunden zu sein scheint, war, daß begüterte Familien im Dorf am
Tag der „unschuldigen Kinder", am 28. Dezember, ein oder
zwei Kinder aus notleidenden Familien zum festlich gedeck-
ten Mittagstisch einluden. Meine Eltern, so erinnere ich
mich, luden Ende der vierziger Jahre Kinder der in Spital am

Pyhrn in den Kriegswirren gestrandeten Flüchtlinge aus
dem Süden und Osten Europas ein. Auch erinnere ich mich,
daß diese Kinder kräftig zulangten, was meine Mutter ge-
freut haben dürfte. Wie selbstverstandlich in der damaligen
Zeit das Betteln begriffen wurde, darauf verweist auch diese
Geschichte eines meiner Schulfreunde, des Sohnes eines
Tischlers: „Mein Vater war in den Nachkriegsjahren im
Kriegsgefangenenlager in Glasenbach eingesperrt. Meine
Mutter hatte sich um uns fünf Kinder alleine zu kümmern.
Sie hatte es furchtbar schwer, weil kaum etwas zu essen da
war und sie nicht arbeiten konnte. Daher gingen wir Buben
zu den Bauern fechten (betteln). Hie und da marschierte die
Mutter mit. Wir erbettelten so Schmalz und Mehl, mit dem
die Mutter schon etwas anfangen konnte. Auch haben wir
im Herbst, wenn wir von der Schule heimgingen, Äpfel und
Birnen aufgeklaubt.

Dieses Obst gaben wir in eine Schachtel, die jeder von uns
unter dem Bett stehen hatte. Wir waren sehr sparsam und
nahmen uns nur selten Birnen oder Äpfel, erst wenn sie
weich waren, heraus. Wir waren damals wirklich arm. In
zwei Räumen lebten wir im Alpenhof zu sechst und, als mein
Vater heimkam, waren wir sieben." Der Alpenhof war übrigens früher ein Hotel und diente nach dem Krieg der Unter-
kunft armer Leute. Ab den sechziger Jahren beginnen die
Bewohner auszuziehen und sich im Dorf und seiner Umgebung eigene Häuser zu bauen.

An dieser früheren Kultur der Armut fällt auf, daß die
Kinder wichtige Funktionen der Erwachsenen übernehmen, nicht bloß bei der Stallarbeit und am Feld, sondern
auch, was das Betteln anbelangt – dies wollte ich mit obigen
Ausführungen zeigen. Diese alte Zeit war reich an Gelegenheiten, um nahrhafte Geschenke einzuheimsen – entweder
aufgrund der Verpflichtung der Patenleute oder eben als
Bettler.

Heute gibt es keine bettelnden Dorfkinder mehr, und die
Geschenke der Paten haben eher eine brauchtumspflegeri-

sche Funktion. Und die Freude an den kleinen Geschenken und erbettelten Dingen scheint dem heutigen Kind verlorengegangen sein, es kennt nicht mehr den Hunger und die Rufe der Eltern zur Bescheidenheit und zum Sparen.

Das Abenteuer des Spieles im Heu, im Wald und auf der Straße

Zeit zum Spielen gab es für das Kind am Bauernhof wenig, überhaupt dann, wenn Arbeit anstand, wie in den warmen Tagen, an denen das Heu eingebracht werden mußte oder wenn das Vieh zu betreuen war.

Aber dennoch wußten auch die Kinder in der alten bäuerlichen und dörflichen Kultur zu spielen. Allerdings gehörten zu den Spielen dieser Buben und Mädchen solche, die an Abenteuer erinnern. Das moderne Kind, auch das am Land, wird auf sogenannte Abenteuerspielplätze geschickt, wo innerhalb eines abgegrenzten Raumes und vielleicht sogar unter pädagogischer Aufsicht diverse Turnübungen durchgeführt werden dürfen. Ganz anders war es bei den Kindern am Dorf und bei den Bauern, denn dort gehörte grundsätzlich alles zum Bereich des Spieles und des Abenteuers: der Stall, der Heuschober, die Wiese, die kleinen Wälder, die Kirschbäume und die Straße.

Ich selbst verbrachte viel Zeit an den Nachmittagen nach der Schule mit meinem Freund Pepperl, dem Sohn eines Bauern, damit, mich im Heu herumzutreiben. Das Heulager, das über dem Stall eingerichtet war, bot wunderbare Gelegenheiten zum Versteckspiel oder bloß, um im Heu zu wühlen. Hier und da fanden sich Eier von Hennen, die in der wohligen Wärme des Heues ihre erwünschte Tätigkeit des Eierlegens durchführten. Für das Bauernkind verband sich also der Gegenstand der Arbeit, wie eben das Heu, mit dem Spiel. Darauf verweist ein früherer Bauernbub: „Wir mußten schwer beim Heuen arbeiten. Mir hat diese Arbeit gefallen.

Das Heu mußte im Stadl bis in die Schrägen unter dem Dach gestopft werden. War der Stadl voll, spielten wir im Heu und bauten Löcher hinein."

Aber auch auf der Straße spielten Kinder.

Spannend waren die „Räuber und Gendarm"-Spiele, bei denen „Räuber" und „Schanti", wie wir zu den Gendarmen sagten, ausgezählt wurden. Es ist kulturanthropologisch interessant, daß wir Buben lieber „Räuber" sein wollten als „Gendarmen". Es mag dies an der nicht ganz erklärlichen Faszination der Ganoven liegen. Jedenfalls versteckten wir uns als Räuber in den Bäumen und Büschen oder auch im Heu.

Es waren vorrangig die Buben, die sich im wilden Spiel gebärdeten, gerade in den Jahren, in denen die amerikanischen Soldaten im Dorf waren. Vom Kaugummi, den Buben sich selbst aus Harz herstellten, habe ich vorhin schon erzählt. Von einer besonderen Attraktivität waren die Zigaretten der „Amis", die die Buben heimlich rauchten. Erwischten die Eltern einen bei dieser verpönten Tätigkeit, so mußte man mit einer Ohrfeige rechnen. Eine beliebte spielerische Tätigkeit war das Aufstellen von kleinen, oft sehr kunstvollen Hütten.

Sogar in die Wälder spazierten die Buben, um ihre „Hütterln" zu errichten und in diesen zu spielen. Die Mädchen durften dabeisein, allerdings gaben die Mädchen mehr dem Spiel mit den Puppen den Vorzug. Zu den gemeinsamen Spielen von Buben und Mädchen gehörte das „Versteckspiel", bei dem ein Teilnehmer oder eine Teilnehmerin „einschauen", also wegschauen mußte, während die anderen sich versteckten. Auf ein bestimmtes Zeichen hin begann die Suche. Bemerkenswert war auch ein Spiel, das sich „Schneider, leih mir die Schere!" nannte. Es handelte sich dabei um ein „Fangenspiel", von denen es viele gab.

Der- oder diejenige, der oder die die anderen zu fangen hatte, wurde durch einen Auszählreim gekürt. An einen geheimnisvollen davon erinnere ich mich. Bei diesem hielten die Teilnehmer die Fäuste vor sich, einer klopfte mit seiner rechten Faust darauf und sagte wiederholend den magischen Spruch: „Am dam des, diese male pes, diese male pumpernes, am dam des." Jeweils beim Ende dieses Spruches wurde eine Faust weggegeben. Dann wurde der Spruch wiederholt. Dies ging solange, bis nur eine Faust übrig war. Deren Besitzer war dann derjenige, der die anderen zu suchen oder zu fangen hatte. Die Kinder verfügten über eine eigene Spielkultur, die hier nur angerissen werden kann, die aber den Kindern ein spannendes Reich eröffnete.

Unsere Spiele, die uns zu weit abgelegenen Kleinbauern und den dort wohnenden Kindern führten, waren mitunter auch gefährlich. So, wenn wir an Felswänden nach Petergstamm suchten oder uns an Bäumen gleichsam wie Affen an Seilen schwangen. Über so ein gefährliches Abenteuer, bei dem ich körperlich in Mitleidenschaft gezogen wurde, erzählte mir ein alter Freund, der Sohn eines Kleinbauern, der in einer kleinen Hütte, neben der ein Ziegenstall war, aufwuchs, folgendes: „An einer Fichte, sie steht heute noch, haben wir die Äste abgeschnitten und in ungefähr 15 Meter Höhe einen starken Eisendraht angebracht. Am unteren Ende des Drahtes haben wir ein Wurzelstück befestigt. An diesem hielten wir uns, wenn wir uns um den Baum – es ging bergab – schwangen. Wie du geschwungen bist, ist das Wurzelstück durch die Fliehkraft abgebrochen. Heute sehe ich es noch, wie du geflogen bist. Mit dem Rücken voran bist du hinuntergesegelt. Zum Glück war da ein Gefälle und ein Erdäpfelacker. In diesen bist hineingeflogen. Mit dem Rükken bist du aufgekommen und hast im Moment keine Luft bekommen. Ich habe große Angst um dich gehabt. Um Gottes willen, dachte ich, der stirbt. Ein Malheur, dachte ich. Ich habe dich dann aufgehoben und umgedreht. Dann hast du wieder geatmet und hast zu jammern begonnen. Gott sei Dank, er lebt noch! Deinem Vater haben wir das damals nicht gesagt. Erst Jahre später habe ich deinem Vater diese

Geschichte erzählt. Er hat gesagt: ‚Solche Dinge erfährt man erst, wenn die Kinder groß sind.'"

Das frühere Spiel der Buben am Dorf war ein ungleich größeres Abenteuer, als es heute ist, in einer Zeit, in der das Kind mehr oder weniger wohlbehütet aufwächst.

Allgemein hieß es damals, wie schon eingangs gesagt: „Ein richtiger Bub muß ein Taschenmesser, eine Schnur und Nägel in seiner Hosentasche haben. Sonst ist er kein richtiger Bub!" Warum gerade Nägel zu dem Zubehör eines „richtigen Buben" gehörten, ist mir unklar, aber Messer und Schnur waren immer zu brauchen.

Zum Spiel der Kinder gehörte auch das Schifahren und speziell das Schispringen über Schanzen. Darauf gehe ich in einem späteren Kapitel näher ein.

Typisch für die Kinder und Jugendlichen am Dorf früher war die Bildung von Banden. Es gab regelrechte Kämpfe zwischen den Buben verschiedener Dorfgegenden. So bildeten die Buben um den Alpenhof ebenso eine Bande wie die Buben, die beim Stift wohnten, wie die vom Lager, in dem die Flüchtlinge untergebracht waren, oder die Buben aus der Gegend des Bahnhofes. Das aufgelassene ehemalige Stiftsgebäude, das heute noch kurz als das „Stift" bezeichnet wird, beherbergte in den Jahren nach dem Krieg nicht wenige Familien mit Kindern, zu denen Ungarnflüchtlinge ebenso gehörten wie Leute, die es nach 1945 hierher verschlagen hatte. Und das Lager mit seinen Flüchtlingen aus dem Südosten Europas gibt es nicht mehr. Es war also ein buntes Kinderleben auf den Straßen und abseits des Dorfes. Zu diesem gehörten aber auch die Banden und deren Kämpfe.

Über solche Kämpfe erzählte mir ein alter Jugendfreund dies: „Wir haben immer gegen die Stiftler (die Buben vom Stift) gekämpft oben auf dem Josefiberg. Mein Bruder (er war damals ungefähr 13 Jahre alt) war Häuptling, und der Pfister war Medizinmann. Bei diesen Kämpfen ist es wild zugegangen. Wir hatten Schilder und bewarfen uns mit

Steinen. Und es ist richtig gerauft worden." Auch ich erinnere mich an eine „Schlacht" zwischen uns Buben vom Ort gegen die Buben vom Bahnhof. An die 40 Buben waren daran beteiligt. Unser Häuptling war der sogenannte Schürer-Ferdl, ein verwegener Knabe, der mir, der ich damals vielleicht neun Jahre alt war, mit seinen 13 Jahren mächtig imponierte. Dieser Schürer-Ferdl führte also den Kriegszug an, der sich durch einen Wald unweit des Bahngleises zog. Einmal meinte er – dies bleibt mir unvergessen –, man müsse jetzt Späher ausschicken und: „Vier Augen sehen mehr als zwei." Besonders letzter Satz war für mich damals voll der Weisheit, und ich war mir sicher, von einem würdigen und blitzgescheiten Häuptling angeführt zu werden. Im Wald kam es dann auch zum Kampf. Wir waren bereits von den gegnerischen Buben erwartet worden. Mit aus Haselholz hergestellten Speeren und Steinen gingen wir aufeinander los. Im Laufe des Gefechtes gab es einige kleinere Verwundungen und eine stärkere: dem Hermann Greiner ging durch einen Speerwurf ein Ohr entzwei. Da der Krieger gewaltig blutete, mußten wir mit ihm den Arzt, also meinen Vater aufsuchen. Ich war mächtig stolz darauf, da auf diese Weise auch mein Vater in das Kriegsgeschehen eingebunden wurde.

Diese Geschichte ist ein gutes Beispiel für das wilde Spiel der Kinder, das es heute kaum mehr gibt, aber auch nicht mehr geben kann, schließlich fehlt es an Kindern im Dorf.

Bubengemeinschaften waren damals von größerer Bedeutung als heute. Die Buben organisierten sich selbst, sie benötigten keine Institution, wie den Schiverein, um Veranstaltungen durchzuführen.

Aber daneben gab es noch eine Vielzahl von Spielen, mit denen sich die Buben und Mädchen die Zeit auf der Straße vertrieben. Dazu gehörte Fußball genauso wie das berühmte „Kugerlspiel", das heute gänzlich in Vergessenheit geraten ist. Für dieses Spiel wurde mit dem Absatz des Schuhs im schottrigen Boden ein Loch gedreht, in das man dann die

Kugeln hineinschieben sollte. Der, der die meisten Kugeln in diese Aushöhlung zu rollen wußte, war der Sieger und erhielt als Preis alle Kugeln, die im Loch und um dieses herum gelandet waren. Ähnlich ging es auch beim sogenannten „Anmäuerln" zu, bei dem Geldstücke in die Nähe eines Strichs oder einer Mauer zu werfen waren. Sieger war der, der am nächsten herankam. Ihm gehörten alle geworfenen Münzen. Spiele dieser Art verfolgten einen sehr materiellen Sinn, denn sie waren stets mit Gewinnen verknüpft, über die man sich damals heftig freuen konnte. Spiele aller Art erfreuten die Phantasie der jungen Leute. Viele dieser Spiele sind verlorengegangen, man weiß von ihrer Existenz heute nur mehr wenig. Sie künden von einer vergangenen Zeit, in der Kinder noch nicht vor einen Fernsehapparat gesetzt werden konnten und in der vor allem die Buben gemeinschaftlich unterwegs waren und spielten: im Heu, im Wald und auf der Straße.

Aufklärung, Fensterln und Heirat

Die alte bäuerliche, aber auch bürgerlich-dörfliche Kultur war wohl auch dadurch geprägt, daß man über Sexualität mit den jungen Leuten so gut wie nicht sprach. Die Sexualität wurde in den Bereich des Geheimnisses verdrängt, und man überließ es dem Zufall und dem Geschick der heranwachsenden Kinder, selbst im Gespräch mit Freunden oder durch einschlägige Witze dahinterzukommen, was einem auf dem Gebiet der Geschlechtlichkeit noch alles bevorstand. Obwohl meine beiden Eltern biedere Landärzte gewesen sind, konnten sie sich in den fünfziger Jahren nicht das Herz fassen, mir als dem ältesten ihrer Sprößlinge etwas über die sexuelle Beziehung zwischen dem männlichen und dem weiblichen Teil unserer Welt zu erzählen. Mir war es also überlassen, mich selbst auf heimliche Weise zunächst über die Anatomie des weiblichen Körpers zu unterrichten.

Dazu diente mir ein altes Brockhaus-Lexikon, in dessen Anhang eine herausnehmbare nackte Frauenfigur zu finden war. Das Besondere dieser Dame war, daß man sie aufblättern konnte. So erfuhr man einiges über die Innereien des Weibes wie Gebärmutter und Eileiter. Auch ein altes Hebammenbuch, das ich in der Ordination meines Vaters entdeckte, verhalf mir dazu, mein spärliches Wissen zu erweitern. Ein Wissen nämlich, das ich mir im Kontakt zu Schulfreunden allmählich durch Witze erworben hatte. Meine Mutter erzählte mir allerdings dann doch einiges, als sie mich dabei erwischte, wie ich heimlich die aufblätterbare Dame studierte. Aufklärung war also für mich ein echtes Abenteuer, das ich heute nicht missen will, denn es lag wohl mehr Zauber in dieser Art der Entdeckung der Geschlechtlichkeit als in der heute üblichen Form der direkten Konfrontation mit der Technik oder Mechanik des Geschlechtsapparates, wie sie moderne Lehrer unternehmen.

Allerdings hatte die alte Form der Selbstaufklärung auch ihre Nachteile, besonders bei den Mädchen, wenn diese plötzlich mit der Menstruation überrascht wurden. So erging es auch einer Bauerntochter: „Ich bin nie aufgeklärt worden. Meine erste Regel habe ich beim Holzführen bekommen. Ich wagte damals niemanden gleich zu fragen, was da mit mir los ist. Zuerst erzählte ich es der Frau Kerschbaumer, in deren Haus wir während des Holzführens wohnten. Erst dann habe ich es meiner Mutter erzählt. So erhielt ich meine erste Binde, das war eine Stoffbinde, die man immer wieder ausgekocht hat."

Für die Mädchen war es wohl nicht leicht, aber dennoch scheint in der Erinnerung der damaligen Bauernburschen das Lüften des Geheimnisses der Sexualität durch Gleichaltrige einen besonderen Zauber gehabt zu haben. Es machte offensichtlich auch Spaß, auf der Straße, beim gemeinsamen Schulgang oder am Feld aufgeklärt zu werden. Und man näherte sich den Mädchen mit aller Vorsicht, gleich einem Entdecker fremden Eilandes, der nicht weiß, was ihm blüht.

In diesem Sinn berichtete mir ein früherer Bauernsohn:
„Mir kommt vor, daß es früher schöner war. Im stillen hat
man sich zum Mädchen geschlichen, so daß einen niemand
sieht. Leise klopfte man beim Fenster an. Vielleicht hat sie
aufgemacht. Heute wissen die Kinder alles, und alles ist
erlaubt." „Früher war es schöner", betonte er noch einmal.
Das Geheimnis umgab eine eigenartige Spannung, allerdings konnten sich daraus auch Probleme vielfältiger Natur
ergeben, vor allem bei den Mädchen, wenn es um die Menstruation ging. Daher meinte eine heutige Bäuerin zu mir:
„Wenn ein Kind mit einer Frage kommt, so soll man ihm
erzählen, was es wissen will. Die Kinder am Land haben es
da sicher leichter, sie sehen ja, wie es bei den Tieren zu-
geht." Aber obwohl es für das Kind am Bauernhof offenkun-
dig war, wie die Kuh kalbt oder das Schwein wirft, wußte es
in früherer Zeit nur wenig über die Sexualität des Menschen. Aber hierin lag das Faszinierende im Kontakt zwischen Burschen und Mädchen. Für beide – zumindest bis zu
einem Alter von ungefähr 17 oder 18 Jahren – war es nicht
leicht, zusammenzukommen. Die bäuerlichen Eltern fanden es für die Arbeit und das Leben am Hof eher hinderlich,
wenn junge Mädchen, dazu gehörten auch die Dirnen, sich
schon früh auf Burschen einließen. Daher mußte man heimlich den Weg zum Mädchen finden, einzeln oder gemeinsam
mit anderen Burschen, die sich gegenseitig Mut machten.
Zu den Möglichkeiten, mit dem Mädchen ins Gespräch zu
kommen, gehörte der Besuch religiöser Veranstaltungen
wie die Maiandachten und der Marsch zur Kirche. „Solche
Sachen nützt man aus. Vielleicht war irgendwo ein Tanz, ein
Musikfest oder ein Trachtenfest oder beim Maibaumumschneiden. Getroffen hat man sich auch beim Kirchgehen.
Oder man ist gemeinsam ins Kino gegangen.
    Früher gab es weniger solche Gelegenheiten als heute, da
jeden Tag etwas los ist." Bei den Dorffesten, zu denen auch
Hochzeiten gehörten, saßen die Burschen beisammen und
äugten zu den ebenfalls miteinander schwatzenden Mäd-

chen, tranken ihr Bier und versuchten, durch scherzendes Lachen auf sich aufmerksam zu machen.

Aber die klassische und geradezu ritualisierte Form des heimlichen Sichbegegnens war das Fensterln.

Dies erzählte ein Bauernbursch so: „Wir sind gerne zum Fenster eines Mädchens gegangen. Oft waren wir dazu ein paar Burschen beinander gewesen. Wir haben uns gesagt: ‚Jetzt schauen wir zu der oder der und klopfen am Fenster an.' Die hat sich sicher gefreut. Das Madl hat dann wieder gesagt: ‚Seids nicht so laut! Wenn das der Vater hört, kommt er und verjagt euch!'"

Wurde jemand damals vom Bauern beim Fensterln erwischt, konnte es zu ernsten Schwierigkeiten kommen, wie ein Bauernbursch schilderte: „Erwischte der Bauer einen, so war das ein Malheur. Heute kann man überall öffentlich ein Mädchen ansprechen und mit ihr spazierengehen. Das war ein Wahnsinn, wie die Leute aufgepaßt haben. Die Alten waren zwar selber einmal jung und haben auch gefensterlt, aber trotzdem haben sie gepaßt. Meist sind zwei bis drei Menscher (Mädchen) in einer Kammer gelegen. Mochte das Mädchen den Burschen nicht, so hat sie es dem Bauern erzählt. Und der hat ihn dann verjagt."

Mädchen, die hartnäckig dem zum Fenster wallenden Burschen widerstanden, konnten bisweilen Opfer von kleinen Bösartigkeiten werden. Ein um 1941 geborener Bursche, bei dessen älterer Schwester um 1950 gern mancher gefensterlt hätte, erzählte mir: „Im Hof hatten wir einen rinnenden Brunnen. Damals war ich noch ein kleiner Bub. Da haben Burschen, die meine Schwester nicht beim Fenster hineinließ, ein Jauchenrohr beim Brunnen angeschlossen und haben so Wasser in das Zimmer meiner Schwester geleitet." Man wollte sich also an jenen Mädchen rächen, die sich standhaft verweigerten. Aber es gefiel den Mädchen freilich, wenn sie merkten, wie attraktiv ihr Fenster war. Eine Bauerntochter, die am Beginn der fünfziger Jahre ihre Erlebnisse hatte, erzählte: „Heute ist es nicht mehr so schön

wie früher. Zum Fensterln sind oft ein paar Burschen gemeinsam gekommen. Dabei gab es unter ihnen richtige
Rivalitäten, daher hat einer zum Beispiel Zuckerln mitgebracht, die damals selten waren, als Geschenk für das Mädchen. Früher, vor dem Krieg, haben die Burschen noch
gesungen vorm Fenster. Fensterln war an keine Zeit gebunden. Sommer und Winter ging man zum Fenster."
Um das Mädchen auf die vor dem Fenster wartenden
Burschen aufmerksam zu machen, sagten diese sogenannte
Gasselsprüche auf, von denen es eine Menge gab. Einige
Kostproben schrieb mir ein früherer Bauernbursch auf, der
früher als schneidiger Wildschütz einiges Ansehen genossen hatte:
„Hochgelobt und gebenedeit, haben die Bauern schöne
Weiberleut. Hochgelobt und gepriesen, beim Menscherfen-
ster bin ich schon lange nicht mehr gewesen."
Oder: „Auxl, dipauxl, aufi über d' Leitn, aufi auf Habern-
kapelln, hat der Pfarrer a rupfene Mess' glesen, gell Dirndl
bist dabei gwesen." Der Ausdruck „rupfene Messe" soll wohl
auf die „rupfene", also aus Leinen gearbeitete Bettwäsche,
unter der sich beide, Bursch und Mädchen, vielleicht vergnügten, verweisen.
Oder: „Geh Dirndl, schau auße ein weng auf d' Erd, was
da für ein schöner Gasselbub steht."
Oder: „Auf und auf, ein barchats Gwandl, a Gsicht wia a
Einbrennpfandl. A Paar verhatschte Schua, geh Dirndl, is da
net ein schöner Gasslbua. Geh Dirndl drah di (dich) a weng
danna von der Wand, daß dir ka Maus einirennt."
Oder: „Dirndl, i klopf heut bei dir a, i hab noch einen bei
mir, der is noch a weng menscha-schier (mädchenscheu)."
Oder: „Zum Schiabn (Schieben) und zum Taucha ist der
Lackl a zu braucha." Hier wird direkt Bezug zum Zeugungs-
instrument genommen. Geradezu poetisch, aber doch auch
direkt klingt es hier an: „An Wischbaum zu der Nadel, einen
wagenseilern Zwirn – geh Dirndl willst mir net das Hosen-
türl reparieren?!" Heiter werden hier der Wischbaum, der

zum Niederbinden des Heus dient, und das Wagenseil, mit dem dieser niedergebunden wird, herangezogen, um das Begehren des jungen Burschen deutlich zu machen. Zur Anpreisung der eigenen Qualitäten und zur Diffamierung des Konkurrenten beim Fenster wird dieser Spruch eingesetzt: „Dirndl, sei gscheit, nimm den Buam, der di freut, und loß den oan (einen) Kloan bei der Saustalltür loan (lehnen)." Das Fensterln, das wohl eine uralte Tradition hat, hat also gewisse rituelle Sprüche entstehen lassen, die es dem jungen Burschen erleichtern, sich dem Fenster des Mädchens zu nähern.

Es war aber nicht immer leicht, wenn das Mädchen bereits dem Abenteuer zugestimmt hatte, durch das Fenster in die „Menscherkammer" zu gelangen, überhaupt wenn das Fenster, wie es bei den alten Bauernhäusern üblich war, ein enges eisernes Fensterkreuz besaß. Aber es gab geschickte Burschen, die dieses Hindernis durch Gelenkigkeit, aber auch mit Gewalt überwanden. Darauf geht ein heute älterer Bauer ein, aus dessen Augen eine gewisse Gerissenheit blitzt, schließlich war er ein auch bei den Mädchen hoch angesehener Wildschütz: „Ich war allweil ein wenig schlank, dadurch bin ich allweil durchs Fensterkreuz gekommen, auch wenn es eng war. Die anderen sind nicht hereingekommen. Einmal haben wir den ganzen Fensterstock herausgerissen, aber ihn wieder so eingesetzt, so daß man nichts gemerkt hat. Wenn einer hinein zum Mädchen wollte, brauchte er bloß den Fensterstock herausnehmen. Dies ging solange, bis der Bauer draufgekommen ist."

Ein Bursch lernte vom anderen, wie er beim Fensterln vorzugehen hatte. Manchmal waren sie daher zu zweit oder dritt unterwegs, um bei einem Mädchen zu fensterln. Das Fensterln als klassische Form der Begegnung übte einen großen Reiz bis zumindest gegen Ende der fünfziger Jahre aus. Flehentlich baten daher scheue Burschen ihre verwegeneren Freunde, sie doch zum Fenster begleiten zu dürfen. So wurde das Fensterln zu einem gemeinsamen Abenteuer

der Burschen, zu dem man sich gerne traf, denn immerhin
war das Fensterln ein billigeres Vergnügen als der Besuch
des Wirtshauses. „Wir haben uns oft zwei-, dreimal in der
Woche getroffen, aber meist nicht im Gasthaus, denn Geld
hatten wir keines. Meistens trafen wir uns beim Fensterln.
Ich habe mich aber immer bald abgeseilt von den anderen,
ich war lieber beim Fensterln alleine", erzählte mir dazu der
oben erwähnte frühere Wildschütz, der offensichtlich höchs-
tes Ansehen bei den Bauernmädchen genossen hat und der
heute meint, die heutige Zeit habe viel gegen früher verloren, denn es fehle ihr der Zauber des Fensterlns. Und die
Mädchen machten es den Burschen nicht leicht, wie mein
Gesprächspartner weiter erzählt: „Es war nicht immer einfach, ein Madl herumzukriegen. Den Madln war es einge-
drillt, sich mit Burschen nicht einzulassen. Die meisten
haben sich aber dann doch nicht daran gehalten."

Aber manches Mädchen wehrte sich in übler Weise vor
den fensterlnden Burschen. Dazu schilderte mir ein alter
Klassenfreund dies: „Die Rosl war beim L. Dirn, sie ist die
heutige Frau R. Zu der sind sie gern fensterln gegangen.
Beim L. war überall ein Fensterkreuz. Man konnte also nicht
durchs Fenster in die Kammer. Als wieder einmal Burschen
bei ihr fensterln wollten, hat sie ihnen einfach den Scherb'n
(den Nachttopf) hinaufgeschüttet. Diese Burschen, es waren
die Fuhrleute beim L.-Bauern, revanchierten sich; als sie
einmal nicht am Hof war, zerlegten sie ihr Bett, so daß sie
dies nicht sehen konnte. Als sie heimkam und sich nieder-
legte, krachte das Bett zusammen. Jeder von den Burschen
hat auf diesen Augenblick gewartet und sich gefreut." Das
spröde Mädchen wird hier zum Gegenstand des Juxes. Interessant an dieser Erzählung ist übrigens auch, daß die Rosl
als L.-Rosl bezeichnet wird. Ihr Vorname verbindet sich mit
dem Namen des Hauses. Ihr Nachname ist dabei unwichtig.
Ähnlich ist es, wenn ein Bursch zu einer Bäuerin hinheiratet,
auch hier erhält er den Namen des Hauses.

Eine spannende Geschichte aus der Zeit der ausgehenden

fünfziger Jahre erzählte mir ein damals 17 Jahre alter Bursch:

„Ich bin auch fensterln gegangen, und zwar zur Maria. Sie war die Tochter eines großen Bauern, sie hat mir gefallen. Zu ihrem Fenster bin ich. Sie hat mir gesagt, wo ihr Fenster ist und daß dieses vergittert ist und daß der Vater ‚recht aufpaßt‘. Unter ihrem Fenster war eine schöne Sonnenbank. Am Haus war ein Spalier mit wildem Wein. Ich habe mich unten bis auf die Unterhose und ein Leibl ausgezogen. So bin ich das Spalier hinaufgekraxelt zum Fensterkreuz, und durch das Fenster bin ich in das Zimmer – damals war ich noch schlanker als heute. Ein paarmal kam ich so zu meiner Freundin. Dann dürfte der Vater etwas spitzbekommen haben. Wieder einmal war ich vor dem Haus, ich ziehe mich aus. Das Gewand habe ich unter die Sonnenbank gesteckt. Dann bin ich hinaufgekrallt zum Fensterkreuz. Und wie ich durch das Kreuz hineinkrieche, gerade war ich mit dem Bauch drinnen, geht das Licht an. Steht ihr Vater im Zimmer, mit einem Stock in der Hand, und sagt: ‚Da hab’ ich dich, du Gimpel!‘ Dieses Bild sehe ich heute noch vor mir. Mit dem Spazierstock in der Hand hat der Bauer vor meinem Gesicht herumgefuchtelt. Ich hab’ mich sofort zurückgezogen, dabei hat sich mein Leiberl zusammengewuzelt. Die Spaliersprossen an der Wand habe ich mit meinen Füßen nicht mehr gefunden. Aber irgendwie bin ich hinuntergekommen. Der Vater hat mir eh nichts getan. Er hat mich nur erschreckt. Schnell war ich weg.“

Dieses Abenteuer, bei dem ein kriegerischer Vater sich um das Wohl der Tochter Sorgen machte, hatte ein Nachspiel, als dieser Bursche, er war Briefträger, am nächsten Tag mit der Post den Bauern aufsuchte: „Ich bin schnell mit der Post hineingerannt, denn der Vater war gerade nicht im Zimmer. Er war hinter dem Haus. Ich habe die Post hingelegt, und wie ich schnell wieder hinaus will, steht der Vater da. ‚Ah‘, sagt er, ‚der Gustl, nicht so schnell. Komm zurück!‘ Er war dann freundlich und hat mir eine Jause gegeben.

Somit war ich offiziell aufgenommen. Und bin dann mit ihr
eine Zeit gegangen. Einmal war ich mit ihr auf der Hofalm,
um mit ihr am nächsten Tag auf den Pyhrgas zu gehen. Wie
wir so auf dem Lager liegen, sagt sie zu mir: ‚Du hast einmal,
wenn du mich heiratest, ein schönes Hineinsitzen (in ein
schönes Bauernhaus).‘ Das hat mich beleidigt, das hätte sie
nicht sagen dürfen. Ich bin darauf aufgestanden, habe mich
angezogen und bin heimgegangen. Ich habe sie also alleine
auf der Hütte gelassen. Von diesem Moment war es aus mit
ihr. Vielleicht hat sie es nicht böse gemeint, aber sie hat
meinen Stolz getroffen.“

Der von einem Kleinbauern abstammende Briefträger
vertrug es nicht, derart von der einzigen Tochter eines
Großbauern erniedrigt zu werden. Diese Geschichte verweist auf das Thema der Ehre, die auch der Sohn eines
Kleinbauern genießen will.

Das Fensterln brachte Abwechslung im Alltag der hart
arbeitenden Bauernburschen und Knechte. Allerdings dürften Bauernburschen bei den Bauernmädchen ein höheres
Ansehen genossen haben als die Knechte, schließlich hoff-
ten die Damen auf Einheirat in einen großen Bauernhof.

Um beim Fensterln erfolgreich zu sein, bedurfte es auch
einer starken Kondition. Der harten Arbeit am Tag stand die
lustbare Arbeit in der Nacht gegenüber. Beides forderte den
jungen Mann. Ein Knecht, der noch am Beginn der fünfziger
Jahre bei einem größeren Bauern tätig war und der mit dem
kräftigen, damals etwa 18 Jahre alten Sohn des Bauern die
Kammer teilte, erzählte mir dazu:

„Der Josef ist allweil fleißig zu den Mädchen gegangen.
Und er ist immer sehr spät heimgekommen. In der Früh’ hat
er aufstehen müssen zum Roßfuttern. Aufgeweckt wurden
wir in der Früh’ um sechs Uhr vom Bauern. Einmal ist der
Josef heimgekommen, als der Bauer schon in der Kammer
war. Ich war gerade beim Anziehen, da kommt der Josef
heim. Fragt er mich: ‚Bertl, war der Vater schon aufwecken?
‚Ist eh klar‘, sag’ ich. Er ist dann gleich zur Arbeit gegangen.

Wegen seiner nächtlichen Abenteuer ist der Josef nicht gerne aufgestanden. Das Aufstehen hat ihn eine große Überwindung gekostet. Ich kann mich erinnern, wie der Bauer aufwecken gekommen ist. Er hat die Tür aufgemacht und hineingeschrien: „Josef, Bert! Aufstehen in Gott's Nam'!' ,Ja', hat der Josef gesagt. Ich habe nichts gesagt. Fünf Minuten später höre ich den Josef schon wieder schnarchen. Der schlaft also schon wieder. Und ich habe mir gedacht, ich stehe auch nicht auf. Ich habe gewußt, der Josef als der Ältere muß zuerst aufstehen. Zehn Minuten später kommt der Bauer wieder. Er sieht, daß es noch finster in der Kammer ist und wir noch nicht auf sind. Jetzt hat der Bauer das Licht aufgedreht und geschrien: „Jetzt sind die Lauser noch nicht heraußen aus dem Bett!' Darauf ist der Josef aus dem Bett gesprungen und gesagt: Aber jetzt bin ich da!'"

Fensterln und frühes Aufstehen zur Arbeit waren schwer zu vereinbaren, aber dennoch wußte der kräftige Bursche beides miteinander zu verbinden, auch wenn ihm das Aufstehen schwerfiel.

Hatte ein Bursche bereits ein festes Mädchen, das nur auf ihn alleine wartete und sich über seinen Besuch in der Kammer freute, so hatten die anderen Burschen, die auch hinter dem Mädchen her waren, keine Chance; sie mußten auch damit rechnen, verjagt zu werden, nicht nur vom Vater des Mädchens, sondern auch von dem erfolgreichen Bewerber. Dazu erzählte mir eine heute etwa 55 Jahre alte Frau, die Tochter eines größeren Bauern, wie sie am Beginn der fünfziger Jahre das Fensterln erlebt hat. Sie hatte bereits einen festen Freund: „Damals ist alles schön heimlich hergegangen. Wir haben ein Fenstergitter gehabt. Heute gibt es andere Fenster. Heute wäre es kein Problem, in die Kammer zu gelangen. Aber damals war es schwer. Bei einem dieser Gitter war bei meiner Kammer ein Stück abgebrochen, so daß ein schlanker Bursch gerade noch hereinkam. Der Vater wollte immer, daß wir die Fenster fest zumachen, damit keiner hereinkraxeln kann. Wenn er

etwas bei unseren Fenstern gehört hat, hat er geschrien:
,Was ist da los?'"

Der Freund, ihr heutiger Ehemann, erzählt die Geschichte seiner Werbung weiter und geht auch auf die Konkurrenten bei seiner von ihm Angebeteten ein: „Wie ich zum
Fenster gekommen bin, haben die anderen weichen müssen. Ich stamme aus Tirol und bin als Holzarbeiter hierhergekommen. Die anderen Burschen waren auf mich eifer-
süchtig. Sie hatten einen Haß auf mich, weil ich als Femder
sie zur Seite gedrängt habe. Ich hatte damals, um 1956,
bereits ein Auto. Mit diesem bin ich zu meiner Liesi gefahren. Etwas vom Haus entfernt habe ich das Auto stehenlassen. In die Kammer zu der Liesi bin ich durch das Fenster.
Wie ich im Morgengrauen aus der Kammer kraxle und
zum Auto gehe, sehe ich, daß in den Reifen keine Luft ist.
Die haben mir die anderen Burschen, während ich bei der
Liesi war, ausgelassen. Ich hatte keine Pumpe mit. Zu der
Zeit ist auch der Vater der Liesi, der Bauer, aufgestanden
und hat mich bei dem Auto gesehen. Wahrscheinlich wußte
er gar nicht, was ich da tue. Ich bin zu ihm gegangen und
habe ihm alles ehrlich erzählt. Und habe ihm gesagt, daß in
den Reifen keine Luft ist, die haben sie mir ausgelassen. Der
Vater hat nun nichts dagegen gehabt, daß ich bei der Liesi
war. Er hat den Hansl, ihren Bruder, aufgeweckt, damit er
mir die Reifen mit einem Kompressor, der beim Traktor war,
aufpumpt. Darauf habe ich mir Reserveventile und eine
Handpumpe für das Auto gekauft. Ein paarmal, wenn ich
wieder beim Fenster zur Liesi hineingekraxelt bin, habe
ich jemanden gesehen, wie er durch den Obstgarten geschlichen ist. Vielleicht hat er auf mich gepaßt, um mich zu
hauen. Er hat sich aber nicht getraut. Jedenfalls bin ich zur
Liesi nur durchs Fenster gekommen, denn die Tür vom Haus
war zugesperrt und den Schlüssel hat die Mutter gehabt.
Einmal hat sie im vorderen Zimmer vom Haus geschlafen,
und ich bin in das hintere gekraxelt, das war aber leer. Wie
sie gemerkt hat, daß ich im falschen Zimmer bin, ist sie

entlang der Fassade zum Fenster von der anderen Kammer geklettert."

Das Fensterln war also ein echtes Abenteuer, bei dem es auch zu Raufereien kommen konnte, wenn sich zwei Burschen bei dem Mädchen trafen. Davon erzählt diese Geschichte: „Beim Bartl (so hieß der Bauer) ist immer einer zu der Dirn gekommen. Der hat sich immer in die Kammer von ihr geschlichen. Einmal ist ein zweiter Bursch auch gekommen. Beide waren keine Knechte, der eine war ein Holzknecht und der andere ein Sensenarbeiter. Bei der Dirn sind sie also zusammengekommen, und wie sie sich gesehen haben, haben sie zu raufen begonnen. Auf einmal hat es einen Rumpler gemacht, da ist der eine über die Stiege heruntergeflogen." Wesentlich war das Aufsuchen der Kammer der Angebeteten bestimmt durch ihre Verschwiegenheit und Heimlichkeit. Allmählich gegen Ende der fünfziger Jahre beginnt der Wandel. Das Fensterln verliert seine Attraktivität, denn die Mädchen haben keine Probleme mehr, sich mit ihrem Liebhaber öffentlich zu treffen.

Solange es allerdings bei den Bauern oder sonst im Dorf Mägde und Hausmädchen gab, gab es auch Burschen, die zu deren Fenster pilgerten, denn diese Mädchen, so verlangte es der Hausherr, mußten früh ins Bett. Darauf spielt auch die Erzählung eines um 1953 bei einem Bäcker angestellten Hausmädchens an: „Ich bin damals mit der Stallmagd in einer Kammer gemeinsam gelegen. Sie hieß Mitzi. Wenn es im Sommer warm war, ist der Bäckermeister gerne vor dem Haus auf der Straße gestanden und hat seine Pfeife geraucht. Er hat gerne mit den Leuten gesprochen. Da kommt einer zu unserem Fenster, das war seitlich vom Haus, und ruft: ‚Miiitzi.' Keine von uns traute sich hinauszuschauen, weil ja der Bäckermeister auf der Straße stand. Der hörte den Burschen ‚Miiitzi' rufen. Nun ist er zu ihm. Ich habe gehört, wie er zu dem Burschen gesagt hat: ‚Laß sie schlafen, sie sind heute schon müde. Wir haben heute geheut.' Der Bursch ist dann gegangen. Zu mir ist ja ohnehin niemand zum Fenster gekommen. Ich war ja noch zu jung. Und außerdem haben mir meine Eltern aufgetragen, mich nicht mit Burschen einzulassen."

Auch machte es den Burschen Spaß, gemeinsam zum Zimmer der für gewöhnlich früh im Bett liegenden Hausmädchen zu gehen, um sie durch Späße zumindest auf sich aufmerksam zu machen. So erinnere ich mich an unsere Hausgehilfin, die Anni, die um 1950 in den Diensten meiner Eltern stand. Eines Tages, an einem Winterabend, wurden mein Bruder und ich durch an unser Fenster donnernde Schneebälle geweckt. Diese Schneebälle stammten von ein paar Burschen aus dem Dorf, die unser Zimmer mit dem von Anni verwechselt hatten. Wohl traf man sich damals bei Spaziergängen auf der Straße oder sonstwo im Ort, aber es war nicht so einfach, miteinander in einen engen Kontakt zu treten. Heute ist es einfacher. Es gibt keine Hausmädchen mehr, und die Mädchen, die als Verkäuferinnen oder sonstwie beschäftigt sind, haben einen freien Umgang mit den Burschen, so daß es nicht mehr notwendig ist, über das Fenster lustvolle Beziehungen einzugehen. Ein altes Lied über das „Fensterln", das ich in einem handgeschriebenen Liederbuch fand, verweist unter der Überschrift „Lied vom Fensterln" auch auf die damit verbundenen Probleme:

> „Dirndl bist harb oder kennst mi net
> Oder ist das dei Fensterl net."
> „Ich bin net harb und kenn di schon
> Du hast an Rausch, ich seh dirs an!"
> „Hab i an Rausch, das macht der Wein,
> Schatzerl steh auf und laß mich hinein."
> „Du kannst vielleicht mei Unglück sei."
> „Auch wann ich gleich dein Unglück bin,
> Bin in Stand und heirat dich."
> „Herziger Schatz verlaß mi nit
> Sonst hat das Kind kan Vater nit."
> „Hat's Kind an Vater oder nit
> Du bist verracht i mag di nit"

„Bin i veracht bist du die Schuld.
Klopfst alle Nacht beim Fensterl an."
„Wann i anklopft hab bei der Nacht
So hast du mir mit Freude aufgmacht."
„Denk nur, wie schön du mir hast tan,
Du bist a Schelm i kenn di schon."
„Du kannst mir doch nichts Schlechts nachsagen
Haben in der Lieb uns gut vertragen."
„Wann i nur niemals hätt aufgmacht.
Und hätt mit Dir mein Zeit zubracht!"
„Du siehst mi nimmermehr.
I kann nicht mehr zum Fensterl gehn."

Das Abenteuer des Fensterlns hatte, wie dieses Lied andeutet, seine Konsequenzen, wenn das besuchte Mädchen
schwanger wurde und ein uneheliches Kind sich ankündig-
te. Die Magd, die keine Chance hatte, geheiratet zu werden,
stand also unter einem ziemlichen Druck, denn sie mußte
damit rechnen, daß ihr „Schatz" sich auf Nimmerwiederse-
hen verabschiedet.

Die Kultur des Fensterlns war auch eine der unehelichen
Kinder, mit denen man rechnen mußte und die zu künftigen
Dienstboten der Bauern heranwuchsen. Aber uneheliche
Kinder konnten zum Ballast werden, wie in dem Lied der am
Fenster klopfende Bursche befürchtet. Er läßt daher das
Mädchen im Stich, obwohl er vorher vom Heiraten gespro-
chen hat. Vielleicht glaubte er, nicht der Vater des ungebo-
renen Kindes zu sein. Jedenfalls zeigt dieses alte Lied auch
die Tragik des Fensterlns auf.

Besser dran als die Magd wird wohl die Bauerntochter
gewesen sein, denn sie versprach eine gute Partie zu werden, auch wenn sie ein uneheliches Kind in die Ehe mit-
brachte.

Das Fensterln ging also bisweilen der Heirat voran. Es war
eine alte rituelle Institution des Kennenlernens der künftigen Heiratspartner.

Jedoch blieb man standesgemäß unter sich. So war es
nicht denkbar, daß ein Bauernsohn eine Magd heiratete.

„Wenn früher einmal ein Bauernsohn eine Dirn geheiratet hat, so war das eine Katastrophe, obwohl sie vielleicht eine bessere Bäuerin gewesen wäre", meinte ein alter Bauer zu mir.

Hierin hat sich vieles geändert. Heute sind Bauernsöhne, die den Hof der Väter übernehmen, froh, eine tüchtige Frau zu bekommen, die sich nicht scheut, schwere Stallarbeit zu tun. So ein Glück hatte einer meiner Freunde, der aus altem Bauernadel stammt und der eine Frau heiratete, die zunächst im Gastgewerbe gearbeitet hatte und dann in der Familie der Nachkommen des Komponisten Richard Wagner in Bayreuth als Hausmädchen angestellt war. Ohne vorerst einen Bezug zum Beruf der Bäuerin gehabt zu haben, wurde sie schließlich zu einer umsichtigen und klug wirtschaftenden Gefährtin ihres Mannes. Ich fragte sie zu diesem Schritt und ihrem Lebenslauf. Sie erzählte mir dies: „In Graz machte ich die Hauswirtschaftsschule. Durch eine ehemalige Lehrerin kam ich zu den Wagners nach Bayreuth. Die Familie war einmalig. Ich bin wie ein Familienmitglied behandelt worden. Aber ich habe nach zwei Jahren Heimweh gehabt. Hier im Ort im Gasthaus, wo ich dann arbeitete, habe ich den Sepp kennengelernt und ihn geheiratet. Alle haben damals zu mir gesagt: ‚Du wirst doch nicht so blöd sein und einen Bauern heiraten!' Ich mußte vieles lernen, und jetzt bin ich stolz darauf!"

Es hat sich also viel geändert. Während früher, bis in die fünfziger Jahre, es für einen Bauernsohn kein Problem war, eine Bauerntochter zur Frau zu gewinnen – was auch über den Weg des Fensterlns ging –, steht der Bauer heute vor dem Dilemma, überhaupt eine wertvolle Gemahlin zu finden, die mit ihm die Arbeit teilt. Ein Mädchen, das auf sich nimmt, heute Bäuerin zu werden, wird eher belächelt, denn auf sie wartet harte Arbeit.

Damit hat auch das Fensterln an Bedeutung verloren. Dazu passen die Gedanken eines alten Bauern: „Ende der fünfziger Jahre hört das Fensterln auf, es wird nun alles viel freier. Und viele Mädchen wollten nun nicht mehr Bäuerinnen werden. Früher war so ein Bauer hoch angesehen, er war etwas! Aber heute ist er nichts mehr. Und früher fielen die Bauern über jede Dirn her. Bei einem Bauern, den ich gut kenne, mußte dann der Sohn die Vaterschaft für seine unehelichen Kinder übernehmen. Und diese Kinder haben viel mitgemacht, es war oft furchtbar."

Die Bauern hatten Macht über ihre Mägde, und sie wußten, daß es nicht schwer war, eine Frau zur Bäuerin zu bekommen. Und wenn ein Bauer einmal eine Frau aus einem „niederen Stand" geheiratet hat, so war das eine Sensation. Ein Bauer erzählte mir dazu: „Beim H., ein Kaufhaus in Windischgarsten, hat eine als Hausmädchen gearbeitet. Die hat einen Bauern geheiratet, zum Mühlbach hat sie hingeheiratet. Es war eine Sensation, daß eine aus dem Arbeiterstand einen Bauern heiratet. Heute kommt so etwas öfter vor. Damals war es etwas Besonders. Sie ist aber eine tadellose Bäuerin geworden. Das war in den fünfziger Jahren. Heute sind die Bauern froh, wenn sie überhaupt eine Frau bekommen." Wie wichtig es früher war, eine „richtige" Frau als Bäuerin zu heiraten, zeigte sich auch an der Bedeutung der Hochzeitsrituale. Bei den Hochzeiten ging es hoch her.

Es waren schöne Hochzeiten, an die ich mich noch in den fünziger Jahren erinnere. Ein Bauer schilderte mir seine damaligen Eindrücke: „Dazumal gab es noch schöne Bauernhochzeiten. Da sind sie mit dem Landauer gefahren, der Bartl ist am Bock vorne gesessen und hat mit dem Flügelhorn geblasen. Man ist so zur Kirche gefahren. Vom Helml (ein Bauer) weg hat man sie schon blasen gehört. Beim Gasthaus Grundner in Edlbach war dann der Hochzeitstanz. Dazu kamen viele Bauersleute. Die hatten von der Hochzeit durch den Ansager erfahren, der von Haus zu Haus mit einem Stab gegangen ist und die Leute zur Hochzeit geladen hat. Wenn der persönlich gekommen ist, auch bei der goldenen Hochzeit, so hat das einen Eindruck gemacht."

Die Bauernhochzeiten waren also wichtige Rituale, um der gesamten Umgebung klarzumachen, daß nun ein Bauer eine tüchtige Bäuerin heimgeführt hat. Dahinter standen allerdings die Interessen der Eltern, daß die Heirat zum Nutzen beider Bauernfamilien war. Grenzprobleme konnten so beseitigt und Gründe zusammengelegt werden.

Heute gibt es Hochzeiten dieser Art kaum mehr oder höchst selten. Jedoch – und das ist das Interessante – versucht man, aus einer romantisch-nostalgischen Einsicht heraus, alte Bauernhochzeiten nachzuempfinden oder zu erfinden. Während bei den früheren Hochzeiten bis hin in die fünfziger Jahre die beiden Hochzeiter in eher einfacher, beinahe städtischer Kleidung vor den Altar traten, sind es heute phantasievolle Trachten, die der Hochzeit den Charakter des Ländlich-Altbäuerlichen geben sollen.

Eine besondere Note erhält diese Romantik schließlich noch dadurch, daß man die Hochzeiten bisweilen auf Almen und in alten Almhütten, wohin man die Gäste bittet, feiert.

Von einem Fall weiß ich, daß man die Hochzeit in einer kleinen Kapelle in der Nähe eines Passes abhielt. Man spielte alte bäuerliche Kultur, indem man sich in einer alten Kutsche, der Haflinger vorgespannt waren, zu der Kapelle führen ließ. Allerdings war man bis zum Paß hinauf heuchlerisch mit dem Auto gefahren.

Ein früherer Bauernsohn, mit dem ich über heutige Hochzeiten dieser Art sprach, meinte: „Früher hätte es solche Hochzeiten nicht gegeben. Auf der Alm hat niemand geheiratet. Man hat tatsächlich in der Kirche geheiratet. Früher ist bei den Hochzeiten mit Böllern geschossen worden, aber eher bescheiden. Heute übertreibt man und macht furchtbaren Lärm. Darauf habe ich in einem Gemeinde-Rundschreiben hingewiesen. Darauf waren Bauern furchtbar böse auf mich. Ich habe nichts gegen das Brauchtum, aber früher war man mehr zurückhaltend, und heute hört es das ganze Tal." Es mag sein, daß man bei Hochzeitsbräuchen dieser Art, zu der die oben erwähnte Tracht kommt, auch an den Fremdenverkehr denkt, um den Fremden aus der Stadt wahrhaft bäuerliche Kultur vorzuführen.

Die alte bäuerliche Hochzeit, bei der es um beinharte bäuerliche Interessen ging, gibt es nicht mehr oder nur vereinzelt. Getragen war diese Kultur durch die Vorstellung, daß man innerhalb desselben Standes, also des Bäuerlichen, blieb.

Es gab enge Verwandtschaften, und irgendwie waren die „besseren" Bauern alle miteinander verwandt. Hierin ähnelten sie den alten Aristokraten, aber auch darin, daß dadurch Fälle von Inzucht möglich waren, bei denen die betreffenden Menschen debil erscheinen und manchmal sogar als „Dorftrottel" bezeichnet werden – auf jeden Fall mögen sie wohl zur Belustigung gedient haben. Insofern hatten sie auch ihre Funktion innerhalb der bäuerlichen Gemeinschaft.

Dies geht aus dieser Erzählung eines älteren Bauern hervor: „Wenn wir gedroschen haben, so um 1950, tauchte der Hüttl-Lois auf. Der war beim Dreschen immer dabei. Er war etwas geistig behindert, hat aber ganz gut dichten können. Er hat alles in Gedichtform gesagt. Während wir zu Mittag beim Essen waren, ist er im Hof auf einem Fuß gestanden und hat gesagt, der Hahn steht auch auf einem Fuß. Wir haben dazu gegrinst. Was vom Essen übrig blieb, hat dann er bekommen. Er hat die Schüssel samt dem Kraut ausgetrunken. Anfang der sechziger Jahre ist er gestorben. Uns Buben hat er gefallen."

Der Inzüchtler gehörte zur alten bäuerlichen Kultur, ebenso wie zu der der Aristokratie. Man akzeptierte ihn, machte seine Späße mit ihm und erfreute sich offensichtlich an seinen Absonderlichkeiten, die die Alltäglichkeit der Arbeit durchbrachen. Er gehörte irgendwie zum Dorfbild. Hier zeigt sich der große Gegensatz zu heute. Während es für die frühere Zeit charakteristisch war, diese Menschen anzunehmen und sich mit ihnen zu befassen – auch wenn es nur scherzend war –, so neigt man heute dazu, diese „Originale" in besondere Heime abzudrängen.

Ich habe oben versucht, die Buntheit in der Beziehung der
Geschlechter darzutun. Sie reicht von den Ritualen des Fensterlns bis hin zu den Ritualen der Hochzeit. Der Wandel, der
sich hier zeigt, ist beträchtlich. Der alte noble Stand der
Bauern achtete im Stile der Aristokratie darauf, daß man
„unter sich" blieb.

Heute zeigt sich ein anderes Bild. Die Bauernsöhne sind
froh, wenn sie überhaupt eine tüchtige Frau finden, die es
auf sich nimmt, harte bäuerliche Arbeit zu verrichten.
Manchmal gelingt es ihnen auch, zu einer solchen Partnerin
zu gelangen. Aber sie achten nicht mehr darauf, daß bäuerliches Blut in ihren Adern fließt.

5. Handwerker

Das alte Handwerk: Lehrbuben und Gesellen

Zum dörflichen Leben der alten bäuerlichen Welt gehörten seit jeher die Handwerker, die als Schuster, Schneider, Bäcker, Tischler, Zimmerer und Schmiede das Ihre dazu beitrugen, daß die Menschen leben und arbeiten konnten. Viele dieser Handwerker waren nicht bloß reine Handwerker, sondern auch Kleinbauern, die nebenher oft nur für den eigenen Bedarf oder lediglich für ein paar Milchkundschaften, Kühe und Schweine hielten. Eine Ausnahme bot der Schmied. Er war nicht nur ein wichtiger und wohlhabender Mann in der früheren, durch Pferde bestimmten Welt, sondern er war auch ein größerer Bauer mit großem Stall, Weiden und weiten Feldern. Das Haus des Landarztes, als dessen Sohn ich aufwuchs, lag neben der Schmiede. Ich erlebte daher täglich, wie Pferde beschlagen wurden und die Schmiedehämmer lärmten, was mich allerdings in meinem Bubenschlaf während der Ferien gewaltig störte. Aber ich war traurig, als dieses Hämmern in den sechziger Jahren allmählich verschwand.

Der Chef der Schmiede war ein wortkarger, aber zu uns Buben freundlicher Herr, den wir nur unter dem Titel „Meister" kannten und ihn auch so ansprachen. Dieser „Meister" war ein harter Arbeiter, der mit seinen Gesellen Tag für Tag Pferde beschlug. Dies war die Hauptaufgabe der Schmiede. Sie schmiedeten die Hufeisen und paßten sie auf die Hufe der Pferde. Bei dieser Prozedur hielt der Bauer, der mit dem Pferd gekommen war, den „Haxen" des Pferdes zwischen seinen Schenkeln so, daß der Huf vom Schmied bearbeitet werden konnte. Der Huf wurde gereinigt und geradegeschnitten, und dann kam das heiße Hufeisen zischend darauf. Dieses Beschlagen des Pferdes war für den Zuschauer geradezu etwas Mystisches, Geheimnisvolles.

Die Schmiede waren für mich die klassischen Handwerker des Dorfes, sie stellten als Personen etwas dar und waren angesehen, nicht nur wegen ihrer Kraft, sondern ebenso wegen ihrer Kunstfertigkeit. Sie schmiedeten Grabkreuze – so auch das für das Grab meines Großvaters – und Dinge, die so zum Haus gehörten, wie zum Beispiel Fensterkreuze und Stiegengeländer. Dabei beherrschten sie es, die Eisen so einzufeilen, daß ein Stück exakt in das andere überging. Und dies machten sie alles mit der Hand, denn komplizierte Maschinen gab es damals noch nicht.

Die Schmiede steht heute leer, denn man benötigt Pferde nicht mehr als Arbeitstiere, sie waren das alte Symbol einer alten Welt. Aber auch die anderen Handwerke sind dem Druck der modernen Welt mit ihren Supermärkten und Fabriken gewichen.

Bis in die fünfziger und sechziger Jahre gab es jedoch noch genügend Handwerker, bei denen junge Burschen, die ihr Geld nicht als Bauernknechte verdienen wollten, als Lehrlinge eingestellt werden konnten. Gegenüber dem Bauernknecht fühlte sich der Handwerksgeselle im Vorteil, denn er verfügte über wesentlich mehr Freiheiten als jener, der dem Bauern jederzeit zur Verfügung zu stehen hatte.

Die Handwerker gehören zur alten dörflichen Welt.

Früher gab es im Dorf zum Beispiel drei Schusterwerkstätten. Noch in den fünfziger Jahren maß der Meister selbst die Schuhe an. Er kam sogar ins Haus, bei den Bauern blieb er tagelang in der sogenannten „Stör", um die Schuhe für die Familie des Bauern und die Dienstboten anzufertigen. Der Schuster lebte mit den Leuten und aß auf ihre Kosten. Genauso war es mit den anderen Handwerkern. Sie wurden von den Bauern für einige Zeit an den Hof berufen, um die notwendigen Arbeiten zu verrichten, zu denen auch das Herstellen von Fässern und anderen Dingen gehörte.

Dieser persönliche Bezug des Handwerkers zu seinem Kunden (jeder hatte „seinen" Schuster oder Schneider) verschwand im Dorf allmählich. So genügte bald ein Schuster,

5 Der Dorfschmied

der jedoch ab Mitte der fünfziger Jahre bereits Schuhe aus
den Fabriken anbot, und schließlich sperrte auch er zu, denn
die Konkurrenz aus dem Nachbarort war zu groß geworden.
Das alte Handwerk verlor also immer mehr an Boden. Lediglich in der Tischlerei ist man weiterhin bemüht, für
Auftraggeber direkt zu arbeiten; doch auch der Tischler ist
nicht mehr mit seinen alten Vorgängern zu vergleichen,
auch wenn er sich persönlich bemüht, da es keine Lehrlinge
alten Stils mehr gibt. Und über diese will ich hier berichten.
Wie der um 1938 geborene Sohn eines Holzarbeiters, der
heute ein modernes Möbelstudio besitzt, seine Tischlerlehre
begann und wie er diesen Beruf erlernte, darüber erzählte
er mir folgendes: „Tischler bin ich geworden, weil wir einen
Verwandten in Weissenbach hatten, der ein Tischlermeister
war. Mein Vater kam ab und zu zu ihm. Und mit ihm sprach
er, als ich mit 14 Jahren aus der Schule kam, über mich, ob
ich Tischler oder Zimmerer werden solle. Er meinte, es sei
doch gescheiter, Tischler zu werden. Am 4. Jänner bin ich
mit meinem Vater nach Weissenbach marschiert. An diesem
Tag, so erinnere ich mich, hat es recht gestürmt. Ich war
damals 15 Jahre alt. Im Sommer bin ich aus der Schule
gekommen, aber erst im Jänner habe ich mit der Lehrzeit
begonnen. Vielleicht hat sich der Tischler, mein Lehrherr,
gedacht, im Jänner nehme ich ihn. Er war nicht mehr der
Jüngste. Nach mir hat er noch zwei Lehrbuben genommen.
Der Tischlermeister hatte einen Bruder, der war ein verwit-
weter Schmiedemeister, der wohnte auch in dem Haus des
Tischlers, in dem ich auf Kost war. Zwei Schwestern hatten
sie, die kochten für uns. Sie waren unverheiratet geblieben.
Jeder der beiden Meister hatte noch zwei Gesellen. Und ich
war der Lehrbub beim Tischler. Ich wohnte in einem schönen Zimmer gemeinsam mit einem der Schmiedegesellen.
Zwei Zimmer gab es, in dem anderen wohnten ein Tischler-
und ein Schmiedegeselle. Unser Zimmer war ein Durch-
gangszimmer. Die älteren Gesellen waren im hinteren Zimmer. Sie hatten das größere Recht gegenüber mir und dem

jüngeren Schmiedegesellen. In jedem Zimmer waren neben den beiden Betten ein Stockerl, eine Waschschüssel, ein Kasten, den sich zwei teilten. Auch ein Schubladekasten war drinnen. Jede Woche bekam jeder von uns zwei Laib Brot. Den einen legten uns die Schwestern am Montag in der Früh in das Zimmer. Den zweiten bekamen wir am Mittwoch.

In der Stube war ein großer Tisch, da wurde jedem sein Platz zugewiesen. Als ich hinkam, sagte der Meister: ‚Fritzl, da sitzt du!' und zeigte mir meinen Platz, an dem ich die nächste Zeit zu sitzen hatte. An der einen Längsseite des Tisches ist der Tischlermeister gesessen, neben ihm der Schmiedemeister. An der Schmalseite ist der alte Schmiedegeselle gesessen, und neben dem Tischlermeister ist der alte Tischlergeselle gesessen. Gegenüber vom Schmied saß ein Schmiedegeselle, und gegenüber vom Tischler war mein Platz als Lehrbub. Das Frühstück war um halb sieben Uhr. Es gab Kaffee und ein Stück Brot."

Der Lehrbub stand also in einem sehr engen Verhältnis zu seinem Lehrherrn. Was dieser sagte, hatte zu geschehen. Es herrschte absolute Autorität in der Werkstatt und im Haus. Zu der strengen Hierarchie gehörten die Gesellen, die ebensooft willkürlich über den Lehrbuben verfügen konnten. Und ganz unten angesiedelt war der Lehrbub als jemand, der bloß zum Gehorchen hier ist. In der Sitzordnung bei Tisch – beim Frühstück und beim Mittagessen sowie bei der Abendmahlzeit – zeigte sich diese Hierarchie, die heilige Ordnung des Handwerks im Dorf, die es heute schon lange nicht mehr gibt.

Und über den Arbeitsablauf erzählte mir der Mann weiter: „Als Lehrbub mußte man zusammenräumen und jedem helfen. Damals gab es noch den Knochenleim. Um 7 Uhr in der Früh' begann die Arbeit. Ich mußte eine Viertelstunde früher in der Werkstatt sein, um den Sägespäneofen anzufüllen und anzuheizen. Auf diesem ist der Knochenleim erwärmt worden. Der mußte für die Arbeit warm sein. Wenn die Gesellen gekommen sind, mußte man bereit sein, ihnen bei ihren Arbeiten zur Seite zu stehen, beim Hobeln oder beim Sägen. Damals gab es schon die ersten Maschinen. Wenn der Meister Zeit hatte, kam er zu mir und zeigte mir, wie man zum Beispiel hobelt. So habe ich das Hobeln erlernt. Oder man mußte lernen, wie man sägt, denn damals gab es noch keine Kreissäge. Ich mußte also noch lernen, wie man mit der Hand sägt. Das war nicht einfach, mit der Spannsäge. Ich lernte eine schöne Fläche zu machen, die Kanten mußten winkelgerecht sein. Und alles, was über den Riß hinaussteht, muß weggehobelt werden, damit das Brettl gleich dick ist. Über der Werkstatt hat der Meister sein Büro gehabt. Hie und da ist er zu mir gekommen und hat gesagt: ‚Wenn du die Arbeit fertig hast, komm zu mir ins Büro!' Ich mußte mich dann zu ihm ins Büro setzen, wo er mir erklärte, wie man Intarsien legt, Zinken macht oder einen Plan zeichnet."

Um den Unterschied zum heutigen Lehrbuben klarzumachen, führt er aus: „Heute braucht man dieses Wissen alles nicht mehr. Heute arbeitet ein Tischlerlehrbub in einer Fabrik oder in einer Tischlerei, die eigentlich eine Fabrik ist. Echte Tischler gibt es fast nicht mehr. Das Hobeln von Hand aus, das mich damals der Meister lehrte, lernt man heute zwar auch noch, aber nur in der Berufsschule, aber auch wie man Zinken macht und ein Stockerl (Sitzmöbel) zusammenzapft, das lernt man kaum mehr beim Meister. Eine Berufsschule gab es damals schon. Mein Lehrmeister in Weissenbach war zugleich mein Berufsschullehrer. Wir mußten damals nicht weit wegfahren zur Berufsschule, bei uns war sie im nächsten Ort, in St. Gallen. Dorthin sind wir zu Fuß gegangen, einmal in der Woche. Die Berufsschule war in der Volksschule untergebracht. Die Schlosser und Schmiede wurden gemeinsam unterrichtet, die Maurer und die Zimmerer, die Tischler alleine. Wagner gab es damals nicht mehr. In der Berufsschule lernten wir Buchhaltung, Zeichnen, wie perspektivisch zeichnen und Schnitte zeichnen. Wie ich dann ausgelernt hatte, ist die Berufsschule in St. Gallen abgezogen worden. Ab dieser Zeit mußten die Lehrbuben für sechs bis acht Wochen in ein Internat einer Berufsschule fahren."

Die Lehrbuben und Gesellen am Beginn der fünfziger Jahre waren noch zu Fuß oder mit dem Fahrrad unterwegs. Aber langsam interessierte man sich für das Moped, das allerdings relativ teuer war. Der eben zitierte Tischler erwarb erst 1956 ein Moped. Das Geld dazu mußte er sich aber von seinen Eltern ausborgen.

Die Lehrlinge – Mädchen gab es unter ihnen so gut wie keine – hatten dankbar zu sein, von einem Meister aufgenommen zu werden, zu dem und dessen Gesellen sie engen Kontakt pflegen mußten. Und sie waren oft weit zu Fuß unterwegs. Darauf bezieht sich einer meiner Schulfreunde, der 1955 die Maurerlehre begann. Auch er weist darauf hin, daß sein Vater zunächst einmal die Beziehung zu seinem künftigen Chef herstellte: „Eigentlich wollte ich nicht Maurerlehrling werden. Maurer wollte ich nicht lernen. Aber der Vater hat es mit dem H. ausgemacht, und ich habe es über mich ergehen lassen und habe das gelernt. In Windischgarsten war meine Lehrstelle. Dorthin bin ich jeden Tag zu Fuß hin und zurück gegangen.

Im Winter haben wir die Werkzeuge hergerichtet. Die Krampen und Klampfen wurden mit der Feldschmiede gespitzt. Im Sommer mußte ich täglich um fünf Uhr aufstehen, um dann um sieben Uhr in der Arbeit zu sein. Als Lehrbub habe ich 60 Schilling in der Woche verdient. 20 Schilling davon mußte ich daheim für die Kosten abliefern. Nach der Arbeit mußte ich oft mit den Maurergesellen und den alten Maurern ins Wirtshaus gehen, zum Beispiel mit dem Dambacher Karl und dem alten Reiter, oder mit dem Patschenkarl, dem Baumschlager. Ich mußte als Lehrbub also mit den Großen mittun und mußte auch Bier trinken, obwohl ich erst 15 Jahre alt war. Besonders gefreut habe ich mich damals, wenn ein sogenannter ,Sechziger' war, das heißt, wir bekamen 60 Prozent unseres Lohnes ausbezahlt, wenn wir, weil es regnete, nicht arbeiten konnten. Bei einem solchen Sechziger waren wir im Wirtshaus."

Handwerker pflegten mehr als heute enge Kontakte zueinander. Man verdiente zwar nicht viel, man wußte aber zu feiern, täglich, wenn es sein mußte, zum Beispiel bei Regen.

Auf den Besuch des Gasthauses geht auch ein alter Tischlergeselle ein: „Früher haben wir noch bis Samstag mittags gearbeitet. Nach dem Krieg hatten wir die 55-Stunden-Woche, in den fünfziger Jahren gab es dann die 50-Stunden-Woche, aus der schließlich später die 48-Stunden-Woche wurde und dann die 40-Stunden-Woche. Bei der 55-Stunden-Woche war der Tag lange. Damals gab es nicht viel zu essen, und Jausenzeit gab es auch keine. Zu Mittag sind wir in das Gasthaus in der Grünau gegangen, jeden Tag, ich und der andere Tischlergeselle, der Fadler. Der Wirt, Schuti hieß er, war damals ein großer Schwarzhändler (vor 1948), bei ihm gab es daher hie und da sogar Fleisch. Eine Stunde hatten wir Zeit zu Mittag. Von der einen Stunde sind wir eine halbe Stunde, hin und zurück, marschiert. Da wir einen großen Hunger hatten, haben wir schnell gegessen. Damals brauchte man Markerln, um sich etwas im Geschäft zum Essen zu kaufen. Es gab aber nichts. Beim Schuti brauchten wir keine Markerln. Geld hatten wir ja, aber bekommen haben wir dafür nichts. Im Gasthaus in der Grünau fühlten wir uns wohl, dort ist es lustig zugegangen. Wenn wir drinnen gearbeitet haben, ist viel gesoffen worden, es gab oft Räusche." Die schlechte Zeit nach dem Krieg bindet die Leute aneinander, und man weiß als Handwerker mit wenig Geld zu feiern. Und die Gasthäuser waren voll.

Ich erinnere mich, daß die Handwerksgesellen stolze Leute waren, die oft ihre Stellen wechselten und dadurch wohl viel dazulernten. Damit standen sie in der Tradition der alten, weit herumziehenden Handwerksburschen. Vom Stolz dieser Leute kündet ein Spruch, den mir ein alter Tischler verkündete: „Lehrling ist jedermann, Geselle, der was kann, und Meister, der etwas ersann." Über die Findigkeit von Handwerksgesellen fügte derselbe Mann dies hinzu: „Beim Tischler Dehn arbeitete ein Geselle, der gerne soff. Seine Polituren, die er an den Möbeln machte, waren stets wunderbar. Einmal hat ihn der Meister beobachtet, wie er den Spiritus, der zur Politur gehörte, soff und seinen Kautabak auf die Politur spuckte und diesen einrieb. Das war eine herrliche Politur."

Das alte Handwerk, das in den sechziger Jahren langsam größeren Betriebsstätten wich, gehörte zum Leben im Dorf, denn die Menschen benötigten es. So konnten drei Schusterwerkstätten gut leben, ebenso vier Tischlermeister und drei Schneider.

Heute gibt es keine Schuster mehr, denn die Schuhe sind billiger im großen Schuhgeschäft des Nachbarortes zu erwerben. Und Schneider haben gänzlich an Bedeutung verloren, denn in den großen Geschäften der Städte, die heute schnell zu erreichen sind, wird günstig Massenkonfektion angeboten.

Die alte Kultur der Handwerker ist zu Ende. Man findet sie zum Teil noch bei den Tischlern, aber grundsätzlich erinnert nicht mehr viel an eine Zeit, in der die Handwerker ihre Kunden noch persönlich kannten und in ihrem Haus aus und ein gingen. Große Supermärkte sind an ihre Stelle getreten, in denen man so gut wie alles kaufen kann, sogar Möbel.

Ebenso gibt es den alten Kaufmann nicht mehr. Früher beherrschten den Ortskern drei Geschäfte, in denen man die für das Leben wichtigsten Dinge erwerben konnte, allerdings vor einem Verkaufstisch, hinter dem der Verkäufer oder die Verkäuferin jene Sachen selbst sucht und vorlegt, die verlangt werden.

Der Supermarkt diktiert heute das Leben in seiner Unpersönlichkeit, er macht die alten Handwerker und Greißler entbehrlich.

Der Tischler als Sargmacher – der direkte Kontakt zum „Kunden"

Ein paar Gedanken seien mit noch speziell zum Beruf des Tischlers gestattet, denn gerade beim Tischler zeigte sich der persönliche Bezug zu den Menschen darin, daß er auch für das Herstellen der Särge und somit auch für die Bestattung zuständig war. Wenn der Tischler vom Tod eines Dörflers erfuhr, war es Aufgabe des Gesellen, in das Trauerhaus zu marschieren und den Toten abzumessen. Meist begleitete ihn bei diesem Gang auch der Totengräber, denn dieser mußte sich um das Waschen der Leiche kümmern.

Wie es beim Herstellen von Särgen in der Tischlerei zuging, darüber erzählte mir ein damaliger Tischlerlehrbub: „Ich habe noch gelernt, Särge zu machen. Das war eine geschwinde Arbeit, mußte schnell geschehen. Für die Särge ist das eher unansehnliche Holz mit Ästen und das Holz, das etwas blaufleckig war, genommen worden. Der Sarg durfte nicht teuer und mußte rasch fertig sein. Früher wurden die Bretter mit Knochenleim geleimt. Wir hatten schon Kaltleim. Die Arbeit mit dem Knochenleim hat schnell sein müssen, sonst ist er kalt geworden.

Beim Sargmachen mußten die Bretter so geschnitten werden, daß eine gewisse Schräge herauskommt. Der Sarg war aus Fichtenholz. Drinnen wurde er mit Teer so ausgegossen, daß er wasserdicht ist. Und außen wurde er noch einmal verkittet, daß er ja dicht ist. Es gab für den Sarg eigene Tapeten. Für diese hat man den Warmleim genommen. Diese Sargtapeten waren schwarz und silbern mit eigenen Ornamenten. Auf den Sarg wurden auch kleine Borten aufgenagelt. Heute sind die Muster in das Holz eingestanzt."

Ähnliches erzählte mir auch der Sohn eines anderen Tischlers. Seine Schilderung ist eine gute Ergänzung der vorhergehenden: „Wir Buben mußten die Särge streichen. So ein Sarg brauchte einen Tag, bis er fertig war. Das hat schnell gehen müssen. Der Sarg ist mit Bienenwachs vergossen worden, so daß nichts hinaussickert. Man nahm nur billiges Holz, und zwar dreißiger Bretter, also Bretter, die drei Zentimeter (30 mm) dick sind. Gewöhnlich haben wir die Särge schwarz gestrichen. Hie und da haben wir Engelflügerl hinaufgenagelt. Zuerst haben wir Hobelscharten in den Sarg gegeben, dann kam ein Polsterl dazu. Rundherum, wo der Deckel raufkam, wurde von uns eine Silberborte mit kleinen Nagerln genagelt. Andere Särge staffierten wir wieder mit einer Art Silberpapier aus. Aber das waren schon teurere Särge."

Aber auch Scherz war mit der Sargherstellung verknüpft: „Oft machten wir uns einen Spaß. Wir sind am Abend in die Werkstatt gegangen, haben das Licht abgedreht und uns in den Sarg gelegt. So konnten wir sagen, wir sind schon einmal in einem Sarg gelegen. Heimlich haben wir uns aber gefürchtet, wenn wir in den Sarg sind."

Es handelte sich dabei also nicht bloß um Scherze, sondern auch um echte Mutproben, die die Buben mit ihren knapp 14 oder 15 Jahren ablegten.

Über Scherze beim Sargmachen wußte auch mein vorheriger Gesprächspartner zu erzählen: „Einmal ist unser Geselle vor den anderen in der Früh' in die Werkstatt gegangen und hat sich in den Sarg gelegt. Als dann der Lehrling gekommen ist, um einzuheizen, hat der Geselle den Sargdeckel ein wenig angehoben. Darauf rannte der Lehrbub zum Meister und hat gesagt, es tut geistern!"

Särge mußten also schnell hergestellt werden. Der gute Tischler kümmerte sich aber auch um Reservesärge: „Einmal mußte ich einen Sarg machen, von dem sagte der Meister, den zahlt die Gemeinde als Vorrat, falls eine unbekannte Leiche anfällt. So einen Reservesarg hatte die Gemeinde am Dachboden, es war ein großer Sarg, in den jeder hineinpaßte. Am Dachboden der Tischlerei hatte der Meister außerdem zwei oder drei Kindersärge vorrätig, sie waren zwischen 80 Zentimeter und einen Meter lang. Damals in den Nachkriegsjahren war die Kindersterblichkeit größer als heute."

Der Tischler als Sargmacher hatte sich aber auch um die Bestattung zu kümmern. Tischler und Bestatter waren eine Person. Und manche Tischler wurden am Land zu Bestattern, obwohl die Herstellung der Särge ungefähr ab den sechziger Jahren den Fabriken überlassen wurde. Das Sargmachen verschwand aus den Tischlerwerkstätten, somit auch die persönliche Beziehung zwischen dem Tischler oder seinem Gesellen und dem toten Kunden, der von ersteren noch geradezu freundlich abgemessen wurde. Irgendwie erscheint mir das Abgehen vom Sargmachen auch als ein Symbol für den Wandel im Tischlergewerbe selbst.

Ein früherer Tischlergeselle unterstreicht meine Überlegung: „Mein Meister hat alleweil zu mir gesagt, wer weiß, ob du die Tischlerei noch ausüben kannst. Lernst es (das Gewerbe) halt noch, aber die Tischlerei hört auf. Die Fabriken bringen uns Handwerker um. Die Fabriken machen alles weit billiger."

Der Meister hatte aber nur zum Teil recht mit seiner Voraussage, meint der alte Geselle weiter: „Gute Handwerker können heute gut verdienen. Ein Schuster zum Beispiel, der etwas mit der Hand macht, verdient nicht schlecht. Bei den Tischlern ist es nicht ganz so. Die Tischler, die sich gehalten haben, haben sich kolossal umgestellt. Früher war der Tischler gleichzeitig auch so etwas wie ein Architekt. Wenn man heute schöne alte Tiroler Stuben sieht, so hat diese ein Tischler früher entworfen. Heute arbeitet der Architekt mit dem Tischler zusammen."

Dennoch ist die alte Kultur des Handwerkers und speziell die des Tischlers zu Ende. Er muß gegen die Konkurrenz der Fabriken kämpfen, er wird selbst zum Fabrikanten und verliert dabei die intime Beziehung zu seinen Kunden.

Der frühere Tischler oder ein sonstiger Handwerker war Teil des Dorfes, und er war für alle da, denn man brauchte ihn.

Heute ist es nicht schwer, an einem Nachmittag durch den Besuch eines Warenhauses jene Möbelstücke mit nach Hause zu nehmen, für die der Tischler ehedem einige Wochen arbeiten mußte.

Aber andererseits gibt es wieder ein Publikum, allerdings ein sehr kleines, das es als Symbol der Noblesse versteht, wenn ein Handwerker selbst ihm die Gegenstände verfertigt, die seine Lebenswelt verschönern. Dazu mögen handgemachte Schuhe oder eine prachtvolle Bibliothek gehören.

Die Sensenschmiede

Typisch für die alte bäuerlich-dörfliche Welt bestimmter Gebirgstäler war der Einsatz der Wasserkraft für die Beherrschung des Eisens. Die alten Sensenschmiedgewerke waren – neben den schon erwähnten Schmieden – von einer besonderen Geschichte, Kultur und Faszination umgeben. Schließlich war die Sense ein wichtiges bäuerliches Instrument. An den Gebirgstälern des südlichen Oberösterreich gab es eine Vielzahl von Sensenschmieden. Ihre Herren hatten es im Laufe der Jahrhunderte zu Ansehen und Vermögen gebracht. Man nannte sie die „schwarzen Grafen", sie waren stolze und liberale Leute, denen es wohl nicht eingefallen wäre, im Stile diverser städtischer Industrieller unterwürfig beim kaiserlichen Hof um einen Adelstitel vorstellig zu werden. Sie taten viel für das Leben im Dorf und behandelten ihre Arbeiter mit Noblesse.

Die Arbeiter der Sensenwerke, die Sensenschmiede, gehören einer alten Welt an, die in den sechziger Jahren weitgehend erlosch, als die Nachfrage nach Sensen weltweit wegen der aufkommenden Maschinen radikal zurückging.

Ich erinnere mich an diese Arbeiter, die zum Dorfbild paßten und schlecht hörten, weil sie „hammerterrisch" waren. Die Arbeit bei den lauten Hämmern der Sensenwerke hatte ihren Gehörsinn derart verdorben, daß sie sich außerhalb ihrer Arbeit bemühen mußten, ihre Gesprächspartner zu verstehen.

Ich erlebte dieses Aufhören der Sensenschmiedekultur
sehr persönlich, denn um 1963 bat mich der letzte Hammerherr, mit ihm in seinem Auto durch einige damals rückstän-
dige Gegenden Österreichs, wie das Mühl- und Waldviertel,
wo man noch Sensen brauchte, zu fahren. Meine Aufgabe
war bei dieser Fahrt, das Auto zu chauffieren, denn der
Chef des Sensenwerkes hatte seinen Daumen bei einem
unglücklichen Sturz gebrochen, so daß er das Lenkrad nicht
bedienen konnte. Bei dieser Fahrt erlebte ich den alten
Herrn, wie er in dörflichen Kaufhäusern seine Sensen anbot.
Er tat dies nicht unterwürfig, sondern mit bescheidenem
Stolz, wobei er sich völlig bewußt war, daß sein Sensenwerk
bald den Betrieb werde einstellen müssen. Und tatsächlich
verstummten bald darauf die Schmiedehämmer. Die Sensenschmiede selbst ist dem Verfall preisgegeben, und das
stolze Herrenhaus, das auf eine alte Geschichte zurück-
blickt, ist wohl bewohnt, da es günstig einen Käufer gefunden hat, macht aber einen eher heruntergekommenen Eindruck.

Mit dem Sensenwerk war auch eine große Landwirtschaft,
zu der weite Gründe und Böden gehörten, verbunden, so daß
der Hammerherr auch gleichzeitig Gutsherr war.

Heute sind die Gründe an andere Leute, zu denen auch
Städter und ein bekannter Burgschauspieler gehören, ver-
kauft. Einen weiteren zu dem Sensenwerk gehörenden
früheren Gutshof, erbaut im Barockstil, kaufte ein Welser
Wirtschaftsmanager und verwendet ihn für sein Hobby, die
Pferdezucht. Ihm ist zugute zu halten, daß er das Haus des
Hofes und den dazugehörenden Stall prächtig renovieren
ließ.

Aber die alte vorindustrielle Kultur der Sensenschmiede
gibt es nicht mehr. Und eben weil es sich hier um eine bis
in das Mittelalter zurückreichende frühe Industrie handelt,
in der die Burschen des Dorfes und der Bauern Arbeit fanden, sei ihrer hier gedacht. Schließlich profitierte das ganze
Dorf von ihnen, ebenso wie die in der Nachbarschaft leben-

den Bauern. Einer dieser Bauern meint heute, diese Zeit damals wäre eine schöne gewesen. Zu ihm auf den Hof seien die Sensenschmiede um die Milch gekommen. Das Hämmern des Werkes gehörte zu seinem Leben, sogar seine Ochsen hätten sich an diesem ausgerichtet. „Um sechs Uhr früh", so erzählte er mir, „hat der Hammer begonnen zu arbeiten, das ging bis elf Uhr. Die Ochsen wußten: wenn der Hammer aus ist, ist es die letzte Fuhre, es ist zum Ausspannen. Sie sind dann schneller gegangen."

Ein gutes Geschäft dürften auch die Bauern gemacht haben, die die für den Versand verpackten Sensen täglich auf ihren Pferdewägen zum Bahnhof brachten. Für sie bedeutete es eine nicht geringe Einbuße, als das Sensenwerk, in dem noch für kurze Zeit anstelle der Sensen Aluminiumgeräte, Rechen und ähnliches erzeugt wurden, zusperrte. Einige dieser Fuhrwerker verlegten sich, wie mir erzählt wurde, auf das Holzführen für die Bundesforste.

Spannend ist, was mir ein Kriegsheimkehrer, der 1946 im Sensenwerk angestellt wurde, über seine Tätigkeit dort berichtete:

„Der Werkführer vom Sensenwerk, der Mautschnig, hat mich angeredet und gesagt, wir brauchen Leute im Sensenwerk. Angefangen habe ich als Kohlenradler. Als Kohlenradler war man der letzte Dreck. Schon um drei Uhr in der Früh' mußte ich die beiden Öfen anheizen, denn um ungefähr halb fünf Uhr haben die Hammerschmiede an den Hämmern zu arbeiten begonnen. Die Kunst der Hammerschmiede und der Essmeister war, nur wenig Abfall zu haben. Sie machten alles nach Augenmaß. Jeder hat seine Stückzahl machen müssen. Bis so eine Sense fertig war, waren es 30 Arbeitsgänge. Die Sensenschmiede waren ein eigenes Volk. Wer von den alten Sensenschmieden nicht überall in Österreich gearbeitet hat, der war kein echter Sensenschmied. Uns haben die Alten nicht akzeptiert als echte Sensenschmiede. Als Kohlenradler mußte ich mit einem Radlbock (Scheibtruhe) die Kohle führen, die Braun-, Holz- und Steinkohle. Die

Holzkohle wurde nur für die Härtnerei verwendet. Für den
großen Ofen wäre sie zu teuer gewesen."

Zur Herstellung der Sense führt der alte Sensenschmied
noch an: „Die erste Arbeit mit der Sense hatte der Hammerschmied. Dem hat man heizen müssen. Jeder Hammerschmied hatte seinen Heizer, einer war ich. Mit der Zange
hat der Hammerschmied das Bröckel, so heißt das von einer
Stahlstange abgepaßte Stück, aus dem Ofen gefangen. Wenn
er sein Tagewerk verrichtet hat, so konnte er heimgehen. Er
konnte also schon nach sieben Stunden fertig sein oder erst
nach zwölf. Bevor er zu arbeiten begann, lagen schon die
Bröckel, sein Tagwerk, das er machen mußte, bereit. Die
Hammerschmiede beherrschten ihre Kunst.

Nach dem Hammerschmied kommt der Essmeister dran,
der macht aus dem nun die Sense. Der hat das Stück dreimal
in die Hand nehmen müssen unter dem Hammer. Der Essmeister war der wichtigste Mann. Nach ihm kommt die
Sense zum Abrichter. Die Sense mußte nun wieder in den
Ofen hinein, dann kam auf die Sense der Rücken. Das Sen-
senherstellen war narrisch viel Arbeit. Es gab viele Typen
von Sensen: eine dreihändige, eine sechshändige, eine sie-
benhändige und so weiter. Eine siebeneinhalb- bis neun-
händige war für den normalen Gebrauch. Die kleinen Sensen waren gut für die Stauden."

Über den sozialen Rang der in der Sensenschmiede Arbeitenden und deren Entlohnung weiß mein Freund zu berichten: „Die angesehensten Leute waren der Hammerschmied,
der Essmeister, der Werkführer und der Abrichter. Sie haben
früher die Herrenkost bekommen. Alle anderen Arbeiter
bekamen das zu essen, was die Knechte bekamen. Das war
vor dem Zweiten Weltkrieg, als man noch im Sensenwerk
verköstigt wurde. Die Kost gehörte zum Lohn. Der Essmeister hat vielleicht doppelt soviel verdient wie die anderen.
Ich habe 1946 mit einem Schilling in der Stunde begonnen,
später erhielt ich 105 Schilling in der Woche. Alle Wochen
ist damals abgerechnet worden. Ein Lohnsackerl bekamen

wir. Wenn damals jemand in einem Sensenwerk zu arbeiten begonnen hat, so bekam er zunächst vierzehn Tage lang kein Geld. Es war die sogenannte Stehwoche. Man mußte ja angelernt werden, und in der ersten Zeit konnte man noch nichts. Was hätte man auch tun sollen? Der eine hat länger gebraucht, der andere hat es schneller begriffen. Man hat nicht leicht jemanden gefunden, der einem etwas gelernt hat, vor allem in der Zeit vor dem Krieg. Wenn man jemandem zu lange zugeschaut hat, hat der aufgehört zu arbeiten. Er hat sich gefürchtet, er verliert seine Arbeitsstelle, wenn der andere, der jüngere, auch das beherrscht hat, was er konnte. Das ganze Tal hat gelebt von den Sensenschmieden. Früher gab es sogar einen Verkaufsladen im Sensenwerk. Man konnte dort einkaufen. So ist das Geld dort geblieben. Und es gab dort auch eine Werkskantine. Manche Schmiede, die ledigen, haben sogar gewohnt im Werk. Zum Teil haben sie selbst gekocht."

In der Kantine, dem Werksgasthaus, war Leben, hier trafen sich die Schmiede, und hier demonstrierten sie auch ihre Würde: „Wenn früher ein so ein junger Arbeiter in die Kantine gekommen ist, so hat er höflich fragen müssen, ob er sich zum Essmeister oder zum Hammerschmied setzen darf."

Während des Sommers „stand die Sensenbude", die Hauptarbeit der Sensenschmiede war während des Herbstes und des Winters, denn im Frühjahr sollten die Sensen bereits bei ihren Bestellern sein. Und der Sommer galt auch den Reparaturarbeiten im Werk. In der Zeit ohne Arbeit bei den Sensen verdingten sich einige als Holzarbeiter oder als Halter, als Hirte, auf den Almen.

Bereits nach dem Krieg beginnen die Probleme mit dem Absatz: „Den Russen ging es schlecht, auch in Italien hatte man kein Geld. So machte man Kompensationsgeschäfte. Zum Beispiel lieferte man anstelle des Geldes Zitronen. Die wurden dann auf Märkten verkauft. So erhielten die Sensenwerke ihr Geld."

Jedenfalls war mit der alten Sensenindustrie, die gemeinsam mit der alten bäuerlichen Kultur langsam erlosch, eine überlieferte Geschichte verbunden, derer sich der frühere Sensenschmied so erinnert: „Viel haben wir für die Russen gearbeitet. Jeder wollte andere Sensen. Eine Sense für die Russen schaute anders aus als die Sensen für die Tschechen oder die Brasilianer.

Man erzählt sich, daß der Weinmeister, ein Hammerherr um 1900, mit der Kutsche nach Rußland gefahren ist, um Geschäftsverbindungen aufzunehmen. Er soll ein halbes Jahr unterwegs gewesen sein. In einem Faßl hat er angeblich das Geld gebracht."

An diese alte Kultur mit ihren noblen Hammerherren, den Hammerschmieden und Essmeistern erinnern nur mehr verlassene Gebäude. Die in den Sensenwerken Arbeitenden kannten strenge Hierarchien, aber sie waren weniger an religiöse Normen gebunden als die Bauern. Diese Freiheit zeigte sich wohl auch darin, daß die Sensenschmiede gerne und ausgiebig in Gasthäusern zechten und nicht abgeneigt waren, sich auf Raufereien mit „gewöhnlichen" Leuten einzulassen.

6. Helden

Holzknechte – kühnes Leben mit dem Bucklsack

Die Kultur der Holzknechte und der Holzführer, über die im folgenden Kapitel erzählt werden soll, ist uralt. In den sechziger Jahren verschwindet sie allmählich, sie fällt mit dem Ende der bergbäuerlichen Kultur zusammen, deren Teil sie eigentlich ist.

Es sind die modernen Techniken der Holzgewinnung, der Ausbau der Forststraßen und vor allem der Traktor, die die alten Holzknechte und die Holzführer als nicht mehr notwendig erscheinen ließen und sie schlußendlich verdrängten. Heute erinnert nicht mehr viel an diese alte Kultur der in den Wäldern am Berg hart arbeitenden Männer, deren Symbol der Rucksack und deren Leben ein karges war.

Die alten Holzknechte und Holzführer verfügten jedoch über ein Wissen, das wert ist, aufgezeichnet zu werden. Mit diesen Haudegen, die ich seit meiner Kindheit kenne und von denen einige mit mir lange Gespräche führten, verschwindet eine ganze Kultur des Holzes. Über diese will ich hier berichten.

Holzknechte und Holzführer bedingten sich gegenseitig, denn letztere hatten das Werk der Holzarbeit zu vollenden, da sie das von ersteren geschlägerte Holz den Berg hinunter zu befördern hatten. Daher sei zunächst der alten Holzknechte gedacht.

Sie mußten gesund und kräftig und gut zu Fuß sein, denn die Wege, die sie zurückzulegen hatten, waren weit. Zunächst hieß es vom Dorf weg zur Holzknechtshütte zu marschieren. Und von dort mußte täglich zum Schlag, also dorthin, wo die Bäume gefällt wurden, gegangen werden. Oft waren sie für einen Weg drei, vier oder gar fünf Stunden unterwegs. Zu den Werkzeugen der Holzknechte gehörte vor allem die große Zugsäge, die geradezu zum Symbol der

Holzknechte wurde, denn auf alten Gruppenbildern der
Holzknechte wird diese Zugsäge stolz im Vordergrund gehalten. Zur Grundausrüstung sind außerdem diverse Hak-
ken, wie die Moasl- und die Asthacke, Keile, das Scherpei-
sen, der Sappel, die Steigeisen und der Stackelstecken zu
zählen.

Auch gut gekleidet mußte man als Holzknecht sein, um
mit Berg und Wetter zurechtzukommen. In früheren Zeiten
trug man stabile Bergschuhe, die mit „Scherken" genagelt
waren. Sie waren handgemacht, genauso wie jene, die später dann mit guten Gummisohlen versehen wurden. Der
Schuster wußte, wie die Schuhe der Holzknechte beschaffen
sein müssen, und er wendete Zeit auf, um eine gediegene
Fußbekleidung anbieten zu können. Lodengamaschen,
schwere und warme Hosen, ein Lodenwettermantel, Mütze,
Hut und Fäustlinge komplettierten die Ausrüstung des Holzknechtes.

6   Holzknechte um 1848

Es war harte Handarbeit, die verrichtet werden mußte, jedoch fanden viele junge Burschen bergbäuerlicher Herkunft in dieser ihr Auskommen, ehe Maschinen menschliche Arbeitskraft ersetzten.

Über diesen Wandel erzählte mir ein früherer Holzknecht, der später Briefträger wurde, Spannendes. In seiner Erzählung geht er auch auf die Besonderheit des Holzes in seiner Beziehung zur Jahreszeit ein: „Bei den Bundesforsten waren wir früher 200 Holzknechte in unserem Rayon. Heute arbeiten in derselben Gegend 20 Leute mit Maschinen, wie Motorsägen und anderem Zeug. Ein ganzer Erntezug ist unterwegs. Heute steht ein Kran dort, der den Baum, der unter der Motorsäge abgeschnitten wird, an den Ästen hinaufzieht. Früher haben wir alles mit der Hand gemacht. Zuerst wurde der Baum gefällt, dann geastet und gescherpt.[3]

Im Winter sind die Buchen gehackt worden und im Sommer das Weichholz, wie die Fichten. Die Buchen wurden im Winter entrindet, weil im Winter kein Saft zwischen Rinde und Holz ist und man die Buchen daher leicht entrinden konnte. Bei den Fichten ist es umgekehrt, bei ihnen geht die Rinde im Sommer leichter herunter, weil Saft unter der Rinde ist. Im Winter hätte man Schwierigkeiten beim Entrinden der Fichte, weil durch den Saft die Rinde angefroren ist. Begonnen haben wir mit unserer Arbeit als Holzknechte im August oder im September, und es ging durch bis in den Mai. Ich war zwölf Jahre bei den Holzknechten, von 1948 an, als ich mit 14 Jahren aus der Schule kam. Gleich im August darauf war ich Holzknecht. Zunächst hieß es, den Wald säubern, reinigen, die kleinen Bäume wurden herausgeschnitten, geastet und gescherpt. Jeden Montag bin ich an die drei Stunden zur Hütte gegangen. Damals gab es noch keine Forststraßen. Wochenlang haben wir daher im Winter Schnee geschaufelt. Heute ist das alles nicht mehr notwen-

---

3   „gescherpt" kommt von: Scherper – altes Wort für Messer; scherpen – entrinden.

dig, heute kommt der Schneepflug, und die Straße ist frei. Früher mußten wir am Montag, wenn es Samstag und Sonntag viel geschneit hat, zunächst einmal einen halben Tag Schnee schaufeln, um zu den Bäumen, die geschlägert werden sollten, zu gelangen. Und fällt der Baum in den tiefen Schnee, so muß man ihn ausschaufeln. Die Bäume haben wir auch selbst in einer Riese oder einer mit Holz ausgetafelten Rinne hinuntergeholzt, sie zu den Plätzen gebracht, wo sie dann abgeholt wurden."

Es war eine schwere Arbeit, die den Holzknechten viel abverlangte, sie war aber auch gefährlich. Immer wieder kam es vor, daß ein Holzknecht bei der Holzarbeit tödlich verunglückte. Aber immerhin war man froh, daß es die Holzarbeit gab, denn sie brachte Geld, und das brauchte man gerade in der Nachkriegszeit bitter. Es waren die Bundes- oder Landesforste oder sonst eine Forstverwaltung, die Holzknechte aufnahm. Man machte dies bis zum Krieg nicht direkt, sondern grundsätzlich durch einen Holzmeister, der sich verpflichtete, einen bestimmten Bereich zu schlägern und dafür Leute aufzunehmen.

Über die Arbeit der Holzknechte erzählte mir umfassend ein Mann aus altem Holzknechtsgeschlecht: „Die Sommerzeit war Akkordzeit, da wurde per Meter Holz bezahlt. Bereits Ende April oder Anfang Mai hat der Meister mit dem Forstmeister der Bundesforste den Preis ausgemacht. Für eine gute Lage und auch für gutes Holz wurde weniger gezahlt als für eine schlechte Lage und schlechtes Holz. Nach dem ausgehandelten Preis haben die Holzknechte also im Sommer gearbeitet, und zwar von früh bis auf d'Nacht. Die Bäume wurden umgeschlägert, ast- und rindenfrei gemacht. So sind die Bäume der Reihe nach einmal liegen geblieben. Im Herbst dann, im September, wenn das Wetter schlecht war, haben sie die Bäume umgedreht und in Teile geschnitten. Ende September, wenn die Regenzeit anfängt, haben sie mit dem Zusammenholzen begonnen, das heißt, die Holzstämme wurden zu einem gemeinsamen Platz gebracht, dafür hat man eine Riese oder eine Tafel gebaut. Beim Holzen mußte die Riese naß sein. Darum hat man erst beim Regen arbeiten können. Ohne Regen hätte es kein Liefern gegeben. Manchmal, wenn es gepaßt hat, hat eine Erdriese genügt, auf der man das Holz hinunterließ. Das so bis zur Straße heruntergebrachte Holz wurde zu einem Haufen geschlichtet, der fünf bis sechs Meter hoch und 20 bis 30 Meter breit war. Oft war der Haufen bis 500 Meter lang. Es war also ganz schön viel Holz, das da zusammengekommen ist. Das Holz blieb dann liegen, bis der Schnee gekommen ist. Je nach Witterung und Bedarf ist Holz nun weggeschoben, vermessen und gelagert worden.

Gewisse Bloche haben sie dann mit Rössern weggeführt. Da das Holz bei der Straße war, war das auch kein Problem. Weggeführt hat das Holz der Sagwirt mit einem normalen Anhänger, einem Zweiachser, der vorn und hinten eine Achse hatte, mit einem Drehkreuz. Mit diesem Anhänger konnte man Bauholz in der Länge von zehn bis zwölf Meter führen. Bei diesem Anhänger ist auch hinten einer gesessen, der die hinteren Räder gelenkt hat. Auf diese Weise kam das Holzfuhrwerk gut durch die vielen Kurven entlang der Enns. Nach dem Krieg hat sich diese Art des Holztransportes mit den Rössern allmählich aufgehört – als die ersten Lastwägen eingesetzt wurden."

Also lediglich das direkt bis zur Landstraße gebrachte Holz konnte noch im Sommer oder Herbst an den Bestimmungsort geschafft werden. Das andere Holz jedoch, das hoch oben gesammelt wurde, wurde während des Winters mit Pferdeschlitten zu Tal befördert. Darauf ist im nächsten Kapitel einzugehen.

Rösser halfen auch den Holzknechten bisweilen bei ihrer schweren Arbeit im Wald, um die großen Bloche aus dem Wald zu ziehen. „Wenn die Holzknechte im Sommer Bäume gefällt haben", schilderte der Sohn eines Bauern, „so haben sie uns dies gesagt. Auch wenn es zum Heuen war, mußten wir einspannen, um Holz zu rücken. Waren es schwere

Bloche, so wurden zwei Pferde eingespannt. Wenn es jedoch
über Stock und Stein ging und zwei Rösser nicht nebeneinander gehen konnten, wurde nur ein Roß eingespannt. Eingespannt war das Roß in einen Einspanner mit einem
Klampfzieher. Der Klampfzieher besteht aus einer Kette mit
vier oder fünf Spitzen dran. Diese konnte man mit dem
Sappel in vier oder fünf Bloche einschlagen. So hat man das
Holz aus dem Wald gerückt oder gestreift, wie man auch
sagt, und auf einen Haufen zusammengezogen. So ist das
Holz liegengeblieben. Entweder wurde es mit einem Lastauto abtransportiert, wenn es direkt bei der Straße war, oder
im Winter mit den Schlitten."

Der Bauernsohn zieht auch den Vergleich zu heute: „Ab
den siebziger Jahren wird das Holz durch Allradtraktoren
gerückt. Dazu hat man Seilwinden, mit denen man das Holz
aus dem Wald ziehen kann." Es hat sich also viel geändert
in dieser Welt des Holzes.

In den Sommermonaten, in denen die Holzknechte ihre
harte Arbeit zu verrichten hatten, nächtigten sie während
der Woche – das Wochenende verbrachten sie bei ihrer
Familie zu Hause – in den sogenannten Holzknechtshütten.
Diese Hütten waren einfache Rinderhütten oder Lafthütten,
wie man sie auch nannte. Das Wort Laft ist ein alter Ausdruck für Rinde. Ähnlich alt dürfte auch die Technik der
Herstellung dieser Hütten, die an einem Tag fertiggestellt
werden mußten, sein. Ich will hier der Erzählung eines
Holzknechtes folgen, der das Leben in der Holzknechtshütte
farbig zu schildern weiß:

„Es gab viele Holzknechte, die über Nacht ausgeblieben
sind, die also im Wald übernachten mußten, und zwar in
einer Hütte. Diese Hütte war keilförmig gestaltet, und zwar
durch Bäume, die gegeneinandergestellt waren und sich
oben etwas kreuzten. Die Bäume wurden durch eine Quer-
latte miteinander verbunden. Zugedeckt wurde das Ganze
mit Rinden. Als Rinden hat man nur solche von schönen
großen, astreinen Bäumen genommen. Und die Bäume

mußten Saft haben, damit sich die Rinde leicht vom Holz lösen läßt. Die erste Haut (Rinde) ist verkehrt, mit der Rinde nach innen, auf die Hütte gekommen – ‚nawen' hat man dazu gesagt, das heißt soviel wie ‚umgekehrt'. Die nächste Haut ist wieder normal, mit der Rinde nach außen und dem Glatten nach innen, auf die erste Haut gelegt worden. So ist glatt auf glatt gelegen. Schöne Hütten waren immer doppelt gedeckt, denn so waren sie wettersicher.

Im Sommer war es ausgesprochen angenehm in der Hütte, überhaupt wenn es geregnet hat. Es hat so schön geprasselt auf das Rindendach.

7   Holzknechtshütte

In der Mitte der Hütte ist ein Holzkasten gemacht worden, der mit Erde gefüllt wurde. Feuerwagen hat man auch zu ihm gesagt. Im Holzkranz des Kastens konnte man die Pideln einschlagen. Die Pideln waren so Eisenstangen mit einem Gewinde, unten war die Halterung für das Wasserpfanndl

und oben die für das Schmalzpfanndl. Jeder Holzknecht hat
seine Eisenstangerln und seine Pfanndln gehabt. Jeder hatte
seinen Feuerplatz. Im Holzkasten war das offene Feuer für
die Pfanndln. Wenn man jemand ärgern wollte, so hat man
ihm das Feuer, die brennenden Scheiter zu seinem
Schmalzpfanndl hingerückt, so daß seine Spatzen (aus Mehl
und Fett) oder Seierlinge anbrannten. Wir waren in der
Hütte meist so sechs oder sieben Leute.

Gesessen sind wir Holzknechte auf einer Bank, die aus
Rundlingen gemacht war. Auf den Rundlingen lagen zwei
oder drei Schichten Rinde. Diese Rundlinge waren so zusammengelegt, daß vorne der Sitz etwas höher war und eine
Sitzmulde entstand. Ein Graf sitzt nicht besser. Die Bank
ging die Länge hinauf und quer hinüber. Da konnten die
Holzknechte alle sitzen. Hinter der Querbank im hinteren
Teil der Hütte waren da noch zwei Meter Platz. Dort hatte
jeder Holzknecht seinen Strohsack, dort schlief er neben den
anderen. Zum Schlafengehen mußte man also über die
hintere Querbank steigen.

Jeder Holzknecht hatte nicht nur seinen Strohsack, sondern auch sein Koststöckl mit herauftragen müssen. Das
Koststöckl ist ein kleines verschließbares Holztrüherl mit
einem Deckel drauf. In ihm waren die Sachen drinnen, die
man so zum Kochen brauchte. Es durfte nur eine bestimmte
Länge von höchstens 80 bis 90 Zentimeter haben, sonst
hätte es zuviel Platz weggenommen. Diese kleinen Truhen
standen hinter den Bänken, man konnte sich an sie lehnen.
Wenn ein Holzknecht etwas kochen wollte, brauchte er sich
nur umzudrehen, den Deckel vom Koststöckl aufzumachen
und das Pfanndl herauszunehmen."

Als ich über den Tagesablauf und das Kochen des Holzknechtes etwas wissen wollte, erzählte mir ein alter Holzknecht: „Wir haben eigentlich den ganzen Tag während der
Woche von Mai bis September gearbeitet. Oft sind wir schon
in der Früh' vor dem Frühstück arbeiten gegangen. Zu
Mittag haben wir eine Stunde Rast gemacht, und da haben

wir uns gekocht. Meist Grießknödel oder Spatzen (eine Nockerlart).

Wenn jemand Fleisch hatte, hat er schon am Vorabend gesotten, so daß er es zu Mittag nur mehr ins heiße Wasser werfen mußte. Von zu Hause hatte so ein Holzknecht zum Kochen sich meist Mehl für die Spatzen, Grieß, Eier, Erdäpfel und Geselchtes mitgenommen. Ungefähr eine halbe Stunde vor der Mittagspause ist einer der Holzknechte zur Hütte gegangen, um bereits Feuer zu machen und Wasser zu holen. Wenn die anderen gekommen sind, hat das Wasser schon gekocht. Wenn jemand einen Germschober (Germkuchen) essen wollte, so hat er schon auf d' Nacht den Teig gemacht und ihn gehen lassen. Zu Mittag am nächsten Tag konnte er dann den Germschober machen."

Stolz, was die Kochkünste anbelangt, klingt auch, was ein anderer Holzknecht mir dazu sagte: „Viel hatten wir nicht mit, nicht soviel, daß wir jemanden einladen hätten können. Gerne haben wir einen Sterz, eine Polenta, gegessen. Wir haben schon bald besser gekocht in der Holzhütte als die Leute daheim. Wir haben ziemlich fett gekocht, sonst hätten wir nicht so hart arbeiten können."

Zur Qualität der Mahlzeiten, die sich die Holzknechte zubereiteten, meinte ein Holzknecht: „Ich habe zwölf Jahre hindurch selbst gekocht. Wenn ich am Montag von zu Hause weggegangen bin, hatte mir meine Mutter den Rucksack für eine Woche gepackt, so daß ich am Montag Grammelknödel essen konnte, am Dienstag Erdäpfelgulasch und so weiter. Man mußte es sich genau einteilen. In der Früh' hab' ich gerne einen heißen Tee getrunken oder ein Müsli gegessen. Am Abend meist nur einen heißen Tee." Und ein anderer Holzknecht ergänzte hinsichtlich der angeblich gesunden Kost eines Holzknechtes: „Es gibt nur wenige Holzknechte, die nicht magenleidend waren. Ein Magenleiden ist für den Holzknecht geradezu eine Berufskrankheit. Man hat oft viel zu kalt gegessen und getrunken."

Die soziale Rangordnung unter den Holzknechten zeigte

sich in der Sitzordnung. Der Holzmeister saß für gewöhnlich etwas rechts vom Eingang. Ihm folgten offensichtlich jene, die beim Meister ein etwas höheres Ansehen genossen als die anderen. Der Meister war es auch, der – ganz im Stile nobler Herren – die Mahlzeit aufhob und die Holzknechte zur Arbeit aufrief.

Aber noch etwas war wichtig für ein einigermaßen angenehmes Leben der Holzknechte, nämlich der Abort. Nach Auskunft eines alten Holzknechtes wurde er so fabriziert: „Etwas hindån (abseits) von der Hütte haben wir eine Lukken, ein Loch, gemacht. Dann wurde eine Querstange angebracht, auf der ist man gesessen. Darüber kam ein Dachl. Wenn man im Herbst weggezogen ist, hat man das Loch zugeschaufelt."

Die Holzknechte verfügten also über Techniken und überhaupt über ein großes Wissen, um in den Wäldern einigermaßen gut zu überleben. Die beschriebene Hütte war in ihrer spartanischen Einfachheit aber nicht unbequem. Allerdings entwickelte sich noch ein anderer Typ von Hütte. Und zwar eine Hütte, die etwas geräumiger und bequemer war. Diese Hütte hatte senkrechte Säulen und Wände, sie war spitzdachförmig, wobei die Rundlinge so gelegt wurden, daß ein beinahe kuppelförmiges Dach entstand. Darüber legte man genauso wie bei der zeltartigen Hütte die Rinde. Auch eine Tür wußte man zu fabrizieren, sie bestand aus einem Holzrahmen, über den eine Rinde kam. Diese Rindentür wurde ähnlich einem Viehgatter mit einem Draht eingehängt. Versperrt waren Holzknechthütten nie.

Bis zum Krieg, aber auch noch danach waren Hütten dieser Art bei Holzknechten die Regel. Nach dem Krieg traten an ihre Stelle allmählich feste Hütten aus Balken und Brettern, in denen die Holzknechte sich wohl freier und bequemer fühlen konnten. Anstelle einer offenen Feuerstelle trat ein Sparherd. Diese Art der Hütte war auch im Winter problemlos nutz- und heizbar.

Endgültig sind die Hütten mit dem Aufkommen der Trak-

toren und überhaupt der modernen Technologie, für die das
Holzfällen eine Arbeit von wenigen Leuten in wenigen Tagen ist, aus den Wäldern verschwunden.

Es war zwar eine harte Arbeit, die die Holzknechte zu
verrichten hatten, und es war nicht immer einfach, miteinander in den Holzknechtshütten auszukommen, aber es gab
auch das Vergnügen und den oft nicht immer harmlosen
Scherz, wie zum Beispiel, wie ich oben geschildert habe,
absichtlich das Essen eines Kollegen anbrennen zu lassen.
Die Männer, meist eine Gruppe von ungefähr acht Leuten,
wußten sich auch neben der Arbeit im Wald in der Hütte zu
vergnügen. Dies beschreibt ein alter Holzknecht so:

„Wenn man so gegen elf Stunden gearbeitet hat, hat man
nicht viel Zeit, sich zu unterhalten. Wir haben aber dennoch
Karten gespielt bei Kerzenlicht. In den gezimmerten Hütten
später ging es leichter mit dem Kartenspielen als in den
Lafthütten. Gestritten wurde nicht viel, aber es hat uns Spaß
gemacht, andere zu ärgern. So waren einmal zwei von uns
sehr fromm. Sie haben sich jeden Tag hinter dem Ofen
niedergekniet und gebetet. Wir anderen haben zu der Zeit
Karten gespielt und dabei laut geschrien, um sie zu ärgern,
weil sie so fromm gebetet haben. Manchmal an warmen
Abenden spielte jemand von uns sogar ein Instrument, zum
Beispiel mit einem Flügelhorn. Das war schön. Man hat auch
hin und wieder eine Sennerin auf einer nahen Alm aufgesucht. Die hat sich gefreut, weil sie ja immer alleine ist. Auch
Most haben wir hie und da getrunken bei der Sennerin. Es
war eine schöne Zeit, wenn ich heute so zurückdenke.“

Die Holzhacker waren brave Arbeiter, die auch ihren
Berufsstolz hatten, wie Bilder aus dem Holzhackerleben
bezeugen, schließlich waren sie starke Burschen, die von
männlicher Kraft strotzten. Dennoch war es nicht einfach
für eine Bauerntochter, einen Holzknecht zu heiraten, denn
er stand sozial unter ihr. Geschah dies einmal doch, so
belustigte man sich über das Paar und nannte ihre Hochzeit
eine „Bucklsack-Hochzeit“. Damit will gesagt sein, daß je-

mand, der in seinem „Bucklsack" seine ganzen Habseligkei-
ten unterbringen kann, ein Mensch ohne viel Vermögen ist,
eben ein Knecht. Die alten Knechte wechselten nämlich –
sie fiedelten, sagte man auch – mit einem Rucksack von
einem Bauern zum anderen. Und ein Holzknecht gehörte zu
jenen Leuten, von denen eine Ehefrau nicht viel an Vermögen zu erwarten hatte. Der „Bucklsack" war also Symbol des
Knechtes und speziell des Holzknechtes. Im Rucksack
schleppte er seine Sachen auf den Berg, und im Rucksack
brachte er am Wochenende, wenn er verheiratet war, Holz-
späne, die er neben seiner Arbeit im Wald aus schönen
Scheitern hergestellt hatte, mit nach Hause. Seine Frau
freute sich darüber, denn Späne benötigte sie zum täglichen
Einheizen.

Diese Bucklsack-Kultur der Holzknechte gibt es nicht
mehr, ihr Ende war mit den Traktoren gekommen und mit
jenen Maschinen, mit denen man gewaltsam in den Wald
eindringen kann. Beinahe wehmütig schildert ein Holzknecht das Ende der Welt der alten Holzknechte: „Wie ich um
1965 in Pension gegangen bin, wurden vermehrt Forststraßen gebaut. Auf den Forststraßen konnten sie nun mit dem
Traktor in den Wald fahren. Das war zwar eine gewaltige
Erleichterung, aber dem Wald tun diese Riesentraktoren
nicht gut. Als sie mit dem sogenannten Erntezug 1968 gekommen sind, hinterließen sie eine Verwüstung. Da wurde
der betreffende Baum umgeschnitten und aus dem Wald
mitsamt den Ästen direkt in eine Maschine gezogen. Jetzt
machen sie es Gott sei Dank nicht mehr so. Heute braucht
man für die Holzarbeit vielleicht zehn Holzknechte, früher
waren wir 50 Männer, die dieselbe Arbeit verrichten mußten.

Und heute wird im Sommer und Winter umgeschnitten
und weggebracht. Der Lastwagen steht schon, und man
ladet sie auf. Früher wartete man auf den Schnee, um das
Holz wegzuführen. Heute geht alles schnell."

Über den großen Wandel bei der Schlägerung der Bäume
erzählte mir auch ein Bauer, für den jedoch die Arbeit im

Wald weiterhin – nicht nur wegen des Nebenerwerbes – höchst reizvoll ist: „Ich bin lange in das Holz gegangen, jetzt arbeitet auch mein Sohn, der junge Bauer, einmal im Jahr für einige Zeit im Holz.

Man geht nicht nur wegen des Verdienstes ins Holz. Es ist wie eine Sucht. Wenn man einmal das Holzgehen gewöhnt ist, geht es einem dirckt ab, wenn man nicht mehr geht. Es ist wie bei der Sennerin auf der Alm. Wenn das Frühjahr kommt, da muß sie auf die Alm. So geht auch mein Sohn gern in das Holz. Aber gegen früher ist die Schlägerung der Bäume und ihre Behandlung viel brutaler. Heute setzt man Traktoren, Seilzüge und Lastwägen ein. Der Lastwagen steht auf der Straße, und mit vier- bis fünfhundert Meter langen Seilen reicht er in den Wald hinein, und man kann so die Bäume aus dem Wald holen. Bei einem Seilzug arbeiten vier Leute. Einer hat die Aufgabe, das Holz an das gespannte Seil anzuhängen."

Die Schlägerung und Weiterverarbeitung des Baumes wurde also zur maschinellen Angelegenheit, die in nichts mehr an die frühere geduldige Arbeit der Holzknechte erinnert. Interessant ist übrigens, daß die alten Holzknechte, wenn sie mit ihrer Arbeit im Sommer begannen, in die Schnittfläche des Stockes des ersten gefällten Baumes mit der Hacke drei Kreuze ritzten. Dasselbe tat man beim letzten Baum, der in der Saison umgeschnitten wurde. Man machte es ähnlich wie beim Brotanschneiden. Bei kleinen Bauern oder in kleinen Forsten gibt es vielleicht noch die alten Techniken und Rituale des Baumschlägerns, aber sie werden zunehmend zurückgedrängt. Es sind Traktoren und Maschinen, die die alten Holzknechte ersetzen.

Holzführer und ihre Rösser – altes Heldentum in den Bergen

Zu meiner Kindheit und frühen Jugend gehörte das Geläute der kleinen Glocken, die auf den Pferdeschlitten der Holzführer angebracht waren und die mein Bubenherz erfreuten. Dieser Klang ist verschwunden, ebenso wie die Rösser, die die schwer mit Holz beladenen Schlitten in das Dorf zogen. Sie sind den Traktoren und Forstmaschinen gewichen, die auf den die Wälder durchfurchenden Forststraßen während des ganzen Jahres das geschlägerte Holz unter Motorenlärm und entsprechendem Geruch von den Bergen ins Tal bringen. Diese Forststraßen haben übrigens bewirkt, daß die alten Karrenwege und Schlittenbahnen der Bauern verschwinden und verwachsen.

Es waren die Wintermonate, wie im vorigen Kapitel erzählt, in denen die von Holzknechten gefällten und zusammengezogenen Holzbloche aus dem Wald und vom Berg abtransportiert wurden. Wichtig war bei diesen Transporten der Schnee, denn dieser bot die klassische natürliche Grundlage, um das Holz mit dem Schlitten fortzuschaffen.

Schließlich bedeutete für die Bauern das Holzliefern während des Winters – im Auftrage der Bundesforste oder anderer Waldbesitzer – einen bescheidenen, aber dringend benötigten Nebenverdienst. Es war zwar nicht viel Geld, das die Bauern und ihre Söhne nach dem Krieg als Holzführer verdienten, aber in den alten kargen Zeiten konnte man es gut gebrauchen. Allerdings konnte es passieren, daß Bauern wegen des Preises, um den sie das Holz zu führen hatten, „gelegt" wurden.

Dies erzählte mir ein Bauer so: „Einmal, im Sommer 1955, hatten die Bundesforste auf der Wallnerhöhe Holz liegen, das zum Sägewerk transportiert hätte werden sollen. Der Sagmeister ist zu mir gekommen und hat mich gefragt: ,Willst du das Holz hereinführen?' Ich habe ja gesagt. Sagt er: ,Für den Meter Holz zahle ich sieben Schilling.' Sage ich:

‚Das ist nicht viel.' Darauf antwortet er: ‚Der Gradauer fährt auch um diesen Preis.' Das war eine Lüge. Ich bin nun gefahren, weil auch der Gradauer gefahren ist. Nach einer Zeit habe ich den Gradauer getroffen, sagt er: ‚Du Trottel, du hast den Preis kaputtgemacht.' Sage ich: ‚Du hast den Preis kaputtgemacht!' Sagt er: ‚Wieso ich?' Sage ich: ‚Der Meister hat gesagt, du bist auf diesen Preis von sieben Schilling eingestiegen. Und darauf bin ich hereingefallen.' Sagt er: ‚So ein Falott!' Jetzt blieb uns nichts anderes übrig, als um diesen Preis zu fahren."

Auch wenn der Bauer nicht allzuviel bezahlt bekam für seine Holzarbeit, war er recht froh, überhaupt eine solche zu haben.

Die Wintermonate waren dem Bauern daher auch sehr willkommen. Schließlich bedeutete diese Winterarbeit auch eine Auslastung des Pferdes, das so nicht nutzlos im Stall stehen mußte. Auf diese Weise war das Pferd das ganze Jahr hindurch beschäftigt.

Über den jahreszeitlichen Beginn und das Ende der Holzarbeit erzählte ein Bauernsohn dieses: „Nach Nikolo (6. Dezember), wenn es mit dem Schnee gepaßt hat, ist das Holzführen angegangen. Wir haben für die Bundesforste geführt. Waren wir im Februar mit dem Holzführen fertig, so ist im März und April mit den Pferden das Mistführen angegangen. Und dann wurde gepflügt."

Gebracht wurde das Holz zu den Sägewerken oder auch zum Bahnhof, wo es für den Transport in die Papierfabrik oder sonstwohin verladen wurde.

Eingebunden in diese Arbeit waren vorrangig die Pferde. Zwischen ihnen und den Holzführern bestand eine enge Beziehung. Wohl waren die Rösser die idealen Gefährten der Bauern bei der Holzfuhr, jedoch setzten ärmere Bauern auch ihre Ochsen ein, denen angeblich vom Schmied mitunter sogar Hufeisen verpaßt wurden. Den Ochsen will ich hier nicht ihre Verdienste absprechen – sie waren, wie ich mich auch erinnern kann, brave Tiere –, aber für die Holzarbeit brachten doch die Pferde die besseren Voraussetzungen mit. Und schließlich kam man mit einem Pferdeschlitten schneller vorwärts als mit einem Schlitten, vor dem geduldige Ochsen gespannt waren. Allerdings wurde das Holz nicht bloß durch tierische Kraft den Berg hinunter gebracht, sondern manchmal auch durch menschliche, nämlich durch das sogenannte „Schlitteln".

Bei diesem Schlitteln brachte ein Mann einen mit Holz beladenen speziellen Schlitten ins Tal, wobei er zwischen dessen nach oben gezogenen Kufen, die er mit den Händen umklammerte, bergab rutschte. Das ganze Gefährt lenkte er geschickt durch Gewichtsverlagerung, Einsatz der Füße und den an den Kufen angebrachten Tatzen, die zum Bremsen da waren.

Diese Art der Holzlieferung, das „Schlitteln", war nicht ungefährlich, aber sie brachte Arbeit und Geld. Darüber erzählte mir ein alter, ehemals verwegener Holzknecht: „Bis in die sechziger Jahre hinein haben wir geschlittelt. Wir haben dies gemacht, weil wir sonst arbeitslos gewesen wären. Beim Schlitteln waren mehrere Leute beschäftigt. Die einen fuhren mit dem Schlitten, andere legten das Holz auf, und andere wieder waren damit beschäftigt, das Holz zu lagern. Es waren also drei Partien notwendig. Wenn mit den Rössern gefahren wurde, hatten höchstens ein oder zwei Partien Arbeit."

Aufregend war das Führen des Holzes mit den Pferdeschlitten. Für beide, für Roß und Lenker, war, wie ich zeigen werde, das Fahren mit dem Holzschlitten, auf dem kunstgerecht die Holzbloche befestigt waren, abenteuerlich und gefährlich.

Mensch und Pferd mußten bei der Holzarbeit – für diese Arbeit zog man meist Stuten den Hengsten vor, denn diese gebärdeten sich dabei wenig geduldig – aufeinander abgestimmt sein. Der Mensch mußte sich auf das Pferd verlassen können, und dieses hatte zu erahnen, was der Mensch überhaupt will. Eine Bauerntochter, die selbst mit dem Holz fuhr,

8   Holzfuhrwerk um 1953

hielt dazu fest: „Das Pferd blieb, wenn es Schwierigkeiten
beim Holztransport gab, ruhig stehen und hat gewartet. Die
Pferde sind wahrig gewesen, das heißt, sie haben alles wahr-
genommen."

Bemerkenswert ist der Schlitten, vor dem das Roß schritt.
Grundsätzlich, dies sei eingefügt, ist man beim Holzführen
einspännig gefahren, da es auf engen Wegen bedrohlich
bergab ging. Auf ebenem Gelände versahen jedoch mitunter
zwei Rösser besseren Dienst beim Holztransport. Dabei wurden Schlitten eingesetzt, die man auch Langschlitten nannte, denn auf ihnen konnten die Holzstämme zur Gänze, ohne
daß sie am Boden schleifen mußten, geliefert werden.

Die Schlitten aber, mit denen man von hoch oben über
schwieriges Gelände und auf alten Karrenwegen unterwegs
war, waren die sogenannten Halbschlitten; sie wurden von
einem Pferd geführt, und bei ihnen lagen die Bloche nur zum
Teil auf, der andere Teil glitt am Boden dahin.

Bei den Halbschlitten war das Pferd nicht an einer Deichsel, wie sonst üblich, angehängt, sondern starr zwischen
zwei Stangen, den Anzen, eingespannt. Diese festen Anzen
führten vom Schlitten zum sogenannten „Aab", einem flachen Eisen, durch das beim Kummet die Enden der Anzen
gesteckt und mit einem Haken befestigt wurden.

Dadurch war das Roß mit dem Schlitten auf das engste
verbunden. Damit der Schlitten dennoch einigermaßen beweglich gezogen werden konnte, bestand sein vorderer Teil
aus einem sogenannten Reibscheit. Dieses Reibscheit war
drehbar durch einen Stift mit dem Schlitten verbunden, von
ihm gingen die beiden Stangen, die Anzen, zum Pferd hin,
und auf ihm lagen auch die Holzbloche mit ihrem vorderen
Ende. Auf diese Weise konnte sich der Schlitten samt den oft
langen Blochen den eisigen Karrenwegen gut anpassen.

Aber noch etwas war wichtig für das Einspannen des
Rosses: das sogenannte Hinterzeug, das für die üblichen
Kutschen und anderen Fahrzeuge nicht notwendig war.
Dieses Hinterzeug wurde „dem Roß hinter den Arsch gege-

ben und auf das Kummet vorgehängt", wie ein alter Holzführer schilderte. Weiter führte er aus: „Wenn es zu schnell bergab gegangen ist und wir die Fuhr nicht mehr bremsen konnten, hat sich das Roß in das Hinterzeug gelegt und so den Schlitten zurückgehalten. Das ist alles am Kummet gehangen." Noch etwas fügte der Mann hinzu: „Das kennt heute keiner mehr."

Ohne dieses Hinterzeug wäre bei solchen Manövern, bei denen das Pferd sich zurücklehnte, das Kummet durch die Stangen nach vorne über den Kopf des Pferdes gezogen worden.

Mit diesem Schlitten ging es den Berg hinauf zu jenen Plätzen, auf denen Holzknechte die abzutransportierenden Holzbloche, wie im letzten Kapitel geschildert, gelagert hatten. Bereits das Beladen der Halbschlitten mit den Blochen war eine harte Arbeit: „Oft hat es beim Holzführen eine große Kälte gehabt", erzählte mir ein alter Knecht, „oft war das Holz gefroren. Wenn man mit dem Sappel ins Holz gehauen hat (um es zu verrücken), war dies ungefähr so, wie wenn man in einen Stein haut. Man hat das Holz ja händisch, im Gegensatz zu heute, da dies mit Maschinen und dem Traktor geschieht, aufgeladen. Es war auch schwierig, die Klampfe in so ein gefrorenes Holz zu hauen."

Das richtige Beladen des Schlittens war eine Kunst für sich. Reihenweise legte man die Stämme auf den Schlitten und verband sie einzeln mit sogenannten Klampfen, eckigen Eisenstücken mit zwei Spitzen. Verbunden waren diese Klampfen mit einer Kette, die Reihe für Reihe die Bloche sowohl vorn als auch hinten umschlang. Auf diese Weise wurden die Holzstämme fest miteinander, aber auch mit am Schlitten angebrachten Ringen verbunden. Für die mitunter wilde Talfahrt war man so bestens gerüstet. Damit die Bloche leicht, auch im Ebenen und Aperen, gleiten konnten, steckte man auf die hinteren Enden der am Boden streifenden Außenbloche eiserne Gleitschuhe.

9   Schlittenführer um 1955

Der Schlittenführer selbst saß bei der Fahrt auf einem oberen Bloch, das etwas nach vorne gerückt war. Zügel für das
Pferd waren nicht unbedingt notwendig, denn das Pferd
wußte instinktiv, wie es sich im Gelände zu verhalten
hatte.

Pferd und Mensch waren beim Holzführen eine feste Gemeinschaft. Das Pferd wußte, was zu tun war, und der
Holzführer mußte darauf achten, daß der Schlitten richtig
beladen war und daß bei der Talfahrt auch richtig gebremst
wurde.

Die klassische und uralte Bremse beim Holzführen war
die „Sperre". Wenn es steil bergab ging, wurde die „Sperr'
eingelegt", dies geschah durch Stahlketten, die unter die
Kufe gespannt wurden. Ein alter Holzführer beschrieb diese
Art des Bremsens und das Verhalten der Pferde dabei so:
„Die Rösser haben genau gewußt, wo es zum Einsperren
(Bremsen durch Anlegen der Kette) ist. Sie sind stehenge-

blieben und haben gewartet. Die Ketten wurden früher
unter die Kufen eingehakelt." Durch Haken wurde also die
Kette unter dem Schlitten angebracht, um so auf der eisigen
Bahn ein Bremsen zu ermöglichen. „Denn sonst hätte man
sich derrennt (erschlagen) beim Hinunterfahren", meinte
der Holzführer und schilderte weiter: „Die Sperr' mußte
richtig gelegt werden, so daß sie nicht zu lange und nicht zu
kurz ist. War sie zu kurz, hat es so gesperrt, daß das Roß,
wenn es etwas weniger steil war, den Schlitten nur schwer
ziehen konnte. Und wenn die Kette zu lange gelegt wurde,
hat es nicht gescheit gebremst.

Wichtig war auch, daß der Schlitten richtig beladen war.
Und wenn es besonders steil war, haben wir noch bei den
Blochen hinten eine Kette mit Klampfen angebracht. Das
war die Baumsperr'." Für die Pferde war diese Winterarbeit
hart. Ich denke, daß es für die Pferde kaum je eine Tätigkeit
gab, die sie derart beansprucht hat – ausgenommen vielleicht die der Kriegsrösser. Dies meinte auch ein Bauernknecht: „Man mußte das Roß genau kennen beim Holzführen. Und das Roß mußte wissen, ob die Bahn eisig ist und
wie es sich dabei zu verhalten hat. Außerdem hat die Sperr'
(die Kette) nicht überall gleich gehalten. Gut gehalten hat
sie, wenn die Bahn rauh war. Lag aber etwas Schnee auf der
Bahn und hat der Schnee geschmiert, so hat die Sperr' nicht
gescheit gegriffen. Das Roß hat es dabei schwer gehabt."

Diese alte „Sperr'", bei der die Kette unter dem Schlitten
angebracht wurde, hat später durch die „Schlagsperr'" eine
Verbesserung erfahren. Mit dieser funktionierte das Ein-
und Aussperren leichter und schneller, denn bei dieser
„Sperre" wurde durch einen Hebel die Kette verbunden und
der Länge nach eingestellt. Durch das Aufklappen dieses
Hebels konnte die Kette rasch gelockert und auch in der
Ebene entfernt werden. „Schlagsperre" hieß man sie, weil
man sie mit dem Sappel leicht aufschlagen konnte.

Eine Erleichterung beim Holzführen boten schließlich
auch die sogenannten Tatz', die es auch beim Schlitteln

(s. o.) gab. Diese Tatz' waren seitwärts am Schlitten angebracht, mit ihnen konnte man, wenn es zu schnell bergab ging, ebenfalls bremsen, da man mit ihnen fest in den Schnee greifen konnte.

Wie gefährlich dieses Holzführen war, davon kündet die Erzählung eines alten Holzknechtes, in der er auch auf die Wichtigkeit einer echten Schneefahrbahn eingeht: „Wenn es in der Nacht gefroren hat und die Bahn sehr eisig war, dann hatten wir in der Früh' Schwierigkeiten. Wenn wir da mit dem Schlitten hinunter geheilizt[4] sind am Eis, so daß die Rösser am Hintern gesessen sind, hat man es oft nicht dersperren (erbremsen) können, weil es am Eis dahin gegangen ist. Die Rösser sind im Hinterzeug drin gehangen. Das war nicht leicht. Denn wenn es aper wurde, haben wir den halberten Nachmittag Schnee in Körben zum Weg getragen, damit wir wieder drüber fahren konnten. Einschaufeln haben wir dazu gesagt."

An die Gefährlichkeit dieses Holzführens erinnert sich ein früherer Bauernsohn: „Vielleicht hätte ich nicht Holz geführt, wenn mir damals das Risiko dabei bewußt gewesen wäre. Einmal wäre ich bald tödlich verunglückt, denn da hat es die Bloch' am Schlitten verschoben. Es war da schon später Nachmittag, es hat angezogen, und die Bahn ist immer schneller geworden. Die Sperr' hat nicht gegriffen, das Roß konnte den Schlitten nicht halten, die Bloch' sind nach vorne gerutscht. Das Roß hat es geschmissen, und ich bin irgendwohin geflogen."

Auch ein ehemaliger Bauernknecht weiß über die Gefährlichkeit, aber auch Schönheit des Holzführens zu berichten: „Es war eine harte Arbeit das Holzführen im Winter, ich habe sie aber gerne gemacht. Einmal sind wir von der Wurzeralm mit mehreren Schlitten herunter. Ich mußte den größten Bloch mit über vier Meter herunterbringen. Ich war ganz stolz darauf. Beim Fahren ist man auf sich alleine gestellt.

---

4   „geheilizt" = gerutscht, stammt von „hei" – altes Wort für eisig, glatt.

Beim Auflegen und Abladen haben die anderen Knechte und Holzknechte mitgeholfen, aber beim Fahren war jeder auf sich gestellt. Gefahren sind wir in einer gewissen Rangordnung. Der Lofer, der Bauer, ist als erster gefahren mit seinem Roß. Dann kam der Jungbauer dran, der Franz, und dann zum Schluß fuhr ich, der Knecht. Damals hatten wir schon Schlagsperren, bei denen man mit dem Sappel nur auf ein Zapferl hauen braucht, daß die Kette aufspringt – beim Aussperren. Mein Roß, die Olga, war ein Superroß.

Einmal hatte ich einen Unfall. Es war Tauwetter, bei einem solchen Wetter pickt der Schnee, man ist nur schwer mit dem Schlitten weitergekommen bergab. Um schneller zu fahren, habe ich die Sperre weggegeben. Aber jetzt ging es dahin. Ich saß auf dem Bloch, auf dem auch das Geleit, die Zügel, festgemacht war. Irgendwie bin ich von dem Bloch abgerutscht in den Schnee. Das Roß hat das gemerkt und hat zu springen begonnen, und der Schlitten fiel samt dem Bloch um. Ich und das Roß hatten ein paar leichte Verletzungen, die uns aber nicht störten. Bei diesem Umfaller ist die Fuhr' aufgegangen. Holzknechte, die das gesehen haben, haben mir nun geholfen, den Schlitten wieder aufzurichten und alles zu verketten. Dann fuhr ich weiter bis zur Pyhrnstraße. Dort wurde abgeladen und Pause gemacht. Dann sind wir wieder hinauf. Mit der zweiten Fuhr', bei der nichts passierte, sind wir gleich bis zum Bauern, der für den Waldbesitzer auf der Wurzeralm die Holzfuhren übernommen hat, gefahren. Der Bauer wartete da schon auf uns. An den Glocken der Pferde hat er gehört, daß wir kommen.

Das war wirklich schön. Überhaupt war das Holzführen schön, wenn noch dazu ein schöner Tag war. Der Bauer hat damals auch gleich gesehen, daß ich Pech hatte, schließlich habe ich verletzt ausgesehen. Wie ich in den Hof hineinfuhr, habe ich einen unglücklichen Eindruck gemacht. Ich hatte Angst, daß der Bauer wieder mit mir schimpft. Ich habe fast geweint. Doch da kam der Lofer zu mir und hat gefragt: ‚Hast du vielleicht Bärenfleisch gemacht?' Ein Bärenfleisch macht

man, so sagte man aus Spaß, wenn man mit dem Schlitten
umgeschmissen ist. Der Bauer hat mich an sich gezogen und
mich getröstet. Darüber war ich eigentlich überrascht.

Der Bauer hat nun den anderen gesagt, sie sollen die
Fuhre abladen und das Roß versorgen. Ich mußte dies nicht
mehr tun, er hat mir diese Arbeit erlassen. Aber ich denke
gerne an diese Zeit zurück, die in den sechziger Jahren
aufhörte, als die Traktoren den Rössern allmählich die Arbeit abgenommen haben."

Das Holzführen war eine abenteuerliche Angelegenheit.
Für mich waren diese Holzführer wahre Helden, die sich
großen Gefahren aussetzten. Über einen anderen Unfall
erzählte mir ein alter Knecht, der mit und für seinen Bauern
den ganzen Winter hindurch im Auftrag eines Waldbesitzers
Holz führte: „Aus der Höll, von der Sulzleiten und von der
Stiftsreith herunter haben wir das Holz gebracht. Was da
alles passiert ist und passieren hätte können! Einmal hat es
den Just, den Sohn des Bauern, vom Halbschlitten heruntergehauen, weil die Sperr' ausgelassen hat (es bremste nicht).
Durch den Schnee auf der Seite des Weges hat es ihn unter
die Fuhre gedrückt. Zu allem Glück hat er sich fest am Gloat
(Zügel) angehängt, sonst wäre der Schlitten mit dem Streif
(den am Boden streifenden Blochen) über ihn drüber gefahren. Er hatte großes Glück, denn er konnte sich auch im
Hohlraum unter dem Schlitten anhalten (vor den Blochen).
So hielt er sich, während das Roß weiterlief. Erst unten im
Ebenen blieb es stehen. Ich habe gesehen, wie es den Just
heruntergehauen hat. Auf einmal habe ich ihn aber nicht
mehr gesehen. Ich bin ihm nachgefahren. Seinen Hut habe
ich gefunden und den Sappel, der ebenfalls vom Schlitten
gefallen ist. Ich habe laut nach ihm geschrien: ‚Just! Just!'
Am Schlitten war er ja auch nicht mehr. Ich habe gedacht,
er liegt irgendwo im Schnee. Auf einmal höre ich schreien:
‚Bertl, Bertl, da bin ich!' Jetzt erst kam ich drauf, daß er unter
dem Schlitten ist. Aber er konnte sich nicht befreien, denn
rechts und links der Bahn waren Schneewände.

Er war also unter dem Schlitten. Ja, so etwas! Ich habe ihn dann aus seiner Lage unter dem Schlitten befreit. Er hatte großes Glück. Wenn er sich nicht fest unter dem Schlitten gehalten hätte, wären die Bloche über ihn drüber und es hätte ihn ordentlich erwischt!"

Die Anforderungen an Mensch und Pferd waren also groß. Davon kündet auch die folgende Erzählung eines alten Holzführers, des Sohnes eines kühnen Bauern: „Einmal war viel Schnee, es war gegen Ende der fünfziger Jahre. Als wir mit dem Holzaufladen fertig waren, sagte mein Vater zu mir: ‚Du pfädst ein Stück.' Ich sollte also einen Pfad mit dem Pferd machen. Deshalb bin ich mit dem Pferd, ohne Schlitten, zu einer Schneise. Die Tage vorher waren wärmer gewesen, und nun hatte es gefroren. Der Schnee war daher oben hart. Und wie ich mit dem Pferd durch den Schnee gehe, bricht das Pferd ein, bis zum Bauch. Nur langsam konnte es weiter. Jetzt wurde es finster. Das Pferd blieb stecken. Im Finstern war nichts zu machen. Ich ließ das Pferd allein, deckte es aber vorher zu. So blieb es über Nacht. Ich ging mit dem Vater zum Kerschbaumer hinunter, wo wir unser Quartier hatten. In der Früh' sind wir gleich den Hohlweg hinauf. Das Roß hat uns entgegengeschaut. Die ganze Nacht hat es ruhig stehend auf uns gewartet."

Mit Respekt spricht der Mann von seinen Rössern, die zum Leben im Holz gehörten. Sie erinnern an harte Arbeit, die heute durch die Traktoren mühelos geleistet wird.

Eigentlich war das Holzführen eine Männerarbeit, aber manchmal, wenn Not am Mann war (im wahrsten Sinne des Wortes), wurden auch die jungen kräftigen Töchter des Bauern oder handfeste Mägde für diese harte Arbeit eingesetzt.

Ich möchte hier die Tochter eines Bauern, der im Winter durch Holzführen für die Bundesforste einen guten Zuerwerb hatte, selbst reden lassen. Der Vater hatte sich verpflichtet, während des Winters bestimmte Holzmeter aus dem Gebiet der Wurzeralm zu Tale zu schaffen. Um diese

Arbeit durchführen zu können, benötigte er drei Pferdefuhr-
werke. Zu dritt waren sie also unterwegs. Da nach dem
Krieg keine Dienstboten mehr auf dem Hofe dieses Bauern
waren, mußten sein damals 17 Jahre alter Sohn und seine
gerade 16 Jahre alt gewordene Tochter die anderen beiden
Pferdeschlitten lenken. Die Erzählung der Tochter, der ich
nun folgen will, auch wenn in einigem vorher Beschriebe-
nes wiederholt wird, besticht ob ihrer Lebendigkeit:

„Wir waren wieder einmal für die Bundesforste unterwegs. Ich war die einzige Frau, oder besser noch: das einzige
Dirndl, unter gestandenen Holzknechten. Wir haben oben
auf der Schmiedalm das Holz aufgeladen. Wie schwer die
Arbeit war, das kann sich heute niemand mehr vorstellen.
Von der Schmiedalm geht es steil hinunter. Ich bin oben auf
den Bloch gesessen, die Tatz' (die Greifarme auf der Seite
zum Bremsen) konnte ich da nicht verwenden, denn der
Weg war eisig und felsig, da hätten sie nicht gegriffen. Ich
mußte also mit den Ketten sperren. Der Vater hat mir gezeigt, wie ich das zu machen habe. Das war nicht leicht, das
mit der Sperr'."

Die heute noch jugendliche Frau erzählt weiter: „Das kann
man sich heute nicht mehr vorstellen. Ich war die einzige
weibliche Person unter lauter starken Männern. Ich mache
meinen Eltern deswegen keinen Vorwurf. Ich bin auf den
Blochen gesessen, mit den Füßen habe ich mich auf die Kufen
gestützt. Die Beine waren fast zu kurz. Mit den Händen habe
ich die Tatz' gehalten. Das Roß hat man gar nicht leiten
brauchen, es hat den Weg gewußt. Die Rösser wußten selbst,
wann sie stehenbleiben müssen, um die Sperr' einzulegen.
Und nach dem Aufladen, wenn wir den Sappel (mit dem das
Holz herangezogen wurde) auf den Schlitten gelegt haben,
da sind sie losgegangen, ohne daß man sie angetrieben hätte.
Sie wußten selbst, wann es soweit war." Über ihren damaligen Mut wundert sich sich heute noch: „Einmal ging es die
Schmiedalm wild hinunter. In einer Kurve bin ich vom Schlitten hinunter, bin ihm nachgelaufen und bin dann wieder

aufgesprungen. Die Männer haben genauso gehandelt. Heute wundere ich mich, daß ich mich das alles getraut habe.

Oft habe ich wegen der Härte und der Kälte geweint. Angezogen war ich mit Männersachen. Mit Männerschuhen und Männerhosen. Als ich das erste Mal von der Schmiedalm alleine mit dem Holz heruntergefahren bin, war der Vater sehr stolz auf mich. Er hat mir das fast nicht zugetraut, aber dennoch hat er mich fahren lassen. Und wie ich unten angekommen bin, nachdem ich ein schweres Stück überwunden hatte, hat mein Bruder zu mir gesagt: ‚So, jetzt gebührt dir das EK 1‘ (das Eiserne Kreuz 1. Klasse). Ich habe mir gedacht, das muß etwas besonders Wertvolles sein. Mein Bruder war von mir sehr beeindruckt. Ich war damals gerade 16 Jahre alt.“

Einmal jedoch hatte sie Pech: „Ich fuhr mit langen Stämmen. Vor mir fuhr der Vater mit seinem Schlitten und Hansl, mein Bruder. Bei einer Kurve schrie mir Hansl wegen der langen Stämme noch zurück: ‚Schön die Kurve ausfahren!‘

Wahrscheinlich bin ich zu wenig weit rausgefahren, denn mich hat es mit dem Holz übergedreht. Mit dem Reibscheit hat es mich ausgehoben. Nun stand ich da. Mich hat das geärgert. Hinter mir fuhr der Brandstetter Toni, unser Nachbar. Ich habe mir gedacht, die, die hinter mir kommen, die werden grinsen. Der Toni hat aber nur gesagt: ‚Dirndl, du brauchst keine Angst zu haben. Du brauchst dich nicht fürchten.‘ Wenn ich mich recht erinnere, habe ich sogar geweint. Der Toni hat noch gesagt: ‚Wir werden das gleich haben.‘ Und er hat den Holzführern, die hinter uns waren, geschrien, sie sollen helfen. Sie haben mir geholfen und das Reibscheit auf den Schlitten gegeben. Das Pferd ist ruhig stehengeblieben.“

Diese Erzählung ist von einigem Interesse, denn sie zeigt nicht nur auf, daß auch eine junge Frau, etwas höchst Rares, die schwere Arbeit des Holzführens verstand, sondern sie verweist auch auf eine alte Kultur, nämlich die des Holzführens. Ich habe absichtlich die Geschichte dieser Frau eini-

germaßen vollständig wiedergegeben, denn sie beschreibt
nochmals plastisch einige Dinge, die ich vorher bereits an-
gesprochen habe, und vor allem die Gefahr.

Das Holzführen, wie ich es hier geschildert habe, beansprucht den ganzen Menschen, es war keine Arbeit, die so
nebenher getan werden konnte. Man war den ganzen Tag
beschäftigt, und dies ging während der Wintermonate wochenlang so dahin. Nur während des Wochenendes am
Sonntag hatte man seine Ruhe. Am Montag begann die
Arbeit, und viele, die beim Holzführen beschäftigt waren,
blieben – ähnlich wie die Holzknechte – während der ganzen
Woche fernab des Bauernhauses, in das man erst wieder am
Samstag heimkehrte. Man nächtigte in einer Hütte oder
einem Haus, das der Auftraggeber, wie etwa die Bundesforste, zur Verfügung stellte. So erzählte mir der Sohn eines
Bauern, sie seien während des Holzführens zu dritt im Haus
eines Jägers der Bundesforste einquartiert gewesen. Die
Frau des Jägers kümmerte sich um die schlittenlenkenden
Leute und bereitete für sie aus den von ihnen mitgebrachten
Nahrungsmitteln, zu denen Milch, selbstgebackenes Bauernbrot und Grammeln gehörten, jeden Tag in aller Früh'
ein kräftiges Frühstück, meist eine Brotsuppe. Und für die
Pferde wurde im Stall des Jägerhauses gesorgt. Dazu möchte
ich den Bauernsohn selbst reden lassen: „Mit Sack und Pack
ging es am Montag hinauf. Bevor wir wegfuhren, haben wir
den Pferden das Futter geschnitten. Das G'hack (das Gehackte), das ist das geschnittene Heu vermischt mit Klee und
Stroh, haben wir in Säcke gegeben. Und in andere Säcke
kam der Hafer. So sind wir hinauf zum Pflegerteich zum
Jägerhaus. In der Dachkammer standen drei Betten, in denen durften wir nach der Arbeit am Tag schlafen. In der
Kammer war es saukalt, so daß die Tuchent in der Früh'
gefroren war.

Jeden Tag in der Früh', nachdem die Rösser gefüttert
waren, haben wir sie so um sechs Uhr in die Halbschlitten
gespannt. Es war noch finster, dann ging es los bis hinauf

auf die Wurzer. Am Schlitten lagen das Futter für die Rösser und die Roßdecken. Mit diesen Roßdecken haben wir die Rösser zugedeckt, wenn sie schwitzten und sie länger beim Laden des Schlittens stehen mußten. Oft haben wir uns beim Hinauffahren auf die Roßdecken gelegt und haben halbert geschlafen. Die Rösser wußten, was zu tun war. Oben auf der Alm wurde dann von den Holzknechten mit den Sappeln das Holz auf unsere Schlitten geladen."

Aber oft gab es auch noch am Abend, wenn man zum Umfallen müde war, Arbeit: „Meist haben die Männer am Abend noch die Klampfen ausgerichtet, damit sie auch spitz sind. Man hat sie deshalb mit der Beißzange in das Ofenfeuer gehalten und dann auf einem Amboß gespitzt. Am nächsten Tag konnte man sie dann wieder mitnehmen. Man steckte sie in den Klampferbeutel, das war so ein Ledersack."

Mensch und Roß waren jedenfalls größten Anstrengungen und Mühsalen ausgesetzt, überhaupt wenn die Witterung sie peinigte: „Wenn das Wetter schlecht war oder der Schnee patzig war, ist man waschlnaß geworden", erinnert sich ein Bauernsohn, „und auf d' Nacht hat man sich nicht gescheit trocknen können. Ein zweites Paar Schuhe für jeden hat es damals nicht gegeben. In der Früh' waren die Schuhe zach (steif – vor Feuchtigkeit)." Er fügte noch hinzu: „Früher haben die Leute viel ausgehalten. Ich kann mich nicht erinnern, daß jemand von uns krank geworden ist."

Gefreut hat man sich auf den Samstag, wenn es „zum Heimfahren war" und man mit den Schlitten, an denen Glocken heiter läuteten, in den heimatlichen Bauernhof einfuhr.

War es mit dem Holzführen am Beginn des Frühjahrs aus und war die versprochene Holzarbeit, für die man bezahlt war, getan, so gab es etwas zu feiern. Dazu lud man auch die Holzknechte ein. Diese Feier am Ende der Saison des Holz-führens nannte man das „Bahnwaschen", nicht bloß deswe-gen, weil es „feucht" dabei einherging, sondern weil man damit wohl ausdrücken wollte, daß die Bahn für das Holz-

führen am Verschwinden ist. Daß es beim „Bahnwaschen"
heiter zuging, darüber erzählte mir ein alter Holzknecht:

„Wenn die Holzarbeit vorbei war, hat der Bauer, der das
Holzführen organisiert hat, zu den Holzführern und Holzknechten gesagt: ‚Am Samstag tun wir Bahn waschen.' In
einem Gasthaus, aber auch bei einem Bauern wurden wir
mit Schweinsbraten – oft wurde deswegen eine Sau abgestochen – bewirtet. Dazu gab es Bier, Most und Wein, aber auch
Tee und Kaffee. Manche Bauern haben sich dabei nicht
lumpen lassen und haben uns groß eingeladen."

Ein Briefträger, der zufällig zu so einer Feier des „Bahnwaschens" kam, erzählte mir: „Beim S. haben sie einmal
bahngewaschen. Auch ich bin dazu gekommen. Zu mir
haben sie gesagt, ich soll mitfeiern! Es ist ziemlich zugegangen. Dabei hat man auch Blödheiten gemacht. Einen betrunkenen Holzknecht haben die anderen geschnappt und ihn
mit Ketten auf einen Schlitten gebunden. Das hat uns gefallen. Wir hatten dabei eine Gaudi." Es wurden, so scheint es,
große Mengen an Alkohol konsumiert, und man war voll des
Übermutes – nach all den Wochen harter und entbehrungs-
reicher Arbeit. So soll man einmal einen Bauern, der ob der
Trunkenheit nicht mehr fähig war, auf seinem Schlitten zu
sitzen, einfach auf diesen gebunden haben. Sein Roß habe
ihn ohne Probleme zu seinem Hof gebracht. „Oft ist so ein
Roß gescheiter als ein Mensch", meinte zu dieser Geschichte
ein alter Holzknecht. Und ein anderer Holzführer erzählte
zum Bahnwaschen: „Es ist ordentlich gesoffen worden. Es
war oft eine Gaudi. Auch wenn wir nicht viel verdient haben
bei dieser Arbeit, es waren nicht mehr als zehn oder zwölf
Schilling am Tag, aber unsere Gaudi hatten wir."

Das Fest des „Bahnwaschens" bedeutete also eine willkommene Abwechslung zu den mühevollen Tagen der Holzarbeit. Man wußte nicht nur hart zu arbeiten, sondern auch
kräftig zu trinken.

Mit dem Einsatz der Traktoren verschwand diese alte
Kultur. Ein Bauer erlebte den Wandel vom Holzführen mit

dem Pferd zum motorisierten Holztransport so: „Wir haben so lange mit dem Roß das Holz geführt, bis der N. mit seinem Jeep samt Anhänger gekommen ist, das war so um 1960. Bis dahin haben wir für die Leute Holz geführt. Wir haben bereits geschnittenes heruntergebracht, aber auch ganze Bloche für das Sägewerk. Wie der mit dem Jeep gekommen ist, hat er uns die Bahn ruiniert. Er hat auf dem Jeep nur einen Meter aufgeladen, dafür ist er öfter gefahren, gleich 14mal am Tag. Mit diesem Moment war das Holzführen für uns aus. Die Motorisierung wurde immer größer, Forststraßen entstanden."

Eine neue Zeit brach an, in der die Pferdeschlitten nicht mehr benötigt wurden. Das Pferd mußte dem Traktor und dem Jeep weichen.

Bemerkenswert ist auch die Erzählung eines Mannes, in der das Aufeinanderprallen der Pferde- und Autokultur plastisch geschildert wird: „Wir sind mit den Pferdeschlitten auch auf den normalen Straßen gefahren, aber nur, wenn Schnee lag und es nicht gestreut war. Der Wegmacher hat damals 1960 extra für uns Holzführer nur einen Teil der Straße gesandelt, damit wir überhaupt fahren können. Je nachdem, in welche Richtung wir gefahren sind, konnte es sein, daß wir auf der linken oder rechten Straßenseite fuhren. Einmal fuhr ich die Höhe hinauf, auf der linken Seite, weil auf dieser kein Sand lag. Da kommt uns eine Wienerin im Auto entgegen, neben ihr saß ihr Mann. Wie sie mich so auf der für sie falschen Straßenseite fahren sieht, ist sie stehengeblieben und hat zu mir gesagt: ‚Ihr blöden Bauern, ihr wißt nicht einmal, wo rechts und wo links ist.' Sie hat anscheinend nicht begriffen, daß ich wegen des Schnees nur auf dieser Straßenseite fahren konnte. Ich habe ihr geantwortet: ‚Du redest blöd. Ich hole mir einen Sappel und kratze dir damit das Hirn aus.' Darauf hat sie zu ihren neben ihr sitzenden Mann gesagt: ‚Fahren wir, Joachim, das ist ein brutaler Mensch!' Dann waren die beiden dahin!"

Zwei Welten begegneten sich auf der modernen Straße,

zu der Pferde, Kutschen und Schlitten nicht mehr gehören.
Der moderne Autofahrer vermag nicht zu begreifen, daß das
Leben und die Arbeit mit Pferden hart waren, aber auch ihre
Schönheiten hatten. Es gibt nur mehr Erinnerungsbilder an
die alte Kultur der Holzführer. Sie waren kühne Leute, die
mit Roß, Schlitten und Baumstämmen auf uralten Karrenwegen fuhren. Sie kannten noch keine Forststraßen, die die
Wälder zerreißen und auf denen gewichtige Ungetümer in
die Wälder fahren, um dort rationell und in kurzer Zeit
Bäume zu fällen und diese wegtransportieren. Nichts kündet
mehr von den alten Holzführern und ihren braven Rössern.
Sie waren echte Helden – im Gegensatz zu jenen Spezialisten, die wir aus den Wildwestfilmen kennen.

7. Tiere

Die Pferde

Ich erinnere mich, daß in meinem Lesebuch der 1. Klasse
Volksschule der Satz stand: „Die Pferde sind die treuesten
Freunde des Menschen." Dieser Satz entstammt einer Zeit,
in der das Pferd wesentlich zum Alltag des Menschen gehörte und die Welt nicht ohne Pferde vorstellbar war. Pferde
leisteten dem Menschen in jeder Hinsicht wahrhaft treue
Dienste, als Zugtiere schwerer Lastkarren, auf dem Feld bei
der Ernte, im Wald beim Holztransport; bei Hochzeiten waren sie vor die Hochzeitskutsche gespannt, den Toten führten sie zum Friedhof, und schließlich litten sie als Kampfrös-
ser in den Kriegen.

Die Rösser waren den Bauern heilig, denn von ihnen hing
ihr Wohlergehen und das Leben am Hof ab. Es gab daher
Sprüche, in denen die Bedeutung der Rösser, aber auch der
anderen Tiere betont wird, wie: „Kurze Rösser und lange
Stier' sind des Bauern seine Zier!" Besonders bemerkenswert ist dieser: „Weibersterben kann den Bauern nicht ver-
derben, aber Roßverrecken kann den Bauern erschrecken".

Die Pferde sind weitgehend aus dem Leben in den Dörfern
verschwunden, man findet sie lediglich als Reittiere und
Kutschpferde für sportliche und Erholungszwecke, aber
nicht mehr im Einsatz bei der Arbeit des Menschen.

Meine Kindheit und Jugend in den vierziger und fünfziger
Jahren begleiteten die Pferde. Unser Nachbar, der Schmied,
lebte von den Pferden, täglich war er damit beschäftigt, die
Pferde der Bauern zu beschlagen.

Allerdings konnten sich nicht alle Bauern Pferde leisten.
Pferde waren den eher wohlhabenden Bauern vorbehalten.
In den Wirren der Nachkriegszeit jedoch kamen auch ärmere Bauern zu Pferden, als deutsche Soldaten, aber ebenso
ungarische, die hierhergezogen waren (siehe 1. Kapitel),

ihre Pferde entlaufen ließen, weil sie mit ihnen nichts mehr
anzufangen wußten. Dabei konnte es vorkommen, daß ein
von einem Bauern eingefangenes Militärpferd bei der Arbeit
am Feld, anstatt bedächtig vor dem Pflug zu gehen, irgendwelche eingelernten Kapriolen durchführte – zur Überraschung und Verwirrung der Bauern. Aber dennoch setzten
Bauern noch weiterhin Ochsen für Fuhrwerke und beim
Ackern ein. Zwei zusammengespannte Ochsen waren durch
ein Joch, von dem der Jochriemen wegging, miteinander
verbunden. Ihre Arbeit war nicht leicht, sie taten sie ge-
mächlichen Schrittes, wenn sie den Pflug oder die Egge über
das Feld zogen.

So ein Ochse war genügsamer als ein Pferd und gab ein
festes Fleisch, das sich gut verkaufen ließ. Zu einem Ochsen
beförderte man die im Stall geborenen Stiere, wenn sie nach
ungefähr sechs Monaten kastriert wurden. In der Steiermark soll man sie, wie mir ein Bauer erzählte, erst nach
zwölf Monaten ihrer männlichen Zeugungskraft beraubt
haben, weshalb diese Ochsen schöner anzuschauen gewesen wären als jene in Oberösterreich.

Während des Sommers kamen die Ochsen auf eine Weide
zu einem Almbauern, der dafür ein Weidegeld erhielt. Im
Sommer sollen die Ochsen bis zu hundert Kilo zugenommen
haben.

In der Zeit, in der die Ochsen auf der Alm grasten, wurden
an ihrer Stelle Kühe, die wegen der Milch auch im Sommer
am Hof geblieben waren, für Fuhrdienste und die Heuarbeit
eingesetzt. Erst im Herbst wieder kamen die Ochsen unter
das Joch. Und bald verkaufte man sie dem Fleischhauer.

Pferde und Ochsen dienten den Bauern bei ihrer schweren Arbeit. Heute haben sie ausgedient, man braucht sie
nicht mehr. Lediglich für Zwecke des gepflegten Mittagsti-
sches hat der Ochse über den Umweg des Fleischhauers
noch seine Bedeutung. Bei manchen Pferden ist es ähnlich,
wie mir auffiel. Einige Bauern halten sich heute aus Frem-
denverkehrsgründen während der Sommerferien für die

Kinder der Gäste junge Pferde, die schön zum Ansehen sind und an altes bäuerliches Leben erinnern sollen. Nach den Ferien haben sie ausgedient und landen – Gott sei Dank nicht immer – beim Pferdefleischhauer.

Die folgenden Seiten seien ausschließlich den Pferden gewidmet, da sie die Hauptarbeit am Hofe und auf dem Felde des Bauern zu verrichten hatten.

Das Halten der Pferde gehörte genauso wie der Anbau des Getreides zu der uralten bäuerlichen Kultur im Gebirge.

Mit dem Aufkommen des Traktors Ende der fünfziger, Anfang der sechziger Jahre verliert das Pferd seine Bedeutung, so wie in derselben Zeit der Bauer seine Kraft zur Selbsterhaltung verliert und er den Getreideanbau aufgibt. In den folgenden Gedanken eines Bauern wird darauf hingewiesen, dem Leser wird klar, wie vieles miteinander, auch mit dem Pferd, verwoben war: „Wir haben immer viel Hafer angebaut wegen der Pferde. Ungefähr ab 1960 haben wir das Getreide aufgegeben. Pferde hatten wir nun keine mehr. Wir haben uns da auf die Milchwirtschaft umgestellt. Bis dahin waren wir Selbstversorger. Wir hatten viele Hühner. Heute läuft bei uns am Hof kein Huhn mehr herum, und Pferde gibt es auch keine mehr. Nur Kühe haben wir wegen der Milchlieferung.“

Das Pferd paßt nicht mehr in die Welt des Bauern, eine Welt, die früher ohne Pferd nicht vorstellbar war. Traktorengebrumm hat das Wiehern und Scharren der Rösser abgelöst.

Ein gutes Roß zu besitzen, bedeutete Glück für den Bauern. Und man nahm daher einiges auf sich, um zu einem solchen Roß zu gelangen. Ein Bauer, der ein braves Pferd für seine Arbeiten am Berg benötigte, erzählte mir, wie weit er mit seinem Buben wegen eines solchen Rosses fuhr: „Damals um 1953 brauchten wir ein Roß. Eine Verwandte von uns kannte einen guten Roßzüchter in der Ramsau bei Schladming. Mit einem alten Auto fuhren ich und mein Sohn, er war damals sieben Jahre alt, in die Ramsau zu

diesem Züchter. Es war schon spät, als wir ankamen. Wir
haben ihn aufgeweckt. Obwohl es auf d' Nacht war, hat er
uns seine Rösser gezeigt. Er hatte vier Rösser zu verkaufen.
‚Ihr könnt euch eines aussuchen', meinte er zu uns. Ein
junges Roß war dabei, eine Stute, die hat uns besonders
gefallen. Ich habe gefragt, was das Roß kostet. Er hat gesagt:
11.000 Schilling. Das war damals unheimlich viel Geld. Er
ließ nicht um einen Schilling mit sich handeln. Er wußte,
was das Roß wert war. Nicht einmal ein Kummet und einen
Halfter hat er zu dem Roß gegeben. Wir haben es genommen. Er hat uns noch versprochen, das Roß zu unserer
Verwandten, der Tischlmüllerin in Gröbming, zu bringen.
Nach ein paar Tagen haben wir uns von dort das Roß abgeholt. Die Müllerin hat uns für die Heimfahrt ein Goaßl
(kleiner Einmannschlitten) geliehen. In das haben wir das
Roß eingespannt und sind über den Pyhrn bis hierher gefahren. Wie wir auf den Pyhrn kamen, war es schon finster. Der
Bub war halb erfroren, er ist auf dem Goaßl gesessen. Er
hätte nicht so lange gehen können. Das Roß haben wir
20 Jahre gehabt, Wanda hieß es, ein gutes Roß. Für alle
Arbeiten haben wir es verwendet." Ein gutes Roß zu bekommen, war also nicht so einfach wie heute die Beschaffung
eines Autos.

Und es gehörten auch Gefühl und Geduld dazu, um mit
den Pferden umgehen zu können. Jemand, der die Rösser
gut zu führen verstand, genoß die Achtung der anderen. Ein
alter Bauer erzählte mir in diesem Sinn über seinen früheren, schon lange toten Nachbarn: „Der alte Neubauer war
ein tüchtiger Bauer. Er war ein anständiger Mensch, ein
super Mann. Er fühlte sich als ein richtiger Deutscher, das
war nicht das gleiche wie ein Nazi. Er hat nur einen Fehler
gehabt, er hat hie und da gerne getrunken. Aber das Roßfüh-
ren verstand er wie kein zweiter." Weiter führte der Bauer
über die Pferde aus: „Mit den Rössern war es nicht leicht.
Früher sind wir, weil wir arm waren, noch mit den Kühen
gefahren. Noch in den fünfziger Jahren. Dann hat mein

10   Holzführer und ihre Pferde

Vater ein altes Wehrmachtsroß gekauft. Für schwerere Arbeiten brauchten wir Rösser. Wir haben uns solche vorher vom Nachbarn ausgeborgt, wenn wir schwere Sachen zu führen hatten oder beim Heueinführen."

Eine solche Arbeit war auch der Transport eines gewichtigen Gipfelkreuzes, das 1952 auf dem Bosruck aufgestellt wurde. Weite Strecken des Berges hinauf setzten Bergrettungsleute Pferde, aber auch Maultiere, jene geduldigen Abkömmlinge von Pferden und Eseln, ein, um Teile des Kreuzes zu schleppen. In einem Bericht des Bergrettungsdienstes darüber heißt es: „Am Donnerstag, den 15. August 1952 wurde das Kreuz mit einem Jeep (der amerikanischen Soldaten) in die Fuchsalm gefahren. Am Freitag, den 16. August erfolgte der Transport des zerlegten 900 kg schweren Kreuzes sowie von 210 kg Hilfsmitteln und ungefähr 150 kg Werkzeugen und Geräten, insgesamt daher von ungefähr 1.260 kg mittels Maultieren und Pferden bis zur Latschengrenze. Von dort wurden die Kreuzteile und das Material durch die Bergrettungsmänner und freiwilligen Helfer emporgetragen . . ."

Pferde, hier auch Maultiere, und Menschen ergänzten sich gegenseitig, in einer Zeit, in der noch keine Hubschrauber für derartige Arbeiten eingesetzt werden konnten. Bauern stellten die Pferde bei und Hüttenwirte die Maultiere. Maultiere leisteten übrigens den Hüttenwirten wichtige Dienste beim Transport von Lebensmitteln für die Besucher der Alpenvereins- und Naturfreundehütten. Heute werden sie mit Geländeautos angefahren. Das Pferd, dies sollte mit obiger Geschichte von der Aufstellung des Kreuzes angedeutet werden, gehörte zur alten bäuerlichen Kultur. In dieser Kultur entstand ein großes Wissen darüber, wie die Pferde richtig behandelt und geführt werden mußten. Dies lernten die Knechte von den anderen Knechten am Hof, und zwischen Knecht und Pferden entstand eine oft enge Beziehung, wie mir ein früherer Knecht schilderte: „Beim Lofer hatten wir einmal ein junges Roß. Damit ein junges Roß lernt, wie man vor dem Wagen geht, spannt man es zu einem größeren Roß. Es wird locker angehängt, so daß es mitgehen und stehenbleiben muß. Dieses junge Roß hatten wir nun soweit, daß man es einspannen konnte. Es war ein schöner Wintertag. Der Bauer hat gesagt: ,Heute spannen wir das Roß ins Goaßl (kleiner Pferdeschlitten) ein.' Ich habe mich darüber gefreut, denn das Roß lag mir sehr am Herzen. Es war ein fesches Rößl. Der Bauer hat sich auf das Goaßl gesetzt und die Zügel in die Hand genommen. Ich mußte mit dem Roß mitgehen und mitrennen, dabei habe ich es beim Halfter genommen. So sind wir in den Ort gefahren. Damals gab es auf den Straßen noch keine Streuung. Es war eine schöne Schneefahrbahn. Wir sind zu ein paar Gasthäusern gefahren. Der Lofer ist gerne eingekehrt und hat etwas getrunken. Zum Schluß waren wir beim Neubauer. Ich mußte draußen bei dem jungen Roß bleiben. Es war kalt, daher brachte mir der Wirt einen Tee heraus. Wie dann der Lofer aus dem Wirtshaus kommt, war er voll Kraft, er hat sich auf das Goaßl gesetzt und hat es angetrieben. Holladaro und los sind wir gefahren. Ein Stück konnte ich noch mit dem Roß mitlaufen, doch dann waren sie dahin, der Lofer auf dem Goaßl mit dem Roß. Ich bin ihnen nicht mehr nachgekommen. Das Rößl, das das erstemal eingespannt war, hat sich nicht mehr leiten lassen. Wild rannte es drauflos. Das Goaßl wurde dabei ein paarmal an die Straßenbegrenzungsstangen geschleudert. Der Lofer fiel runter, und das Goaßl ging auseinander. Ich habe am Weg zum Bauernhof ein paar Teile von dem Goaßl gefunden. Im Hof stand der Lofer und schimpfte mit mir, daß ich das junge Roß nicht beim Halfter gehalten habe."

Der Bauer zeigt dem Knecht, daß er der Herr ist. Sache des Knechtes ist es, neben dem Schlitten zu laufen und das junge Pferd, das noch einiges zu lernen hat, zu weisen. Daß es zu dem Mißgeschick kam, dafür konnte der Knecht nichts. Die Schuld lag vielmehr beim Bauern, der nach einigen Schluck Bier das junge Roß gut gelaunt anfeuerte.

Zur Aufgabe des Knechtes bei einem größeren Bauern gehörte es also auch, das junge Pferd anlernen. Das Pferd hatte zu lernen, wie es sich beim Einspannen zu verhalten hat oder was „wistahööö" und was „hott" heißt. Ruft der Wagenlenker „wistahööö!", so hat das Pferd sich nach links zu wenden, und ruft er „hott!", so mußt es rechts einbiegen. Mich als Buben wunderte es jedenfalls, wenn das Pferd auf derartige Kommandos auch entsprechend reagierte.

Also auch das Pferd mußte mit aller Geduld für seine Arbeit beim Bauern eingeschult werden. Und es oblag dem Knecht, aus einem jungen wilden Pferd ein braves Roß zu machen, das am Acker den Pflug, die Kutschen und die Schlitten führte.

Spezielle Pferdeknechte – dies sei hier eingefügt – gab es bei den größeren Bauern, nämlich bei Bauern, die mindestens drei bis vier Pferde hatten. Die vielleicht wichtigste Aufgabe des Roßknechtes, wie man ihn eigentlich nannte, war die tägliche Pflege des Pferdes und dessen Einspannen in den Wagen oder Schlitten.

Dazu erzählte mir ein Knecht, der im Winter Holz zu führen hatte. Interessant ist an seiner Erzählung der Hinweis auf die besondere Art des Einspannens bei der Holzfuhr: „Jeden Tag haben wir die Rösser geputzt, mit einem Striegel, einer Bürste. Ungefähr eine halbe Stunde haben wir sie so gestriegelt. Und zwar während die Rösser gefressen haben. Um sechs Uhr in der Früh' haben wir beim Holzführen eingespannt, daher mußten wir schon um vier oder um halb fünf aufstehen. Beim Einspannen kam zuerst das Kiss über den Hals des Rosses, darauf dann das Kummet. Das Kiss ist beim Kummet eingeknöpfelt worden. Nun kam der Überwurf rauf, den hakelte man beim Kummet links und rechts ein. Der Überwurf ist ein breiter Lederriemen am Rücken des Pferdes, von dem gingen die beiden Stränge zum Oanspandl (Einspanner – eine ca. ein Meter lange Stange, die beweglich an Wagen oder Schlitten befestigt war). Beim normalen Wagen oder Schlitten gibt es noch die Zügel, die vom Biß weggehen. Beim Schlitten zum Holzführen gibt es oft keine Zügel, da steht das Pferd zwischen den beiden Anzen, das sind Holzstangen. Dann kommt noch das Hinterzeug drauf, es reicht über den Arsch. Dadurch hat das Roß beim Anschieben besser herhalten können, damit das Kummet nicht nach vorne über den Kopf geschoben wird. Mit dem Hinterzeug hat das Pferd gezogen."

(Wie das Pferd beim Holzführen eingesetzt wurde, darauf gehe ich im vorhergehenden Kapitel näher ein.)

In vielfältiger Weise hatte sich der Knecht um das Roß zu kümmern. Der gute Knecht war auch ständig um das Wohlbefinden des Pferdes bemüht. So mußte er sich um das Futter sorgen und hatte darauf zu achten, daß dem Pferd eine Decke umzuhängen ist, wenn es verschwitzt auf ihn wartete, besonders im Winter.

Die Pferdedecke hängte der Knecht nach des Tages Arbeit über spezielle Holzstäbe, die an einem eisernen, vom Plafond herabhängenden Gestänge beim Kachelofen der Bauernstube angebracht waren. So konnten die nassen Decken in den kalten Monaten gut trocknen. Der Kachelofen mit den Pferdedecken strahlte, während es draußen eisig war, Gemütlichkeit aus. Pferdedecken gehörten im Winter zum Leben in den Bauernstuben, sie kündeten von der Sorge, die man sich um die Pferde machte, aber auch davon, daß Rösser in einem gewissen Sinn zur bäuerlichen Familie gehörten.

Knechte bauten daher eine oft tiefe Beziehung zu den Pferden auf. Darüber erzählte mir ein alter Knecht, der bei einem großen Bauern mit vielen Pferden gearbeitet hat: „Jeder Knecht hat bei uns sein Roß gehabt. Um sein Roß mußte er sich kümmern, es füttern und putzen. Zum Füttern mußte man früh aufstehen. Zuerst hat man dem Pferd Heu vermischt mit Hafer gegeben, das Gehackte. Während des Fressens hat man das Roß geputzt und gestriegelt. Zuerst streift man mit der Bürste den Staub herunter, dann wird mit dem Striegel (Bürste mit drahtartigen Stiften) der Dreck aus den Pferdehaaren gezogen. Das Roß muß sauber sein, weil, wenn es gezogen hat und ins Schwitzen gekommen ist, es grauslich gewesen wäre und das Roß gestunken hätte. Die Rösser mußten alle sehr rein sein. Auch unten am Bauch, zwischen den Beinen, überall mußten sie gut gestriegelt sein. Jeder Knecht hat darauf geschaut, daß sein Roß schöner war als die anderen und schöner geglänzt hat. Wenn man dem Roß täglich noch eine Handvoll Kukuruz beigegeben hat, war dies gut für das Haar. Es ist dann schöner gewachsen und glänzte besonders schön. Wenn das Pferd eines Knechtes besonders schön geglänzt hat, hat man ihm gesagt: ‚Du hast ihm schon wieder Kukuruz geben! Darum wird der Kukuruz immer weniger.‘ Damals mußte man ja sparen.“

Da Pferde zum Leben am Bauernhof gehörten, faszinierten sie die Kinder, auch mich, als ich noch ein Bub war. Mir machte es Freude, von einem Bauern oder seinem Knecht auf den Rücken eines Pferdes gehoben zu werden.

Es war jedoch nicht ungefährlich für Kinder, sich auf
Pferde zu setzen, auch wenn der Knecht ihnen dabei half.
Davon berichtet auch die Erzählung einer Bauerntochter:
„Damals um 1944, ich war acht Jahre alt, durfte ich mich mit
meinen beiden Schwestern auf ein Pferd setzen, das der
Knecht zur Weide trieb. Zu dritt hat er uns hinaufgesetzt. Er
hat das Pferd gehen lassen, ohne es zu weisen. Auf einmal
fing das Pferd zu rennen an. Wir haben uns an der Mähne
festgehalten, wir konnten uns aber nicht halten. Alle drei
sind wir vom Pferd gefallen. Meine Schwester, die Resi, ist
unter dem Pferd zu liegen gekommen. Das Pferd war aber
so gescheit, es ist sofort stehengeblieben, wie es gemerkt
hat, daß wir hinunterfliegen. Keinen Schritt ist es weitergegangen. Wäre es nur noch einen Schritt gegangen, wäre es
auf die Resi gestiegen. Ich habe durch den Fall einen Bluter-
guß erlitten."
Diese Geschichte zeigt auf, daß Pferde lernten, auf
menschliche Belange einzugehen. Irgendwie fühlten sie,
was die Menschen von ihnen erwarteten. Ich selbst erlebte
einmal, wie Pferde mich im letzten Moment vor einem
größeren Schaden bewahrten. Ich war auf der Straße mit
Schiern unterwegs, was damals am Beginn der fünfziger
Jahre noch möglich war. Mir kam ein Pferdefuhrwerk entgegen. Vor diesem wollte ich noch schnell die Straßenseite
wechseln, doch in der Eile kam ich zu Sturz. Der Pferdewagen war bereits einige Meter vor mir, ich dachte, jetzt würden die beiden schweren Rösser mich zertrampeln, doch der
das Fuhrwerk lenkende Knecht zog die Zügel, die Pferde
stiegen vor mir in die Höhe, wieherten, und behutsam setzten sie neben mir mit ihren Vorderhufen auf.
Ein Mann, der vor allem im Winter bis gegen Ende der
vierziger Jahre auf ein Pferd angewiesen war, war mein
Vater, der Gemeindearzt. Wenn ein Bauer von hoch oben
meinen Vater zu einem Krankenbesuch bat, so war es oft so,
daß der Knecht des Bauern auf dem Rücken eines Pferdes in
den Ort geritten kam. Er übergab das Pferd meinem Vater,

der von seiner Militärzeit her reiten konnte. Mein Vater ritt zu dem hoch gelegenen Bauernhof, wo ein kranker Mensch ihn erwartete. Nach der Behandlung ritt mein Vater wieder zu Tal. Der Knecht, der inzwischen bei einem Bier im Gasthaus auf meinen Vater gewartet hatte, übernahm das Pferd und ritt wieder zurück. Das Pferd mußte also viermal dieselbe Strecke zurücklegen. Andere Bauern schickten den Knecht samt einem gewöhnlichen Holzschlitten zu meinem Vater, um ihn auf den Berg zu fahren.

Ein großer Bauer im Dorf, der über mehrere Rösser verfügte, war der Pacher. Gegen Geld kutschierte einer seiner Knechte Leute, die irgendwohin zu fahren hatten, oder man vermietete gleich das ganze Gespann. Sein Sohn erzählte mir, wie er meinen Vater auf Krankenbesuche fuhr: „Wenn keiner der Bauern ein Roß zum Arzt schickte, kam man zu mir und sagte: ‚Just, spann ein!' Für den Arzt haben wir Zeit haben müssen, ob dies in der Nacht oder am Tag war. Es hat da geheißen: ‚Einspannen! Richte dein Zeug zusammen!' Mit einem Roß sind wir gefahren. Ein gefedertes Wagerl haben wir gehabt. Eingespannt haben wir damals für den Herrn Doktor die Liesl oder das Buberl. Im Winter war es der Schlitten, in dem der Doktor gefahren ist. Es war ein Ganzschlitten mit Sitz und Lehne. Gezahlt haben diese Fahrten die Bauern, zu denen wir gefahren sind. Oft haben sie nicht mir gezahlt, sondern sind zu meinem Vater zahlen gekommen." Aber der Arzt ist auch geritten: „Wir haben auch Reitpferde gehabt. Der Doktor konnte vom Krieg her reiten, er war ja Militärarzt. Was man so gehört hat, soll er ein guter Militärarzt gewesen sein. Daher haben wir ihm auch manchmal ein Reitpferd geliehen." Er fügte noch hinzu: „Während des Sommers ist der Doktor aber die meiste Zeit mit dem Fahrrad gefahren."

Bis ungefähr 1951 war mein Vater als Arzt in den Bergen mit Pferden unterwegs. Erst zu dieser Zeit schaffte er sich ein Motorrad an und etwas später einen Volkswagen, mit dem er nun auch alte Bauernwege fahren konnte. Im Winter

allerdings, wenn die Straßen nur selten durch gemeindeeigene Schneepflüge vom Schnee geräumt wurden oder
eisig waren, fuhr er noch um 1951 mit einem Pferdeschlitten, den er sich samt Pferd vom Nachbarn, dem Schmied,
ausgeborgt hatte.

Bei einer dieser Fahrten zu einem hoch gelegenen Bauern
begleiteten mein Bruder und ich meinen Vater. Die Bergstra-
ße war kaum geräumt, tiefer Schnee lag neben der Straße.
Irgendwie kam der Schlitten in Schieflage und fiel um. Wir
drei lagen im Schnee, und das Pferd ergriff mit dem auf der
Seite liegenden Schlitten die Flucht. Ich war der erste, der
sich aus dem Schnee befreite, und lief daher dem Pferd nach.
Ich konnte es fassen, und wir fuhren dann weiter im Schlitten zu dem Bauern. Allerdings brachten wir dem Bauern
nicht das mit, was mein Vater ihm versprochen hatte mitzu-
nehmen, nämlich einen Hustensaft. Dieser war bei dem
Manöver mit dem Pferdeschlitten in den Schnee gefallen.

Die Pferde mußten gut ausgerüstet sein, um im Winter auf
den mitunter desolaten Bauernstraßen vorwärts zu kommen, wie ein Bauernsohn auch erzählte: „So ein Roß brauchte gute Hufeisen, denn damals ist ja noch Holz geführt
worden im Winter. Durch die Holzschlitten gab es tiefe
eisige Rinnen, in denen man leicht rutschte. Daher war es
notwendig, dem Pferd gute Eisen auf die Hufe zu geben." Vor
allem für das Holzführen im Winter waren gute Hufeisen
wichtig.

Ich möchte nun den Sohn eines großen Bauern im Dorf
erzählen lassen, wie sie ihre Dienste mit den Pferden ver-
richteten:

„Der Vater und ich haben die Wirtschaft gemacht, als ich
1947 aus der Schule gekommen bin. Ich hatte noch zwei
Halbschwestern, die mithalfen. Mit den Rössern sind wir für
die Bundesforste und für andere Kundschaften gefahren,
wenn zum Beispiel Brennholz geführt werden sollte. Mit
dem Landauer (einer prächtigen Kutsche) sind wir für einzelne Leute gefahren. Auch für Hochzeiten sind wir mit

dieser Kutsche gefahren. Oder auch, wenn die Hausfrau, die Frau Grundner (die Besitzerin des vor dem Bauernhof gelegenen und wohl früher mit diesem verbundenen Gasthauses), nach Windischgarsten zum Notar oder sonstwohin mußte.

Vor dem Landauer waren zwei schöne Rösser gespannt. Als Bauern war es unser Stolz, schöne Rösser zu haben. Überhaupt meinem Vater lagen die Rösser am Herzen. Er beherrschte das Putzen des Rosses. Ich habe, wenn ich putzte, nie einen solchen Glanz in das Pferdefell gebracht. Mein Vater hat zu mir oft gesagt: ,Mei, du bist einer, du sagst alleweil zum Roß:»Grüß dich Kopf und pfüati Schweif!«' Beim Putzen des Rosses fängt man beim Kopf an. Und ich war immer schnell beim Putzen. Mein Vater meinte, ich sei zu schnell beim Putzen. Alleweil hat er zu mir gesagt: ,Du mit deinem Roßputzen! So, wie du es machst, schaut das Roß nichts gleich!' Der Vater konnte es, das Fell schön einzuglänzen. Einen Glanz hat er hinaufgebracht! Unsere Rösser waren die schönsten, wenn sie den Landauer in einem Festzug, wie beim Trachtenfest oder beim letzten Heimkehrerfest 1949, gezogen haben. In unserem Landauer sind die Ehrenbürger gesessen. Ehrenbürgerin war die Frau Grundner. Und ich habe sie geführt."

Das Pferd, das vor die Kutsche gespannt wurde, war das Aushängeschild des Bauern. Stolz konnte er ein glänzendes und gepflegtes Roß vorweisen.

Pferde beherrschten noch lange in den fünfziger Jahren die Straßen. Neben den eher schlanken Pferden, die man vor die Kutschen und Schlitten spannte, sah man die schweren Noriker, die die Arbeit auf den Feldern und im Wald zu tun hatten. Aber auch sie waren gepflegt, und auch auf sie mußten die Knechte schauen.

Aufschlußreich ist die Erzählung eines früheren Roßknechtes, der um 1955 das Pferd eines Bäckermeisters zu betreuen hatte. Er mußte auch Dienste für das Postamt erledigen, was der Bäckerei ein kleines Nebeneinkommen

garantierte. Seine Aufgaben waren vielfältig, schließlich war
der Bäckerei noch eine kleine Landwirtschaft angeschlossen. Der Mann erzählte: „In der Früh' mußte ich für das
Postamt die Post vom Bahnhof holen. Wenn ich vom Postfah-
ren zurück in die Bäckerei gekommen bin, habe ich das Roß
mit dem Wagen oder im Winter mit dem Schlitten beim Haus
draußen angehängt. Während ich gefrühstückt habe, hat der
Bäcker und der Geselle das Brot auf den Wagen geladen.
Dann drückte mir der Meister einen Zettel in die Hand, auf
dem stand, wem ich das Brot, die Semmeln, die kleinen und
großen weißen Wecken und anderes Backzeug bringen soll.
So bin ich also in das Gai[5] geschickt worden. Es war so
eingeteilt, daß ich einen Tag in Richtung Pyhrnpaß das
Gebäck ausgeführt habe, an einem anderen war die Au dran.
  Mit dem Gaifahren, also mit der Direktbelieferung der
Leute, haben wir um 1955 angefangen. Die anderen Bäcker
sind erst später auf die Idee gekommen, ins Gai zu fahren.
Wir waren die ersten. Der Wagen, mit dem ich die Sachen
transportiert habe, war ein Wagen mit einer Holzachse, und
zwar ein Pritschenwagen. Dieser hatte eine Umrandung,
damit die Körbe nicht hinunterfallen. Und über den Wagen
konnte man eine Plache spannen. Vorne war ein Kutschen-
brett, auf dem bin ich gesessen. So bin ich auf der Schotterstraße von Haus zu Haus gefahren. Und mit einem Zeger,
einem großen Korb mit Henkel in der Armbeuge, bin ich zu
den Kunden gegangen. Im Zeger waren Brot und Semmeln."
  Das Pferd, mit dem der Roßknecht des Bäckers zu fahren
hatte, trug den freundlichen Namen „Fanny", es war eine
geduldige Stute, auf der auch ich einmal gesessen bin.
  Das Pferd des Bäckers, die Fanny, leistete brave Dienste
für die Post und die kleine Wirtschaft der Bäckerei. Sie hat
mehrere Knechte erlebt. Von einem anderen Knecht, er war
am Beginn der fünfziger Jahre schon ein alter Herr, erzählte
mir eine Hausgehilfin des Bäckers dies: „Der Buchebner-

---

5 Gai = altes Wort für „Bereich", der z. B. von einem Bäcker beliefert wird.

Hermann war damals Knecht, er ist mit dem Pferd gefahren. Als Roßknecht ist er mit dem Bäckerlehrbuben in einem Zimmer gelegen. Mir hat gegraust vor ihm, denn er hat gerne Tabak gekaut und diesen beim Pferd vorbeigespuckt."

Die Zeit ist vorbei, als die Post noch einen Pferdewagen benötigte, um die Pakete zur Bahn zu bringen. Eine kleine Geschichte, die meiner Mutter passiert ist, sei hier eingefügt. Um 1952 hatte sie ihren geliebten Pelzmantel zur Post gebracht, um ihn wegen einer Reparatur zu einem Kürschner nach Linz zu schicken. Das Paket mit dem Pelzmantel war also auch unter den Paketen, die der Bäckerbursche mit dem Pferd zum Bahnhof zu bringen hatte. Irgendwie waren die Pakete schlecht aufgeladen, so daß auf der Fahrt zum Bahnhof gerade das Paket mit dem Mantel meiner Mutter vom Wagen glitt. Ein Schneidermeister fand das Paket und brachte es meiner erstaunten Mutter.

Ich erzähle dieses Mißgeschick, weil es auf die alte Pferdekultur verweist, die offene Wägen hatte und den Charme der Unvollkommenheit besaß. Mit modernen Autos, die in jeder Hinsicht perfekt sind, wäre so ein Verlust eines Paketes kaum denkbar. Heute bringt der Bäcker noch weiter für das Potamt Pakete zur Bahn, aber er tut dies im Auto – und außerdem verfügt die Post selbst über derartige Transportmittel. Die Bäckerei hat heute keine Landwirtschaft mehr. Der alte Stall, in dem neben Kühen das Postpferd untergebracht war, steht leer. Und die Bäckerei selbst erzeugt nicht mehr Semmeln, Brot und Wecken, sondern der Bäcker und seine liebenswürdige Frau übernehmen von einer Großbäckerei des Nachbarortes das Gebäck und führen es als Zwischenhändler aus. An eines der Postpferde der Bäckerei erinnert heute ein geschnitzter Pferdekopf in einem Bilderrahmen auf grünem Filz. Dieses Bildnis hängt im Kaffeehaus, zu dem in den sechziger Jahren der Bäckerladen erweitert wurde. Die Frau des Bäckers verehrte dieses kleine Kunstwerk ihrem Gemahl zum Geburtstag. Dieses Bildnis erinnert an ein Leben mit Pferden, das seinen Zauber hatte.

Und weil das Pferd vom Bauern hoch geschätzt war, war
man auch sehr darauf bedacht, es im Krankheitsfall, und vor
allem, wenn es am Bein einen Schaden hatte, bestmöglich
behandeln zu lassen. Der Tierarzt hatte in den alten „Bein-
einrichtern", von denen schon im 18. Jahrhundert berichtet
wird, eine bedeutsame Konkurrenz. Solche „Beineinrichter"
gab es auch für Menschen. Darüber erzählte mir ein alter
Bauer: „Wenn ein Pferd krank war, haben wir es zum Moar-
pichler-Hans gebracht. Und wenn man selbst etwas am Bein
hatte, so ist man nur Moarpichler-Zilli gegangen. Der Mo-
arpichler-Hans hat sich bei den Rössern gut ausgekannt. Er
war ein super Mann. Ich habe das nicht geglaubt, was der
alles kann, bis ich selbst mit einem Pferd bei ihm gewesen
bin. Sofort hat er mir gesagt, was das Pferd hat. ‚Gib her das
Roß', hat er gemeint, ‚das hat schwache Sehnen, das haltet
die Arbeit bei dir nicht aus.' Dumm angeschaut habe ich ihn.
Es war ein schönes Roß. Wenn man in ein Roß verliebt ist,
dann tut man alles für dieses. Es hat mit viel Kraft gezogen,
aber die Füße haben es nicht ausgehalten. Wir hatten damals
zwei Paar Rösser. Zwei Noriker, zwei große und schwere
Rösser. Die anderen beiden waren gekreuzte Rösser, sie
hatten ungarisches Blut gehabt (durch die Pferde, die mit
den Ungarn nach dem Krieg in den Ort kamen). Sie waren
schön, schlank und groß. Ich mußte sie auch für die Arbeit
einsetzen, nicht nur für die Kutschen und Schlitten. Diese
beiden hatten Probleme mit den Füßen. Wir rieben sie
mit Franzbranntwein vermischt mit einem anderen Mittel
ein. Dieses Mittel habe ich selbst verwendet, wenn ich
Kreuzweh hatte. Aber man durfte sich nicht zuviel von dieser
Flüssigkeit einschmieren, sonst wäre die Haut herunterge-
gangen."

Mit den Pferden hängt altes Wissen zusammen, in vielerlei
Hinsicht, was die Technik des Anschirrens, Einspannens
und auch der medizinischen Betreuung anbelangt.

Manche Bauern haben noch viele Jahre Pferde gehalten
und eingesetzt. Sie hatten offensichtlich eine tiefe Bezie-

hung zu ihren Tieren, die sie nicht so ohne weiteres aufgeben wollten.

Dies deute ich aus den folgenden Worten eines früheren Bauernsohnes: „Das Holzführen mit den Pferden habe ich um 1973 aufgehört. 1975 ist der Vater gestorben. Er hat immer gesagt: ‚Gib die Rösser her, jetzt hast du ja einen Traktor!' Ich hatte mit dem Traktor angefangen, und es ist richtig, ein Roß, das keine Arbeit bringt, mit dem ist nichts. Denn ein Roß braucht Bewegung. Ich war traurig, als ich meine vier Rösser hergeben mußte. Was soll man auch tun. Ein Roß, die Liesl, habe ich noch länger behalten, bis in die achtziger Jahre. Heute haben wir aber nur mehr Kühe und ein paar Schweine. Und am Hof sind wir nur mehr drei Leute: meine Frau, mein Sohn und ich. Früher war das anders, da hatten wir Mägde und Knechte. Es ist alles ganz anders. Vor allem die Rösser gehen mir ab.“

Wehmütig erinnert sich auch eine Bauerntochter: „Ich bin damals noch in die Schule gegangen (um 1950). Wenn mein Vater mit den Rössern heimgekommen ist, haben wir Kinder sie ausgespannt und gehalten. Wir haben das gerne gemacht. Die Roßdecken, die oft von der Nässe schwer waren, haben wir in die Stube getragen und dort auf den Stangen beim Ofen aufgehängt. Wir Kinder haben auch die Rösser in den Stall geleitet.“

Die Rösser bedeuteten Arbeit für den Bauern und seine Familie. Und diese Arbeit war nicht immer einfach, daher war man wohl auch froh über den Traktor. „Durch die Motorisierung hat es mit den Rössern aufgehört“, meinte ein noch jüngerer Bauer, „der Traktor hat die Rösser ersetzt. Die Arbeit wurde nun leichter. Als Kinder mußten wir die Rösser weisen. Das war nicht immer angenehm. Vor allem, wenn die Rösser ins Schwitzen gekommen sind, denn dann sind die Fliegen und Bremsen am Pferd gesessen.“

Auf die Arbeit mit den Rössern weist noch ein anderer Bauer hin: „Beim Austreiben auf die Weide sind die Rösser immer saulästig gewesen, überhaupt wenn sie gleichzeitig

mit dem Vieh ausgetrieben wurden, denn sie haben gerne
die Kühe gejagt. Daher haben wir die Rösser erst auf die
Weide geschickt, wenn die Kühe weg waren. Wir haben sie
also nachgrasen lassen, wie man gesagt hat. Trotzdem war
es eine schöne Zeit. 1964 haben wir den ersten Traktor am
Hof bekommen, dann war es aus mit den Rössern. Ein Roß
haben wir uns noch länger behalten, da meine Frau, die mit
Pferden groß geworden ist, es so wollte. Ihr Vater hat nämlich immer gesagt: Ein Haus ohne Roß ist nichts!"
    Heutige Bauernhäuser kommen ohne Rösser aus. Aller-
dings scheint man sich heute wieder der Pferde für das
Holzstreifen, für das Ziehen der gefällten Bäume aus dem
Wald, zu erinnern. Man hat offensichtlich eingesehen,
daß ein solcher Einsatz der Pferde dem Wald guttut, im
Gegensatz zum Traktor, der seine Räder in den Waldboden
wühlt.
    Aber es dürften nur wenige Bauern sein, die tatsächlich
das Pferd dazu verwenden, denn der Traktor ist immer noch
bequemer einzusetzen und vor allem leichter zu pflegen.
    Aber auch wegen der Gäste, die einen Urlaub auf dem
Bauernhof verbringen wollen, werden bisweilen Pferde
angeschafft, um den Anschein alter bäuerlicher Kultur
aufrechtzuerhalten, obwohl es sie eigentlich nicht mehr
gibt.
    In manchen Fremdenverkehrsgegenden sind findige Bau-
ern dazu übergegangen, Reitställe zu errichten, um gegen
gutes Geld freundlichen Gästen Pferde für den Reitsport
anzubieten. Oder vermögende Städter kaufen alte Gutshöfe,
die heute ausgedient haben, restaurieren diese (in dankens-
werter Weise) und stellen Reitpferde für sich und ihre Kinder wohl in der Absicht ein, eine alte, angeblich heile Welt,
zu der das Pferd gehörte, weiterzuführen. Für die alten
Bauern jedoch war das Pferd kein Reittier, sondern ein
echter Mitarbeiter, der schwer zu schuften hatte und oft
nicht immer freundlich zu größerer Leistung angetrieben
wurde. Die Bauern liebten daher ihre Rösser. Mit ihnen

11   Bauer mit Pferden am Feld

konnte man wenigstens reden. Die Pferde hörten auch zu. Der Traktor, der das Pferd abgelöst hat, ist kein Gesprächspartner mehr, zu ihm läßt sich keine Beziehung aufbauen; schon gar keine freundschaftliche wie zum Pferd, das ehedem als „bester Freund des Menschen" bezeichnet wurde – und es auch war.

Das Vieh

Ein großer Wandel vollzog sich in der Beziehung des Bauern zu seinem Vieh. Während ehedem, noch in den fünfziger und sechziger Jahren, eine enge Beziehung zwischen dem Bauern und seinen Leuten zum Tier am bäuerlichen Hof bestand, änderte sich dies radikal mit dem Aufkommen sogenannter rationaler Techniken der Viehhaltung. Wohl

wurde früher das Tier geschunden, ähnlich wie der Dienstbote, aber es war einbezogen in das bäuerliche Leben und
war daher auch Gegenstand der Achtung. Im Gegensatz zu
jenem Rindvieh heute, das in engen Boxen darauf wartet,
geschlachtet oder sonstwie benutzt zu werden.

Aber das Tier hatte mehr an Würde, denn die „Rationali-
tät" bäuerlichen Wirtschaftens nimmt dem Tier heute diese.
Dies zeigt sich schließlich schon darin, daß das Kalb der
Mutterkuh bald nach der Geburt weggenommen und ab nun
auf mehr oder weniger engem Platz oft mit speziellen künst-
lichen Flüssigkeiten gefüttert wird. Die Milch von den in
Koppeln im Stall maschinell und hygienisch rein gemolkenen Kühen, die unter der ständigen Kontrolle der Tierärzte
stehen, wird an die Molkereien geliefert, um Geschäfte zu
machen.

Dies steht in krassem Gegensatz zu der klassischen bäuerlichen Kultur im Gebirge, als die Kühe noch mit den
Händen gemolken wurden. Dieses händische Melken war
anstrengend und mühevoll, aber es schuf eine Beziehung
zwischen melkender Magd und den Kühen. Mit einem Sche-
mel setzten sich die Mägde oder Bäuerinnen zu den Kühen
– hauptsächlich waren es die Frauen, die sich um das Melken zu kümmern hatten. Man kam also zur im Stall stehenden Kuh – heute wird die Kuh zur Melkmaschine gebracht –,
und gemolken wurde erst dann, wenn das Kalb zu trinken
aufgehört hat. Heute sieht die Kuh das Kalb höchstens aus
der Entfernung.

Es hat sich also viel getan in der Beziehung zum Tier. Der
Bauer wurde, wie schon einige Male betont, zum Spezialisten für Viehzucht und Milch. Die frühere Autarkie, zu der
der Getreideanbau gehörte, gibt es nicht mehr, was dazu
geführt hat, daß der Bauer danach trachten muß, mit dem
Vieh Geschäfte zu machen, um überleben zu können.

Der Bauer steht also unter einem gewaltigen Druck, der
ihn allerdings auch belastet. In den folgenden Sätzen, die
mir ein heute älterer, von Bauern abstammender Herr

schrieb, zeigt sich dieser Wandel in einer vielleicht romantischen, aber eindringlichen Weise: „So sehr die Tiere früher
beansprucht wurden, sei es als Arbeitstier oder als Nahrung,
so war gerade bei den Bergbauern die Achtung vor der
Kreatur nicht zu übersehen. Dies kam darin zum Ausdruck,
daß alle Tiere rundum versorgt werden mußten, ehe sich die
Menschen an den Tisch setzten und sich sättigten oder
ausruhten." Auch die Art des Futters hat sich wesentlich
geändert. Während es früher frisches Gras und getrocknetes
Heu waren, die das Vieh fraß, sind es heute eher unerfreu-
liche Dinge, die den Tieren vorgelegt werden, wie derselbe
Herr erzählt: „Der Bauer achtete früher darauf, daß das
Gras- oder Trockenfutter wohlschmeckend war und gerne
angenommen wurde. Heute bei der industrialisierten Viehwirtschaft fressen die Rinder stinkende Silage oder gar
schimmelndes Preßheu."

Das Tier hatte früher die Chance, höher geachtet zu werden als heute. Dies meinte auch obiger Herr: „Eine besondere Ehrung der Tiere kam auch darin zum Ausdruck, daß
vor dem Zubettgehen Bauer oder Bäuerin mit der sogenannten ‚Mäugab' (Maulgabe) aus Kleie oder anderem noch
einmal durch den Stall gingen und nachsahen, ob alles in
Ordnung war, wobei sie jedem Rind einen solchen Kleieknö-
del gaben. War das Vieh auf der Weide, ging man mit dieser
Gabe zu ihm hinaus. Daß das Tier sich darüber freute, sah
man daran, daß es schon von weitem angelaufen kam."

Und das Vieh war auch eingebunden in die Feste des
Bauern: So ging man am Heiligen Abend mit Weihrauch und
Weihwasser durch den Stall und segnete mit einem Getrei-
debündel, das man in das Weihwasser tauchte, das Vieh. Und
bei manchen Bauern reichte man den Kühen dann noch ein
in Schnaps getauchtes Kletzenbrot. Angeblich soll dies, wie
mir erzählt wurde, das jüngste Kind getan haben, um in ihm
die Liebe zum Tier zu erwecken.

Die Beziehung zwischen Bauersleuten und Vieh zeigte
sich bei einigen Bauern auch darin, daß man den Tieren im

Stall erzählte, der Bauer oder die Bäuerin sei gestorben; erst
dann wurden die Toten zum Friedhof gebracht. Bei anderen
wieder waren es die Bienen, denen man Mitteilung vom Tod
des Bauern machte. Angeblich sollen Bräuche dieser Art bis
auf die Kelten zurückgehen. Heute jedenfalls haben solche
Bräuche für den Bauern an Bedeutung verloren, sie sind
uninteressant, schließlich nehmen sie Zeit weg.

12   Das Vieh wird am Abend in die Ställe gebracht

Das Vieh, dies will ich damit andeuten, gehörte zum Leben
des Bauern, aber auch zum Leben im Dorf bis weit in die
fünfziger Jahre. Ich erinnere mich, wie die Kühe täglich von
den Wiesen auf der Dorfstraße am Abend zu den Ställen
gebracht wurden. Schließlich gab es noch genügend Bauern
im Dorf selbst. Heute ist nur mehr einer da, der sich erinnert:
„Früher gab es vom Schürer bis nach St. Leonhard hinauf –
also im ganzen Ort – 120 Kühe. Ich meine nur die Kühe und
nicht das Jungvieh."
    Die Bauern, die es heute noch gibt, stehen unter dem

Druck, das Vieh möglichst gut zu verkaufen, um einigermaßen leben zu können. Auch früher war es für den Bauern wichtig, sein Vieh zu verkaufen, aber es waren einzelne Tiere, die er dem Fleischhauer oder einem Viehhändler – oft ein und dieselbe Person – verkaufte. Freilich konnte der Bauer dabei auch ein schlechtes Geschäft machen, aber in der damaligen Zeit der Armut wußte er dennoch zu überleben, während der Bauer heute in einem großen Wirtschafts raum oft mit Billigangeboten aus anderen Ländern nicht mehr mithalten kann. Interessant ist, was ein älterer Bauer mir über die heutige Abhängigkeit und die alten Viehhändler erzählte; er selbst lebt von der Viehzucht, er mästet Stiere: „Irgendwie ist es schade um die alten Bauern. Vielleicht müssen wir wieder so anfangen. Man wird immer mehr abhängig. Wenn man früher Vieh verkaufen wollte, ist der Händler gekommen. Das war bis in die siebziger Jahre. Der Händler hat gefragt: ‚Was verlangst du?' Der Bauer hat seinen Preis gesagt. Darauf hat der Händler wieder gesagt: ‚Das ist mir weit zu viel.' So ist es weitergegangen. Mein Schwiegervater war ein leidenschaftlicher Viehhändler. Er hat mit den Bauern oft eine ganze Nacht gehandelt. Oft war ich beim Handeln dabei. Ich habe mich gewundert, daß die zusammengekommen sind. Und dabei ist getrunken worden! Durch den Schnaps hat man sich leichter geredet. Wenn man sich über den Preis geeinigt hatte, gab man sich die Hand. Dieser Handschlag war wie ein Vertrag. Heute ist das alles nicht mehr so. Heute wird nicht mehr gehandelt. Heute kommt der Lastwagen von einer Großschlächterei. Vorige Woche erst haben wir zwei Stiere hergegeben. Mit dem Lastwagen wurden sie in die Schlächterei gebracht und dort geschlagen und gewogen. Beim Wägen ist man nicht mehr dabei. Und dann bekommt man das Geld. Der Fleischpreis steht schon vorher fest. Es gibt kein Handeln mehr. Heute heißt es bloß: ‚Das zahle ich dir!' Auf den Preis hat man keinen Einfluß mehr, im Gegensatz zu früher, als man direkt dem Fleischhacker verkauft hat." Als ich ihn darauf anspreche, daß das Vieh früher mehr geachtet wurde, meint er: „Unbedingt. Heute haben wir die Stiere in den Boxen. Schlecht geht es ihnen nicht, aber früher waren sie freier (auf der Weide)." Allerdings, dies sei angefügt, genießt gerade bei den Gebirgsbauern das Jungvieh im Sommer die Weide der Alm. Es geht ihm jedenfalls besser als jenen Tieren, die den Stall überhaupt nicht verlassen dürfen. Insofern sind die Gebirgsbauern ob ihrer Großzügigkeit gegenüber dem Vieh zu preisen.

Jedoch beginnt für das Vieh der Jammer, wenn es abtransportiert wird. Früher war der Leidensweg kurz, aber immerhin marschierte oft der Bauer selbst oder sein Knecht mit dem verkauften Rind zum Fleischhauer in das Dorf. Den Weg zu seiner Bestimmung konnte das Vieh noch genießen. Heute ist der Weg zur Schlachtung ein oft qualvoller. Überhaupt wenn Kälber in andere Länder gebracht werden. Eine frühere Bäuerin meinte dazu: „Diese Viehtransporte kann man sich nicht anschauen. Diese Viecher sind wirklich arm. Das ist Tierquälerei. Was die Tiere mitmachen, bis sie zum Beispiel nach Spanien gelangen! Früher waren die Tiere besser dran." Ähnlich dreckig wie den Kälbern geht es auch den Schweinen, wenn sie zur Schlachtbank gebracht werden. Viel besser dran sind jene Schweine, die sich die Bauern für sich selbst halten. Sie werden gut gefüttert, gut im Stall gehalten und ohne lange Marterwege geschlachtet. Ich habe von einem Bauern gehört, der eine Schweinemast betreibt, der jedoch die für den eigenen Gaumen bestimmten Schweine abgesondert von seinen für die Allgemeinheit bestimmten Kollegen hält und separat füttert. Er weiß von der Problematik der industrialisierten Fütterung.

Allerdings gibt es sehr wohl Bauern, die sich bemühen, ihr zum Verkauf bestimmtes Vieh möglichst freundlich zu behandeln. So auch ein aus altem Bauernadel stammender Freund, der festhält: „Mich wundert, daß man heute eine solche Massentierhaltung, bei der die Tiere auf engstem Raum beisammen sind, zuläßt. Bei uns können die Viecher

frei im Stall herumlaufen, wir haben nämlich einen Laufstall. Leider ist heute alles nur auf den Konsumenten ausgerichtet. Es muß heute alles möglichst viel und billig erzeugt
werden. Darum ist man ja auf die Masttierhaltung gekommen. Der Konsument muß billig kaufen können. Der Produ-
zent ist immer nieder mit dem Preis gehalten worden, daher
ist er auf die Masse gekommen. Viele Bauern betrachten sich
heute nicht mehr als Bauern, sondern als Manager." Er fügt
noch hinzu: „Ich selbst fühle mich schon noch als Bauer.
Wenn wir Fleisch essen, dann nur das von den Schweinen,
die wir für uns füttern." Wohl ist im Laufstall das Vieh freier,
aber auch dazu hörte ich Gedanken einer früheren Bauerntochter: „Jeder Bauer will heute möglichst viel aus dem Vieh
herausholen. Über die modernen Laufställe wundere ich
mich. Das Vieh wird nicht mehr angehängt wie früher, es
rennt frei herum. Zum Melken kommt die Kuh zu einer Bar.
Man schneidet aber den Kühen und überhaupt dem Rindvieh die Hörner ab, damit sich die Viecher nicht gegenseitig
verletzen können. Fürchterlich schauen die Kühe aus, sie
sind ganz entstellt. Ich freue mich, wenn ich irgendwo eine
Kuh mit Hörnern sehe."

Allerdings, dies sei eingefügt, auch dort, wo es Laufställe
gibt, werden die zum baldigen Verkauf bestimmten jungen
Tiere sehr eng gehalten. Sie können sich kaum rühren und
haben kaum Platz, sich niederzulegen. Wohl bemühen sich
die Bauern, in der modernen Viehhaltung dem Tier ein
einigermaßen angenehmes Leben zu ermöglichen, aber
dennoch ist seine Welt gegen früher eine eingeengte.

Aber immerhin können sich die Sommergäste dabei an
„glücklichen" Kühen erfreuen.

Ein Symbol für die neue Einstellung zum Rindvieh ist, daß
dieses sich mitunter eine Umwandlung in seinem Äußeren
gefallen lassen muß: Man schneidet ihm bald nach der
Geburt seine Hörner ab. Das Vieh wurde damit zum reinen
Fleischprodukt ohne jede Individualität und ohne jedes
Recht auf ein einigermaßen schönes Leben.

Und noch etwas hat sich aufgehört, nämlich jenes Vergnügen, das Stier und Kuh haben, wenn sie dabei sind, sich
fortzupflanzen.

Trefflich erzählt dazu ein alter Bauernknecht: „Ich habe
selbst noch die Kuh zum Stier getrieben. Heute kommt der
Tierarzt mit dem Röhrl, um die Kuh zu schwängern."

Der Mensch hat sich hier roh eingeschaltet. Seiner beinahe
teuflischen Erfindungsgabe entspricht, daß er auch die Fort-
pflanzung beim Vieh rationalisiert hat – durchaus im Sinne
der Fleischproduktion. Die wahre Bindung an das Vieh ist
verlorengegangen. Das Vieh wurde degradiert und wird weiterhin degradiert. Dies zeigt sich symbolisch also nicht nur
im hornlosen „Hornvieh", sondern auch darin, daß es nicht
einmal seine Sexualität ausleben kann. Dies kleine göttliche
Vergnügen des Zeugungsaktes ist dem Tier genommen.

In alten Zeiten benötigte es seine Zeit, die Kuh zum Stier
zu bringen. Der Bauer mußte sich die Muße nehmen, vielleicht einen ganzen Nachmittag, um die Vermehrung des
Rindviehs möglich zu machen. Er hatte dadurch eine Bindung an das Tier, sie wurde wohl noch fester auf dem
Marsch zum Stier und zurück. Heute befruchtet der Tierarzt
mit langweiligen Geräten aus Kunststoff die dazu auserse-
hene Kuh. Er macht damit sein Geschäft, und der Bauer ist
sich sicher, wiederum auf verwertbares Fleisch warten zu
können. Erst so ist Fleischproduktion möglich, wie sie der
große europäische Markt verlangt.

Ähnlich verhält es sich auch mit dem Schlachten. Das
Schlachten des Viehs auf dem Bauernhof – das zumindest für
alle den Vorteil hatte, daß das Vieh nicht weit transportiert
werden mußte – war eine gemeinschaftliche Aktivität. Für
gewöhnlich schlachtete man nur zweimal im Jahr ein
Schwein: zu Ostern und zu Weihnachten. Vom Fleisch, das
man surte und selchte, vom Speck, von den Grammeln und
vom Schmalz ließ sich mehrere Monate lang gut leben.
Schließlich war der Fleischkonsum des Bauern ein eher
geringer – im Vergleich zu heute.

Anfang der siebziger Jahre dürfte sich diese Art des Schlachtens aufgehört haben. Mit dem Aufkommen der Kühltruhen ist das Fleisch jederzeit verfügbar. Die alten Techniken des Selchens und Speckmachens im bäuerlichen Haushalt werden zurückgedrängt. Höchstens wegen des Fremdenverkehrs greift man noch manchmal auf diese zurück, um den Fremden selbstgemachten Speck aufwarten zu können. Aber ansonsten ist es der Fleischhauer oder der Fleischfabrikant, der ehemals typisch bäuerliche Fleischsorten anzubieten vermag.

Der Bauer selbst, der heute über keine Knechte und Mägde mehr verfügt, hat auch kaum Zeit, an die alten Traditionen des Schlachtens und des Speckmachens oder Selchens anzuknüpfen. Eine neue Zeit hat die Beziehung zwischen Bauern und Vieh gänzlich verändert, wie ich hier zu zeigen versucht habe. Der Bauer im Gebirge wurde, soweit er es geschafft hat zu überleben, zum Fleischproduzenten, der das Vieh – Rindvieh und Borstenvieh – an große Schlächterfirmen zu liefern hat. Das Vieh leidet, überhaupt, wenn der Transport zum Schlachthof ein langer ist. Ein Bauer, der darüber lange nachgedacht hat und wegen seiner Einstellung wohl belächelt wird, meinte zu mir: „Als Bauer muß man ein Herz haben für die Viecher. Ich tue mir jedesmal hart, ein Stück Vieh, besonders ein Kalb, zu verkaufen." Aber immerhin geht es einem Jungvieh nicht schlecht, das während des Sommers auf den Almweiden grasen darf. Doch auch für dieses kommt der Herbst.

Die Milch

Die vielleicht wichtigste Einnahmequelle für den heutigen Bergbauern als spezialisierten Viehzüchter ist – neben dem Verkauf von Vieh – die Bereitstellung der Milch. Darauf weist ein alter Bauer hin, der heute Milch an die Molkerei liefert: „Früher haben wir alles gehabt: Fleisch, Milch, Hafer,

Gerste, Weizen und Korn. Unser Vater war einer der ersten,
der den Getreideanbau aufgegeben hat. Man hat mit dem
Getreide, weil es nichts gebracht hat, aufgehört und hat sich
gesagt: Es ist besser, wenn man mehr Kühe einstellt und
Milch liefert. Mit dem Geld von der Milch hat man dann Brot
gekauft."

Mit dem Abgehen von der alten Wirtschaftsform und der
Spezialisierung auf die Milch zeigt sich ein interessanter
Wandel: Während es früher vor allem die Frau war, die mit
ihren Händen die Kuh molk, ist es heute vorrangig der Bauer
selbst, der die Kühe dadurch melkt, daß er ihre Euter an eine
Melkmaschine anschließt. Vielleicht hängt dieser Wechsel
von der Frau zum Mann damit zusammen, daß es heute eine
Maschine ist, mit der die Milch aus der Kuh geholt wird.
Anstelle der weiblichen Hände, die durch kunstgerechtes
Langziehen der Euterzitzen einen Milchstrahl erzeugten,
der direkt in den zwischen den Beinen von Kuh und Magd
stehenden Milchkübel zischte, wird seit geraumer Zeit eine
gefühllose kalte Maschine eingesetzt. Diese erledigt mit vier
Fangarmen, an denen Saugnäpfe angebracht sind, das Melk-
geschäft.

Das Melken mit der Hand ist eine Kunst, die nicht so ohne
weiteres erlernbar ist. In den Ausführungen des Sohnes
eines Kleinbauern klingt diese Kunst so an: „Meist hat die
Mutter gemolken. Später haben wir Kinder gemolken. Meine Mutter ist nachschauen gekommen, ob wir es auch richtig machen. Wenn wir einen schönen Foam (Schaum) auf
der Milch hatten, sind wir von der Mutter gelobt worden. Der
Foam, der Schaum, ist das Zeichen dafür, daß man gut
gemolken hat. Damals (um 1950) haben wir die Milch geschleudert. Wir machten dies noch selber, denn eine Molkerei gab es bei uns nicht. Ein Teil der Milch war für die
Milchkundschaften, nämlich die Milch, die direkt vom Stall
kommt, das ist die Vollmilch, sie ist in Kannen abgegeben
worden. Die Milch, die übrigblieb, ist geschleudert worden.
Ein Teil war der Rahm, das übrige die Magermilch. Aus dem

Rahm ist alle zwei Wochen die Butter gerührt worden. Davon gab es die Buttermilch. Aus der Magermilch hat meine Mutter Topfen gemacht. Wir haben Magermilch, zum Beispiel im Kaffee, getrunken. Die teure Vollmilch hat die Mutter verkauft." Heute gibt es Kleinbauern dieser Art nicht mehr, die ihre Milch und ihre Butter in Autarkie herstellen.

Es hat sich viel geändert, was die Beziehung des Bauern zu den Kühen und der Milch anbelangt, wie wir bereits im vorhergehenden Kapitel gesehen haben. Eine frühere am Hof aufgewachsene Bauerntochter meinte dazu: „Die Milch hat heute einen anderen Geruch durch das Silofutter. So ein schönes Heu wie früher gibt es heute nicht mehr. Das merkt man bei der Milch."

Nicht nur der Geruch der Milch hat sich geändert, sondern eigentlich alles, was mit der Milch zusammenhängt. Heute ist es auch in den entlegensten Dörfern üblich, die Milch fein durch die Molkerei abgepackt im Supermarkt aus der Kühltruhe entnehmen zu können. Freilich versuchen Bauern, wieder an alte Traditionen anzuknüpfen und die Milch direkt ab Hof dem Kunden zu verkaufen. Dabei bedienen sie sich mitunter der modernen Technik und stellen Automaten auf, aus denen Kunden jederzeit die Milch durch den Einwurf von Geldmünzen erwerben können. Dies geschieht in Umgebung der Molkerei „direkt ab Hof", ähnlich wie ehedem, als es noch keine Molkereien gab, als die Bauern noch autark und vom Markt noch nicht so abhängig waren wie heute.

Aber dennoch ist ein Unterschied zu früher zu sehen.

In früheren Zeiten, als man sich im Dorf noch mit der Kanne die Milch direkt vom Bauern holte, war das Wandern zum Bauern nicht nur eine geruhsame Angelegenheit, sondern manchmal auch ein Abenteuer, denn es war vorrangig Aufgabe der Kinder, dieses Kuhprodukt zu holen. So gehörte noch in den fünfziger Jahren das Milchholen zu meinen täglichen Pflichten und zu denen meiner Geschwister. Wir hatten die Milch von einem im Dorf wirtschaftenden Bauern, den Pacher, oder von einem außerhalb des Dorfes, auf einem Hügel gelegenen Bauern mit Namen Schmeißl zu holen. Ich habe noch die Worte meiner Mutter im Ohr: „Geh zum Schmeißl Milch holen!"

Zum Schmeißl führte vom Ort ein kleiner Steig bergauf, ein Steig übrigens, den es heute nicht mehr gibt. Dieses Wegerl, das über eine kleine Brücke führte, war voll des Abenteuers. Hier spielten wir, liefen um die Wette, und im Winter bei Schnee rutschten wir zu Tal. Dabei konnte es vorkommen, daß mir oder meinem Bruder die Milchkanne entglitt und dabei etwas Milch herauslief, oder die Kanne gar in das vorbeifließende Bächlein fiel. Trotz des Deckels, den man auf die Milchkanne steckte, mischte sich dabei etwas Wasser mit der Milch. Die so gewässerte Milch brachte allerdings Probleme mit den Eltern. Die Zeit, zu der wir die Milch holen mußten, war zumeist der frühe Abend. Wir brachten daher beste Kuhmilch heim, die die Bäuerin direkt aus dem Eimer mit der eben von ihr gemolkenen Milch schöpfte.

Für die Bauern waren so Kunden wie wir wichtig, denn wir garantierten ihnen ein kleines Einkommen, das auch in einer autarken Welt notwendig war, um sich Dinge wie Kaffee, Zucker, Soda als Waschmittel und ähnliches kaufen zu können. Aber die Einnahmen der früheren Bauern waren knapp, wie mir eine Bäuerin breit ausführte: „Es war ein lurges (sparsames) Leben früher. Man hatte kaum ein Geld, ein bisserl eines von der Milch, der Butter und den Eiern. Die Butter haben wir meist zum Huemer (so hieß der Kaufmann im Ort) gebracht. Aber sonst ist man richtig mit der Butter und den Eiern hausieren gegangen, damit man sie anbringt. Man hat schon seine Kundschaften gehabt. Eine andere Möglichkeit, zu Geld zu kommen, gab es noch nicht. Mit dem Milchliefern ist es dann besser geworden, so hat man jeden Liter angebracht. Gegen früher ist es ein gutes Geschäft, das Geschäft mit der Milch. Aber es ist viel Arbeit, man muß sehr reinlich sein, sonst ziehen sie (die Molkerei) einem gleich Geld ab."

Der Vorteil, aber auch das Problem des modernen Milchbauern liegt darin, daß er über die Molkereigenossenschaft seine Milch auf den Markt bringen kann. Dies garantiert ihm ein regelmäßiges Einkommen, aber – hier liegt ein gewaltiger Nachteil – er darf nur ein bestimmtes Maß an Milch, also ein bestimmtes Kontingent, verkaufen. Der Bauer darf also nicht mehr an Milch verkaufen, als die Genossenschaft als Kontingent für ihn vorgesehen hat. Er ist also von der Erlaubnis eines größeren Verbandes abhängig. Während er früher frei Milch erzeugen und verkaufen konnte, ist er jetzt an die Berechnungen der Genossenschaft gebunden, der es darum geht, einen bestimmten Milchpreis zu halten, der jedoch sinken würde, wenn mehr Milch angeboten wird, als die Kunden es wünschen.

Diese Kontingentierung der Milch, also die Erlaubnis zum Milchliefern an die Molkerei, ist nicht unproblematisch. So erzählte mir ein Bauer, dem ein zu geringes Kontingent vorgeschrieben wurde: „Mich haben sie ordentlich erwischt mit dem Milchkontingent. Damals (als das Kontingent bestimmt wurde) habe ich gerade beim M. gearbeitet und habe daher nicht soviel Milch geliefert. Gerade da, es war 1978, kommt es zur Milchkontingentierung. Danach hat der Bauer, der 1978 zum Beispiel 300 Liter am Tag geliefert hat, weiterhin 300 Liter liefern dürfen, aber nicht mehr. Ich habe damals nur 40 Liter am Tag geliefert, ich habe nur Erstlingskühe, das sind junge Kühe, gehabt, die geben nicht soviel Milch. Um doch mehr liefern zu dürfen, mußte ich mir ein Kontingent um 70.000 Schilling kaufen. Ich mußte also 70.000 Schilling zahlen, um zwanzig Liter mehr am Tag liefern zu können. Ich mußte so viel zahlen und die anderen nichts (weil diese seit 1978 ihre Kontingente haben). Und das Schöne ist, die anderen bekommen an die 30.000 Schilling Milchgeld und mußten nie ein Kontingent kaufen, und ich nur 8.000 oder 9.000 Schilling. Und das Interessante ist,

diese Bauern kommen nun in die ‚Überlieferung' hinein.
Jetzt sagen sie, sie verzichten auf die Milchlieferung. Und
dafür bekommen sie Geld!" Eine eigenartige, beinahe absurde Situation ergibt sich da. Darauf weist der Bauer noch
einmal hin: „Ich habe einen Rentner getroffen. Ihm habe ich
gesagt: ‚Du, vermach mir dein Kontingent.' Darauf hat er
gesagt: ‚Woaßt was, ich bekomme im Jahr 20.000 Schilling
dafür, daß ich nicht liefere.' Der Mann hat eine gute Pension,
er lebt nicht schlecht. Man sieht daran, daß die Wirtschaft
krank ist."

Zum Problem des Kontingents erzählte mir auch ein anderer Bergbauer, der nicht schlecht von der Milch zu leben
scheint: „Wir hatten zunächst 34.000 Liter pro Jahr, dann
haben wir noch 10.000 am Kontingent dazugekauft." Für den
Außenstehenden ist das Ganze nicht so leicht zu begreifen,
nämlich die Sache mit dem Kontingent. Man hat ein Kontingent, kauft eines von einem anderen dazu, um mehr mit
der Milch verdienen zu können. Über die Kontingentierung,
die dem freien Marktverhalten widerspricht, soll, wie schon
erwähnt, der Preis stabil gehalten werden. Man will also
verhindern, daß ein Überangebot an Milch besteht. Dabei
kann es zu nicht unkomplizierten Transaktionen kommen,
wie der Bauer weiter ausführt, von dem ich auch wissen will,
wie man von einem Kontingent erfährt, das man kaufen will:
„Man kauft das Kontingent von einem anderen Bauern (der
dann auf seines verzichtet), und zwar meist von Bauern, die
draußen im Flachland sind. Erfahren tut man von einem
Kontingent, das man kaufen kann, durch die Zeitung oder
durch die Molkerei. Mehr als 5.000 Liter an Kontingent kann
man auf einmal ohnehin nicht kaufen. Für den Liter zahlt
man 20 Schilling, also für 5.000 Liter zahlt man 100.000
Schilling. Allerdings, wie ich den Hof meinem Sohn übergeben habe vor ein paar Jahren, hat er als Jungunternehmer
um acht Schilling je Liter ein günstiges Kontingent, aber
auch nur 5.000 Liter bekommen. Das ging von der Molkerei
aus." Es ist also die Molkerei oder besser: die Molkereige-

nossenschaft, die diese Kontingente bestimmt. Über die Genossenschaft erzählt der Bauer weiter: „Die Genossenschaft gehört uns allen. Jedes Jahr haben wir in Kirchdorf eine Versammlung. Wenn der Bedarf wäre, könnte die Genossenschaft bestimmen, daß jeder um 5.000 Liter mehr liefert." Ich werfe ein: „Wenn man das einem Bauern, der früher vor über 50 Jahren gelebt hat, erzählt, der würde sich auf den Kopf greifen." Darauf der Bauer lachend: „Das ist ja pervers, man wird immer abhängiger. Das ist der Wahnsinn. Aber man kann nicht heraus aus dem Radl. Man muß mit. Diese Wirtschaft ist nicht gesund. Sicher nicht. Man wird immer abhängiger."

Aber noch etwas hat sich im Laufe der Jahre verändert, nämlich die Art Milchlieferung, durch die die sozialen Kontakte der Bauern sich abgeschwächt haben. Dazu erzählt der Bauer weiter: „Hat man ein Kontingent von 50.000 Litern, so kommt der Milchwagen direkt zum Stall, um die Milch zu holen. Früher hat der Bauer die Milch in großen Milchkannen zum Milchbankerl an der Straße gebracht. Dort sind die Bauern zusammengekommen. Heute gehen mir diese Treffen mit den anderen Bauern ab. Heute kommen wir seltener zusammen. Es muß ein besonderer Anlaß sein, daß einer zum anderen geht. Seit zwei Jahren gibt es den Tankwagen, der zum Hof kommt. Früher hat der Milchwagen die leeren Kannen zum Milchbankerl gebracht und die vollen geholt. Der Eibl, der Pöllbauer, der Edthofer, der Bugl, der Schanzbichler und ich sind da so um acht Uhr vormittags beim Milchbankerl zusammengekommen." Das Milchbankerl war demnach ein Treffpunkt der Bauern, bei dem man Neuigkeiten austauschen und Sachen in Erfahrung bringen konnte, die für das Wirtschaften nicht unwichtig waren. Diese Treffen hörten sich also ab dem Zeitpunkt auf, als man daranging, mit Tankwägen die Milch vom Hof zu holen, wo sie in speziellen Behältern gut gekühlt und dem Reinheitsgebot entsprechend gelagert wird. Aus diesen Behältern wird die Milch durch dicke Schläuche unter Motorengebrumm in den Tankwagen gesaugt. Dieser Vorgang wiederholt sich täglich und bringt dem Bauern im Rahmen seines Kontingents gutes Geld. Die Milchlieferung ist das Geschäft schlechthin für den Bauern.

Die Milchbankerln, die in den fünfziger Jahren errichtet werden, weisen bereits auf eine neue Zeit hin, in der der Bauer von größeren Gemeinschaften abhängig wird, gleichzeitig aber auch zu sicherem Geld kommt. Allerdings beginnt mit dem Milchliefern bereits ein deutliches Abgehen von der alten Autarkie, denn nun wird es möglich, sich zu spezialisieren, und zwar als Mitarbeiter im weiteren Sinn der Molkerei. Wie dies allmählich begann, auch darauf verweist der alte Bauer: „Erst unter dem Krieg wird die Molkerei in Windischgarsten gegründet. Nur wenige haben an sie geliefert. Zuerst haben wir nur Rahm geliefert, fünf oder sechs Liter. Die habe ich mit dem Fahrrad zum Grasl gebracht. Von dort hat sie der Buglbauer mit den Rössern nach Spital am Pyhrn geführt. Und von dort holte sie der Milchwagen, es war ein alter Lastwagen, der Molkerei. Etwas später, um 1965, haben wir erreicht, daß der Lastwagen gleich durch die Au fuhr und wir die Milch nicht mehr nach Spital bringen mußten.“

Früher ergab sich zwischen den milchliefernden Bauern noch ein anderer Kontakt, und zwar, wenn sie im Gasthaus Kemmetmüller in Windischgarsten monatlich vom Molkereileiter das Milchgeld ausbezahlt bekamen. Hier trank man sein Bier und unterhielt sich. Heute wird das Geld an die Bank überwiesen, auch hier auf Kosten persönlicher Beziehungen.

Ebenso ist der Alltag der Bauern eintöniger geworden. Es ist aber trotz allem keine leichte Arbeit, die die beiden Bauersleute Tag für Tag für ein paar Stunden an den Stall bindet, im Vergleich zu früher jedoch eine eher einseitige Betätigung – die letzlich nur der Molkerei dient.

Mit der Autarkie, also mit der Selbsterhaltung ist es vorbei, denn die Milch wird nicht mehr selbst verarbeitet, wie ein

Bauer erzählt: „Heute kaufen wir uns die Butter und alle anderen Milchprodukte bei der Molkerei. Wir könnten für uns schon noch die Butter rühren, aber wer tut das schon? Früher hat man die Milch, die man gebraucht hat, zu Hause behalten, das andere hat man auf das Milchbankerl gestellt. Und heute kommt der Tankwagen zum Haus, damit alles rationell ist."

Das Buttermachen, das der Bauer hier anspricht, ist eine uralte Tätigkeit am bäuerlichen Hof. Durch die Butter kam auch Geld ins Haus, denn entweder holten sich Leute aus dem Dorf die Butter direkt vom Bauern, oder die Bäuerinnen gingen mit der Butter hausieren. So kam jeden Sonntag die Frau Zick mit einem Kilo Butter zu uns, bevor sie zur Sonntagsmesse ging. Die von den Bauern verkaufte Butter war manchmal auch durch Blumenmuster, wie man sie durch einen Model anbrachte, verziert. Die Bauernbutter hatte also bisweilen ihren besonderen individuellen Zauber, der sie von der paketierten Butter der Molkereien, die sich durch langweilige Gleichmäßigkeit auszeichnet, abhebt.

Die alte Form des Buttermachens hat ihre besondere Romantik, auf die manche Bäuerin wieder zurückgreift. Die Urlaubsgäste, die so an die alte bäuerliche Kultur erinnert werden, erfreut das. Das Buttermachen im Haus hat gerade wegen der Fremden seinen besonderen Reiz. Dazu erzählte mir eine frühere Bäuerin, die darauf stolz ist, noch „richtig" Butter gemacht zu haben: „Wir leben hier in einem Graben, die Wiesen sind steil, und es ist mühsam, sie zu mähen. 1990 haben wir unsere Kühe hergegeben. Mir gehen sie sehr ab. Ich habe bis dahin selbst Butter und Buttermilch gemacht. Vom Bischofsberg und vom Sperl (Urlauberhotels) sind die deutschen Sommergäste zu uns in den Graben gekommen. Hier hat es ihnen am besten geschmeckt. Ich habe das Buttermachen von meiner Mutter gelernt. Die meisten können es heute nicht mehr, sie machen den Fehler, daß sie den Rahm für die Butter zu lange stehenlassen. Wenn er zu lange steht, wird er stark und schmeckt nicht mehr richtig. Den

Rahm zum Butterrühren soll man nicht länger als drei Tage
stehenlassen. Zuerst muß man ihn auskühlen lassen. Gleich
darauf soll er ins Warme gestellt werden, damit er sauer
wird. Und sofort muß er gerührt werden. Ich habe einmal
an Deutsche und Holländer 15 Kilo Butter verkauft. Wir
haben auch das Kaswasser (Käsewasser) getrunken, das ist
blutreinigend."

Bemerkenswert ist, daß durch die Kontingentierung der
Milch das Herstellen der Butter am Hof wieder an Bedeutung
gewinnt, wie die Bäuerin weiter erzählt: „Beim Thurnriegel
und beim Jagamann machen sie wieder Butter. Sie machen
dies, weil ihr Kontingent zu nieder ist. Sie haben also mehr
Milch, als sie liefern dürfen. Vom Überschuß wird die Butter
gemacht." Die Kontingentierung der Milch bewirkt also, daß
manche Bauern wieder zum Buttermachen zurückkehren,
zur eigenen Freude und der der Gäste.

Und einfügenswert ist noch, daß die auf der Alm gemolkene Milch nicht zum Kontingent gerechnet wird. Dadurch
mögen vereinzelte Bauern sich angeregt fühlen, neben
dem Jungvieh auf der Alm Kühe zu halten, um eifrige und
müde Wandersleute mit echter Almmilch beglücken zu
können.

Allerdings resignieren die Bauern immer mehr, denn mit
der Milch auf der Alm ist auch nur für kurze Zeit im Jahr ein
Geschäft zu machen. Wohl gibt es Förderungen für eine
derartige moderne Almwirtschaft, doch sie befriedigt nicht
wirklich.

Ich werfe ein, es sei doch „pervers", daß die Bauern sich
Kontingente kaufen müssen, um mehr Milch verkaufen zu
können. Der Bauer erwidert: „Wir haben nun auf unser
Kontingent verzichtet, es verkauft. Ich sehe eine große Gefahr, denn in der Zukunft haben Bauern mit kleinen Kontin-
genten kaum eine Chance (in einem größeren Wirtschafts-
raum). Der größere Bauer muß sich vergrößern, um überleben zu können, und der Kleine ist gezwungen, aufzuhören.
Ich für mich sehe keinen Sinn mehr darin, noch ein Kontin-

gent dazuzukaufen. Da verzichte ich lieber gleich. Bereits 1989 haben wir die Milchlieferung aufgegeben. Dafür haben wir jetzt Mutterkühe im Stall. Dies ist reine Fleischzucht. Eine Kuh haben wir für die Milch. Der Erlös daraus ist zwar weniger als der von der Milch, aber von der Arbeit her ist es jetzt leichter. Wir brauchen am Abend nicht mehr so lange im Stall zu arbeiten, um zu melken."

Der Weg vom autarken Bauern, der für sich und seine Kundschaften die Milch zur Verfügung stellte, zum von Molkereigenossenschaften und großen Wirtschaftsverbänden abhängigen Bauern ist ein langer. Er kündet von der uralten Autarkie am Bauernhof, auf dem Kühe nach alten Prinzipien gemolken wurden und nebenher mit der Milch ein Geschäft gemacht wurde. Heute sind die Bauern im Gebirge jedoch – neben dem Verkauf von Vieh – zu reinen Milchlieferanten geworden, die die ihnen anvertrauten Kühe mit Maschinen und Computern „behandeln".

Auch wenn der heutige Bauer im Stile alten Bauerntums vom Hof ab die Milch an private Kunden verkauft, muß er dies der Genossenschaft melden und dieser dafür etwas zahlen. Die Genossenschaft hat die Kontrolle über den Bauern, und dieser spürt den Zwang.

Das Leben auf der Alm

Für die Bauern im Gebirge war die Alm, eine hoch gelegene Weidefläche für das Vieh abseits der Gehöfte, von großer Bedeutung. Dort hinauf, wo außer starkem Gras, Latschen, Gebirgssträuchern und vielleicht noch Fichten nur wenige Pflanzen gedeihen und wo an Getreideanbau nicht zu denken ist, trieb man während der Sommermonate das Rindvieh. Meist war es eine Sennerin, die sich in dieser Zeit um das Vieh kümmerte und die Kühe molk, während unten in tieferen Regionen die Bauersleute mit ihren Mägden und Knechten das Getreide und das Heu ernteten, das in der

restlichen Zeit des Jahres, wenn die Kühe nicht gerade auf
einer Weide waren, der Fütterung diente.

Die alte Alm mit Kühen und der Sennerin gibt es nicht
mehr. Der Beruf der Sennerin im klassischen Sinn gehört
der Vergangenheit an, und es ist höchstens das Jungvieh, das
der zum spezialisierten Fleischproduzenten gewordene
Bauer auf die Alm schickt, damit er im Herbst gute Gewinne
mit kräftigen Jungstieren machen kann. Für die Sennerin
war das Leben auf der Alm hart, hatte aber auch seinen Reiz,
denn schließlich war man abseits der Kontrolle des Bauern
und genoß so etwas wie Freiheit. Dazu erzählte mir eine
Sennerin, die bis 1967 auf der Alm war: „Ich war gerne
Sennerin. Auf der Alm bin ich aufgeblüht, denn da konnte
ich tun und lassen, was ich wollte. Das war mein Traum.
Vom Juni bis September war das Vieh auf der Alm und ich
auch. Bei den Bauern am Hof hat es mich nie gefreut. Dort
mußte ich in den Stall gehen und mich um alles mögliche
kümmern und wurde oft beschimpft. Daher habe ich auch
oft den Bauern gewechselt. Auf der Alm hatte ich meine
Ruhe. Das erste Mal war ich 1940 auf der Alm. Es war nicht
leicht oben auf der Alm, aber mir hat es gefallen. Bei der
Almhütte hat es nicht einmal Wasser gegeben. Um Wasser
zu haben, marschierte ich gleich in der Früh' zu einer Höhle,
in der Eis war. Von diesem Eis habe ich etwas abgehackt und
in einem Korb zur Hütte getragen. Diese Arbeit mußte gleich
in der Früh' geschehen, denn später war es schon zu warm.
Das Eis kam in ein Schaffel, an dem eine Pipe dran war.
Daraus haben wir das Wasser von dem geschmolzenen Eis
getrunken. Von diesem Wasser habe ich mir auch den Kaffee
gemacht. Zum Wäschewaschen haben wir das Regenwasser
genommen. Das Vieh hat sich das Wasser selbst irgendwo
gesucht. Es hat gewußt, wo eines ist. In der Almhütte war
noch ein offener Herd. Die Verpflegung mußte ich mir jeweils selbst aus dem Tal im Bucklkorb herauftragen. Die
schweren Sachen haben wir den Kühen aufgesattelt, wenn
wir sie im Juni hinaufgetrieben haben."

Gerade nach dem Krieg, als allmählich die Dienstboten weniger wurden, wurden auch die Mädchen des Bauern als Sennerinnen eingesetzt, so auch eine gewisse Liesl N., die mir über die Schwierigkeiten der Einsamkeit auf der Alm folgendes erzählte: „Als ich 14 Jahre alt war, bin ich mit meiner Schwester, die war damals 15 Jahre alt, auf die Arlingalm als Sennerin. Wir waren ja eigentlich noch Kinder. Von der Alm aus haben wir unseren Hof im Tal gesehen. Wir hatten Heimweh. Und gefürchtet haben wir uns beim Gewitter. Einmal ist während eines Gewitters vom Herrgottswinkel in der Almhütte etwas heruntergefallen. Wir haben da geglaubt, es geistert. Gegenüber von der Arlingalm liegt die Hiaslalm. Die Schwoagrin (Sennerin) dort war etwas älter als wir beide. Sie war sehr lieb zu uns und hat gesagt: ‚Wenn ihr euch einmal fürchtet, dann macht einen lauten Juchaza, dann komme ich zu euch hinüber.‘ Wir haben auch wirklich hinübergejuchezt, wenn ein Stück Vieh abgegangen ist, ein Gewitter im Kommen war oder ein Fremder uns aufgesucht hat. Dann ist sie gekommen, überhaupt, wenn wir ein Stück Vieh gesucht haben, das im Nebel in die Latschen gekommen ist und nicht weiterkonnte. Es war nicht immer leicht auf der Alm. Zu dieser Zeit nach dem Krieg waren viele Grenzgänger unterwegs, Leute, die in die amerikanische Zone wollten, Flüchtlinge. Wir fühlten uns nicht sicher, aber sie haben uns nichts getan. Wir haben ihnen etwas zu essen gegeben, wenn sie etwas wollten. Unsere Arbeit war hauptsächlich, die Kühe zu melken, mit der Hand. Heute gibt es keine Kühe mehr auf dieser Alm, heute ist Jungvieh oben. Wir haben die Milch in einer Milchschleuder, einer Zentrifuge, weiterverarbeitet. Oben leerten wir die Milch hinein. Auf der einen Seite ist die Schleudermilch herausgeronnen und auf der anderen der Rahm. Die Milch, die wir nicht für uns, für das Buttermachen oder die paar Fremden verwendet haben, ist jede Woche ins Tal gebracht worden, oben konnte sie kühl im Keller gehalten werden.“

Es war ein einsames Leben für die Sennerin auf der Alm.

Daher erfreute es die Sennerin, wenn ab und zu Besuch
kam, wie eine langjährige Sennerin weiß: „Während des
Krieges sind oft Soldaten gekommen. Der Bauer, dem die
Alm gehört hat, hat immer gesagt: ‚Dirndl, wenn jemand
heraufkommt und eine Jause haben will, dann gib sie auch,
auch wenn es das letzte Stück Brot ist.' Das habe ich auch
immer getan. Ich habe mich nicht gefürchtet vor den Leuten, die zu mir auf die Alm kamen. Viele aus Spital am Pyhrn
sind zu mir herübergekommen, über die Wurzeralm, vorbei
am Eisernen Bergl. Oft kam zu mir der Dukowitsch-Franzl,
den habe ich recht gern gehabt. Mit ihm sind meist auch der
Radlingmayer und Schüttmayer gekommen."

Gastfreundschaft war der Sennerin auf der Alm heilig.
Unter denen, die sie aufsuchten, waren mitunter Wilderer,
aber auch Jäger, die die Sennerin verdächtigten, entweder
einen Wilderer zu verstecken oder selbst zu wildern. So
erzählte die Sennerin: „Die Jager haben mich immer verdächtigt, daß ich wildern tue. Einmal hat mich der Franzl
gefragt, ob ich ein Wildfleisch will. Ich habe gesagt, das
brauche ich notwendig. Darauf hat er mir ein Hirschgulasch
in einem Glasl gebracht. Dieses Fleisch hatte er vom Jagdherrn. Nun kam ein Jager, der immer gern bei mir vorbei-
gekommen ist. Zu ihm habe ich gesagt: ‚Möchtest du eine
Suppe?' – ‚Ja', hat er gesagt. Ich habe ihm die Suppe gegeben
und habe ihn gefragt: ‚Ich habe auch ein Gulasch, möchtest
du auch etwas davon?' – ‚Du Luderdirndl', hat er gesagt, ‚das
ist ein Wild!' – ‚Sicher', habe ich gesagt. Sagt er: ‚Wo hast du
das versteckt?' Sage ich: ‚Das sage ich dir nicht.' Jetzt ging
der Jager zum Bauern und hat gesagt: ‚Ich meine, deine
Schwoagrin tut wildern.' – ‚Na', sagt der Bauer, ‚wenn ich
alles glaub', das glaub' ich nicht.' Wir haben eine Gaudi
gehabt."

Zu den Vergnügungen der Sennerin gehörten nicht nur
Almgeher aller Art und die Späße mit ihnen, sondern auch
ab und zu Almfeste: „Und einmal war ein Hüttenfest in der
Niederalm. Ich hatte damals auch eine junge Schwoagrin bei

mir zur Hilfe. Mit ihr ging ich zu diesem Fest. Ich habe ihr gesagt: ‚Wir gehen nacheinander hin, aber heimgehen tun wir miteinander. Wenn du einen Rausch hast, nehme ich dich. Und wenn ich einen Rausch habe, mußt du mich nehmen. Ich habe auch gleich einen Rausch gehabt, denn die haben mir in mein Getränk Schnaps gegeben. Darauf haben sie mich in den Stall gelegt. Die junge Schwoagrin ist heimgegangen. Es war ein schönes Mondlicht. Um drei Uhr früh bin ich munter geworden und schau auf die Uhr: mein Gott, drei Uhr ist es. So schnell war ich noch nie auf der Alm. Die junge Schwoagrin hat verschlafen. Ich habe die Kühe gemolken und wieder ausgetrieben. Da ist die Sennerin von der Niederalm heraufgekommen und hat mich gefragt: ‚Wie geht es dir?‘ – ‚Warum soll es mir schlecht gehen!?‘ Sie hätte mich gerne daheim beim Bauern verschuftet: ‚Du, deine Schwoagrin, hat einen Mordsrausch!‘“

Die Alm bot also auch die Möglichkeit zu heiterer Abwechslung. Dies allerdings selten.

Über ihre Arbeit und den kulturellen Wandel, den sie erlebt hat, erzählt die Sennerin noch: „Jeden Tag mußte ich nach dem Aufstehen in der Früh die Kühe, die die ganze Zeit im Freien waren, holen, um sie zu melken – ich hatte so acht Stück Kühe und über 20 Stück Jungvieh. Das war schon um fünf Uhr früh. Ich habe aus der Türe herausgerufen: ‚Kuhla, kemmts‘ (Kühe, kommt). Dann sind sie schon zuwi gekommen. Die Glockenkuh voran. Oft bin ich schon um drei Uhr aufgestanden, um die Kühe zu suchen. Nach dem Melken habe ich die Milch mit der Zentrifuge gerührt. Oberstes Gebot für eine Schwoagrin ist die Reinlichkeit. Bei der Milch muß es sauber hergehen. Ich habe Butter, Topfen und Steirerkäse gemacht. Jede Woche haben die Bauersleute sich diese Sachen geholt. Zwei oder drei Kühe sind sowieso wegen der Milch beim Haus geblieben.“ Die alte Sennerin kann sich nicht vorstellen, daß heute junge Frauen eine derartige Arbeit auf sich nehmen: „Heute geht niemand mehr auf eine Alm, die beschwerlich zu erreichen ist. Eine

Junge fährt nicht mehr auf die Alm, weil oben die Zeit lang
ist. Nur dorthin, wohin man schön mit dem Auto oder mit
dem Traktor fahren kann, dorthin würde heute vielleicht
eine gehen. Niemand würde heute so schwer arbeiten, wie
wir früher es taten. Wer tut es sich heute noch an, mit einem
schweren Buckelkorb auf einem kleinen Steigerl auf die Alm
zu gehen und mutterseelenallein dort zu leben?" Das Leben
auf der Alm war einfach und einsam, aber dennoch war die
Sennerin auf Kontakte, wenn auch sporadische, zum Bauern
angewiesen: „Am Samstag sind die Bauersleute zu mir heraufgekommen und haben Essenszeug gebracht, Brot, eine
Braunschweiger Wurst und solche Sachen. Gelebt habe ich
sehr sparsam: Brotsuppe, Milchreis und ähnliches. Von der
Braunschweiger und vom Brot haben sie gleich die Hälfte
selbst gegessen."

Von besonderen Ritualen war der Almabtrieb, also das
Heimbringen des Viehs im September, auf alle Fälle beim
ersten Schnee, umgeben. Die Sennerin hatte Zeit, sich um
den Schmuck der Rinder beim Abmarsch von der Alm zum
Dorf zu kümmern: „Während meiner freien Zeit habe ich
die Kränze für die Kühe gemacht. Das muß jede Schwoagrin
selbst tun. Heute noch mache ich (als Pensionistin) die
Kränze für das Vieh, das heute am Fuß des Pyhrn weidet. Wie
sie 1992 den Almabtrieb geplant haben, haben sie jemanden
gesucht, der noch die Kuhkränze binden kann. Ich kann das
noch, daher sind sie zu mir gekommen. Jetzt mache ich
schon drei Jahre hindurch die Kränze. Vorher haben sie eine
alte Schwoagrin gehabt, die die Kränze gemacht hat. Die
haben aber nicht mehr hingehauen. Die Veranstalter haben
sich schon geschämt für die Kränze. Jetzt haben sie mich
gefragt.

Von Pyhrn wird das geschmückte Vieh jetzt jedes Jahr
durch Liezen getrieben, das schaut schön aus. Jede Kuh hat
eine Glocke. Die Fremden sind ganz narrisch drauf. Die
Deutschen bleiben mit ihren Autos stehen, um die Kühe zu
fotografieren."

Dieser „Almabtrieb" ist eigentlich keiner, denn der Stall und die Wiese, wo sich die Kühe aufhalten, liegen im Tal. Er wurde aber zu einer alljährlichen Fremdenverkehrsattraktion: „Viele Schauer und Fotografen waren dabei, als wir mit den geschmückten Kühen bis nach Weißenbach durch Liezen gewandert sind. Es waren 14 Kühe. Jede Kuh hatte eine Glocke, und die Glocken waren aufeinander schön abgestimmt."

Den alten Almabtrieb, bei dem geschmückte Kühe und heitere Sennerinnen, die von ihren Bauersleuten begleitet werden, zu Tale wandern, gibt es nicht mehr. Das Jungvieh und vor allem die Jungstiere, die heutzutage auf der Alm sind, werden kaum geschmückt und bekränzt – höchstens für das Fernsehen – zu Tale gebracht. Sie werden für gewöhnlich auf dem Anhänger eines Traktors zum Bauernhof geführt, um möglichst bald verkauft zu werden. Für das Fernsehen und für Fremde wird freilich das Theater des Almabtriebes durchgeführt, wobei man sich vorher erkundigt, ob das Fernsehen auch tatsächlich kommt. Manchmal, wie ich erfuhr, wird sogar das Vieh, das während des Sommers in einem Stall war, knapp vor diesem Theater zur Alm gebracht, wo es geschmückt vor einem staunenden Publikum in das Dorf geführt wird. Aber grundsätzlich ist es vobei mit dem alten Almleben, bei dem die Sennerin die Kühe noch gemolken, Butter und Käse gemacht hat. Wohl schenkt man heute noch auf Almen, aber nur wegen der Besucher, Milch aus und verkauft Käse, jedoch werden diese Produkte nicht mehr von der Sennerin in einsamer und harter Arbeit erzeugt. Die Milch, die es heute auf der Alm gibt, wird wohl in vielen Fällen vom Tal geliefert werden, um dem wandernden Fremden etwas bieten zu können. Die Beziehung zum Tier, die früher notwendig bestand, scheint heute verlorengegangen zu sein. Auf diese alte emotionale Bindung an das Tier geht die Sennerin auch ein: „Ich habe noch eine Beziehung zum Vieh gehabt. Wie ich zum A.-Bauern gekommen bin, hat mir der Bauer gesagt. ‚Du, Dirndl, wenn du in die

Alm fährst, müssen die Viecher so für dich dasein, als wenn sie deine wären. Du mußt ihnen schöntun!' Das habe ich auch immer so getan. Ich war richtig verliebt in die Viecher. Einmal hatte ich eine besondere Glockenkuh. Wenn die gesehen hat, daß ich ein Zuckerl oder eine Schokolade habe, ist sie gleich zu mir gerannt. Ich habe ihr schöngetan. Wenn man einer Glockenkuh schöntut, kommt sie (zum Melken – die anderen kommen hinter ihr). Man soll die zur Glockenkuh nehmen, die am meisten über die anderen Kühe herrscht und die sich von den anderen nichts gefallen läßt. Ich war mit Leib und Seele bei den Viechern. 32 Jahre war ich bei den Rindviechern, bevor ich in die Fabrik ging."

Und weiter erzählt sie: „Das letzte Mal bin ich 1967 mit den Kühen auf der Alm gewesen. Dann hat man die Kühe gleich unten lassen, auf einer Weide beim Pyhrn. Man hat sich so eine Sennerin gespart. Oben auf der Alm ist jetzt im Sommer das Jungvieh, aber dazu braucht man keine Sennerin mehr. Es genügt, daß einer der Bauersleute einmal in der Woche mit dem Traktor hinauffährt, um nachzuschauen, wie es dem Vieh geht."

Oft haben Bauern, die sich zu einer Genossenschaft zusammengetan haben, gemeinsam für ihr Vieh eine Weide. Dies hat Tradition und bringt einige Vorteile. Eine Sennerin ist aber nicht mehr notwendig.

Für Wilderer – dies sei hier eingefügt, ich habe schon genug dazu geschrieben – hat die Alm stets eine gewisse Attraktion ausgeübt. Davon handelt auch die Erzählung eines alten Halters, also eines Mannes, der als junger Bursch auf der Alm gewirkt hat: „Ich habe auf die Mittelalm einiges in der Kraxen hinaufgetragen, Lecksteine für das Vieh und anderes. Wie ich zur Alm komme, sehe ich, daß die Hüttentür offen ist. Ich denke mir, was ist da los? Ich gehe näher hin und sehe drei schwarze Männer drinnen und einen erlegten Hirschen aufgehängt. Auf einmal schauen sie zu mir und sagen: ‚Leg dein Zeug ab und verschwind, sonst machen wir dich kalt.' Ich habe das Zeug dort gelassen und war dahin ..."

Gerade in den Zeiten nach dem Krieg hatte das Wildern noch seine alte und auch brutale Romantik. Die Sennerin spielte für den Wilderer eine wichtige Rolle, schließlich konnte sie ihm auch helfen und ihm Unterschlupf in der Almhütte verschaffen.

Aber diese wilde Romantik ist vorbei, und Wilderer im alten Sinn gibt es wohl nicht.

Für manche Sennerinnen war die Alm Symbol der Freiheit, ein Hort des Alleinseins und des Kontakts mit Tieren. Genau in diesem Sinn meinte die bereits zu Wort gekommene Sennerin:

„Es war eine wunderschöne Zeit auf der Alm. Es war aber auch eine harte Zeit. Schnell hatten wir bei schlechtem Wetter Schnee oben. Aber es war dennoch schön. Das Frühjahr habe ich gern gehabt, denn da ging es bald auf die Alm. Den Herbst mochte ich nicht, denn da war es zum Heimfahren. Ich habe das Heimfahren jeden Tag hinausgeschoben. Wenn es geheißen hat: ‚Fahren wir heim!', habe ich gesagt: ‚Nein, eine Woche warten wir noch.'"

Im Laufe der Jahre verfielen viele Almhütten, jedoch nicht alle. Betriebsame Vereine oder geldkräftige Geschäftsleute aus der Umgebung oder aus den Städten kauften Almhütten auf, um sie zu Wochenendhäusern weit oben mit Zufahrtsstraße für das Auto oder zu Schihütten umzubauen.

Die Almhütte wurde also zu einem Gegenstand des Fremdenverkehrs. Dort, wo beispielsweise ein Nationalpark entsteht, ist man interessiert, die Bauern anzuhalten, ihre verfallenen oder verwachsenen Almhütten wiederherzustellen. Dafür gibt es, wie mir erzählt wurde, finanzielle Unterstützungen.

„Sie hauen mit dem Geld herum, viele Millionen werden so verplant. Es gibt Almförderungen. Manche lassen aber ihre Almen zuwachsen, wie eben die Bundesforste. Man fördert die Bauern, daß sie wenigstens das Gras mähen, wegen der Lawinengefahr, denn auf dem ungemähten Gras rutscht der Schnee," meinte ein Bauer.

Die Almen haben ihre ursprüngliche Funktion verloren, denn es besteht keine Notwendigkeit mehr, die Kühe aus dem Tal heraufzutreiben. Das Jungvieh ist an ihre Stelle getreten, aber für dieses braucht man keine Sennerin mehr.

Der Bauer wird heute zunehmend zum Landschaftspfleger, der offensichtlich dem Fremden alte bäuerliche Kultur, zu der wesentlich die Alm gehört, vorgaukeln soll.

Um ebendieser alten Almwirtschaft zu neuem Leben zu verhelfen, kam man auf die Idee, die auf der Alm gemolkene Milch vom Milchkontingent, an das der Bauer sich zu halten hat, auszunehmen. So gibt es vereinzelt wieder „echte Sennerinnen", die auf der Alm Kühe melken und diese Milch zusätzlich zum „Kontingent" verkaufen. Bei Almen dieser Art handelt es sich freilich um verklärte Ausnahmen, die den wandernden Feriengast erfreuen, dem man echte Almmilch und Steirerkäse – ein beliebter Käse, den die Sennerinnen der nördlichen Steiermark erzeugen – gegen gutes Geld aufwarten kann. Davon schwärmt ein früherer Gendarm: „Auf der Wurzeralm hat die Christl noch Milch. Dies macht ihr Freude, und sie hat eine Aufgabe. Die Milch ist für die Gäste. Früher brachte sie die Milch hinunter. Das ist jetzt anders. Auf der Hintersteineralm haben sie auch noch Milch. Zwei Sennerinnen machen sogar noch einen Steirerkäse."

Schließlich war es mit der echten Almwirtschaft dann zu Ende, als der Bauer begann, täglich die Milch an die Molkerei zu liefern. Denn ab nun wäre es sinnlos gewesen, die Kühe auf die Alm zu treiben, denn man benötigte sie unten für die Milchlieferung, die zunächst nicht kontingentiert war.

Eine besondere Faszination hatte seit jeher die Alm – wahrscheinlich seit es die Almwirtschaft gibt – für Leute, die sich Erholung und Abenteuer suchend aus dem Tal in die

Höhen begeben. Die Alm bot Abwechslung, hier galten andere Normen als im Tal. Es galt der Satz: „Auf der Alm, da gibt es keinen Hahn und keinen Hund." Der Hahn und der Hund als Symbole bäuerlicher Ordnung hatten hier nichts verloren. Auf der Alm herrschten also gewisse Freiheiten, wie eine der oben zitierten Sennerinnen auch schildert. Die Einsamkeit der Gebirgslandschaft und die Stille der Almhütte boten einen großen Reiz für die jungen Leute im Tal und in den Städten. Für Bergwanderer und Schifahrer war die Almhütte eine willkommene Gelegenheit des Entspannens, der Heiterkeit und des freundlichen Gesprächs mit der Sennerin. Hier gibt es eine lange Tradition, darauf weist auch ein Aufsatz im Jahrbuch des Österreichischen Alpenvereines von 1866 hin. In diesem schildert ein Bergsteiger, wie er nach einem kleinen Sturz am Abend zu einer Almhütte kommt und die Sennerin ihn und seinen Begleiter freundlich empfängt: „Die Schwaigerin tätschelt an den Eutern ihrer Lieblinge, die mit der Sonne heimgegangen waren, und melkt sie der Reihe nach . . .: Auf dem Herde drinnen prasselt schon das Schmalz zu unserer Kraftmahlzeit . . . Die ,Almsäuerling', eine berühmte hiesige Delikatesse, sind endlich fertig, und wir kosten die fettstrotzenden Klösse, welche man wohl nur auf einer Bergfahrt verdauen kann . . . Zuletzt gibts noch ein traulich Plauderstündchen und vielleicht auch einen naturfrischen Jodler der Schwaigrin und ihrer Gspanin der Kuhdirn, wenn sie unser Heulager unter dem Dach fertig haben. Dann nehmen wir noch einen Schluck wärmenden Nachttrunk, klopfen das Pfeifchen aus, und nun in Gottes Namen ins duftige Heu! Gute Nacht für heut, und Glückauf für morgen!"[6]

In diesen Sätzen ist gut die Stimmung auf der Alm, die Arbeit der Sennerin oder Schwaigerin und die Freude der

6 G. Hauenschild, Erinnerungen an das Warscheneck und seine Umgebung, in: Jahrbuch des österreichischen Alpen-Vereines, 2. Band, Wien 1866, S. 203.

Bergsteiger an dem „natürlichen" Leben auf der Alm samt
Heulager und „Almsäuerling" eingefangen. Der Autor gibt
übrigens auch das Rezept dieser Almspeise in bunten Worten bekannt: „Zu Nutz und Frommen neugieriger Damen
oder deren dienstbeflissener Gatten folgt hier das Original-
rezept: Nimm Roggenmehl, soviel du willst, lass in einer
Pfanne viel Schmalz heiß werden, salze das Mehl und giess
einige Löffel voll dicken Rahm dazu, dann gieb soviel heisses
Schmalz darauf, bis ein linder Teig wird, mache Knödel und
lasse sie im siedenden Schmalz schön braun werden, dann
wird sie gut. Wohl bekomms!"[7]

Diese Kultur der Alm ist alt und dauert bis in die sechziger
Jahre, bis die Almhütten zu Wochenendhäusern umgewandelt oder durch Schihütten ersetzt werden. Heute gibt es also
die alten Almen nicht mehr. Bereits in den dreißiger Jahren
wurden einige Almhütten zu Schutzhütten. In die Almhütten
ziehen während des Sommers Hüttenwirte, meist Ehepaare,
ein, um den Bergwanderern gegen gutes Geld Speis und
Trank anzubieten. So schreibt ein Josef Grundner, Gastwirt
in Spital am Pyhrn und Gründer des dortigen Alpenvereins,
in einem Brief vom Jahre 1946, es sei sein Verdienst gewesen, daß der Alpenverein die Hofalmhütte vom Religions-
fond (der später zum Bundesforst wird) gepachtet habe. Und
ebenso habe er auch den Baugrund für die sogenannte
Bosruckhütte, der vordem zu einer Alm gehört hatte, erworben. Daher sei des Herrn Grundner hier gedacht.

Der Besuch der Alm und der Hütten gehörte zum Vergnügen der jungen Leute, denn dort herrschte ein lockeres
Leben, das im Dorf unten nicht so ohne weiteres möglich
war.

Ich erinnere mich an zwei Bäckergesellen, die um 1955
17 oder 18 Jahre alt waren und die regelmäßig am Wochenende auf eine der Hütten marschierten, denn sie wußten,

---

7 A. a. O.

Mädchen aus Linz würden auch hierherkommen. Die beiden Burschen meinten sogar, die linzerischen Damen wären besonders an ihrem Charme interessiert. Auf den Hütten ging es damals an den Wochenenden und zu den Feiertagen jedenfalls hoch her. Der lange Anstieg zu Fuß machte durstig, und das Bier beflügelte die Burschen zu kühner Tat.

Während der Wintermonate, in denen die Almhütten nicht benutzt wurden, konnten sie von Vereinen oder Gruppen gemietet werden. Es ging oft lustig zu in diesen Hütten, und es machte Spaß, bei Bier und Wein, die hinaufgetragen werden mußten, in gut beheizten Zimmern diverse Hüttenspiele zu veranstalten. Mir passierte es um 1956 bei einem solchen Spiel in einer Almhütte, daß ich verurteilt wurde, ein ungefähr fünfzehnjähriges Mädchen zu küssen. Ich tat es, allerdings verschämt.

Heute gibt es dieses heitere Hüttenleben nicht mehr, denn durch Liftanlagen und Autostraßen, die hoch hinaufführen, ist es auch nicht mehr notwendig, über Nacht in einer Hütte zu bleiben. Es hat sich auch hierin einiges geändert.

Charakteristisch für das alte Alm- oder Hüttenleben ist dieser Satz eines damaligen Burschen, der als Knecht bei einem Bauern gearbeitet hat: „Im Winter haben wir meist schon am Samstag um zwei Uhr nachmittags mit der Arbeit aufgehört. Dann sind wir hinauf zur Wurzer marschiert auf die L.-Hütte. Dort hatten wir unsere Gaudi."

In den Hütten konnte man früher im Heu nächtigen oder auf sogenannten Matratzenlagern, die es eigentlich überall gegeben hat und auch heute noch gibt, die aber heute nicht mehr so frequentiert sind wie früher. Jedenfalls war das Leben früher auf den Alm- und Schihütten ein sehr intensives und verschaffte lustvolle Abwechslung vom Trott des Alltags.

Für die Hüttenwirte war es nicht unbedingt ein gutes Geschäft, aber man dürfte zufrieden gewesen sein. Ein ehemaliger Hüttenwirt erzählte mir dazu: „Oft war es ganz lustig dort oben, es kam auf die Gesellschaft an. Meine Frau ist den ganzen Sommer nicht in das Tal gekommen. Sie hat sich um die Gäste gekümmert. Ich habe noch im Sägewerk gearbeitet. Jeden Tag in der Früh' bin ich hinunter und am Abend wieder hinauf. Ein Stück fuhr ich mit dem Moped. Es war schön auf der Hofalm, überhaupt wenn Sonnenuntergang war. Wir haben uns da vor das Haus gesetzt und hinunter in das Tal geschaut. Und man war froh, wenn man ein bisserl ein Geld eingenommen hat. Obwohl wir keinen Kühlschrank und nicht einmal elektrisches Licht hatten, war es schön."

Ein solches Leben auf der Alm brachte es auch mit sich, daß die Bewohner in hygienischer Hinsicht eher zurückhaltend waren, vor allem was die eigene Körperpflege anbelangt, wie der Hüttenwirt weiter erzählt: „Auf der Hütte hatten wir kein Bad. Während der Woche haben wir uns im Freien gewaschen, wenn wir verschwitzt waren. In der Kuchl haben wir das Wasser gewärmt. Das erste Mal, daß ich richtig gebadet habe, da war ich 51 Jahre alt. Vorher war

13   Sennerinnen auf der Alm

es bei einem Ausflug des Bergrettungsdienstes, daß ich mich einmal ordentlich duschen konnte."

Dies alles deutet auf ein einfaches Leben auf der Almhütte hin, aus der eine Schutzhütte wurde, aber auch auf die alten Bergsteiger, die sich für ihre Touren Zeit nehmen mußten. Durch die Segnung des Autos, durch das man die Forststraßen hoch hinauffahren kann, und der Liftanlagen werden Bergtouren zu bloßen Tagesausflügen. Dadurch hat die Alm und die Schutzhütte alten Stils ihre Romantik verloren.

Die alten Almgeher wurden durch erlebnishungrige Sommergäste abgelöst, die von Fremdenverkehrspezialisten zu den modernen, an Großrestaurants erinnernden Hütten hinaufgehetzt werden. Das alte Almleben gibt es nicht mehr, jedoch wird eifrig versucht, die alte Romantik fremden Leuten oder sich selbst vorzugaukeln.

8. Getreide und Heu

Anbau

Zur bäuerlichen Welt, auch der im Gebirge, gehört im Sinne der Selbsterhaltung – der Autarkie – der Anbau von Getreide. Der klassische Bauer ist also ohne Getreide und die damit verbundene uralte Kultur, die ich hier schildern will, nicht vorstellbar.

Für die alten Bauern gehörte der Getreideanbau genauso zum Leben am Hof wie die Haltung von Vieh. Ein Abgehen vom Getreideanbau wäre für sie ein Abgehen von alten Überlieferungen gewesen, ohne die es kein Leben als echter (!) Bauer gibt.

In diesem Sinn verstehe ich folgende Äußerung eines alten Mannes, der die alten Bauern noch gut kannte: „Sogar hoch oben bei 800 Meter Seehöhe wurde Korn vom Korner angebaut. Das Korn wuchs mannshoch. Wenn die damaligen Bauern, der Korner, der Mausmaier, der Bugl in der Au und der Pöllbauer – sie waren richtige Kornbauern –, aus dem Grabe heute aufstehen und sehen, daß niemand mehr Getreide hier anbaut, die würden gleich sagen: ‚Helft uns, damit wir zurück ins Loch können, aus dem wir herausgekommen sind. Das Leben hat heute keinen Sinn mehr, denn von was sollen wir leben, wenn nichts mehr angebaut wird.‘ Die Höfe dieser Bauern, die selbstverständlich auch Vieh hatten, waren lebensfähig, denn die Bauern haben alles selbst produziert." Mein Gesprächspartner will damit offensichtlich auch andeuten, daß die alte Autarkie der Bauern ihren tiefen Sinn hatte, denn die Bauern konnten sich, und andere noch dazu, erhalten – auch wenn es rundherum wirtschaftliche Probleme gab.

Die frühere Autarkie des Bauern, der Vieh und Getreide hatte, garantierte Leben am Hof, auch wenn es ein bescheidenes war. Eine Bauerntochter meinte dazu wehmütig: „Das kann man sich nicht mehr in unserem Bergland vorstellen: ein Troatfeld (Getreidefeld). Es war herrlich, als es so etwas noch gegeben hat. Mir ist leid darum. Um 1960 hat es sich mit dem Troat aufgehört. Heute gibt es die alten Getreidefelder nicht mehr bei uns. An ihre Stelle sind langweilige Wiesen getreten."

Mit dem Getreideanbau hängt ein altes Wissen zusammen, das bald gänzlich verschwunden sein wird. Ich will hier der Erzählung eines Bauernsohnes, der in den fünfziger Jahren den Getreideanbau erlernt und hart dabei gearbeitet hat, folgen: „Vier Getreidesorten waren es, die wir angebaut haben: Korn (Roggen), Weizen, Hafer und Gerste. Korn und Weizen nannte man Wintergetreide, weil man es im Herbst anbaute, es wurde mit der Sichel geschnitten. Hafer und Gerste waren das Sommergetreide, weil es im Frühling angebaut wurde, es wurde mit der Sense gemäht. Zum Sommergetreide gehörte aber auch der Lanzweizen und das Lanzkorn, weil im Frühjahr ihr Anbau war (Lanz-, Lenz für Frühling). Man hatte dann Getreide, wenn das Wintergetreide ausgefallen war.

Das Korn wurde um Ägidi, den 1. September, gesät. Es hieß: ‚Zu Ägidi sä's Korn, wart net bis morg'n.' (Säe das Korn, warte nicht bis morgen.) Nach fünf bis sechs Tagen ging es rot auf, erst dann wurde es grün. Weil das Korn zuerst rot treibt, meinte man früher, daß Kain den Abel auf einem Kornfeld erschlagen hätte. Über den Winter wurde das Korn eingeschneit. Gegen Ende Juli haben wir es mit der Sichel geschnitten. Es hieß: ‚Kornschnieder bringt das Leben wieder.' Denn beim Kornschneiden mußte man so lange am Tag arbeiten, bis es finster war. Man brauchte also wieder künstliches Licht am Abend. Der Weizen wurde Ende September gesät, er ist erst nach vierzehn Tagen aufgegangen. Geschnitten wurde er nach dem Korn gegen Ende Juli. Der Hafer wurde gegen Ende März oder Anfang April gesät. Wurde er etwas später im April gesät, so sagte man zu ihm: Haferl, denn er war von einer schlechteren Qualität. Wurde

er aber erst im Mai gesät, so nannte man ihn Gsud, dieser
Hafer war besonders schlecht. Die Gerste wurde erst im Mai
gesät. Geerntet wurde die Gerste je nach Wetter gegen Mitte
August und der Hafer zu Bartholomäi, um den 24. August.“

Für ein tiefes altes Wissen spricht, was der frühere Bauernsohn über das Ackern und Eggen – denn je nach Getreide
wurde anders geeggt – sowie über die Technik des Säens
Interessantes zu sagen weiß: „Der Hafer muß tief in die Erde,
damit er auch richtig aufgeht, daher hat man den Acker nach
dem Ackern des Feldes erst nach dem Säen geeggt. Dies
dafür zwei- oder dreimal je nach der Art der Erde.

Tief in die Erde soll auch die Saat des Weizens.

Die Gerste soll weniger tief in die Erde, daher wurde nach
dem Ackern geeggt und erst dann gesät und nun wieder
geeggt.

Ebenso soll das Korn nicht tief in die Erde hinein. Auch
hier wird nach dem Ackern geeggt, dann gesät und nun
lediglich leicht geeggt.

Gerste säte man meist auf einem Acker, der vorher ein
Kartoffelacker war. Auf einem Neubruch (neuer Acker), der
vorher eine Wiese war, kam der Hafer. Das Haferfeld wurde
im Herbst umgeackert, in dieses setzte man im Frühjahr die
Kartoffeln.

Auch Korn und Weizen pflegte man auf einem Neubruch
zu säen. Nach der Ernte ließ man das Feld zur Wiese werden.
Diese blieb es für ein paar Jahre, um sie dann später wieder
für ein anderes Getreide umzuackern. Wurde das Gersten-
feld umgeackert, so gab man Gras- und Kleesamen hinein –
für die spätere Wiese.“

Bevor geackert wurde, führte man Mist auf das Feld. Man
machte Misthäufeln, die dann mit der Gabel verteilt wurden.
Geackert wurde bei den größeren Bauern mit zwei Rössern,
bei den ärmeren mit zwei Ochsen, die durch ein Joch miteinander verbunden waren. Der Pflug war zunächst ein
gewöhnlicher Holzpflug, der später durch einen Pflug aus
Stahl abgelöst wurde. Man nannte diesen wegen seiner

bequemeren Art des Pflügens „Selbstgeher", denn ohne viel Kraftanstrengung konnte man mit ihm die Furchen ziehen.

Einer besonderen Fertigkeit bedurfte auch die Aussaat des Samens, das Säen: „Alle fünf Schritte an der Breite des Ackers wurde ein Stöckerl gesteckt. Diese Stöckerln gaben die Linie an, in der der Bauer der Länge nach zu säen hatte. Damit er besser die Richtung einhalten konnte, wurde ungefähr alle zwanzig Schritte wieder ein Stöckerl gesteckt. Der Bauer ging nun beim Säen etwas links vom rechten Stöckerl und säte gleichmäßig in die Fläche bis zum linken Stöckerl."

Beim Säen hatte der Bauer ein spezielles, um die Schulter gebundenes Sätuch um. Er hielt es mit der linken Hand, und mit der rechten säte er. Dabei hielt er die Finger auseinander, damit die Körner gleichmäßig zu Boden fielen.

Der gut säende Bauer war also ein wahrer Meister, er beherrschte eine uralte Kunst, die aber durch das Abgehen vom Getreideanbau und überhaupt durch die diversen Maschinen verschwand.

Die Größe der Getreidefelder waren je nach Bauer verschieden. „Bei uns waren die Getreidefelder", wie eine Bäuerin meinte, „nicht groß: vielleicht ein halbes Joch Weizen, ein halbes Joch Korn, ein viertel Joch Gerste und ein viertel Joch Hafer."

War nun das Getreide – Korn und Weizen – im Sommer hoch genug, ging man daran, es zu schneiden, wobei sich die Leute von den Höfen gegenseitig geholfen haben, je nachdem, bei wem das Getreide zuerst reifte. Das Schneiden selbst schildert eine Bäuerin so: „Die Schnitter haben nebeneinander Aufstellung genommen, manchmal waren es vier, manchmal auch zehn bis zwölf, die zu schneiden begonnen haben. Der eine war schneller, der andere langsamer. Ließ der eine Schnitter den anderen zurück, so sagt man dazu: Er hat ihn ausgeschnitten. Die Halme wurden mit der Sichel geschnitten. Es gab dazu gewisse Griffe. Die Halme, die man mit einer Hand umfassen konnte, nannte man eine Welle. Bei einem guten Schnitter war eine Welle gleich einer Gar-

be. Und Garben sollten gebündelt werden. Kinder benötigten drei bis vier Wellen für eine Garbe. Aufgabe der Kinder
war aber auch, hinter den Schnittern herzugehen und die
übriggebliebenen Ähren aufzuklauben."
Um die Garben zusammenzuhalten, mußten die Schnitter,
manchmal auch die Kinder, sogenannte „Bandeln" aus Hal-
men flechten: „Auf diese Bandeln sind die Garben gelegt
worden. Das war eine angenehme Arbeit, denn wir konnten
uns dabei aufrichten und uns etwas von der gebückten
Haltung (durch das Schneiden mit der Sichel) erholen. Auf
die Bandeln ist jeweils eine Garbe gelegt und gebunden
worden. Die so gebundenen Garben wurden aufgeböckelt
und dann vom Bauern mit Pferd und Wagen abgeholt. So
fuhr man zur Schöberstatt, wo dann die Garben auf einen
geschälten großen Baum, der Äste hatte, geschlichtet wurden. Fünf bis sechs Meter war er hoch. Hinaufgereicht wurden die Garben mit langen, zweizackigen Reichgabeln zu
dem, der auf der Schöberleiter stand und die Garben um den
Baum verteilt hat. War nun das Getreide hoch hinauf um den
Baum, dann kam der aus Stroh fabrizierte Schabhut darauf."
Hafer und Gerste, die mit der Sense gemäht wurden, wurden
bloß zum Trocknen auf Stangen, durch die quer ein paar
Stöcke gesteckt waren, getrocknet, ähnlich wie das Heu.
   Eine wichtige Aufgabe bei der Getreideernte bestand für
die Kinder auch darin, von einer nahe gelegenen Quelle
oder vom Hof frisches Wasser für die am Felde Arbeitenden
zu holen. Besonders an den heißen Tagen des August war
das frische Wasser ein Labsal. Auch Most erhielten die
Leute, aber erst zur Jause. Und dazu gab es Bauernbrot. An
diesen Tagen der Ernte ging es den bäuerlichen Leuten gut,
es gab genug zu essen, denn ihre Arbeit krönte das bäuerliche Leben. Daher bereitete die Bäuerin auch prächtige
Krapfen vor. Zu diesen gab es Zwetschkenpfeffer, eine Art
Kompott aus gedörrten Zwetschken. Die Krapfen wurden
auch den Taglöhnerinnen und Häuslweibern (Bewohnerin-
nen von Keuschen) am Abend nach der Arbeit für sich und

ihre Kinder mit nach Hause gegeben. Sie selbst erhielten
meist nichts bezahlt, denn ihre Arbeiten waren oft bloß
Gegenleistungen für Arbeiten, die der Bauer für sie und ihre
Familien verrichtet hatte.

War das Getreide reif, ist es eingeführt worden. Die Reife
zeigte sich an der Festigkeit der Körner, meist nach sieben
oder acht Tagen war es soweit.

Dann war es im Herbst einmal Zeit zum Dreschen.

In klassischer Weise wurde noch kurz bis nach dem Krieg
bei manchen Bauern, bei den kleineren länger, das Getreide
mit den Händen gedroschen, wie eine Bäuerin ausführt: „Ist
das Getreide eingeführt worden, war es dann einmal zum
Dreschen. Dazu kamen die Nachbarssöhne und -töchter.
Wenn man zu dritt mit dem Dreschflegel droschen hat, ging
dies nach dem Takt: ‚Stich – die Katz – ab.' Und wenn man
zu sechst war, sagte man: ‚Wart a bisserl mit der Krapfen-
schüssel.' War nicht mehr viel von dem Getreidehaufen da,
sind die Mäuse aufgetaucht. Man hat jetzt schauen müssen,
daß die Katzen kommen, um die Mäuse zu erwischen. Übriggeblieben ist beim Dreschen das Gsod, das Stroh. Das un-
gereinigte Getreide kam in die Troatkammer und in den
Troatkasten das gereinigte."

Reichere Bauern konnten sich allerdings schon vor dem
Krieg eine Dampfdreschmaschine mieten. Diese wurde
dann durch eine Maschine mit Dieselmotor abgelöst.

Ein Bauernsohn schildert das Dreschen mit der Dreschmaschine genau: „Es gab Dreschtage, an denen in unserer
Tenne die Dreschmaschine bereitstand. Dort hat sie genau
hineingepaßt. Diese Maschine hatte einen Dieselmotor und
hat immer ordentlich gepumpert. Angetrieben wurde sie
durch einen Riemen. Diese Maschine hatte einer Genossenschaft von Bauern gehört, sie ist durch Absprache schon vor
dem Krieg gegründet worden, von so zehn bis fünfzehn
Bauern. Die Reparaturen wurden gemeinsam erledigt. War
man fertig mit dem Dreschen, kam die Maschine zum Nachbarn und so weiter. Damals war die Nachbarschaftshilfe

noch sehr groß. Beim Dreschen waren daher immer so
sieben oder acht Nachbarn dabei, um zu helfen. Ein Bauer
war der Betreuer der Maschine. Und der war meist auch der
Einlasser, nämlich der das Troat in die Maschine schob. Er
war vom Staub immer schön schwarz im Gesicht.

Beim Dreschen hat es ordentlich gestaubt, so gestaubt,
daß man die anderen nicht mehr genau sehen konnte. Alle
waren dabei beschäftigt. Jeder hatte seine Aufgabe. In Bin-
keln, also in Säcken, hat man das Korn zum Troatkasten
getragen. Es gab damals den Vierer-Troatkasten, in dem die
vier Troatsorten gelagert werden konnten. Dort hinein wurde das Troat geschüttet. Säuberlich waren so die einzelnen
Körner voneinander getrennt: die Gerste für die Schweine,
der Hafer für die Pferde und Korn und Weizen für das
Brotbacken. Den ganzen Tag ging es beim Dreschen dahin.
Am späten Vormittag haben wir schon geschaut, wie voll der
Troatkasten ist, langsam sind drinnen die Berge gewachsen.
Das Stroh wurde von anderen weggeräumt und auf den
Stock (im oberen Teil der Tenne) hinaufgefaßt. Das Spreu,
das also um den Kern herum ist, wurde durch ein Gebläse
in eigene Säcke geblasen. Das Gsod sagte man dazu. Man
hat es den Viehern in den Stall zum Einstreuen gegeben."

Der hier beschriebene Troatkasten ist ein altes Symbol
einer bergbäuerlichen Kultur, die noch den Getreideanbau
kannte. Aber bald, Ende der fünfziger und am Beginn der
sechziger Jahre, verlor er seine Bedeutung, als allmählich
die Bauern von der alten Tradition des Anbaus von Getreide
abgingen. „Der Vater war einer der ersten, die mit dem
Kornanbau aufhörten. Die anderen Bauern haben dazumal
noch gesagt: Das ist kein richtiger Bauer, der kein Troat
mehr anbaut. Aber bald haben auch sie aufgehört, weil sie
gesehen haben, es rentiert sich nicht. Der Vater hat also
einen Weitblick gehabt", schildert mir ein Bauernsohn. Und
eine Bäuerin ergänzt: „Der Getreideanbau wurde immer
unrentabler, denn das Troat wächst auch bei uns im Gebirge
nicht so gut. In manchen Jahren war es ganz schlecht mit

dem Getreide, überhaupt wenn es viel geregnet hat. Das Troat braucht viel schönes Wetter. In den Ebenen draußen wächst es auch besser. Als es einmal wieder mit dem Troat nicht geraten hat (so um 1965), haben wir gesagt: ‚Bua, jetzt bauen wir nichts mehr an. Das tut nicht.' So hat es angefangen mit dem Aufhören des Getreideanbaus. Es wurde immer weniger. Dann war es ganz gar. Das Stroh, das wir immer gut gebrauchen konnten (als Abfall), müssen wir heute kaufen. Damals in den fünfziger Jahren hatten wir bereits etwas Geld (von der Milch), nun konnten wir uns Getreide kaufen. Durch das Lagerhaus, das es als Genossenschaft schon vor dem Krieg gab, konnten wir das Mehl günstig kaufen. Das war eine gewaltige Umwälzung. Eigentlich ist es traurig (dieses Abgehen von der alten Selbstversorgung)."

Wohl wurde später in den sechziger Jahren Mais angebaut, aber lediglich als Silomais, ein nicht ausgereifter Mais, den man „silierte", um ihn an das Vieh zu verfüttern. Der Mais paßte aber nicht mehr zur alten bäuerlichen Kultur, diese hatte endgültig zu bestehen aufgehört.

Die Mühle und das Brotbacken

Neben dem Troatkasten gibt es ein zweites Symbol alter bäuerlicher Kultur: nämlich die Mühle.

Damals, also bis in die fünfziger Jahre, war diese uralte Einrichtung der Mühle noch in Betrieb; wenn sie später nicht verschwand oder verfiel, wurde sie zu einem musealen Objekt – genauso wie die Schmiede.

Zur Mühle fuhren die Bauern, wenn sie etwas zu mahlen hatten. Dazu lasse ich einen Bauernsohn berichten: „Es gab Mehlgemeinschaften für eine Mühle. Bei einer solchen Gemeinschaft waren bei uns der Helml, der Grabenbauer, der Bachtl und der Gressinger. Sie hatten in der Helmlmühle, die leider schon verfallen ist, das Mahlrecht. Nach dem Dreschen im September hat man begonnen, die Mühle auf-

zusuchen. Jeder Bauer hatte seinen Tag, an dem er sein
Mehl, nur soviel, wie er jeweils brauchte, mahlen konnte.
Der Herbst war die Hauptzeit des Mahlens. Im Winter ist
nicht gemahlen worden. Das weiß ich genau, denn ich
mußte dem Onkel immer die Jause zur Mühle bringen. In
der Mühle gab es ein eigenes Kammerl zum Jausnen. Zwei
Mühlsteine rannten dort."

Farbig klingt auch, was die Tochter eines Müllers, der
nebenbei eine kleine Landwirtschaft betrieb, mir erzählte.
Die Mühle lag in einem tiefen Graben an einem zum Teil
steil ins Tal fließenden kleinen Bach. Die Arbeit in der Mühle
brachte Menschen zusammen und verweist auf alte nach-
barschaftliche Kontakte: „Wenn die Bauern Mehl brauchten,
kamen sie zu uns. Während des Krieges kamen auch Frau-
en, denn die Männer waren beim Militär. Jeder Bauer hatte
seinen Tag für das Mahlen. So alle 14 Tage oder drei Wochen.
Früher kamen sie öfter, wegen der Schweine, für die hatten
sie die Gerste angebaut, oder wenn sie Brot backen wollten.
Wenn der Bauer oder die Bäuerin gesehen hat, daß im
Troatkasten kaum mehr Mehl ist, hat man eines der Kinder
zu uns mit der Frage geschickt: ‚Kann der Vater morgen oder
übermorgen mahlen kommen?' Es war eine Arbeit zum
Einteilen. Schließlich ist früher alles mit den Rössern gemacht worden. Wenn die Mühle nicht von einem anderen
gerade gebraucht wurde, konnte er kommen. Die Bauern
haben selbst das Troat gemahlen. Solange sie das taten und
weiß waren davon, sagte man zu ihnen ‚Müllner'. Der Vater
selbst war der ‚Müller', eben der, der die Mühle in Gang hält.
Wenn Frauen, wie es im Krieg üblich war, mit dem Troat
kamen, so hat mein Vater ihnen geholfen, denn so ein Schaff
hinaufzuheben auf die Goss' (der hölzerne Trichter, in den
das Getreide geschüttet wird; verwandt mit dem Wort „Gos-
se" für Rinne), war nicht leicht. Von der Goss' rann das
Getreide langsam auf die Steine, die es mahlten.

Während des Mahlens saß der Müllner, also der Bauer, im
Haus in der Stube. Damit er wußte, daß nichts mehr in der

Goss' war, daß also nachgeschüttet werden mußte, hatte mein Vater, der Müller, eine Glocke im Vorhaus angebracht. Die Glocke war mit einem Schnürzug mit der Goss' verbunden. Wenn nichts mehr in der Goss' war, ging ein Brettl nieder und der Schnürzug brachte die Glocke zum Läuten. Dann wußte der Müllner, jetzt ist es zum Nachschütten oder das Mehl ist fertig."

Für die Benutzung der Mühle und die Arbeit des Müllers mußten die Bauern diesem gewisse Dienste erweisen. So verpflichtete sich der eine, das Heu in den Stadel einzuführen, oder ein anderer, im Frühjahr den Mist auf die Felder zu bringen.

Man war also voneinander abhängig. Geld brauchte man nicht, und man wußte, daß man sich auf die anderen verlassen konnte. Aber es ging auch lustig zu in der Stube des Müllers. Während des Mahlens scherzte man mit dem Müller und trank mit ihm Most. Dies sei oft eine „Gaudi" gewesen, erzählte man mir.

An alte Zeiten, als Bauern noch selbst für den Stoff für ihr Gewand zu sorgen hatten, erinnert ein Lodenstampfer bei der Mühle. Darüber erzählte mir die Tochter des Müllers: „Bis 1954, als ich aus der Schule kam, haben wir noch Loden gewalkt. Der gewebte Stoff, der uns gebracht wurde, wurde über eine Walze gezogen und zusammengelegt. Dann wurde heißes Wasser darüber gegossen. Und nun wurde der Stoff am Bach durch einen klopfenden Hammer, der in einer kleinen Hütte untergebracht war, gestampft. Pro Meter bekamen wir etwas bezahlt. 1955 haben wir den letzten Loden gewalkt. 1956 hat der Vater den Lodenstampfer um 1.600 Schilling an das Linzer Landesmuseum verkauft." Die Mühle selbst war noch bis in die siebziger Jahre in Betrieb, vor allem wegen der Gerste, die man an die Schweine verfütterte.

Das Ende der Wassermühlen hatte schon bald nach dem Krieg begonnen, und zwar mit der Einführung der Elektrizität – auf die noch einzugehen sein wird –, als man bereits

elektrisch betriebene Hausmühlen erwerben konnte. Aber
auch diese verschwanden bald, als man vom Getreideanbau
endgültig abging.

Allmählich verzichteten die Bauern auf ihre Nutzungsrechte an „ihrer" Mühle und ließen sich von ihrer jeweiligen
Verpflichtung gegenüber dem Müller, wie dem Heuführen,
entbinden. Darauf geht die Tochter des Müllers auch ein:
„Früher hat der Vater nicht nur die Mühle betreut, er ging
auch ins Holz. Wenn er vom Wald heimkam, warteten in
alten Zeiten bereits Kunden auf ihn. Die blieben nun aber
immer mehr aus. Nach und nach haben die elf Bauern, die
bei uns ein Mahlrecht hatten, ihr Tagewerk beim Notar
abschreiben lassen, sonst hätten sie weiterhin etwas für die
Erhaltung der Mühle oder sonst etwas für uns tun müssen.
Wir waren darauf angewiesen, denn wir hatten keine Rösser
und Ochsen. Die Zeit war um, besonders als der Traktor
gekommen ist. Die Bauern haben sich gesagt, mit dem
Traktor ein Tagewerk machen, das kommt uns auch zu teuer.
In den siebziger Jahren war es aus mit der Mühle."

Besonders dramatisch stellte sich das Ende der Stangel-
mühle dar, wie die Tochter des Müllers erzählte: „1976 ist
die Mühle zusammengebrochen, denn der H.-Bauer ober
uns am Bachl hat einmal die Schubrinne, die das Wasser
oben gestaut hat, zu gach (rasch) weggezogen. Daher ist
zuviel Wasser auf die Radln der Mühle geflossen. Darauf hat
es die Spindeln am Radl zerfranst, und die Kämme hat es
weggerissen. Der Vater wollte die Mühle wieder herrichten,
doch die Bauern haben gemeint, das zahlt sich nicht mehr
aus, denn niemand baut noch etwas an. Wir haben dann
noch eine elektrische Schrotmühle auf dem Kasten der Mühle, in den früher das Mehl geflogen ist, gestellt. Aber nur für
den Eigengebrauch, für das Schweinefutter. 1990 haben wir
auch das aufgegeben."

Das Ende der alten Mühlen war gekommen. Der Zusammenbruch der Stanglmühle durch eine zu große Portion
Wasser deutet symbolisch dieses Ende drastisch an. Die

Mühle existiert noch in Fragmenten, im Hauptraum der Mühle gibt es noch die diversen alten Geräte zum Mahlen, der Fluder jedoch, der das Wasser zu dem Mühlenrad führte, ist nicht mehr vorhanden. Der Heimatverein trägt sich mit dem Gedanken, die Mühle aus musealen Gründen für die Sommergäste wiederherzustellen. Auch die anderen Mühlen erfuhren einen Wandel. So auch die bekannte Flinderlmühle am Weg durch Oberweng. Mit ihr war ehedem ein Gasthaus verbunden, so daß nicht nur die wartenden Müllner ihre Zeit vertrödeln, sondern auch anderes Volk den Durst löschen konnte. Die Flinderlmühle wurde zu einem Ferienwohnheim umgebaut, das regelmäßig von die Umwelt wenig achtenden autofahrenden Städtern aufgesucht wird. Eine andere Mühle erwarb ein benachbarter Bauer, der seinen Hof zu einer Fremdenverkehrspension ausgebaut hat. In der Mühle richtete er zwei gemütliche Zimmer ein, in der jeweils eine Familie gegen gutes Geld ihren Sommerurlaub verbringen kann. Und die so das Gefühl hat, in einer alten bäuerlichen Mühle zu leben.

Ähnlich wie die Mühle hat auch der alte Troatkasten, in dem, wie ich oben erzählt habe, bis in die sechziger Jahre das Getreide gelagert wurde, ausgedient. Die leeren Troatkästen, die heute ihre Funktion verloren haben, kauften romantische Bürger von den Bauern und stellten sie in die Gärten ihrer neu erbauten oder frisch renovierten Häuser. Die Troatkästen sollen von der angeblichen Romantik alter Bauernkultur künden. In ihnen feiern junge Leute Parties, und manche dienen schlichtweg als Gartenhaus, in dem man sich sogar, um es im Winter gemütlich zu haben, einen Ofen einbauen läßt. Der Troatkasten verweist also, genauso wie die Mühle, auf vergangenes ländliches Wirtschaften, an das man zwar nicht anknüpfen kann und auch nicht will, an das zu erinnern aber höchst reizvoll ist, überhaupt wenn man sich zu einem Umtrunk mit Bauernschnaps trifft.

Besonders attraktiv hat ein Schuhmachermeister seinen Troatkasten eingerichtet. In diesem treffen sich am Neu-

jahrstag wackere Schützen zum Schießen auf eine beim
Troatkasten aufzustellende bunte Scheibe.

Der Troatkasten und die Mühle erinnern an eine alte
bäuerliche Lebensweise der Selbstversorgung, als man
noch relativ unabhängig gewirtschaftet und ein Bauernbrot
gegessen hat, das gänzlich anders schmeckte als jenes vom
Bäcker. Und es läßt sich heute auch nicht nachempfinden,
denn das Mehl war eben von einer besonderen Art. Zum
Backen des eigenen Brotes verwendete man Weizen und
Roggen in einer guten Mischung. Die von der Bäuerin im
Backofen gebackenen Brotlaiber wurden in einem eigenen
„Kammerl" des Bauernhauses auf einem speziellen, aus
Holzstöcken errichteten Gestell aufbewahrt. „Das Brot ist
mit der Zeit sauber hart geworden. Das machte aber nichts.
Bevor man es gegessen hat, wurde es in einem feuchten
Fetzen eingeschlagen, damit es etwas feuchter und weicher
wird. Aber außen blieb es steinhart, denn das Brot hatte eine
dicke Rinde", erzählte eine Bäuerin, und schwärmerisch
erinnert sich ein alter Bauer an das selbstgemahlene Mehl:
„Das Mehl war damals viel schwärzer, aber nicht so ausge-
mahlen wie heute. Und es schmeckte viel besser. Das Brot
war kräftiger, und die Nockerln und die Teigfleckerln waren
viel saftiger."

Vor Weihnachten wurde auch das sogenannte Kletzenbrot
gebacken. Kletzen sind Birnen, die in einer im Obstgarten
stehenden Dörrstube getrocknet wurden. Das Kletzenbrot
war zur Weihnachtszeit ein besonderer Leckerbissen, nicht
nur für die Bauersleute, sondern auch für den Arzt und
andere Bürger.

Das heute auf Bauernmärkten angebotene Brot ist kein
echtes Bauernbrot mehr, das Mehl dazu kommt aus dem
Lagerhaus und hat nichts mehr mit dem von früheren Bauern auf dem eigenen Feld erarbeiteten gemein.

Das frühere „echte" Bauernbrot, wie es noch in den sechziger Jahren gebacken wurde, kündet von harter körperli-
cher Arbeit an heißen Sommertagen, an denen junge Mägde

und kräftige Knechte am Feld hart schufteten und gegen den
Durst guten Most tranken.

Die Heuernte

Die Wiesen meiner Kindheit waren bunte Wiesen, auf denen
eine Vielfalt von Sommerblumen blühte und Schmetterlinge
sich tummelten. Die heutigen Wiesen sind bestimmt durch
ein langweiliges Grün, das mit nur wenigen bunten Blumen
durchsetzt ist.

Und das auf Wiesen trocknende Heu und die Pferdewägen,
auf denen das kunstvoll geschichtete Heu zu den Heu-
schobern gebracht wurde, gehörten ebenso zur alten bäuerlichen Kultur wie die in der Sonne schwitzenden Mägde und
Knechte, die sich noch mit den Sensen abmühten, das Gras
in der richtigen Höhe zu schneiden. Das Mähen mit der
Sense, die in einem bestimmten Winkel gehalten werden
mußte, war eine Kunst, die man nicht so ohne weiteres
erlernen konnte. Manche Mägde und Knechte waren wahre
Meister in dieser Kunst. Mit leichter Hand konnten sie schnell
größere Flächen mähen, und sie verstanden es geschickt, die
Sense mit dem Wetzstein zu schärfen und ihr Blatt mit einem
Hammer auf einem Amboß zu denkeln, um kleinere Schram-
men zu beseitigen. Dies alles ist verschwunden, an ihre Stelle
ist der fremde Klang der Maschinen getreten.

In schwärmerischer Weise schrieb mir der Sohn eines
alten Bauern dazu: „Sicher, die Arbeit ist heute für viele
leichter geworden . . . Ich erinnere mich mit Freude, wenn
im Sommer acht bis zehn Mäher am frühen Morgen in der
Mahd standen, die schwere Arbeit mit einem Jodler begannen und den Feierabend mit einem heiteren Lied beschlos-
sen. Heute wird das Lied durch Motorenlärm ersetzt, und
das zeitweise bis Mitternacht, weil Bauer und Bäuerin den
Hof allein bewirtschaften und sonst die Arbeit nicht alleine
bewältigen würden."

Das Mähen und das Einbringen des Heus waren harte
Arbeit, die die Menschen aber näher zusammenbrachte. Das
Mähen war wichtig für das bäuerliche Leben, denn das
getrocknete Gras, das Heu, das im Heuschober aufbewahrt
wurde, wurde in den kalten Monaten an das Vieh verfüttert,
wenn dieses nicht auf der Wiese oder auf der Alm sein
konnte. Und weil das Gras die Kost der Tiere ist, sprach man
ehrfurchtsvoll vom Gras als dem Futter. Dies und anderes
ersehe ich aus dem Bericht eines früheren Knechtes, der mir
auch etwas über den Vorgang des Mähens erzählt: „Damals
um 1952 haben wir noch händisch gemäht. Im Juli begannen
wir mit dem Mähen, wenn das Futter gewachsen ist. Zuerst
wurden die Bäume ausgemäht. Ungefähr um drei Uhr in der
Früh sind wir vier, der Bauer P., der Just, ich und ein alter
Knecht, den wir noch hatten, aufgestanden und haben zu
mähen begonnen. Der Alte hat besonders gut mähen können. Er verstand es, seiner Sense eine solche Schneide zu
verpassen, daß wir Mühe hatten, ihm nachzukommen. Er
hat mit einer solchen Leichtigkeit gemäht, daß man glauben
hätte können, die Sense geht alleine. Er hat oft zu uns gesagt:
‚Buam (Buben), schinden dürft ihr euch nicht beim Mähen!
Das muß leicht gehen.‘ Er hat mir gezeigt, wie man die Sense
gut wetzt (schärft). Das Mähen habe ich so durch andere
gelernt. Sie haben es mir vorgezeigt, und ich habe probiert.
Am Anfang schindet man sich etwas. Dann bekommt man
auf einmal das Gefühl dafür, wie die Sense gedengelt werden
muß. Das Mähen muß leicht gehen, denn sonst bringt man
sich beim Mähen halbert um. Beim Mähen sind wir hintereinander gegangen. Der bessere Mäher begann, die anderen
folgten ihm hintennach. Jeder hat ungefähr einen einein-
halb bis zwei Meter breiten Streifen gemäht, je nachdem,
wie dick das Futter (Gras) war. Fünf Leute haben also an die
zehn Meter hinüber gemäht. Das waren 200 bis 300 Meter
am Tag. Gemäht wurde in der Früh' solange Tau lag. Dann
hat es geheißen: ‚Jetzt nimmt jeder eine Gabel und wir strân
(streuen) die Mahd.' Das heißt, wir haben die Riedeln, die

14   Beim Heuen

vom Mähen entstanden, gestråt (auseinander gestreut).
Heute geschieht dies alles mit dem Traktor."
   Über den Tageslauf während der warmen Tage, an denen
gemäht und das Heu eingebracht wurde, erfuhr ich von
einem alten Bauern: „Wir haben noch bis 1956 mit der Sense
gemäht. Mitte Juni ist mit dem Mähen begonnen worden.
Wir sind sehr früh aufgestanden. Bei einem großen Bauern
waren wir fünf bis sieben, die gemäht haben. Nachdem wir
eine Zeit gemäht hatten, gab es um sieben Uhr das Frühstück. Dazu hat es einen fetten Sterz gegeben, er war aus
kornem Mehl (Kornmehl) gemacht. Dann ist weitergemäht
worden. Die Frauen haben das Gemähte auseinandergeståt
(gestreut). Zu Mittag wurde das Heu umgedreht. Am Nachmittag haben wir das Heu zusammengerecht und daraus
Haufen gemacht. Am nächsten Tag haben wir das Heu noch
einmal gewendet, und am Nachmittag haben wir es eingeführt."

Und ob sie auch Spaß hatten beim Mähen, fragte ich ihn. „Oft schon, überhaupt wenn Frauen dabei waren, und zwar solche, die so gut mähen konnten wie ein Mann. Das waren robuste Personen."
Auch die Tochter eines Müllers, der nebenbei eine kleine Landwirtschaft betrieb, erzählt über die Mäharbeit ihres Vaters: „Man kann sich das heute nicht mehr vorstellen, was das früher für eine Arbeit war. Der Vater ist schon um vier Uhr in der Früh' aufgestanden und hat gemäht. In der Früh' war es noch nicht heiß. Die Sense brauchte eine gute Schneide. Wenn die Wiese etwas schottrig war, so war die Schneide gleich dahin und es war wiederum zum Wetzen. Unsere Aufgabe als Weiberleute war es, die vom Mähen gebliebenen Riedeln niederzuwarmen (auseinanderzustreuen). Und nach dem Mittagessen mußten wir das Heu umdrehen. Vierzehn Tage lange dauerte das Heuen."
Eine wahre Kunst war das Auflegen des Heus auf den Heuwagen, wie mir ein alter Knecht schildert: „Zuerst ist das getrocknete (und ausgebreitete) Heu zu Riedeln zusammengerecht worden. Zwischen ihnen ist man mit dem Leiterwagen (vor dem ein Pferd oder zwei Ochsen gespannt waren) gefahren. Einer war links und einer war rechts, die das Heu mit der Gabel auf den Wagen gaben. Dort stand einer, der das Heu fassen mußte. Zuerst legte der Fasser die Schiebeln Heu bis zur Höhe der Leiter (des Leiterwagens). Danach legte er sie (nach einem Plan), zuerst einen Schiebel links, dann einen rechts, und in der Mitte einen. So ging es dahin. In der Mitte lag das wenigste Heu, damit die Fuhre nicht auseinanderfällt. Es hat geheißen: Wenn die Fuhre hoch und groß ist und sie wackelt, dann fällt sie nicht um. Wenn sie aber einmal hängt und sie nicht mehr wackeln kann, dann besteht die Gefahr, daß sie umfällt. Der Wagen wurde also so gefaßt (beladen), daß er nicht umfallen konnte, auch wenn man auf einer Leiten (schiefen Wiese) ein paarmal umdrehen mußte mit dem Wagen. Wie hoch er zu beladen war, hatten wir im Gefühl. Es war also eine Kunst, so einen

Wagen richtig zu fassen. Oben saß der Fasser. Und wenn die Fuhre voll war, kam der Bindbaum oder Wischbaum (vielleicht vom Wiesbaum), wie man auch gesagt hat, drauf. Dieser wurde mit einem Seil vorne und hinten niedergebunden. Und wenn die Fuhre fertig war, sind wir heimgefahren. Händisch ist daheim abgeladen worden. Dabei stand der Fasser wieder oben auf der Fuhr'. Das Heu wurde auf die Etage im Heustadl geschmissen. Von dort wurde es weitergereicht. Drei oder vier Leute waren damit beschäftigt, das Heu bis in den letzten Winkel des Heubodens zu geben. Meist waren es vier bis fünf große Fuhren, die wir am Tag eingeführt haben. 1953 erhielten wir beim Bauer Pacher schon einen Greifer zum Abladen."

Die alten Wägen, mit denen das Heu geführt wurde, hatten ihre Poesie, denn sie waren noch mit der Hände Arbeit vom Wagner verfertigt und bestanden zum Großteil aus Holz.

Zu den vier großen Rädern mit ihren harmonischen Speichen gesellten sich die beiden leiterähnlichen Seitenbegrenzungen des Wagens, zwischen denen das zu führende Gut zu liegen kam. Das Pferd oder die Ochsen zogen an der runden Deichsel, die dem Wagen mit seiner Holzachse eine gewisse Eleganz gab. Aber es war nicht immer leicht, mit den alten Leiterwägen zu fahren, überhaupt wenn sie hoch mit Heu beladen waren.

Ein besonderes Problem war ein nahendes Gewitter, denn dieses konnte das gut getrocknete und auf den Wagen geladene Heu ziemlich beeinträchtigen. Ein aufziehendes Gewitter veranlaßte Bauern und Knechte, schnell zu arbeiten. Über ein solches Gewitter und einen Unfall, der sich dabei ereignet, handelt auch die folgende Geschichte aus der Zeit um 1953, die mir der bereits zu Wort gekommene Knecht erzählte. Bemerkenswert an dieser Geschichte ist auch der Hinweis auf einen neuen Typus von Pferdewagen, der den Leiterwagen schließlich ablöste, der aber hier noch neben letzterem eingesetzt wurde: „Damals haben wir beim Paß

eine Wiese gemäht. Wir hatten diese Wiese vom Forst gepachtet. Das Heu haben wir auf einen Leiterwagen und
einen Wagen, der bereits Gummiräder hatte, geladen. Dieser Wagen war auf den Seiten etwas erhöht, er hatte keine
Leitern mehr. Es war heiß, und ein Gewitter kündigte sich
an. Nun hatten wir es drawi (eilig). Schnell luden wir auf.
Den Leiterwagen hingen wir an den anderen Wagen an, vor
den das Pferd gespannt war. So sind wir heimgefahren. Wie
wir die steile Paßstraße, die damals noch geschottert war,
hinunterfuhren, schob der Leiterwagen, weil er schlecht
eingebremst war, den vorderen Wagen zur Seite und fiel um.
Zum Glück auf die Bergseite. Die ganze Fuhre lag nun
seitlich am Rain. Wir konnten nicht weiterfahren, und das
Wetter kam immer näher. Wir mußten den Bindbaum öffnen
und das Heu abladen, denn es war verrutscht. Erst dann
konnten wir den Leiterwagen wieder aufstellen und ihn
wieder frisch beladen. Aber jetzt kam das Wetter, und wir
standen am Rotpichl und konnten nichts anderes tun, als das
Heu noch einmal aufladen. Mitsamt dem Heu wurden wir
naß. So fuhren wir heim unter das Dach, aber das Heu war
naß. Übernächsten Tag, als es wieder schön war, haben wir
das feuchte Heu auf ein bereits abgemähtes Feld geführt und
es auseinandergestreut. Das war harte Arbeit. Der Bauer
war deswegen etwas verzagt, denn das Heu war ihm für die
Viecher wichtig."

Das alte Mähen mit der Sense war im Gegensatz zum
Motormäher oder dem Mähen mit dem Traktor eine gemeinschaftliche Aktivität, die geplant werden mußte und
bei der man sich im Arbeitsrhythmus aufeinander abstimm-
te.

Die Heuarbeit baute auf alten Techniken und altem Wissen auf. Sie war nicht einfach, wie aus obigen Schilderungen
hervorgeht. Dazu möchte ich noch einen alten Bauern zu
Wort kommen lassen: „Wir haben bis 1965 auf diese Weise
das Heu eingeführt, dann kam der Traktor und der Heu-
schwanz, mit dem das Heu zusammengeschoben wird. Und

1968 haben wir den Ladewagen bekommen, der das Heu von
selbst aufnimmt. Es gibt heute Traktoren, die haben vorne
ein Schneidwerk zum Mähen. Und hinten nimmt er das
Futter auf. Bereits Mitte Mai fangen wir jetzt mit dem Grünfutter an. Ein Teil unserer Wiesen ist für das Grünfutter und
ein anderer für das Heu. Wir haben heuer bis jetzt zum
September schon dreimal das Futter geschnitten."

Und schließlich meint der Mann: „Der Wandel in den
sechziger Jahren war furchtbar. Die Jungen haben keine
Ahnung mehr, wie es bei der Heuarbeit war."

Eingeleitet wurde dieser Wandel wohl bereits mit der
Einführung der Mähmaschine, die man zunächst hinter die
Rösser spannte. Dies war schon in der Zeit des Krieges, als
fortschrittliche Bauern aus Deutschland diese Maschine
einführten.

Es hat sich einiges geändert, wie die Tochter eines Bauern
schildert und dabei Vergleiche zwischen heute und früher
zieht: „Noch in den fünfziger Jahren hat man Anfang Juni
zum Heuen begonnen. Heute fangen sie noch früher an und
geben das Heu in die Silos. Heute mähen sie dreimal im Jahr.
Durch den Kunstdünger, der dann aufgekommen ist, wächst
mehr Gras und schneller. Die Bauern haben sich gesagt: Wir
mähen das Heu als junges, da ist mehr Milch drinnen.
Früher ließ man das Heufutter länger stehen, meist bis der
Samen abgefallen ist. Erst dann haben sie gemäht. Heute
haben sie immer junges Futter, dadurch geben die Kühe
mehr Milch."

Den größeren Bauern war es stets wichtig, ein zweites Mal
im Sommer zu heuen. Das Futter dieser zweiten Mahd hieß
das „Groamat" (Grummet), ein altes Wort, das sich wohl von
„grüner Mahd" ableitet. Die Zeit für dieses „Groamat" sind
die letzten Augustwochen. Dieses zweite Futter unterscheidet sich vom ersten Heu dadurch, daß es nicht mehr so
getrocknet wurde und dadurch auch nicht mehr so bräun-
lich ist wie dieses, es bleibt grün. Es ist interessant, daß der
alte Ausdruck „Groamat" am Verschwinden ist, heute

spricht man eher von der „zweiten" und „dritten Mahd", die es früher ohnehin nicht gegeben hat.

Und noch etwas hat einen einschneidenden Wandel in der Landschaft zur Folge: die Düngung. Der Kunstdünger hat bewirkt, daß das Gras schneller wächst, und der Stallmist, der durch die moderne Viehhaltung vermehrt anfällt, macht sich unangenehm bemerkbar, wie ein Bauer erzählt: „Es gibt mehr Mist als früher, wir haben mehr Jauche. Das ist für die Düngung sicher nicht gut. Wir bekommen schon Probleme mit der Gülle. Wenn man auf die Wiesen schaut, sieht man so eigenartige Blätterpflanzen. Wir sagen Scheiß-pletschen dazu. Diese kommen von der Gülle, und sie vermehren sich durch sie. Diese Pflanzen sind Platzwucher, denn um sie herum wächst nicht viel. Und das ist schlecht. Früher hatten die Bauern weniger Vieh, und daher gab es auch weniger Gülle, also Jauche. Früher hat man auf einem Hektar ein Stückl Vieh gehabt, heute hat man zwei bis drei Stückl, das sind zwei bis Großvieheinheiten. Zwei Kalberl sind eine Einheit."

Den Wandel in der Viehhaltung merkt man übrigens am furchtbaren Gestank, der nach dem Düngen im Frühjahr über den Wiesen liegt. Der alte Stallmist, mit dem früher gedüngt wurde, verursachte dagegen einen eher angenehmen Geruch, der in die Landschaft paßte. Die heutigen Wiesen sind aber auch eintönige Wiesen mit einem langweiligen Grün aus dem im Lagerhaus erworbenen Grassamen. Es erinnert nicht mehr viel an altes bäuerliches Leben. Schon gar nicht die Silos, die durch ihr turmähnliches Aussehen beinahe etwas Kriegerisches darstellen. In diesen Silos, in denen das Heu praktikabel gelagert und konserviert wird, entwickeln sich gefährliche Gase, die schon manchem Bauern, der sich in so einen Silo begab, zum tödlichen Verhängnis wurde.

Diese Silos sind an die Stelle der alten Heuschober, die es heute nur mehr vereinzelt gibt, getreten. Ihnen mangelt es an der alten Poesie, die wir als Buben beim Spielen am

Heuboden noch kannten. Früher holte sich der Bauer das Futter direkt vom Heuboden, oder er warf es durch eine Art Schacht in den Stall.

Der Heuboden gehörte zur bäuerlichen Kultur. Im Heu ließ man müde Wanderer und junge Burschen, die durch das Land zogen, übernachten. So pflegte auch ich in den fünfziger Jahren bei einer Radtour durch Kärnten bisweilen mit Erlaubnis der Bauern im Heu mein Nachtlager zu errichten.

Ich will nun noch auf die alte Arbeit mit dem Flachs, aus dem einmal Leinen hergestellt wurde, verweisen, denn auch er ist mit der Sense gemäht worden. Und Spaß gab es auch dabei. Ein ehemaliger Bauernknecht soll dazu zu Wort kommen: „Nach dem Krieg haben wir noch Flachs angebaut. Er wurde gemäht und zu Bündeln zusammengegeben. So ist er getrocknet worden. Und wenn er trocken war, ist er gebrochen worden. Das heißt: die Rinde mußte von ihm entfernt werden. Das Brechen ist außerhalb des Hauses in der Haarstube oder Brechelstube geschehen. Das war eine Gemeinschaftsarbeit und eine große Gaudi, denn wir haben die Weiber geärgert, indem wir ihnen etwas vom gebrochenen Flachs in den Kragen des Kleides gegeben haben. Das hat furchtbar gejuckt. Sie mußten dann ihre Kleider ausziehen."

Bei den alten Techniken des Mähens und der Ernte waren also, weil eben mehrere Leute daran beteiligt waren, nicht nur harte Arbeit, sondern wesentlich auch Spaß und heiteres Spiel zu finden – wie bei allen anderen Dingen am bäuerlichen Hof auch.

9. Einzug der Technik

Wasserleitung, Abort und elektrisches Licht

Für die bäuerliche Kultur und das Leben des Bauern bedeutete es wohl seit ehedem, gerade im Gebirge, große Anstrengung und Umsicht, das Wasser für sich nutzbar zu machen. Das Wasser war nicht nur wichtig für die Mühlen und Sägen, über die ich schon berichtet habe, sondern auch für das Vieh, den häuslichen Alltag und schließlich für das elektrische Licht und das WC.

Man empfand es als besonderen Segen, als endlich das Wasser, bei manchen erst in den sechziger Jahren, direkt in das Haus eingeleitet wurde. Über die Mühen, die mit der Wasserversorgung verbunden waren, und die Wohltat der Wasserleitung erzählte mir ein alter Bergbauer: „Bis die Wasserleitung 1965 gekommen ist, hatten wir das Wasser vom Bach. Durch eine Pumpe, den Widder, wurde es zu einem Holztrog vor das Haus gepumpt. Von dort haben wir es in das Haus hineingetragen. Andere Bauern hatten keinen Widder, die mußten es direkt vom Bach holen, wie wir früher auch. Der Bach war aber oft nach einem Wolkenbruch oder durch Schneewasser verdreckt. Wenn bei uns die Pumpe, also der Widder, in Ordnung war, hatten wir kein Problem mit dem Wasser, aber wenn der Widder nicht funktionierte, was oft der Fall war, mußten wir das Wasser vom Bach herauftragen. Als dann die Wasserleitung kam, war es eine Wohltat. Eine solche Wohltat, man weiß das heute viel zu wenig zu schätzen. Es war furchtbar, das Wasser hierher zu tragen. Als es dann mit dem Fremdenverkehr anfing, hat man die Quelle gefaßt und eine Wasserleitung installiert. Das Wasser kommt nun von einer großen Quelle. Ganz Oberweng wird heute damit versorgt. Diese Wasserleitung ist eine Wohltat. Jetzt haben wir das Wasser im Haus. Gott sei Dank!"

Aber nicht nur von einem Bach holten sich die Bauern vor der Installierung der Wasserleitung das Wasser. Jene Bauern, die nicht in der Nähe eines Baches wohnten, leiteten das Wasser in Holzröhren, den Brunnröhren, von Quellen am Berg in ihre Höfe. Auch das war nicht einfach, wie eine alte Bäuerin schildert: „Wir hatten früher eine Holzleitung für das Wasser von der Großhütte her. Sie war einen Kilometer lang. Ein Stück hatten wir diese Leitung mit einem anderen Bauern gemeinsam. Die Holzröhren gingen bis zum hölzernen Grander (Holztrog) vor dem Haus. Das Wasser rann alleweil. Durch ein Holzröhrl wurde später das Wasser ins Haus geleitet. An dem war eine Pipe dran, die wir aufdrehten, wenn wir Wasser brauchten. Die alten Holzröhren mußten oft repariert oder ausgewechselt werden. Mein Vater hat gerne Brunnröhren gebohrt, mit einem großen Neider, einem Bohrer. Da die Röhren aus Holz waren, sind sie allmählich verfault. Und oft im Winter, wenn es gefroren hat, waren die Röhren zugefroren. Da mußten wir das Wasser dann vom Bach heraufholen. Der Bach ist nicht gleich beim Haus. So haben wir das Wasser in einem Holzfaß mit den Ochsen zum Haus gebracht. 1965 kam endlich die neue Wasserleitung, da ist es rinnert geworden. Seitdem gibt es kaum Probleme."

Die Bauern hatten sich also in den sechziger Jahren zu einer Wassergenossenschaft zusammengeschlossen, um gemeinsam eine Wasserleitung von einer gefaßten Quelle aus zu den Bauernhäusern anzulegen und zu pflegen. Es ist ürigens bemerkenswert, daß die Einrichtung der Wasserleitung die Bauern in geradezu urtümlicher Weise aneinander gebunden hat und bindet.

Mit der Einleitung des Wassers in die Bauernhäuser beginnt ein neuer Abschnitt im Leben der Bauern, denn nun ist es nicht mehr notwendig, das Wasser herzubringen oder sich um den Zustand von Holzröhren zu kümmern. Nun ist man gerüstet für die Fremden, die städtischen Standard auch im zum Fremdenverkehrsbetrieb umgebauten Bau-

ernhaus nicht vermissen wollen. Somit erinnert nichts mehr
an die stete Sorge des Bauern um Wasser, vor allem im
Winter.

Durch die Einleitung des Wassers in das Haus wird es nun
auch möglich, das klassische Wasserklosett im Bauernhaus
einzurichten. Dadurch verlor der alte Abort, auch „Häusl"
genannt, der abseits des Hauses, meist beim Stall, stand,
seine Bedeutung. Dieses Häusl war aus Brettern gezimmert
und erinnerte wohl, wenn es frei stand, an ein kleines Haus.
Von daher leitet sich vermutlich die heiter klingende Bezeichnung „Häusl" ab. In seinem Inneren befand sich ein
breites Brett in Sitzhöhe, in dessen Mitte ein entsprechend
großes Loch geschnitten war. Manchmal konnte dieses mit
einem handfesten Deckel zugedeckt werden. Unter diesem
Brett barg sich die Jauchengrube, die in bestimmten Abstän-
den geleert wurde, meist zweimal im Jahr. In einem eigenen
Wagen brachte man die Jauche auf eine Wiese, um diese zu
„adeln".

Obwohl das Wasserklosett nun Eingang in die Bauernhäuser fand, hatte deswegen das alte „Häusl", das Plumpsklo,
nicht bei allen an Anziehungskraft verloren, wie ein alter
Bauer meinte: „Nach der Wasserleitung haben wir um 1967
im Haus das WC machen lassen. Aber trotzdem haben wir
heute noch draußen das alte Plumpsklo. Ich gehe jetzt noch
lieber auf dieses „Häusl". Der Sitz paßt mir besser, auch die
Höhe. Das alte Scheißhäusl mit dem Herzl in der Tür finde
ich gemütlicher, mir ist es lieber. Das neue Klo ist mir zu
nieder. Beim Nachbarn war ein Sommergast aus Wien, auch
dem war das alte Häusl lieber. Solange dort das Häusl gestanden ist, ist er auf dieses gegangen. Das Schöne am alten
Häusl ist, daß es aus Holz ist. Holz ist wärmer. Die modernen
Klos sind aus Porzellan und Plastik. Man fühlt sich im alten
Häusl heimischer."

Das alte „Häusl", das mittlerweile wohl von den meisten
Bauern beseitigt wurde, hatte seine eigene Romantik. So
verfügte es, weil es aus einfachen Brettern bestand, die den

Luftzug durchließen, stets über gute Luft – im Gegensatz zu den engen Wasserklosetts in schmalen Räumen, in denen es mitunter höllisch riechen mag. Allerdings brachte das WC der bäuerlichen Familie einige Bequemlichkeiten. So war es gerade in den Wintermonaten ein beinahe abenteuerliches Unternehmen, eine Art Expedition, um bei Regen, Schnee und Kälte das „Häusl" aufzusuchen. Und wenn es viel Schnee gab, mußte der Weg dorthin ausgeschaufelt werden.

Ein großes Problem zeigte sich im Winter darin, daß die Jauchengrube wegen des Schnees und der Kälte nicht entleert werden konnte, so daß sie manchmal geradezu überquoll. Mir erzählte ein Bauernbursche, wenn es einmal soweit war und er am „Häusl" saß, habe er sich beim „Scheißen" jeweils schnell erhoben, denn die hinabsausende „Scheiße" verursachte in der übervollen Jauchengrube unangenehme Spritzer. Um von solchen also nicht getroffen zu werden, bedurfte es eines schnellen Erhebens. (Man verzeihe mir meine obigen, etwas derben Wörter.) Im Winter, wenn es besonders kalt war, war es für ihn und seine Brüder eine Qual, nur wegen des Urinierens in Kälte und Schnee zum „Häusl" zu gehen. Der Einfachheit halber haben daher er und seine Brüder in den Grander in der Küche, an dem ein Wasserhahn war, „geschifft". Ein entsprechendes Nachspülen war notwendig. Hie und da, wenn zu wenig nachgespült worden war, roch die Mutter, daß die Buben auf die beschriebene Weise den Grander benutzt hatten. Sie soll dann gesagt haben: „Ihr Lausbuben, für was haben wir draußen ein Häusl!"

Man war also sehr froh, endlich ein WC im Haus zu haben, denn man ersparte sich dadurch gerade im Winter einen oft langen, unerfreulichen Weg. Schließlich wurde es nicht als angenehm empfunden, wenn im Winter von unten her ein kalter Wind pfiff, denn das „Häusl" war davor nicht geschützt.

Man besaß aber auch Nachttöpfe, um nicht in der Finsternis die Wanderung zum „Häusl" antreten zu müssen. Für die

Knechte in manchen Bauernhöfen stand daher auch ein
Schaffel vor ihrer Kammer, in das sie „brunzten" (urinier-
ten). Ausgeleert wurde dieses Schaffel am nächsten Morgen
von einer Magd. Die Mägde selbst dürften über Nachttöpfe
verfügt haben.

Das WC brachte also den Bauern einige Vorteile, wobei
der Hauptvorteil vor allem darin lag, daß es im Haus war.
Eine Bäuerin erwähnte dazu: „Oft wäre es beim alten Häusl
zu spät gewesen, wenn man es drawi (eilig) hatte." Durch
die Einrichtung des WCs ersparte man sich also den oft
abenteuerlichen Weg durch das Freie zum „Häusl".

Das alte „Häusl", das mit der alten Kultur der Bauern eng
verbunden war, verschwindet in den sechziger und siebziger Jahren allmählich, und das WC tritt seinen Siegeszug an.
Die Bauernhäuser werden umgestaltet, einige werden wegen der Sommergäste aufgestockt, und in allen werden
Wasserklosetts installiert. Mit den Wasserklosetts verschwinden auch die Jauchengruben bei den „Häusln", und
Kläranlagen werden ausgebaut.

Es hat sich also Gewaltiges auf dem Gebiet der Aborte
geändert. Dennoch hat das alte „Häusl" für manche alte
Bauern, wie schon erwähnt, seinen Zauber behalten. Daher
gibt es die „Häusln" bisweilen noch, aber sie werden bald
nach dem Tode ihrer letzten Benützer verschwunden sein.

Immerhin hatten die alten „Häusln" gegenüber den modischen Wasserklosetts den Vorteil, enger mit der Natur in
Verbindung treten zu können. Man spürte die Luft, und
durch die Spalten der Bretter konnte man sehen, was sich
so am Hof und auf der Wiese tat.

Die Einleitung des Wassers in das Haus brachte nicht nur
einen Wandel hinsichtlich des Abortes, sondern auch ganz
allgemein auf dem Gebiet der Hygiene, also der täglichen
Körperpflege.

In den Bauernhäusern entstanden Badezimmer, oder es
wurden zumindest Waschbecken mit „fließendem" Wasser
installiert. Und auch die für die Sommergäste eingerichteten

noblen Zimmer, die vordem lediglich durch Wasserschüsseln, die man mittels Krügen mit Wasser zu füllen hatte, geziert waren, erlebten eine deutliche Aufwertung. Für die bäuerlichen Menschen änderte sich also Wesentliches gerade hinsichtlich des täglichen Waschens. Dazu und wie es früher war, erzählte mir eine Bäuerin in knappen Worten dies: „Früher haben wir uns bloß in einem Schaff, in dem Wasser war, gewaschen. Mit dem Wasser, das wir hertragen mußten, mußten wir sparen. Früher hat man sich nicht soviel gewaschen wie heute. Die Seife war eine selbstgemachte. Und Zähne haben wir uns eh nicht geputzt."

Geputzt wurden die Zähne, wenn überhaupt, mit Asche, weil man meinte, davon würden die Zähne besonders schön. Aber eigentlich lernten die Bauernkinder erst in der Schule, daß Zähneputzen wichtig sei.

Das tägliche Waschen war auch, ähnlich wie der Gang zum Abort, ein Abenteuer, denn wenn der Bauer oder seine Knechte während der Sommertage verschwitzt und dreckig waren, wuschen sie sich im Freien. Wollten sie warmes Wasser haben, so wurde Wasser in der Kuchl am Herd erwärmt. Sogar Blechbadewannen stellte man anstelle eines Schaffes, wenn es wieder Zeit zum Waschen war, in den Hof.

Allmählich wurde also die Bedeutung der Körperpflege hervorgekehrt, wozu der Landarzt beigetragen haben mag. Auch der Geruch der bäuerlichen Menschen dürfte nun einen Wandel erfahren haben. Der alte Stallgeruch, der für mich als Bub mit den früheren Knechten und anderen Leuten verknüpft und der charakteristisch für die bäuerliche Welt war, verschwand nach und nach. Moderne Körperpflegemittel und diverse Wässerchen diktieren ab nun die Gerüche.

Allerdings – dies sei etwas spekulativ eingefügt – ging dadurch auch der persönliche Duft, der gerade dem echten Bauern eigen war, verloren.

Die vielleicht größte Revolution für die bäuerliche Welt war knapp vor ihrem Untergang die Einleitung des elektri-

schen Stromes in das Bauernhaus. Diese Revolution war
größer und einschneidender als die Erfindung der Kerze
und später der Petroleumlampe, denn durch die Elektrizität
kam es zu einer neuen Qualität von Licht. Wie es davor in
dieser Welt aussah, das schilderte mir ein Handwerker, der
viel bei Bauern herumkam: „Früher ist man mit der Dunkelheit, also schon um acht Uhr am Abend, schlafen gegangen.
Und man ist mit dem Licht aufgestanden. Wenn wir auf d'
Nacht Karten gespielt haben, hatten wir eine Petroleumlampe aufgehängt. Viel hat man nicht dabei gesehen. Hie und
da haben wir zwei Petroleumlampen aufgehängt. Jetzt haben wir zwar mehr gesehen, aber die beiden Lampen kamen
teuer. Es gab zwei verschiedene Typen von Petroleumlampen: die offene und die mit einem Zylinder. Bei der geschlos-
senen Lampe mit dem Zylinder mußte man sehr aufpassen,
daß der gläserne Zylinder nicht bricht. Hat man den Docht
zuviel aufgedreht, dann hat es einen Kracher gemacht und
der Zylinder ist zerrissen, weil es ihm zu heiß geworden ist.
Wenn man gesagt hat: ‚Dreh ein bisserl auf, man sieht
schlecht!‘, so war das gefährlich. Im Stall hatte man damals
Sturmlampen, das waren mit Draht umfaßte Petroleumlampen, die man aufgehängt hat. Viel Licht gaben sie nicht, aber
ein bisserl eine Orientierung hatte man. Das war so bis in
die fünfziger Jahre, als das elektrische Licht kam. Damals
hat es nichts anderes geben, als im Dunkeln zu sitzen oder
ins Bett liegen zu gehen, um nicht unnötig Öl zu verbrau-
chen.“

Allmählich wurden die Häuser in den fünfziger Jahren an
das Stromnetz angeschlossen. Ein ehemaliger Kleinbauer
erzählte mir, wie schwierig es für ihn war, auf seinem abseits
gelegenen Hof an das Stromnetz angeschlossen zu werden:
„Nach langen Verhandlungen haben wir 1952 hier in unser
Haus elektrisches Licht bekommen, aber das ging nicht
ohne Probleme. Wir mußten die Erdarbeit selbst machen,
nachdem die Elektrofirma Hoffmann alles vermessen hatte.
Wir, ich und meine Frau, gruben die Löcher für die Masten.

Wir mußten auf alles eingehen, denn wir waren froh, daß wir ein Licht bekommen haben. Endlich brauchten wir kein Petroleumlicht mehr." Als ich den Mann frage, was sich so für ihn durch die Elektrizität geändert habe, schildert er, der auch als Tischler tätig war: „Nun habe ich mir um 1953 einen Motor gekauft und damit eine Kreissäge gemacht zum Holzabschneiden. Bis dahin geschah dies händisch auf einem Holzbock. In der Tischlerei selbst hatten wir schon vor dem Krieg Elektrizität, aber nun konnte ich auch bei mir zu Hause mit einer elektrischen Kreissäge arbeiten." Allerdings war der elektrische Strom für die „kleinen Leute" nicht billig, wie mein Gesprächspartner weiter erzählt: „Als das elektrische Licht kam, hat man sehr mit diesem gespart. Damals in den fünfziger Jahren hat man ja nicht viel verdient. Man hat daher immer gleich das Licht abgedreht. Vor allem in der Früh' hat man es schnell abgelöscht, denn es wird ja von selbst licht." Interessant ist in diesem Hinweis das Wort „ablöschen", das offensichtlich an die Zeit der Petroleumlampen erinnert. „Und am Abend hat man", fährt er fort, „solange es gegangen ist, ohne Licht gearbeitet. Damals hat es das nicht gegeben, daß man so lange auf d' Nacht wie heute aufbleibt. Man ist um acht Uhr schlafen gegangen. Wie das Radio gekommen ist, hat es auf d' Nacht nun Musik gegeben. Früher gab es das nicht. Ich kannte ja vom Krieg her das Radio, aber dennoch war es ein schönes Ereignis, als wir nun auch noch im Haus Radiomusik hören konnten."

Mit der Einleitung des elektrischen Lichtes in die Bauernhäuser veränderte sich die bäuerliche Welt, denn ab nun waren die Bauernhöfe am Abend beleuchtet. Dort, wo früher Dunkelheit herrschte, brannte nun das Licht. Das bedeutete für den Bauern, vor allem für den Kleinbauern, ein heute kaum mehr nachzuempfindendes Erleben. Der Elektriker spielte dabei eine Art Weihnachtsmann. Ein alter Kleinbauer erinnert sich enthusiastisch: „Im fünfziger Jahr haben wir das erste Mal das elektrische Licht aufgedreht. Ich hätte mir

nicht träumen lassen, daß wir hier einmal elektrisches Licht
bekommen werden. Unser Fritz war damals ein Jahr alt. Der
Elektriker hat alles installiert und ist in die Küche gekommen. Meine Frau hatte den Buben auf dem Arm. Und da
dreht der Elektriker das Licht an. Plötzlich hat die Lampe
gebrannt. Der Bub hat Maul und Augen aufgerissen und hat
Luft geholt. Auf einmal war Licht hier. Das war eine Überraschung." Und ein anderer Bauer denkt freudig zurück:
„Wir haben 1950 das elektrische Licht bekommen. Man
kann sich nicht vorstellen, was das für ein Gefühl war!
Vorher die Öllampe und jetzt dieses Licht." Ich werfe heiter
ein, daß man früher, als es nur die Petroleumlampe gab,
beim Kartenspiel besser schwindeln konnte. Darauf antwortet mir lachend der Bauer: „Das mag schon sein. Oft ist es
auch gut, wenn man nicht alles sieht."

Jedenfalls war nun Helligkeit am Hof, und man konnte
sehen, was sich da so tat. Wahrscheinlich war mit dieser
Helligkeit auch das emsige Treiben der die Bauernmädchen
und die Mägde beim Fenster aufsuchenden Bauernburschen etwas eingeschränkt worden.

Über dieses neue Gefühl, am Hof Licht zu haben, aber
auch über die alte Petroleumlampe denkt der Sohn eines
Bauern nach: „Ich war damals ein Schulerbub mit neun
Jahren um 1950, als bei uns da das Licht eingeleitet wurde.
Mich hat bereits das Mastensetzen interessiert, denn das war
neu hier. Es war ja etwas Besonderes, wenn auf einmal
Masten aufgestellt werden. Es war eine Sensation, daß wir
plötzlich nun nicht mehr die Petroleumlampe gebraucht
haben. Ich habe der Petroleumlampe immer ein wenig
nachgetrauert; sie war etwas ganz Besonderes, denn am
Abend war es heimeliger, da war die Petroleumlampe auf
dem Tisch. Da hat einer gelesen, da hat einer etwas gegessen. Es war nun eine Sensation, als plötzlich durch das
elektrische Licht alles hell war. Und im Hof war auch Licht.
Wenn es zu schneien begonnen hat, habe ich das Licht
aufgedreht am Hof und habe geschaut, denn man hat beim

Licht den Schnee so schön fallen gesehen. Das elektrische
Licht war eine Sensation. Man hat in die Lampen geschaut,
weil der Draht in diesen so geglüht hat. Mit dem Licht mußte
man sparen, daher hat man auch gleich wieder abgedreht.
Aber trotzdem hat sich nun am Abend mehr abgespielt im
Haus. Auch die Aufgaben konnte ich jetzt bei gutem Licht
machen."

Durch das elektrische Licht hat sich also im Zeitbewußt-
sein und im Zeitablauf der Bauern einiges verändert. Scherzend meinte ein Bauer dazu, als ich ihn darauf hinwies:
„Früher sind sie im Winter, weil es so dunkel war, wahrscheinlich mehr im Bett gelegen. Daher gab es früher so
viele uneheliche Kinder." Das elektrische Licht bedeutete
also in jeder Hinsicht eine Revolution.

Einzufügen ist noch, daß einige Bauern gemeinsam und
einige Betriebe, wie das Sensenwerk oder der große Gasthof
Grundner, dem eine Fleischerei und eine Landwirtschaft
beigeschlossen waren, eigene kleine Elektrizitätswerke besaßen. Allerdings gab es bei diesen oft Probleme, wenn das
Wasser zu wenig floß, meist dann, wenn sich dieses zum
Beispiel wegen hereingefallenen Laubes staute. Da konnte
es passieren, daß das Radio oder die Lampe zu flimmern
begann.

Und noch etwas veränderte sich durch die Einbindung
bäuerlicher Kultur in die Elektrizität, nämlich das Hüten des
Viehs. Darauf geht ein Bauernbursche ein: „Im Herbst habe
ich gerne Vieh gehütet. Das war eine schöne Zeit. Das ging
so lange, bis der elektrische Weidezaun eingeführt wurde,
nun war es aus mit dem Viehhüten. Ich denke gerne an
dieses zurück. Ein Hirtergeschäft war übrigens auch, die
Nüsse aufzuheben und in Säcken zu sammeln. Mit den
elektrischen Weidezäunen war es nicht mehr notwendig,
mit den Kühen als Hirte auf der Weide zu sein."

Die Elektrizität veränderte also die Welt des Bauern wesentlich. Maschinen konnten nun die Arbeit der Knechte
und Mägde übernehmen, und schließlich trieben sie den

Bauern in ein Dilemma, überhaupt wenn er – wie schon oben erwähnt – Kredite für ihre Anschaffung aufnehmen mußte. Ein alter Bauer meinte dazu: „Manche Bauern haben sich mit den Maschinen überhoben. Sie haben Schulden gemacht und dann Gründe verkauft, um diese zu bezahlen. Aber man muß heute auf die Maschinen schauen, wenn man als Bauer überleben will." Die Maschine trägt zur Vereinsamung des Bauern bei, aber sie macht ihn auch abhängig. Jedenfalls steht die Maschine in einem Gegensatz zur alten bäuerlichen Kultur, die vielen Menschen, Mägden und Knechten, Arbeit bot, und zu der Pferde und Ochsen gehörten, die ehedem jene Arbeit leisteten, die heute der Maschine übertragen wird. Freilich zur Erleichterung des Bauern, der einsam am Hof wirtschaftet.

Die Kuchl, die gute Stube und das gemeinsame Essen

Von besonderer, geradezu symbolischer Bedeutung war die gute Stube, in der sich das bäuerliche Leben abspielte. Hier empfing man die Gäste, und hier nahmen auch die Bauersleute samt ihren Dienstboten die Mittagsmahlzeit ein. Gekocht wurde bei manchen Bauern noch bis zum Anfang der fünfziger Jahre in der an die gute Stube anschließenden sogenannten Rauchkuchl, die man auch „offene Kuchl" nannte. Die meisten Bauern werden wohl schon in der Vorkriegszeit die Rauchkuchl aufgegeben haben. Bemerkenswert ist, daß keine Türe von der Rauchkuchl zur Stube führte. Um von der Kuchl in die Stube zu gelangen, mußte man – im Gegensatz zu heute – also über den Vorraum gehen. Der Grund mag wohl in dem rauchigen Gestank liegen, der von der Rauchkuchl ausging.

Von der Rauchkuchl konnte jedoch über ein Loch der eher primitiv gesetzte Ofen in der Stube geheizt werden. Dies geschah dadurch, daß im Winter die Glut vom Herd durch dieses Loch in den Ofen befördert wurde. Über dem offenen Feuer in der Rauchkuchl stand der sogenannte Goaßhaxen (Geißfuß), ein Dreifuß, auf den die Pfanne oder der Wasserkessel gestellt wurde. Die in der Pfanne zubereiteten Speisen waren eher einfach. Zum Brotbacken hatten die Bauern ohnehin einen eigenen Backofen, der meist außerhalb des Hauses lag. Für die alte Rauchkuchl benötigte man kein Feuerzeug oder Zündhölzer – solche Gegenstände besaßen die Bauern ehedem noch nicht –, denn die Glut wurde ständig gehalten. Dies geschah dadurch, daß nach dem Kochen Asche über die Glut gegeben wurde. Die Glut blieb so erhalten und konnte beim nächsten Kochen aufs neue entfacht werden.

Ein Tischler, der viel bei den Bauern herumkam, beschreibt diese Kuchl und die Mahlzeit mit ihrer alten Sitzordnung in der guten Stube prächtig:

„Der P.-Bauer hat noch bis 1952 eine schwarze Kuchl gehabt, bei der der Rauch vom Ofen durch das Zimmer abzog und die ganze Kuchl dadurch schwarz war. Hier wurde nur gekocht, nicht gegessen, denn es hat oft furchtbar geraucht und gestunken. Aber trotzdem war das Essen gut. An die Stelle der Rauchkuchl kam dann in den fünfziger Jahren der Sparherd, bei dem der Rauch durch einen speziellen Kamin ins Freie geht. Die Kuchl war der Bereich der Frau. Auch Kachelöfen gab es damals schon, sie wurden von außen (vom Vorhaus) separat geheizt und standen in der guten Stube."

Der das offene Feuer der Rauchkuchl ablösende Herd war von viereckiger Gestalt und gemauert. Er wurde von der Seite durch ein Türl mit Holz geheizt und hatte eine große Herdplatte, auf der gekocht wurde. Seitlich erhöht am Rande des Ofens befand sich das sogenannte „Schifferl", eine Wanne aus Kupfer, in der Wasser vom Herd aus erhitzt wurde und durch einen kleinen Hahn abfließen konnte. Diese Öfen waren allerdings keine typischen Bauernöfen, sie gab es überall, sie strahlten jedoch eine gewisse Gemütlichkeit aus.

Das Beheizen dieser Herde begann in aller Früh' für das Frühstück und das warme Wasser. Das Anzünden entweder durch die Bäuerin selbst oder durch eine Magd war ein beinahe ritueller Akt. Man benötigte dazu Späne, die die Alten am Hof herstellten, und auch Geduld, damit die Flammen ihre Nahrung finden.

Die Tochter eines Müllers erzählte mir ähnliches, sie geht aber auch auf den Umbau von Kuchl und Stube ein: „Bis 1952 hatten wir eine Rauchkuchl. In der ist auch das Fleisch geselcht worden. In der Kuchl stand ein alter Tisch. Wir haben ihn und den Boden mit Aschenlauge gewaschen, damit sie nicht nach Rauch stinken. Dann haben wir umgebaut, dabei haben wir den Boden herausgerissen, er war nicht faul, sondern beinhart (durch den Rauch). Gegessen haben wir in der Stub'n. In der Ecke stand und steht heute noch der Tisch. Der Vater ist an der Wand (im Herrgottswinkel) gesessen, ihm gegenüber die Mutter und auf den Seiten die Kinder. 1952 bekamen wir den Kachelofen. Im Winter sind die Fenster nicht geöffnet worden. Es gab sogar eigene Winterfenster, die mit Eisenklammern festgemacht wurden. Damals hat man geglaubt, es ist gesund, wenn man im Winter die Fenster nicht öffnet. Heute vergeht kein Tag, an dem das Fenster nicht offen ist. Meine Mutter hat sich geärgert, als wir die alten kleinen Fenster herausrissen und größere eingesetzt haben. Und wenn wir die Fenster geöffnet haben, hat die Mutter immer geschimpft: ‚Es zieht, die Fenster sind zu weit offen!' Früher war es im Winter feucht in der Stube, wir haben ja Steinmauern, und die dünsten. Früher wird man gedacht haben, wenn man die Fenster aufmacht, dann kühlt es zu viel ab. Seit 1972 haben wir Kippfenster. Die werden nun beim Kochen und auch sonst aufgemacht, und trocken ist die Stube!"

Die alten Bauernstuben, in denen sich die Familie aufhielt, waren im Winter oft überheizt und hatten, weil während der kalten Monate kaum gelüftet wurde, einen eigenartigen Geruch. An diesen Geruch mußte sich der Eintreten-

de erst gewöhnen, wie zum Beispiel mein Vater, der als Arzt
auf Krankenbesuch kam. In der guten Stube stand meist
auch ein Bett, auf dem der oder die Kranke lag. In diesem
Bett kamen die Kinder zur Welt, und auf diesem wurde auch
der Tote aufgebahrt.

Eine besondere Bedeutung hatten in den Stuben die Kachelöfen, von denen manche bereits in den ersten Jahrzehn-
ten dieses Jahrhunderts gesetzt wurden, manche aber erst
nach dem Krieg in den fünfziger Jahren. Um den Kachelofen
lief eine Bank, auf der man gerne im Winter saß, um sich zu
wärmen. Und in der Höhe war ein Holzgestänge angebracht
(wie ich im Kapitel über Pferde bereits erwähnt habe), auf
das man die nassen Roßdecken hing, aber auch die frisch
gewaschene Wäsche.

Der wichtigste Bereich der guten Stube war der des großen Tisches. Bei den Mahlzeiten saß der Bauer als der Herr
des Hauses im Herrgottswinkel, über ihm das Kreuz und zur
Weihnachtszeit die Krippe. Diese Ecke der Stube lag meist
genau gegenüber der Eingangstür. Daß diese Ecke die heilige ist, mag daran liegen, weil sie dem Eintretenden sofort
ins Auge fällt und der dort Sitzende einen guten Überblick
über die Stube besitzt. Und schließlich war diese Ecke mit
dem Tisch der wärmste Teil des Raumes.

„In der Stube", schildert der bereits zu Wort gekommene
Tischler weiter, „hielten sich die Bauersleute, aber auch die
Dienstboten, das Gesinde, auf, wenn es Zeit zum Essen war.
Beim Essen um den Tisch gab es eine bestimmte Sitzordnung. Bei dem Bauern, bei dem ich oft war, sind wir zu acht
oder neunt um den Tisch gesessen, noch 1950. Der Tisch
stand im Herrgottswinkel. Jeder hat seinen Platz gehabt. Im
inneren Eck saß der Bauer, links von ihm die Bäuerin. Die
Dirnen sind auf der Bank, einer beweglichen, gesessen,
damit sie schnell aufstehen können. Sie mußten mit der
Bäuerin servieren."

Bei größeren Bauern gab es neben der „großen Stube", in
der die Knechte und Mägde ihre Mahlzeiten einnahmen, das

sogenannte „Stubenstüberl", eine besondere „gute Stube",
die dem Bauern und seiner Frau vorbehalten war und in der
beide auch aßen. Für die Dienstboten war sie tabu. So erzählte mir ein Schulfreund, der um 1954 als junger Knecht
arbeitete: „Erst als ich bereits ein halbes Jahr beim Lofer
war, bin ich von ihm in das Stubenstüberl gebeten worden.
Das war sein Heiligtum. Drinnen waren der Schreibtisch,
ein Kachelofen, seine Jagdgewehre und Hirschgeweihe. Er
hat mir nun gesagt, ich bekomme ab jetzt 50 Schilling mehr
im Monat, also 80 Schilling, weil ich gesagt habe, ich höre
auf mit dem Holzführen."

Im Allerheiligsten des Bauernhauses, im „Stubenstüberl"
des Bauern, hatte der junge Knecht also erfahren, daß er ab
nun einen höheren Lohn erhalten werde. Die Bitte des
Bauern, in das Stüberl zu kommen, sowie die Eröffnung von
der Lohnerhöhung hatten einen fast rituellen Charakter.
Dem Burschen wurde so bewußt, der Bauer schenkt ihm
ausnahmsweise seine Gunst. Er fühlte sich jedenfalls geehrt.

Wie es beim Essen in einer „guten Stube", an dem auch
der Bauer teilnahm, zuging, erzählte mir eine Magd: „Vor
dem Essen wurde gebetet. Und dann aß man aus einer
gemeinsamen Schüssel der Reihe nach, vom Bauern angefangen bis zur Dirn. Später hatte dann schon jeder seinen
eigenen Teller, in den aus einer gemeinsamen Schüssel
geschöpft wurde. Zu Mittag gab es meist Erdäpfelgulasch,
Knödel, Semmelknödel. Fleisch – ein Geselchtes oder einen
Braten – gab es eigentlich nur am Sonntag oder einem
Feiertag. Sehr oft gab es Fleckerlspeise, aber auch einen
Apfelstrudel, andere Strudeln und Buchteln. Zum Frühstück
Brot und am Abend Brot und Milch oder Topfen."

Und ein ehemaliger Knecht ergänzt diesen Bericht aus
seiner Erfahrung bei einem großen Bauern: „Zum Frühstück hat es meist einen Schmarren gegeben, eine Art Kaiserschmarren (aus Mehl, Wasser und Eiern), schön in Butter
fett herausgebacken, aber ohne Zucker drauf. Und einen

Kaffee dazu. Oder es gab einen Roggensterz. Man nimmt Roggenmehl, das wird gelint (angeröstet) und mit heißem Wasser zu einem Teig gemacht. Der Teig wird mit einem Hackerl ganz fein geschnitten. Zu Mittag gab es beim Loferbauern sogar manchmal Fleisch, Wildfleisch, denn er war ein Jäger, aber auch viel Schweinernes. Bei den anderen Bauern war es eher selten, daß es soviel Fleisch gab. Und auf d' Nacht gab es eine Mehlspeise. Am Dienstag gab es einen Feinputz und am Donnerstag einen Großputz, wie wir dort gesagt haben. Der Feinputz war ein Grießkoch und der Großputz ein Milchreis. Einmal gab es Omeletten, also Palatschinken: Gerade war ich mit der Arbeit etwas früher als sonst fertig und ging in die Stube. Da standen auf dem Tisch die Omeletten. Ich konnte mich nicht zurückhalten: ruck, zuck habe ich drei gegessen. Nun sind die anderen gekommen in die Stube. Sie haben die Suppe gegessen und dann die Omeletten. Die waren schnell weg. Die Bäuerin ist gekommen und hat sich gewundert: Sind die Omeletten denn schon gar? Freilich. Sie hat dann noch welche gebracht. Sie hat gesehen, wie es mir schmeckt, und hat mir noch ein paar zur Seite gegeben. So bin ich auf 20 Omeletten gekommen. Dort beim Lofer ist es mir nicht schlechtgegangen. Ich war auch bei Bauern, da ging es mir nicht so gut. Zum Essen gab es Most. Den Most durften wir uns beim Lofer selbst vom Keller holen, wenn wir einen Durst hatten. Oft sind wir bloß schnell in den Keller gegangen und haben einen guten Schluck getrunken. Daß wir uns keinen Rausch antrinken, dafür hat der Lofer schon gesorgt. War einer zu lange im Keller, hat er schon geschrien. Wie ich beim Lofer war, ist auch einmal der Binder von Oberweng beim Lofer auf der Stör gewesen. Er hat drei Fässer für den Most gemacht. Ein Faß für 18 Eimer und zwei zu je 15 Eimer."

Zu den klassischen einfachen Speisen, wie sie typisch für die Rauchkuchl oder die Holzknechtshütte war, gehörte der bereits erwähnte Sterz. Dazu will ich noch den Sohn eines Holzknechtes sprechen lassen: „Zuerst kommt ein Mehl ins

heiße Pfanndl, und man rührt es ein wenig herum, so wird
es ein bisserl dunkel. Nun kommt das Fett, das Schmalz,
hinzu. Das ist der Dunkelsterz. Läßt man das Mehl aber licht
und gibt gleich das Schmalz hinzu, wird es ein heller Sterz,
ein Muasel. Er ist nichts anderes als ein Mehlteig mit Salz.
Also: Wasser, Mehl, Fett und Salz, das wird gebacken im
Pfanndl und dann zerstoßen zu kleinen Brockerln. Wir haben das als Kinder oft gehabt. Zum Sterz nimmt man gewöhnlich Roggenmehl. Es gibt verschiedene Unterarten.
Auch die sogenannten Spatzen, das sind Mehlnockerl, wurden ähnlich zubereitet. Beim Pacher, er kommt aus der
Steiermark, gab es oft Steirerkas mit Spatzen zu Mittag.
Meist trinkt man zum Sterz einen Kaffee. Der Vater hat gerne
einen Eierschmarren, das ist ein Kaiserschmarren, oder
einen Grießschmarren, aber auch ein Mehlmuasl, also einen Sterz, gegessen, dazu einen Kaffee.

Wenn er ins Holz ging, hat ihm die Mutter etwas Speck,
Brot und als Mehlspeise einen Germschober (Germkuchen)
und dazu einen selbstgemachten Ribiselwein im Rucksack
mitgegeben. Die anderen Holzknechte hatten einen Most
mit."

Beliebt bei Bauern waren auch Erdäpfel, Sauerkraut und
Rüben. Darauf geht der Sohn eines Bauern ein: „Früher
haben die Bauern fast alle Erdäpfel angebaut. Heute sind nur
ganz wenige, die in kleinen Mengen Erdäpfel anbauen. Ich
habe vor kurzem in der Gemeindezeitung geschrieben, daß
es traurig sei, daß niemand mehr bei uns im Gebirge Erdäpfel anbaut. Dabei sind unsere Erdäpfel besser als die vom
Waldviertel. Ich habe gerne Erdäpfel gegessen, genauso wie
rote Rüben, die wir bis 1955 angebaut haben. Mit einem
Rübenschneider sind sie geschnitten und eingesurt worden.
Als Vorspeise waren Rüben wunderbar, aber auch das Sauerkraut. Sauerkraut war eine beliebte Vorspeise bei den
Bauern. Es hat ja geheißen: Das Kraut stopft die größeren
Löcher – im Magen. Das Sauerkraut hat einmal den größten
Hunger genommen. Zumindest die Vorspeise, also das Sau-

erkraut oder die Rüben, haben wir bis ungefähr 1955 noch aus einer gemeinsamen Schüssel gegessen. Hier und da gab es auch eine Brotsuppe. Das Fleisch, das es ohnehin selten gab, bekamen wir jedoch auf einem Teller serviert. Aber die Knödel waren in der Schüssel, aus der man sich selbst bedient hat. Jeder am Tisch hat seinen eigenen Löffel gehabt. Früher hat jeder seinen Löffel an eine Schlaufe unter der Tischplatte gehängt. Die Löffel haben wir nicht abgewaschen, es hat genügt, sie bloß abzuwischen. Die Jause am Nachmittag war oft eine Erdäpfeljause. Oder es gab ein Stückerl Geselchtes mit einem Stück Brot dazu. Hie und da hat die Mutter von Windischgarsten einen Wurstaufschnitt zur Jause mitgebracht. Das war etwas Besonderes. Oder es wurde in einer Schüssel ein Käse für die Jause gemacht. Drinnen war Kümmel. Nach 1960 hat sich da viel geändert. Vor allem, als man aufgehört hat, selbst das Brot zu backen."

Während des Sommers, wenn man so ab vier oder fünf Uhr früh gemäht hat, war man am frühen Vormittag bereits hungrig. Daher wurde schon um neun Uhr ein kräftiges Essen als Frühstück eingenommen. Dieses konnte aus einem fetten Sterz und frisch gekochter Milch bestehen. Die einfachen Speisen, wie der Sterz, die Spatzen oder ähnliches, die man vormals auch in der Rauchkuchl zubereiten konnte, verweisen auf eine alte bäuerliche Kultur. Für diese war die gemeinsame Schüssel ein wichtiges Symbol. Bei Tisch in der guten Stube kamen die Dienstboten und die Bauersleute zusammen, hier konnte man Gedanken austauschen, seinen Ärger anbringen, aber auch die Dinge erfahren, die für die tägliche Arbeit am bäuerlichen Hof wichtig waren. Bei der gemeinsamen Mahlzeit bestand auch eine feste Hierarchie, nach der man in die Schüssel langte. Zuerst kam der Bauer oder der Moarknecht dran und zum Schluß der junge Knecht und die junge Magd. Gerade letztere konnten sich nicht immer statt essen, vor allem dann, wenn der Moarknecht einen großen Hunger hatte.

Es hat sich viel geändert. Heute sitzt der Bauer – wenn die Kinder schon aus dem Haus und vielleicht zum Studium in der Stadt sind – alleine oder mit seiner Frau am Mittagstisch und nimmt das aus den im Supermarkt hastig erstandenen Dingen zubereitete Essen zu sich.

Es ist Ruhe eingekehrt am Bauernhof und in der guten Stube.

10. Frömmigkeit

Magie und Aberglaube

In der alten bäuerlichen Welt wurde viel und fromm gebetet, bei den Mahlzeiten, in der Kirche, bei der Totenaufbahrung und auch sonstwo.

Seit ehedem sind die Kulturen der Bauern voll von frommen und auch magischen Gebeten sowie Ritualen, durch die Gott und die Heiligen aufgefordert werden, die Früchte des Feldes, die Gesundheit des Viehs und das Wohlergehen der am Hofe Lebenden zu sichern.

Weltweit ähneln sich derartige fromme Handlungsweisen von Bauern. Dazu gehören Litaneien jeder Art und eine Vielzahl von Ritualen oder Bräuchen, wie den Palmbuschen in das Feld zu stecken, um eine gute Ernte zu ermöglichen, oder der Einsatz von Weihrauch, um Haus und Vieh vor Unglück zu bewahren. Das Leben der alten Bauern war eingebunden in eine Kultur der Frömmigkeit. Ein sichtbares Symbol dieser Kultur war der Pfarrer, der, wenn er zu einem Sterbenden gerufen wurde, im Ornat, die geweihte Hostie in den Händen vor sich tragend, zu Fuß ging. Ihm voran ging ein Ministrant, der durch Glockenzeichen auf den Pfarrer aufmerksam machte. Jedermann wußte, daß ein Sterbender auf die Hostie wartet, und verharrte stumm. Heute ist der den Versehgang vollführende Pfarrer aus dem Straßenbild verschwunden. Der Pfarrer fährt heute im Auto ohne irgendwelche öffentlichen frommen Rituale zu dem Kranken.

Der frühere bäuerliche Mensch wußte, wie wichtig für ihn Frömmigkeit ist, zumal er sich der Unsicherheit der Natur ausgesetzt sah. Er selbst konnte keinen Einfluß auf diese nehmen, er hoffte aber, über Gott und die Heiligen, die er durch Gebete und Bräuche geneigt machen wollte, dies tun zu können. Religiöse und magische Strategien gehen dabei

ineinander über. Magische Praktiken unterscheiden sich
von den religiösen dadurch, daß mit ihnen die überirdischen
Wesen geradezu gezwungen werden, in einer bestimmten
Weise aktiv zu werden. Durch eine überlange Litanei oder
durch eine Wallfahrt soll erreicht werden, daß Gott oder ein
Heiliger beziehungsweise eine Heilige dem Bittenden seine
Gunst schenken muß (!). Beim bloß religiösen Gebet wird
die Gottheit um etwas gebeten, wobei es ihr freisteht, diese
Bitte zu erhören. Jedenfalls ist jede bäuerliche Welt voll von
dem Glauben an die Wirksamkeit magischer und frommer
Techniken.

In dieselbe Richtung ist auch die sogenannte „Verzaube-
rung" zu verstehen. Dazu erzählte mir ein alter Bauer, der
sich selbst aus der alten Glaubenswelt der Bauern gelöst hat:
„Die Leute früher waren furchtbar dumm, sie haben allen
möglichen Blödsinn geglaubt. Da kenne ich einen Fall. Eine
hat zum H. als Bäuerin eingeheiratet. Sie hatte junge Menscher (Mägde), die sich nicht viel um das Vieh kümmerten.
Daher haben sie zuwenig Milch gehabt. Sie meinte, die Kühe
sind verzaubert. Darauf hat sie einen geholt, der sich da
auskannte. Der ist in den Stall und hat gesagt: ‚Hier ist alles
verhext! Redet mich nicht an, wenn ich aus dem Stall komme.
Hier ist eine Hexe, die mich fast erdrückt!' Die Leute haben
das geglaubt, er selbst wahrscheinlich nicht. Er ist dafür (für
die Hexenaustreibungen u. ä.) bezahlt worden. Er dürfte
dabei mehr verdient haben als bei seiner Arbeit. Es gab
früher sogar Zauberbücher. Bis in die fünfziger und sechziger Jahre gab es einen solchen Aberglauben! Wenn zum
Beispiel eine Mißgeburt zur Welt kam, hat es geheißen, die
Mutter habe sich während der Schwangerschaft verschaut.
Beim Mitterwenger Schuster, er war ein Liliputaner, haben
die Leute gemeint, seine Mutter hätte sich in einen Liliputaner verschaut, denn sie selbst war normal groß. Der Arzt hat
zwar gesagt, so etwas gibt es nicht, aber das hat nichts
genutzt. Heute gibt es Gott sei Dank kein Verzaubern, aber
auch kein Verneiden mehr, das heißt, wenn man Leute ver-

zaubert, weil man es ihnen nicht gönnt, daß sie glücklich sind."

Magie gab es auch und gerade auf dem Gebiet der Krankheiten, wie der Bauer weiter erzählt: „War jemand krank, so wurde angebraucht. Es gab Spezialisten für das Anbrauchen. Diese Leute wurden weiterempfohlen. Beim Anbrauchen wurde zum Beispiel in einen Apfelbaum ein Loch gebohrt. In dieses hat man Kleidungsstücke oder Kot von dem Kranken gesteckt und zugemacht. Trotzdem sind die Leute gestorben. Früher hat man an jeden Blödsinn geglaubt. Wie die Mutter meines Schwiegervaters gestorben ist, hat er ein schlechtes Gewissen gehabt und gefürchtet, sie wäre im Fegefeuer in der Hölle. Da ging er zur Armen-Seelen-Res, die wohnt in Stoder drinnen. Sie hatte einen Apparat, mit dem sie genau gesehen hat, wie weit seine Mutter im Fegefeuer drinnen ist. Die Res hat gesagt, es ist fast geschehen um die Mutter, aber es gibt noch Rettung, sie aus dem Fegefeuer zu holen, wenn er viel Rosenkranz betet. Er hat nun den Rosenkranz heruntergeleiert. Dann hat er wieder die Res gefragt, wie es mit der Mutter steht. Und die hat gesagt, sie kommt schon langsam aus dem Fegefeuer. Er hat darauf weiter Rosenkränze geleiert. Die Res hat dafür von ihm etwas Fleisch und Geld bekommen."

Mit dieser Erzählung des alten Bauern will ich nur kurz die Bedeutung magischen Denkens für die alten Bauern umreißen.

In Richtung Magie ist auch, wie in der Erzählung deutlich gemacht wird, das Herunterleiern der Gebete zu deuten. Wenn jemand schwer krank war, fand man es zum Beispiel als selbstverständlich und für die Gesundheit des Erkrankten förderlich, wenn Rosenkränze, Vaterunser und andere Gebete im Stile von Litaneien vorgesagt werden. Man verband und verbindet mit dem eintönigen Geleier von Gebeten die Vorstellung, die Gottheit günstig stimmen zu können. Genau dies ist als magisches Denken zu deuten.

Das erkennt auch der sehr gescheite Pfarrer. Als ein Mann

starb, meinte seine Witwe zum Pfarrer: „Ich habe eh so viel
gebetet, und trotzdem ist er gestorben." Der Pfarrer antwor-
tete ihr: „Das Beten alleine hilft nichts." Damit widerspricht
er alten überlieferten Vorstellungen, die gerade für die bäuerliche Kultur – allerdings nicht bloß für diese – charakteristisch war, als man dachte, durch Litaneien und das mono-
tone Vorsagen von Gebeten könne man Gott zu einem bestimmten Handeln „zwingen".

Hexen und Teufel gehörten in diese alte Welt. Ein Teufel
kommt auch in einer Schilderung eines früheren Tischlergesellen vor: „Einmal ist der alte Stadler im Gasthaus gewesen und hat fest getrunken und recht gelästert. Dann ging
er heim hinauf in Richtung Pyhrnpaß. Auf einmal merkt er,
da ist einer hinter ihm. Das war der Teufel, er hat ihn reden
gehört. Der Stadler hat erzählt, wie er gerade zu seinem
Haus kommt, ist der Teufel schon ganz nahe hinter ihm
gewesen. Es soll furchtbar gestunken haben hinter ihm. Der
Stadler ist nun durch die Tür seines Hauses gerannt, vielleicht hat man ihm die Tür geöffnet. Er ist bei der Tür hinein,
und vom Haus oben hat er gesehen, wie der Teufel vor der
Tür gestanden ist. Er soll Weihwasser auf ihn gespritzt
haben, dann war alles vorbei." Der Tischler fügte noch
hinzu: „Früher haben wir uns alle oft gefürchtet, wenn wir
im Dunkeln gegangen sind."

Geistergeschichten gehörten zum Alltag am bäuerlichen
Hof. Mit Geschichten dieser Art vertrieb man sich die Zeit,
schreckte Kinder, und man war sich selbst nicht sicher, ob
es nicht doch den Teufel oder sonst ein gespenstisches
Wesen gibt. Dies alles paßt gut in eine Welt, in der Gebete
und magische Rituale zum Leben gehören und man sich
abhängig weiß von überirdischen Wesen, also von Gott und
den Heiligen, die man gnädig stimmen muß, um eine gute
Ernte, gesundes Vieh und Wohlergehen zu haben. Alle diese
Gebete, Rosenkränze, Litaneien und Rituale, wie die Weihe
des Viehs und der Palmbuschen, haben eine wichtige Bedeutung für das Leben des bäuerlichen Menschen, sie helfen

ihm, mit den Unsicherheiten der Natur und den täglichen Problemen fertig zu werden.

Es gibt sie noch, diese Gebete und Rituale, das ist auch gut so. Wohl haben der Tierarzt, der Arzt, der Lehrer und andere weise Personen den bäuerlichen Menschen klarzumachen versucht, daß moderne, angeblich wissenschaftlich abgesicherte Techniken den Menschen mehr helfen als die alten überkommenen frommen Versuche, die Gunst Gottes und seiner Heiligen zu gewinnen, aber dennoch sind noch manche überlieferten Formen der Frömmigkeit erhalten geblieben. Zu diesen gehört auch, zu Weihnachen, zu Neujahr und zu den Heiligen Drei Königen mit Weihrauch durch Haus und Stall zu gehen. Wie tief der Glaube an die Wirksamkeit solcher magischen frommen Praktiken in den bäuerlichen Menschen verwurzelt sind, konnte ich einmal zu Neujahr beobachten, als ein Bauernsohn, der längst nicht mehr auf einem Bauernhof wohnt, das Innere seines Autos mit Weihrauch gesegnet hat.

Tod und Aufbahrung[8]

Der Umgang mit dem Sterbenden gehörte zum Leben auf dem Bauernhof, ebenso wie der Umgang mit den Kranken. Früher waren die bäuerlichen Menschen bei keiner Krankenkasse versichert, daher mußten sie sich selbst mit ihren Kranken und Sterbenden abmühen. Ein alter Bauer schildert: „Beim Kerschbach – das war allerdings der einzige Bauer, der so etwas hatte – gab es sogar ein eigenes Kranken- und Sterbezimmer. Wenn einer gar nicht mehr getan hat, ist er dort hineingekommen. Von diesem Zimmer aus gab es einen Seilzug in die Kuchl und die Stube, damit der Kranke auf sich aufmerksam machen konnte."

---

8 Vgl. mein obiges Kapitel über Tischler und Sargmacher, es ergänzt dieses.

In der alten bäuerlichen Kultur wurden also die Sterbenden, die man heute in die Krankenhäuser verbannt, und
schließlich die Toten, die heute in die Aufbahrungshallen
abgeschoben werden, nicht den Lebenden entzogen, zumindest nicht sofort.

Starb jemand im Haus, so wurde nicht nur der Doktor und
der Pfarrer benachrichtigt, sondern einer aus der Familie
trat auch den Weg zum Tischler, der gleichzeitig auch Bestatter war, an. Dem Tischler hat man gesagt, wie mir ein
solcher erzählte: „‚Der Vater (oder die Mutter) ist gestorben,
geh, sei so gut, mache einen Sarg.‘ Wenn der Angehörige in
der Früh' zum Tischler gekommen ist, hat der Sarg am
selben Tag fertig sein müssen. Gewisse Sargbretter, die
Kopf- und Fußteile, waren ja ohnehin vorrätig. Es hat schnell
gehen müssen. Das war ein Geschäft ohne Konkurrenz." In
einem früheren Kapitel bin ich bereits auf den Tischler als
Sargmacher eingegangen. Dabei habe ich erzählt, daß es
meist ein Geselle war, der vom Meister zum Trauerhaus
geschickt wurde, um den Toten für den Sarg abzumessen.

Man bahrte die Toten drei Tage auf, meist in der guten
Stube, aber auch im Schlafzimmer, bevor man sie zur ewi-
gen Ruhe auf den Friedhof brachte. Die Lebenden mußten
sich also drei Tage noch mit den Toten auseinandersetzen.
Man betete an jedem der drei Tage jeweils am Abend gemeinsam mit Freunden und Nachbarn in Anwesenheit des
im Bett – manchmal vielleicht auch schon im Sarg – aufgebahrt liegenden Toten, sang Trauerlieder, aß ein Stück Brot
und trank nachher noch ein Glas Most oder auch mehrere
Gläser.

Man traf sich also beim Toten und fand offensichtlich
nichts dabei, ordentlich zu trinken. Nach Erzählungen sollen manche Besucher dabei zuviel getrunken haben und
dann „besoffen" gewesen sein, was von den Trauernden
jedoch nicht immer akzeptiert wurde. Eine alte Bäuerin
fügte sogar hinzu: „Oft ist mehr gesoffen worden als gebetet." Aber noch etwas weiß sie: „Für die Nachtwachenden ist

auch etwas zum Essen hingestellt worden. Das war die
Wegzehrung für den Verstorbenen. Gesungen wurden meist
Trauerlieder und auch solche Lieder, die der Verstorbene
früher gerne gehabt hat. Dem Kerschbaumer-Ernest haben
sie, weil er gerne bei den jungen Madln war, auch so ein Lied
gesungen, das dazu gepaßt hat. Ein solches Lied war dem
Toten gewidmet. Das ist heute noch so (aber ohne Toten).
Wenn jemand gerne Blasmusik gehört hat, dann hat man
ihm so ein Ständchen gebracht." Immerhin war das gemeinsame Beten eine Möglichkeit, miteinander in Kontakt zu
kommen. Manche Bauernburschen sollen nur wegen der
Menscher (Mädchen) gekommen sein. Jedenfalls gehörte
die Aufbahrung des bäuerlichen Toten zu einer uralten
Kultur. Dazu erzählte mir ein Bauernsohn folgendes: „Der
Vater ist 1969 gestorben und ist noch zu Hause aufgebahrt
worden. Am Abend sind die Nachbarn zur Nachtwache gekommen. Ein Haufen Leute waren da. Eine Stunde lang ist
gebetet geworden. Dann hat man sich zusammengesetzt,
hat etwas gegessen und getrunken. Oft ist es früher bei den
Nachtwachen ganz schön lustig zugegangen. Der Vater hat
oft nach einer solchen Nachtwache gesagt: ‚Da haben wir
wieder eine Gaudi gehabt.‘ Es war oft lustig, obwohl es für
die Angehörigen weniger lustig war."
   Darüber, wie der Tote oder die Tote aufgebahrt wurde,
erfuhr ich von einem anderen Bauernsohn noch dieses:
„Meine Großmutter ist noch aufgebahrt worden, das war
1949. Im Stüb'l ist die Tote gelegen. Im Sonntagsgewand und
mit der Flügelhaube ist sie drinnen gelegen. Drei Abende ist
fest gebetet worden." Ergänzend schildert ein Bauer: „Beim
Aufbahren des Toten in der schöneren Stube sind die beweglichen Möbel, der Tisch und die Sessel, hinausgetragen worden. Die Bank und der Kasten sind drinnen geblieben. Auf d'
Nacht ist dann gebetet worden. Aus hygienischen Gründen
ist dann das Aufbahren zu Hause verboten worden. 1958 ist
meine Mutter noch aufgebahrt worden, jedoch schon im
Schlafzimmer. Wir hatten nur eine Stube und einen kleinen

Raum daneben. Nach den drei Tagen der Aufbahrung ist der
oder die Tote mit den Füßen voran hinausgetragen worden.
An der Schwelle wurden drei Kreuze mit dem Sarg gemacht.
Das ist alles sehr ernst genommen worden."

Aber noch etwas ist wichtig, wie eine Bäuerin dartut: „Es
heißt, wenn der Tote vom Haus weggebracht worden ist, daß
man das Bett, in dem einer gestorben ist, sofort abziehen und
verrücken muß. Tut man das nicht, so stirbt bald einer vom
Haus. So ist es auch gewesen, als der Hinterwinkler gestorben ist. In seinem Nachtkasterl waren Herztabletten, die hat
sein älterer Neffe erwischt und gegessen. Daran ist er gestorben. Die Bauern haben nicht den Tabletten die Schuld
an dem Tod gegeben, sondern dem Umstand, daß das Bett
des Toten nicht verrückt war."

Magie beherrschte also sehr wohl auch den Totenkult.
Nach dem Tod und der Aufbahrung des Toten mußte sofort
der vorige Zustand hergestellt werden, beziehungsweise die
Position des Bettes durfte nicht mehr an den Toten erinnern,
daher „verrückte" man es in magischer Weise.

Ab den sechziger Jahren mit dem Erlassen diverser sani-
tätspolizeilicher Verordnungen verschwindet die Aufbahrung allmählich aus den Häusern. Ein Bauer versteht dies
und nennt Gründe: „Meine Schwiegermutter ist 1976 noch
im Haus aufgebahrt worden. Kurz darauf sind solche Aufbahrungen verboten worden. Ich kann mich genau daran
erinnern, es war im August. Da ist einer der Totengräber
gekommen und hat geschimpft wegen der Aufbahrung im
Zimmer, weil ein paar Fliegen herumgeflogen sind. ‚Was
glauben Sie', hat er gesagt, ‚wenn diese Fliegen einen stechen!?' Er meinte, es sei gefährlich, wenn die Fliegen erst
den Toten stechen und dann einen Lebenden."

Ein gewichtiges Argument gegen die Hausaufbahrung
hörte ich von einem ehemaligen Tischlergesellen, zu dessen
Aufgaben es gehörte, den Toten in den Sarg zu legen: „Wir
sind mit dem Sarg gekommen und haben den Toten, der
schon drei Tage im Bett aufgebahrt gelegen ist, in den Sarg

umgebettet. Wenn wir den Toten aufgehoben haben, hat es
furchtbar gestunken. Dazu brauchten wir einen Schnaps.
Man atmet den Geruch der Leiche ein, das ist furchtbar.
Wenn am nächsten Tag einer von uns, die dabei waren,
einen Pfurz (Darmwind) gelassen hat, so hat dieser so wie
die Leiche gestunken. Es ist gut, daß die Aufbahrung zu
Hause verboten wurde."

Man fand also Gründe gegen die Aufbahrung des Toten im
Haus, und manche waren auch froh, daß der Tote nicht mehr
bei den Lebenden war. Damit hörte sich eine uralte Beziehung zwischen Lebenden und Toten auf. Die Lebenden
mußten sich drei Tage mit dem toten Familienmitglied beschäftigen – betend, essend und trinkend. Der Leichenzug
führte daher auch direkt vom Haus weg zum Friedhof. Bei
manchen Bauern teilte man es noch den Tieren im Stall und
vor allem den Bienen mit, daß jemand aus der Familie nun
zum Friedhof getragen werde.

Mit zwei Rössern und einem Wagen, auf dem der Sarg lag,
brachten die alten Bauern ihre Toten zum Friedhof, um ihn
dort gemeinsam sofort zu begraben. Eine tiefe Symbolik lag
in dem allen, sie zeigte an, daß der Tote direkt aus seiner
alten Welt – ohne Umweg über das Krankenhaus und eine
sterile Aufbahrungshalle – in eine andere gebracht wurde.
Man war eigentlich als Anverwandter dauernd bis zur Grab-
legung mit dem Toten in engem Kontakt.

Ich sprach darüber mit dem heutigen Leichenbestatter,
der ebenso wie seine Vorgänger ein Tischler ist. Er meinte,
wenn heute jemand im Haus stirbt, dann würden die Anver-
wandten darauf achten, daß der Tote sofort von ihm, dem
Leichenbestatter, aus dem Haus gebracht werde. Man sei
froh, mit dem Toten nichts mehr zu tun zu haben und ihn
nicht mehr aufbahren zu müssen. Er als Bestatter jedoch,
wie er mir versicherte, fordere die Angehörigen auf, den
Toten noch einige Stunden bei sich im Haus zu behalten und
bei ihm zu beten. Er selbst würde mitbeten. Der Abschied
vom Toten wäre dadurch inniger und herzlicher.

Heute gibt es also keine Aufbahrungen mehr im eigenen Haus, sie sind sanitätspolizeilich verboten. Allerdings erinnert an die alte Tradition der häuslichen Aufbahrung, daß an zwei Tagen vor dem Begräbnis der Sarg mit dem Toten in der Friedhofskirche aufgebahrt und an den Abenden für den Toten von den Freunden und Verwandten gebetet wird, meist, genauso wie früher, einige Rosenkränze. Nur noch selten wird vom Ort aus ein Leichenzug zum Friedhof geführt, wenn, dann nur für hohe Herrschaften. Derartige Leichenzüge hat man grundsätzlich wegen des Autoverkehrs verboten. Man verneigt sich vor dem Auto auf Kosten einer alten Tradition, wonach der Tote noch einmal mit Rössern durch den ganzen Ort bis hin zum Friedhof geführt wurde.

Die alten Leichenzüge waren geradezu prächtige Ereignisse. Man kümmerte sich um keine Autos, die sollten im Schritt hintennach fahren. Und die auf den Seiten der Straße Stehenden erfuhren bereits am Weg zum Friedhof einiges über das vergangene Leben des Toten.

Folgender Bericht aus einer Lokalzeitung beschreibt das Begräbnis eines Hüttenwirtes im Jahre 1958. Hier wird das Begräbnis zum Fest: „Mit ehrlicher Trauer hat ganz Spital am Pyhrn des verstorbenen Pächters des Linzerhauses, Fritz Kollnberger, gedacht, der am Nachmittag, geleitet von einer großen Menschenmenge, zu Grabe getragen wurde. Kameraden des Bergrettungsdienstes trugen, flankiert von Fackelträgern den Sarg vom Trauerhaus [!] zur Stiftskirche und nach der Einsegnung zum Friedhof. Die vielen Vereinsabordnungen, die unzähligen Blumen und Kränze zeugen von der Wertschätzung und der Zuneigung, deren sich der Tote allerseits erfreut hatte." Dann folgen die Hinweise auf die Vereine, denen der Hüttenwirt und Schilehrer angehört hat, und die Reden, die gehalten wurden. Der ganze Ort war mit einbezogen in die Trauerfeier. Die Straße gehörte dem Zug mit dem Toten.

Dieser Bericht verweist auf eine alte Kultur des dörflichen

und bäuerlichen Totenkultes, der sich freilich im wesentlichen bis heute erhalten hat und auch weiterhin ähnlich gepflogen werden wird, obwohl sich dennoch einiges geändert hat. Wohl werden vornehme Leute auf der Straße zum Friedhof getragen, aber dieser Vorzug ist nur wenigen vorbehalten. Der „gewöhnliche" Tote genießt nicht diese Ehre, daß seinetwegen die heiligen Autos gestoppt werden müssen.

Gehalten hat sich jedoch noch das gemeinsame Essen und Trinken nach dem vollzogenen Begräbnis. Beim gemeinsamen Trunk kehrt man in den Alltag zurück. Man gedenkt des Toten in freundlichen Worten, während man beim Rindfleisch mit Semmelkren, dem traditionellen Traueressen, zulangt. Die Gasthäuser machen dabei ein gutes Geschäft, wie schon immer.

11. Vergnügen

Das alte Gasthaus

„Früher sind die Bauern öfter beim Gasthaus Schlagiedl zusammengekommen. Das hat sich aufgehört. Das ist eigentlich auch ein Untergang. Früher haben sich die Bauern gerne zusammengesetzt und sich gegenseitig aufgezogen (geärgert). Das war eine Gaudi. Zum Beispiel haben sie den E. gepflanzt, weil man ihn einmal in einer verfänglichen Situation mit einem Madl erwischt hat", erzählte mir ein Bauer, der sich wehmütig der vergangenen bäuerlichen Zeit erinnert, als es noch echte Bauerngasthäuser mit einfachen festen Tischen und einer nach Rauch und Most riechenden Holzverschalung gab. Solche Gasthäuser sind weitgehend verschwunden, denn heute hat man sich auf den Fremdenverkehr eingestellt und daher das Gasthaus in modisch „rustikaler" Weise nach diversen Kaufhauskatalogen und den Vorschlägen weiser Kundenberater eingerichtet.

Und einige alte Wirtshäuser sperrten überhaupt zu. Dafür aber schuf man für Gäste aus den Städten und dem Ausland große „bäuerlich" anmutende Restaurants und Hotels, mit denen man auf Fremdenverkehrsmessen prahlt. Immerhin ist damit ein Geschäft zu machen.

Das alte dörfliche und bäuerliche Gasthaus kennt man heute fast nur mehr aus Erzählungen. So erinnert sich ein alter Dorfbewohner: „Heute gibt es keinen Bürgertag mehr. Früher war jede Woche jeweils in einem anderen Wirtshaus ein Bürgertag. An diesem haben sich die Geschäftsleute und der Pfarrer getroffen. Auch der Friseur und der Schuster waren dabei. Man hat Karten gespielt und sich gut unterhalten." Auch für die Bauern und ihre Knechte waren die Gasthäuser von großer Bedeutung, denn in diesen trafen sie sich bei einem Trunk, bei Most oder Bier, man vertrieb sich die Zeit, während man auf den Schmied oder sonst etwas wartete, und hier hatte man Unterhaltung. Gerne kehrten Bauern am Sonntag vormittag nach dem Kirchbesuch und auch am Nachmittag in das Gasthaus ein. Das Gasthaus bot beste Unterhaltung, die das Fernsehen heute nicht bieten kann.

Aber es gab nicht nur das lustige Gespräch, an dem man sich ergötzen konnte, sondern auch spannende Raufereien. Darüber berichtete mir ein alter Bauer: „Früher haben sich neben den Bauern auch die Sensenschmiede im Gasthaus Schlagiedl getroffen, auch Holzknechte waren dabei. Daher gab es oft Raufereien zwischen den Burschen. Alle Sonntage ist dort gerauft worden. Einmal hat ein Holzknecht, der war höchstens einen Meter sechzig groß, furchtbar gerauft, er hat sie herumgeschmissen. Da hat einer sein Messer gezogen und ihm den Bauch aufgeschnitten, so daß ihm die Därme heraushingen. So ist er zum Doktor gegangen. Irgendwie hat man ihn wieder zusammengeflickt. Es ist oft wild zugegangen. Meistens haben sie wegen der Menscher (Mädchen) gerauft, wenn zum Beispiel einer zu einem Mensch gegangen ist, zu dem gleichzeitig aber auch ein anderer gegangen ist. Ein Streit läßt sich leicht vom Zaun brechen. Die Burschen, die noch nicht verheiratet waren, haben ja ihre Kraft zeigen wollen. Überhaupt die Fleischhauer haben mit ihrer Kraft geprotzt, aber genauso die Sensenschmiede. Und dann ist es mit den Bauernburschen zum Raufen gekommen. Einmal haben die Prügel bekommen und einmal die. Früher ist viel mehr gerauft worden als heute. Fast bei jeder Unterhaltung ist gerauft worden. Die Alten haben zugeschaut."

„Im Rohrauerhof gegenüber der Kirche war ein Stammtisch für Sensenschmiede", schildert ein früherer Sensenschmied, „über diesem hing eine große, schön ausgeführte Sense. In diesem Gasthof kamen neben den Sensenschmieden Holzknechte und die Bauernburschen aus der Au zusammen. Hier ist oft gerauft worden, überhaupt wenn eine Hochzeit war. Heute wird in den Gasthäusern nicht mehr gerauft. Heute ist es langweilig. Wenn gerauft wird, wird

gleich ein großes Theater gemacht. Ich habe damals nach
dem Krieg einen Holzknecht gekannt, dem haben sie bei
einer Rauferei den Schädel halbert eingeschlagen. Drei Wochen konnte er nicht arbeiten. Für die Ausheilung hat er sich
einen Urlaub genommen, er ist nicht in den Krankenstand
gegangen."

Raufbolde haben ehedem einiges Ansehen genossen. Sogar ein Gendarm, der weit bei den Bauern herumkam,
erinnert sich beinahe mit Hochachtung an die raufenden
jungen Burschen: „Große Raufer waren früher der Kersch-
baumer-Sepp und der Buchebner. Wenn sie etwas getrunken hatten, waren sie lästig. Sie waren stark und haben sich
nichts gefallen lassen. Noch in den fünfziger und sechziger
Jahren gab es große Raufer, wie zum Beispiel den E.-Franz.
Die Raufer selbst hätten sich nie gegenseitig angezeigt, auch
wenn sie verletzt waren. Von den Raufereien hat man als
Gendarm erst im nachhinein erfahren, meist durch den Arzt,
der verpflichtet ist, Körperverletzungen anzuzeigen. Einer
der letzten großen Raufer war der B. Aber zu seiner Ehre
muß man sagen, daß er selbst niemals jemanden angegriffen hätte, er hat nur immer zurückgeschlagen. Er war ein
paarmal eingesperrt, aber niemals wegen Raufereien oder
wegen eines Diebstahls, sondern nur wegen der Alimentationsschulden, die er hatte. Arbeiten tut er allerdings auch
nicht."

Über eine Gasthausrauferei, an der er selbst beteiligt war,
erzählte mir auch ein Knecht: „1957 war es, da besuchte ich
einmal das Gasthaus ‚Lindenhof'. Dort hatten sie die erste
Musikbox der ganzen Gegend. Der Wirt war fast zwei Meter
groß. Im ‚Lindenhof' kam alles zusammen, von weit und
breit. Es wurde viel getrunken und mit den Mädchen getanzt. Ich saß dort an einem Tisch, mit dem Rücken zur
Tanzfläche. Auf einmal haut mir einer mit einem Bierkrug
ins Kreuz, so fest, daß ich auf den Tisch flog. Er wollte einen
anderen treffen, mit dem er gerade zu raufen begonnen
hatte. Und dabei hat er mich erwischt. Ich stand auf, mußte

tief Luft holen und drehte mich um. Und sehe, wie der eine lacht. Darauf habe ich ihm eine hinuntergehauen. Nun nahm ein anderer eine Bierflasche und schlug auf mich ein. Ich wollte mit dem Unterarm abwehren, er traf mich aber trotzdem am Handgelenk, wo ich heute noch einen Dübl (Erhebung) habe."

Im Gasthaus konnten die jungen Burschen sich in Szene setzen und ihre Kraft demonstrieren. Dazu gehörte auch das Armdrücken und das Fingerhakeln. Auch ich betätigte mich als junger Bursche bei solchen Aktivitäten. Beim Fingerhakeln brachte ich es sogar zu einigem Können. Allerdings zog mich einmal ein starker Bursche derart über den Tisch, daß mein Finger lädiert und für einige Zeit unbrauchbar wurde.

In den alten Gasthäusern ging es jedenfalls an manchen Tagen wild zu. Im Vergleich damit sind die heutigen Gasthäuser eher langweilige Stätten des Trinkens und Essens. Auch ich als Bursch mit siebzehn und achtzehn Jahren war angetan von dem Treiben in den Gasthäusern, allerdings verbot es mir mein Vater, der Arzt, mich daran zu beteiligen. Ich hatte aber dennoch Lust, solche Gasthäuser aufzusuchen, meist in Begleitung der Bäckerburschen. Daher stieg ich, wenn meine Eltern bereits schliefen, aus dem Fenster des von meinem Bruder und mir bewohnten Zimmers. Ich erlebte viel in diesen Nächten. Als ich allerdings einmal wiederum in der Nacht beim Fenster einstieg, wartete bereits mein Vater auf mich und verabreichte mir einige Ohrfeigen. Eine verfehlte jedoch ihr Ziel, wodurch sich mein Vater mit der Hand an meinem Nachtkästchen verletzte.

Die alten Gasthäuser gibt es nicht mehr. Die im Dorf an der Straße gelegenen, wie der Gasthof „Zur Post", der auch nach seinem kühnen Besitzer „der Grundner" hieß, waren klassische Fuhrmannsgasthäuser. Dort stiegen noch in der Vorkriegszeit die Fuhrleute ab, ihre Pferde brachte man in dem zur Landwirtschaft des Gasthauses gehörenden Stall unter.

Aber auch sonst waren die Gasthäuser im Dorf, vor allem

„der Grundner", ein Mittelpunkt des dörflichen Lebens. In einem großen Saal, der in einem Nebentrakt im ersten Stock lag, fanden die Ballveranstaltungen statt, führte man Theaterstücke auf und zeigte ein fahrender Kino-Mann die ersten Filme – zum Erstaunen der Dorfbewohner. Wurden Kinderfilme gezeigt, so warteten die Kinder ungeduldig und schwätzend oft stundenlang auf den Einlaß in den Grundnersaal. Das Leben in diesem Saal, der heute vielleicht als Lagerraum für irgend etwas dient, ist erloschen.

Das Gasthaus selbst wird von freundlichen Leuten geführt, aber es ist nicht mehr dasselbe wie früher.

An die Stelle des „Rohrauerhofes" sind eine Sparkasse und zwei kleine Geschäfte getreten. Es erinnert nichts mehr an diesen großzügigen Gasthof mit seinem herrlichen Saal, in dem nicht nur gezecht wurde und man Hochzeiten feierte, sondern auch ab und zu ein Kasperltheater zu sehen war. Im Garten des Gasthofes befand sich eine alte Kegelbahn. Daneben war der Platz für Ringelspiele, die fahrende Leute hin und wieder hier aufstellten.

Es fällt auf, daß einige alte Gasthäuser an Mühlen errichtet oder daß die Stuben der Mühlen zu Gaststuben wurden, denn hier wartete der Bauer nicht nur, bis das eigene Getreide gemahlen war, sondern hier fand er Gelegenheit, auf andere Bauern zu treffen, die ebenso warteten, bis sie an der Reihe waren. Dazu kamen schließlich noch jene, die sich eine heitere Gesellschaft in der Mühle erhofften. Die Tochter eines Müllers weiß dazu Spannendes zu berichten: „Unsere Mühle hier war auch ein Gasthaus früher. Wenn einer gehört hat, daß der oder der heute zum Mahlen kommt, hat er sich gesagt, da gehe ich auch hin, das wird eine Gaudi. Wenn jemand sein Troat bei uns gemahlen hat, hat er in der Stube gewartet, bis eine Glocke im Vorraum läutet, die ihm angezeigt hat, daß der Behälter mit dem ungemahlenen Getreide nun leer ist. Wenn es geregnet hat, sind sie gerne gekommen. Gerne ist auch der Nachbar gekommen auf ein Glaserl Wein.

Alle möglichen Leute sind zu uns eingekehrt. Einmal waren zwei Bauernburschen da, die als Wilderer unterwegs gewesen sind und mit dem angeschossenen Wild hierher kamen. Das Wild haben wir in der Radstube der Mühle, wo es angenehm kühl ist, aufgehängt. In der Stube haben sich die beiden mit zwei Jägern, die auch hier ihren Most tranken, unterhalten. Niemand von den anwesenden Bauern hat etwas von dem Wild gewußt. Und wir haben nichts erzählt."

Aber auch bei einem Sägewerk konnte ein Gasthaus errichtet sein. Schließlich waren es die Sägewerke, wohin es Bauern mit ihrem Holz zog und wo sie aufeinander trafen.

Über so ein Gasthaus, am Hengstpaß gelegen, erzählte mir ein früherer Holzarbeiter: „Beim Sagwirt (Sägewirt) trafen sich die Holzknechte und auch andere Leute. Mehr als zweimal in der Woche wird kaum jemand dorthin gegangen sein. Mein Vater, der damals schon etwas älter war, besuchte höchstens am Wochenende den Wirt. Oder man hat sich zwischendurch ins Gasthaus gesetzt, wenn in der Säge etwas zu erledigen war. Man hat getrunken und sich unterhalten. Manchmal ist sicherlich auch gerauft worden, und zwar, wenn die Leute eine Wallfahrt zur Rotkreuzkapelle unternommen haben, nachher im Gasthaus. Aber nicht nur Raufereien trugen zur Unterhaltung der Gäste im Wirtshaus bei, sondern auch das altbekannte Kegelspiel. Fast jedes alte Gasthaus besaß daher auch eine Kegelstatt, eine längliche, aus Brettern gezimmerte Baracke. Der Boden war zumeist aus Holz, in der Mitte lag der Kegelladen, auf dem die Kugel zu den Kegeln rollte. Meist an Sonn- und Feiertagen trafen sich Bauern, Holzknechte und andere Leute an den Nachmittagen zum Kegelspiel, bei dem es um Geldeinsätze ging. Die umgefallenen Kegel stellte ein Kegelbub auf. Wenn alle neun Kegel fielen, mußte der Kegelbub jauchzen. Von einem Kegelbuben weiß ich, daß er, wenn lange nichts zu jauchzen war, etwas nachgeholfen hat, damit alle Kegel fielen. Für diese wichtige Arbeit, um die sich die Buben, darunter auch ich, rissen, erhielt man jeweils ein paar Geldstücke, meist

so um 50 Groschen oder einen Schilling. Das war in den
vierziger und am Beginn der fünfziger Jahre viel Geld für
einen Buben. Während eines solchen Nachmittags kam einiges dabei zusammen. Diese Kegelbahnen, an denen man
sich gerne unterhielt, verloren um die Mitte der sechziger
Jahre langsam ihre Attraktivität.

Hier will ich einem alten Holzknecht das Wort lassen:
„Eine Kegelstatt war auch bei der Flinderlmühle. Ich habe
oft am Samstag und am Sonntag dort gekegelt. Das Kegelspiel war eine zusätzliche Unterhaltung. Oft haben Partien,
wie beim Eisstockschießen, gegeneinander gespielt, drei
gegen drei oder vier gegen vier. Manche haben es zu ernst
genommen. Ich kannte einen, der war ein richtiger Kegel-
narr. Er wollte sich erschießen, weil er immer, wenn er
gegen meinen Bruder, den Ferdl, spielte, verloren hat. Der
Ferdl hat eben besser gespielt. Der andere wollte es aber
nicht glauben, hat aber alleweil verspielt. Immer wieder
wollte er eine Chance haben. Mein Bruder hat ihm gesagt:
‚Laß es, es nutzt nichts, du kommst nicht nach.' Aber der hat
weiterg'spielt. Um Geld für das Spiel zu haben, hat er in
Windischgarsten ein Kalb verkauft. Und das Geld hat er
wieder verspielt. Darauf ist er heimgegangen, hat die Büch-
se seines Vaters genommen, geht bei der hinteren Tür hinaus und hat sich in den Mund geschossen, aber so, daß die
Kugel ihm das Kiefer und die Nasenspitze zerfetzt hat. Er hat
überlebt. Er war vorher eine Schönheit von einem Mann.
Nicht nur Kegel gespielt wurde im Gasthaus, sondern auch
Karten. Dabei ist es auch oft wild zugegangen. Wir haben
geschnapst oder auch 17 und 4 gespielt." Gasthäuser vermögen Geheimnisse zu bewahren, schließlich konnte der Wirt
es sich mit seinen Gästen nicht verscherzen, auch wenn sie
Wildschütze waren. Und in Zeiten der Not waren es die
Wirte, die ihren darbenden Gästen entgegenkamen. So soll
ein Wirt in Windischgarsten nach 1945 seine Gäste mit dem
Fleisch von einer Gams, die ihm ein Wilderer gebracht hatte,
erfreut haben. Offiziell war es Schweinefleisch, das der Wirt

da vorsetzte. Man nannte daher das so servierte Schweinefleisch aus Spaß „Gamsschweinernes".

Gerade in den Jahren nach dem Krieg, als die Lebensmittel rationiert waren und man nur gegen Marken, auch im Gasthaus, etwas zu essen und zu trinken bekam, wandte man sich an den Wirt. Über einen solchen gütigen Wirt erzählte mir ein damals (um 1946) junger Bursche dies: „Das Gasthaus in der Grünau hat damals der Schuty gehabt. Er besaß auch eine Landwirtschaft. Er war ein recht ein guter Kerl. Bei ihm konnte man auch ohne Marken ein Schnapserl oder ein Gulasch bekommen. Zu ihm bin ich also gefahren und habe ihn gefragt, ob er mir einen Most oder einen Schnaps schwarz geben könne. „Ja, ja, das geht schon', hat er gesagt."

Das Gasthaus im alten Sinn, in dem noch wildes Leben war, in dem Raufer sich trafen, der Wirt einen oft sehr engen persönlichen Kontakt zu seinen Gästen hatte, ist verschwunden. Auch das Gasthaus „Flinderlmühle" ist in Vergessenheit geraten. Das zur Mühle gehörende Sägewerk wurde, wie die Mühle selbst, abgerissen. Ein Bauer meinte dazu: „Heute ist alles ganz anders. Im Salettl der Flinderlmühle, das heute nicht mehr steht, ist getanzt worden. Es wurde mit der Harmonie gespielt. Es ist alles vorbei."

Heute ist die „Flinderlmühle" an Städter verkauft, sie dient in einem schön restaurierten Zustand Feriengästen. Vor dem Haus parken manchmal Autos mit Wiener Nummern. Und auf dem Haus selbst ist auf einer Holztafel das Wort „Flinderlmühle" zu lesen, obwohl es schon lange keine Mühle mehr ist. Die alte bäuerliche Mühlenkultur ist jedoch vorbei, mit ihr die ebenso alte bäuerliche Gasthauskultur, zu der durstige Bauern ebenso gehörten wie Bauernmadchen, die sich auf einen Tanz freuten, und Bauernburschen, die gerne rauften.

Freie Zeit, Feiern und Feste

Die Arbeit am Feld, im Stall und im Wald bestimmte das Leben des bäuerlichen Menschen, und wenn Arbeit anfiel, mußte sie getan werden. Und Arbeit war das ganze Jahr hindurch zu tun.

Einen Urlaub im modernen Sinn, wie ihn Arbeiter und Städter schon lange genießen dürfen, kannte daher die Welt der Bauern nicht. Das Leben am Hof duldete kein langes Fernbleiben von diesem, denn auch am Sonntag mußte das Vieh gefüttert werden.

Es gab jedoch neben den Sonntagen und den üblichen Feiertagen eine Vielzahl von sogenannten Bauernfeiertagen, über die man sich als eine willkommene Abwechslung freute. Diese vielen Feiertage – im Barockzeitalter soll es bis 150 solcher freien Tage im Jahr gegeben haben – waren offensichtlich notwendig, damit sich Bauern, Bäuerinnen, Knechte, Mägde und Holzknechte von ihrer schweren Arbeit so „zwischendurch" erholen konnten.

Oben habe ich bei der Beschreibung des Gasthauslebens schon gezeigt, welche Bedeutung das Gasthaus für die gemeinsamen Kontakte hatte, für das Karten- und Kegelspiel, aber auch für die Raufereien, die für manche Besucher Teil der Unterhaltung waren. Ergänzend zu den vorhergehenden Kapiteln will ich nun hier weiter darauf eingehen, wie der bäuerliche und dörfliche Mensch seine Freizeit, die ein Freisein von Arbeit war, verbracht und wie er seine Feste gefeiert hat. Heilig waren die Sonn- und Feiertage, an ihnen konnte man sich erholen und den Dingen widmen, für die man sonst keine Zeit hatte. Symbolisch wurde der Sonn- oder Feiertag dadurch vom Alltag herausgehoben, daß man eine besondere Kleidung trug.

Man unterschied daher früher streng zwischen dem Alltagsgewand und dem Sonntagsgewand. Eine Unterscheidung, die heute verlorengegangen zu sein scheint. Das Sonntagsgewand wurde besonders gepflegt und war beim

15   Bauernhochzeit um 1960

Manne aus gutem dunklen Tuch, es hielt ein Leben lang. Daher wurde er in diesem Anzug auch begraben. Eigentliche Trachten, wie sie heute getragen werden und aus diversen Katalogen entstammen, gab es für die kleinen Bauern nicht. Wohl hatten manche den klassischen Steireranzug, aber dieser war nicht allgemein. Ebenso verhielt es sich bei der Frauenkleidung. Das einzig Typische war vielleicht die Flügelhaube. Ich habe Bilder, die Bauern und Bäuerinnen in ihrem „Sonntagsgewand" zeigen, aus der Zeit der vierziger Jahre bis jetzt gesammelt. An ihnen fällt auf, daß erst ungefähr seit den achtziger Jahren die Trachten in jeder Variation an Beliebtheit gewinnen, während früher das einfache dunkle Gewand vorherrschte.

Der Besuch der Kirche am Sonntag erhielt durch die noble Kleidung eine besondere Weihe, ebenso wie der ganze Tag. Die Nachmittage der Sonntage dienten der Ruhe oder dem Besuch von Verwandten und anderen Bauern. Aber auch dem Besuch des Gasthauses, wie im letzten Kapitel ausgeführt, und dem Kartenspiel im eigenen Haus widmete man sich. Spiele dieser Art waren grundsätzlich nur den Männern vorbehalten, denn die Frauen hatten sich auch am Sonntag um die Hausarbeit zu kümmern.

Beim Kartenspiel saß man um den festen Tisch der Stube und hämmerte bisweilen mit den Karten auf diesen. Dazu erzählte mir der Sohn eines Bauern, mit dem ich an einem solchen alten Bauerntisch saß, wie er als kleiner Bub das Kartenspielen erlebt hat: „Dieser Tisch da ist ein himmelalter Teufel, darauf haben die Holzknechte im Winter Karten gespielt. Die Holzknechte sind am Montag in den Holzberg gegangen, und am Wochenende sind sie zurückgekommen. Zuerst haben sie im Gasthaus Grundner Kegel geschoben, dann sind sie zu uns herauf und haben Karten gespielt. Wenn der Holzmeister beim Mauscheln verloren hat, hat er so fest auf den Tisch gehauen, daß ein paar Zehnerln auf den Boden fielen. Die Geldstücke, die auf den Boden fielen, durfte ich mir behalten. Ich habe immer darauf gewartet, bis

der Holzmeister mit der Faust auf den Tisch drosch. Denn
dann flog das Geld in die Luft."

Neben dem bereits erwähnten Kegelspiel genoß im Winter das Eisstockschießen oder Eisschießen, wie man auch
dazu sagt, die Gunst der Männer. Frauen traute man offen-
sichtlich auch hier keinen guten Schuß zu. Bauern und ihre
Knechte trafen sich dazu am nahe gelegenen See. Nicht nur
der Eisstock war in Bewegung, sondern auch der Scherz der
Männer, die sich mit ihren Kommentaren über die schlecht
Schießenden oder die Gegner belustigten. Im nachhinein
fand man sich beim Seewirt noch zu einem Trunk ein.
Bauern und Holzknechte, die weitab von einem gefrorenen
See wohnten, mußten sich selbst bei einem Gasthaus eine
Eisbahn schaffen. Der Sohn eines Holzknechtes erinnert
sich: „Damals um 1950 haben die Holzknechte in Oberlaussa
neben dem Gasthaus dort eine Eisbahn ausgegraben, damit
eine ebene Fläche ist. Im Winter kam Wasser drauf, das ist
dann gefroren. Nun konnte man Eis schießen. Gelegentlich
hat man gesagt, eine Gruppe schießt gegen eine andere.
Oder es hat geheißen: Oberlaussa gegen Unterlaussa. Wenn
dies war, hat die Wirtin dem Knecht gesagt, er soll die Rösser
einspannen. Der fuhr dann mit einem Holzschlitten nach
Unterlaussa und hat die Eisstockschützen von dort nach
Oberlaussa geführt."

Das Eisstockschießen brachte, genauso wie das Kegelspiel, die Männer zueinander, und der Wirt machte ein gutes
Geschäft mit dieser sonntäglichen Betätigung der Holzknechte, Knechte und Bauern.

Zur bäuerlichen Familie im weiteren Sinn gehören seit
jeher Mägde und Knechte. Die bäuerliche Familie war identisch mit dem „ganzen Haus", und daher ging man am
Sonntag auch gemeinsam zur Kirche oder fuhr mit der
Kutsche dorthin. Gemeinsam feierte man auch die klassischen Familienfeste, wie zum Beispiel Ostern und Weihnachten.

Ein früherer Bauernknecht schildert in diesem Sinn aus

der Zeit um 1955: „Den Heiligen Abend verbrachte ich beim
Bauern. Meine Eltern suchte ich erst am Christtag auf. Der
Bauer wollte, daß wir alle gemeinsam feiern, die Bauern mit
uns Dienstboten. Bei der Bescherung erhielten wir alle eine
Kleinigkeit, entweder ein Paar Schafwollsocken oder sonst
etwas. Die besseren Knechte erhielten manchmal auch einen Anzug zum Kirchengehen oder genagelte Schuhe." Gemeinsam wanderten die Leute des Bauernhofes am Weihnachtsabend zur Mitternachtsmette. Damals marschierten
sie von überall, sogar von hoch oben zu Fuß zur Kirche, oder
man kam mit den Schlitten an. Um in der Dunkelheit den
Weg zu sehen, hatten sie Fackeln in den Händen, die man
unten wie kleine leuchtende und sich bewegende Punkte
sah. Heute, da es keine Dienstboten mehr gibt, ist es im
Bauernhaus eher einsam am Weihnachtsabend gegenüber
früher, und heute fährt man in Autos zur Kirche. Der Platz
vor und neben der Kirche ist jetzt ein großer Parkplatz, der
in einem teuflischen Gegensatz zur Frömmigkeit in der
Kirche steht.

Die bäuerliche Gemeinschaft kannte das gemeinsame
Feiern ebenso wie das gemeinsame Durchführen diverser
„heidnischer" Bräuche, so das Gehen mit dem Weihrauch
zu Weihnachten, zur Jahreswende und zu Dreikönig durch
Haus und Stall. Heute gibt es diese Bräuche noch, aber es
fehlt an Knechten und Mägden, die den Bauern dabei begleiten.

Besonders für die Knechte war der Kirchgang erholsam,
denn bei diesem konnten sie es sich im Kirchenstuhl gemütlich machen, und hier konnte ihnen niemand eine Arbeit
anschaffen. Nach der Kirche besuchten Bauern und Knechte
für gewöhnlich das Wirtshaus. Die Frauen allerdings mußten sich beeilen, auf den Hof zu kommen, denn sie hatten
sich um die Tiere und das Mittagessen zu kümmern. Heute,
da am Hof lediglich Bauer und Bäuerin wirtschaften, haben
es beide eilig, nach Hause zu kommen, um die im Laufstall
wartenden Rinder zu betreuen.

Zum Leben am Hof gehörte auch das gemeinsame Beten, nicht nur in der Kirche, zum Beispiel vor Ostern, wenn unermüdlich mit frommen Gesichtszügen Litaneien geleiert wurden, sondern auch im Hause des Bauern, zum Beispiel vor dem gemeinsamen Essen.

Dazu erzählte ein alter Bauer: „Beim Bugl haben die Knechte zur Familie gehört. Der Bugl war einer der letzten, der noch Knechte hatte. Dort ist viel gebetet worden, das ‚Vaterunser‘, den ‚Engel des Herrn‘. Das ist alles heruntergeleiert worden. Der Moarknecht vom Bugl hat so vorgebetet: ‚Klapp, klapp, klapp . . .‘ Und dann hat er das Kreuzzeichen gemacht. Wie wenn ein Roß trampelt, hat er gebetet. Sein Beten war unmöglich. Ich mußte mir das Lachen verbeißen. Das war noch Ende der fünfziger Jahre. Ich war damals beim Bugl, weil ich ihm bei einer Arbeit geholfen habe." Das Beten, darum verweise ich hier darauf, gab nicht nur dem Feiertag seine Besonderheit, sondern es hob den bäuerlichen Menschen auch aus dem Alltag heraus und verschaffte ihm eine Pause, über die er recht froh war, zum Beispiel beim gemeinsamen Mahl. Aber Moarknechte gibt es nicht mehr, und gebetet wird auch kaum mehr am Bauernhof.

Abwechslung vom täglichen Einerlei verschaffte dem Bauern und dem Handwerker im Dorf der Männergesangsverein, in dem nicht nur klassische Lieder gesungen wurden, sondern in dem man auch abseits von Frau und Hof sich „erlaubterweise" bei heiterem Gespräch und gutem Bier in einem Gasthaus erfreuen konnte. Eine wichtige Rolle spielte und spielt dabei der Pfarrer oder auch der Lehrer, die sich ähnlich wie beim Kirchenchor um die Ausbildung der fröhlichen Sänger zu kümmern hatten. Von Bedeutung war bei der Ausgestaltung der Feste neben dem Männergesangsverein die Blasmusikkapelle, der anzugehören offensichtlich eine Ehre ist. Auch die Musikkapelle bot den Teilnehmern während der wöchentlichen Übungsstunden erfreuliche Abwechslung.

16   Jubilare in der Kutsche

Eine besondere Freude verschafften dem bäuerlichen Menschen Ereignisse, wie zum Beispiel das Maibaumumschneiden Ende Mai. Ein Wildschütz, der wegen Wilderns im
Gefängnis Garsten eingesperrt war, erzählte mir, er hätte
seine Strafe von ein paar Monaten so angetreten, daß er beim
Umschneiden des Maibaumes wieder zu Hause sein konnte.
    Früher, vor allem bis Anfang der sechziger Jahre, wurde
der Maibaum vom Trachtenverein in der Mitte des Dorfes,
also auf dem Hauptplatz aufgestellt. Heute wäre dies nicht
gut möglich, denn der Dorfplatz wurde zu einer vollkommen
asphaltierten Fläche umgewandelt, die vorrangig dem Autoverkehr dient. Ein Maibaum oder ein großer beleuchteter
Christbaum haben hier keinen Platz mehr. Auf den Christbaum, um den ich mit Bruder und Schwester zur Weihnachtszeit im Schnee lief und tollte, verzichtet man heute,
und der Maibaum wird am Rande des Dorfes vor dem Hallenbad errichtet.
    Es gab früher auch nur einen Maibaum – im Gegensatz zu

heute, da junge Burschen, offensichtlich einem modischen bayrischen Brauch folgend, allen möglichen Leuten, vor allem Bauern, einen Maibaum vor das Haus setzen.

Das Maibaumumschneiden früher war eine Belustigung für groß und klein am Ende des Monats Mai. Leute des Trachtenvereins führten Tänze auf, schuhplattelten und erfreuten mit Jodlern die Zuhörer. Dazu wurde getrunken und schließlich der umgeschnittene Maibaum versteigert. Heute wird der Maibaum im August, wenn sich genügend Sommergäste im Ort aufhalten, umgeschnitten, meist in Verbindung mit einem Zeltfest, wie es die Feuerwehr, der Bergrettungsdienst oder sonst ein Verein auszurichten weiß. Es fällt auf, daß stets irgendein Verein irgendein Jubiläum zu feiern hat, um einen Grund für das jährliche Zeltfest zu haben.

Heiteres Leben herrschte an den Kirtagen (Kirchtagen) im Nachbarort. Dorthin zogen die bäuerlichen Leute, die Bauernburschen, die Holzknechte, die Mädchen und anderes Volk. Während die Burschen sich Scherze zurufend und kühn gebärdend darstellten, gingen die jungen Mädchen meist zu dritt oder zu viert, oft ineinander eingehängt, umher. Sie taten so, als ob sie die lauten Burschen nicht wahrnehmen würden, aber sie blinzelten doch aus den Augenwinkeln zu ihnen hinüber. Und richtete sich ein Scherz der Burschen direkt an sie, so erschien vielleicht ein kurzes keusches Lächeln auf ihren Lippen. Beim Tanz am Abend jedoch fand man zueinander. Der Kirtag bot eine ungemeine Buntheit gegenüber dem bäuerlichen und dörflichen Alltag. Hier konnte man an verschiedenen Standeln Köstlichkeiten kaufen, die es ansonsten nicht gab, wie türkischen Honig und Zuckerwatte. An manchen Standeln wurden von fahrendem Volk geradezu Wundermittel angepriesen. Ich erinnere mich an einen solchen Verkäufer, der unter Berufung auf Paracelsus Pillen für einen gesunden Kreislauf anbot. Um den alten Bauern weiszumachen, daß sie solche Wunderpillen notwendig hatten, drückte er ihnen ein Glasgestell in die Hand. Dieses bestand aus zwei miteinander durch

eine Glasröhre verbundenen Glaskugeln. In einer der Glaskugeln befand sich eine rote Flüssigkeit. Nahm nun ein
junger Mensch die eine Glaskugel mit der Flüssigkeit in die
Hand, so wanderte durch die menschliche Wärme der rote
Saft sprudelnd zur anderen Glaskugel hinüber, mehr oder
weniger schnell. Bei alten Bauern, die nicht mehr durch das
Feuer der Jugend geprägt waren, kam das Wässerchen
kaum in Wallung. Dies veranlaßte den Ausrufer, dem Bauern klarzumachen, er benötige dringend die angebotenen
Mittelchen, um doch noch ein paar Jahre leben zu können.

An den Kirtagen konnte fahrendes Volk mit den Seßhaften
gute Geschäfte machen, denn es vermochte sich als Träger
weisen Wissens aus der weiten Welt auszugeben, um so ihre
zuweilen sonderbaren Dinge mit Erfolg anzupreisen. Wohl
werden weiterhin „Zaubermittel" lautstark verkündet, doch
sie dürften die Leute nicht mehr derart anziehen, wie es
früher einmal war.

Aber auch Kleidung jeder Art konnte gekauft werden.
Hierin besteht noch heute der Reiz der Kirtage, die mit ihren
billigen Röcken, Blusen, Hosen, Socken, Sonnenbrillen und
Schuhen die Leute anziehen und so heute billigen Supermärkten ähneln. Wichtig war und ist der Trubel, die Ausge-
lassenheit, die Scherze mit den sich zunächst spröde zeigen-
den Mädchen, der Tanz und das gemeinsame Besäufnis.
Hierin dürfte sich nicht viel geändert haben.

Zu den klassischen Kirtagen gehörten auch Belustigun-
gen wie das Ringelspiel, das heute zugunsten von Autodro-
men weitgehend zurückgedrängt wurde. Beim Ringelspiel
machte es jungen Burschen Spaß, von ihren an Drahtseilen
hängenden Sitzen aus die in den Nebensitzen befindenden
Mädchen im Drehen durch die Luft zu schleudern und sich
an ihren erschreckten Rufen zu erfreuen. Am Fuße des
Ringelspiels hatten wieder andere an den fliegenden Röcken
ihre Freude.

Die alte dörfliche Welt, die noch kein Kino und kein
Fernsehen kannte, erlebte erfreuliche Abwechslungen,

wenn auch sonst eine Gruppe von Fahrenden mit Schießbude, Schaukel, Ringelspiel oder einem kleinen Zoo in das Dorf
kam. Die Schulbuben beteiligten sich beim Aufstellen und
waren glücklich, ein paar Groschen dafür zu erhalten. Die
alten Ringelspiele waren noch Ende der vierziger Jahre
nicht immer elektrisch betrieben, sie wurden durch Buben
gedreht, die im oberen Teil des Ringelspiels in einer Art
Drehkreuz im Kreis liefen. Auch ich tat da mit, doch mir
wurde dabei furchtbar schwindelig und schlecht, so daß ich
mich übergeben mußte.

Es gab da Leben am Sonntag, man drängte sich um die
Schießbude und ärgerte sich, wenn der Affe im Zoo blitz-
schnell mit seiner Hand herausfuhr und jemanden bei den
Haaren riß.

Von besonderer Attraktivität waren die kleinen Zirkusse,
die durch die Dörfer zogen. Sie verschafften einen Blick in
die sogenannte weite Welt, wenn bunt angezogene Zirkusdi-
rektoren Clowns und Seiltänzer ankündigten. Kamele, La-
mas, Affen, Zebras, Esel und andere Tiere, die ein mühsames
Leben im Zirkus zu führen hatten, ließen die Phantasien
schweifen in einer Welt, in der das Fernsehen noch nicht
vorstellbar und das Kino in den Dörfern erst am Beginn
seines Siegeszuges war. Zirkusse verirren sich nur mehr
selten in das Dorf, und wo dereinst die Wiese war, auf der sie
einmal gastierten und auf der Ringelspiele einmal die Kinder
erfreuten, ist heute ein langweiliger asphaltierter Parkplatz.

Abwechslungen schufen im Dorf seit jeher Theaterauf-
führungen, entweder von Einheimischen selbst gestaltet
oder von fahrenden Schauspielern inszeniert. Diesen Auf-
führungen dienten die großen Säle der Gasthäuser, vor allem der bereits erwähnte des Gasthauses Grundner. Auf der
dortigen Bühne zeigten sich Schüler und Schülerinnen als
brave Hirten, Engel, als Josef und Maria, als Rumpelstilz-
chen, als Prinzessinnen und ähnliches. Aber auch Zauber-
künstler traten hier vor einem staunenden dörflichen und
bäuerlichen Publikum auf.

Später dann, in der Zeit nach dem Krieg, gehörte zum Sonntagsvergnügen im Dorf bis tief in die sechziger Jahre hinein der Besuch des Kinos. Das Kino löste direkt das Theater ab, daher wurden die ersten Filme zunächst auch in einem Gasthaussaal vorgeführt. Dann wurde am Rande des Dorfes in einem langgezogenen Gebäude ein Kinosaal eingerichtet. Da das Kino etwas abseits lag, waren stets kleine Wanderungen nötig, um dorthin zu gelangen. War also ein Film angekündigt, bewegte sich regelmäßig eine Menschenschlange auf der Landstraße zum Kino und dann von diesem zurück.

Freudige Erwartung prägte die Stunden vor der Filmaufführung, und noch Tage später war man von dem Gesehenen erregt. Die jungen Burschen begleiteten die Mädchen in das Kino, um ihnen vielleicht während des Films in der Dunkelheit näherzukommen. Der anschließende Besuch des zur Bäckerei gehörenden Kaffeehauses war auch für den Bauernburschen ein Ereignis höchster Qualität. Eine Bauerntochter schilderte mir dazu: „Einmal im Monat sind wir, wie ich 15 oder 16 Jahre alt war, in das Kino gegangen. Fünf Schilling Taschengeld habe ich damals am Wochenende bekommen, obwohl ich selbst hart am Hof arbeiten mußte. Essen und Gewand habe ich ohnehin von zu Hause gehabt, aber wenn ich in das Kino gehen wollte, mußte ich sparen." Der Besuch des Kinos war also ein besonderes Ereignis, das zu finanzieren nicht so leicht war. Auch für mich, den Sohn des Landarztes. Es bedurfte beinahe demütiger Bittrituale, um den Vater zu bewegen, ein paar Schillinge für das Kino zu spenden. Gerade darum schätzte man wohl den Kinobesuch als eine außeralltägliche Angelegenheit, über die man sich frohen Herzens freute.

Heute gibt es kein Kino mehr, das Fernsehen überzieht den Menschen jeden Tag mit mehr Filmen, als er früher in einigen Monaten nicht hätte sehen können. Ich glaube, der alte Genuß, im dunklen Kinosaal sitzen zu dürfen, in dem es nach Terpentinöl roch und in dem gleich neben der Leinwand die Kassa war, läßt sich heute nicht einmal mehr nachempfinden.

Heute gibt es im Dorf weder einen Theater- noch einen Kinosaal. Der ehemalige Kinosaal wurde übrigens in einen Lagerraum umfunktioniert, ähnlich wie der im vorhergehenden Kapitel bereits erwähnte, dem Theaterspiel geweihte Gasthaussaal.

In diesem Gasthaussaal fanden auch die Bälle und Kränzchen statt. Besonders hoch ging es zur Faschingszeit her, vielleicht noch spannender als heute im „Mehrzwecksaal" des Dorfes, dem die Gemütlichkeit des alten Wirthauses fehlt. Besonders freute man sich jedes Jahr auf den Faschingssonntag mit dem Faschingsumzug, bei dem man sich auch über Dorfbewohner und ihre Mißgeschicke des letzten Jahres belustigte. Nach dem Programm des Jahres 1960 wurde der Faschingszug vom Trachtenverein und dem Bergrettungsdienst veranstaltet. Um 13.30 Uhr zog man vom Gasthof „Zur Post" ab. Am Hauptplatz fand eine Vorstellung eines „weltberühmten Wanderzirkusses" statt. Weiter ging es zu einer Leiten, an der ein Maskenschilauf durchgeführt wurde. Die „Spitaler Landwehr" hielt eine „Großübung" ab, es gab einen Kinderball des Trachtenvereins, und zum Ausklang ging es in den Gasthof „Alpenrose", wo der „Lumpenball" des Bergrettungsdienstes gefeiert wurde. Masken waren dabei erwünscht. Bei diesem „Lumpenball" ging es jedes Jahr hoch her, und es wurde auch gerauft.

Heute gibt es Faschingsumzüge dieser alten Art nicht mehr. Jedoch veranstaltet das Dorf jetzt gemeinsam mit den Nachbargemeinden einen Faschingszug, der abwechselnd einmal in einem Ort und dann im anderen durchgeführt wird. Jedenfalls stellt er nicht mehr jene Sensation dar, die der frühere Umzug für die bäuerlichen und dörflichen Menschen war. Ebenso ist es mit dem „Lumpenball", der ebenfalls seine Anziehungskraft verloren hat, wie andere Bälle im Dorf auch. Die alten Bälle hatten ihren besonderen Reiz, dies wahrscheinlich auch darum, weil sie schlicht einzigartig waren.

Eine Bauerntochter erzählte mir: „Wenn wir im Jänner am Samstag vom Holzführen heimgekommen sind, sind wir gerne auf Bälle gegangen. Damals um 1950 gab es viel mehr Bälle als heute. Jeden Samstag war einer: der Feuerwehrball, der Musikerball, der Bergrettungsball, der Schifahrerball oder ein Heimkehrerball. Diese Bälle waren alle im Grundnersaal. Das war ein herrlicher Saal mit einer Galerie oben, und vorne war die Bühne. Es waren schöne Bälle. Ich glaube, daß früher viel mehr Geselligkeit war als heute. Heute geht es den jungen Leuten viel besser, als es uns gegangen ist. Daran denke ich oft, wie wir von der Au zu Fuß in das Dorf marschiert sind, auch wenn es arg verschneit war. In einem Zimmer im Haus, in dem auch der Schuster Maierhofer war, wurde ein Tanzkurs abgehalten. Damit der Raum auch geheizt werden konnte, mußte jeder von uns, der zum Tanzenlernen gekommen ist, ein Holzscheit mitnehmen."

Man tanzte gerne und war froh, einigermaßen die üblichen Tänze zu beherrschen. Es besteht ein gewaltiger Unterschied zu heute, da junge Burschen in schnellen Autos ihre Mädchen schnell und gefährlich zu den Diskotheken der Nachbarorte führen. Man muß nicht sparen, und die Mädchen sind freier. Aber es fehlt heute an der alten Spannung zwischen Burschen und Mädchen, die den Umgang miteinander zu einer geradezu atemberaubenden Angelegenheit machte.

Schifahren, Bergsteigen und Hüttenleben – die Tradition der Wildschütze

Ich wage hier die kühne These, daß Schifahren und Bergsteigen der Bauernburschen in gewisser Weise eine Weiterführung des Abenteuers des Wilderns ist. In meinem Buch

„Wilderer – soziale Rebellen im Konflikt mit den Jagdher-ren" (Linz 1989) habe ich es unternommen, die verbotene Jagd als kühnes Mannbarkeitsritual darzutun, bei dem die Burschen sich als mutige Bezwinger der Felsenberge, aber auch als listenreiche Gegner der Jagdherren präsentierten. Sie genossen bei den Mädchen hohes Ansehen und erfreu-ten sich bei den „kleinen Leuten" des Rufes von Rebellen, die sich das Recht der Jagd nicht nehmen ließen.

Immerhin waren die echten Wilderer gute Bergsteiger, die zu Fuß weit unterwegs waren. Und an den Wirtshaus-tischen sprach man von diesen Leuten und ihren kühnen Unternehmungen.

Ähnlich war es auch mit den frühen Bergsteigern und Schifahrern, die gut zu Fuß waren und sich in den Bergen auskannten, denn Lifte und Autos, die die Schifahrer bis in die Berge bringen, gab es noch nicht. Nicht nur der weite Fußmarsch verband Schifahrer und Bergsteiger mit Wild-schützen, sondern auch das heitere Leben an den Tischen der Berghütten, das in dieser Form heute verschwunden ist.

Es war die Freude am Abenteuer in der freien Natur, die die jungen Leute auf die Berge trieb. Die weit oben erlegte Gams verschaffte ein ähnliches Hochgefühl wie der Sieg über einen Gipfel. Die alten Wildschütze gibt es nicht mehr, sie wurden zu braven Jägern, aber in gewisser Weise glichen sie in ihrem Wagemut den alten Schifahrern und Bergstei-gern, die sich mitunter auch vor Forstleuten und Waldbesit-zern in acht zu nehmen hatten. Genauso wie die modernen Mountainbikefahrer.

Der Sohn eines Holzknechtes erzählte mir über seinen Vater, der ein guter Bergsteiger und Wildschütz gewesen ist: „Früher haben die Burschen aus Leidenschaft (!) gewildert. Berechtigt dazu sahen sie sich durch die Not. Die Lederhose, die mein Vater besaß, die hatte er sich selbst geschossen. Das war auch Brauch so bei den Burschen."

Und die Tochter eines Müllers sprach in Hochachtung von den Wilderern, die sich in der Gaststube der Mühle trafen:

„Die Wildschütze haben mir gefallen, wir haben Wilderer-
lieder gesungen, und wenn Wilderer bei uns waren, haben
sie lustige Geschichten erzählt und furchtbar angegeben.
Der eine hat gesagt: Ich habe einen solchen Hirsch geschossen. Darauf hat der andere wieder gesagt: Das ist ja gar
nichts, meiner hat noch mehr Enden gehabt."

Ein richtiger Sport dürfte das Wildern von Rehwild und
Gams für die Senner auf den Almen gewesen sein. Eine
besondere Attraktivität genoß die Gams, denn um zu einer
solchen zu gelangen, mußte man immerhin ein prächtiger
Bergsteiger sein.

Darüber erzählte mir auch ein Bauernbursch, der später
für eine Zeit auf einer Almhütte lebte. Bereits als junger Bub
hatte er ein Erlebnis des Wilderns, auf das er heute noch
stolz zu sein scheint: „Gewildert habe ich schon mit elf
Jahren. Damals nach dem Krieg sind Waffen der Wehrmacht
verstreut gelegen. Ich hatte eine Maschinenpistole, die noch
funktionierte, gefunden. Die hatte ich bei mir, wenn ich
mich am Schwarzenberg herumgetrieben habe. Wie ich
wieder einmal bei den Felstürmen bin, sehe ich drei Gams
heraufziehen. Da hat es mich das erste Mal gepackt, und ich
habe auf eine Gams im Hüftanschlag ein paar Feuerstöße
abgegeben. In einer Rinne ist die Gams liegengeblieben und
hat sich nicht mehr gerührt. Ich habe die MP versteckt und
habe die Gams heruntergezogen. Dann bin ich heim, meine
Mutter war gerade im Stall. Sie hat mich gefragt: ‚Du Lausbub, wo warst du so lange?' Darauf ich: ‚Oben am Schwarzenberg, ich habe da eine Gams geschossen!' Und schon
habe ich eine Watsche bekommen. Ich habe geweint und
den Stall ausgemistet. Darauf bin ich in meine Kammer und
habe mich niedergelegt, weil ich mich über die Mutter
geärgert habe. Auf einmal kommt die Mutter in die Kammer
und fragt: ‚Wo ist die Gams? Wohin hast du sie gegeben?' Ich
habe ihr dann gesagt, daß sie beim Kirschbaum liegt. Nun
meinte sie: ‚Wir müssen sie dann doch holen!' In der Finsternis haben wir die Gams geholt. Meine Mutter hat die Gams

aufgebrochen. Nun gab es ein paarmal ein gutes Mittagessen in der damaligen schlechten Zeit."

Dieser junge Wildschütz wurde später ein guter Bergsteiger und prächtiger Schitourengeher, den man auch beim Bergrettungsdienst einsetzte.

Für die Bauernkinder bedeutete Schifahren – ganz im Stile der alten Wilderer – Abenteuer und Abwechslung im bäuerlichen Alltag. Da man sich jedoch in dieser Kultur der Armut nicht Schi vom Schimacher im Dorf leisten konnte, wandte man sich an jenen Faßbinder, der damals regelmäßig zu den Bauern in die Arbeit, in die Stör, ging. Von diesem erwarb man zunächst gewöhnliche Faßtauben, die mit einem Lederriemen für die Füße versehen wurden. Mit diesen Faßdauben ließ sich allerdings nur notdürftig auf dem Schnee rutschen. Schließlich stellte der Faßbinder dann aber doch echte Schier her, genauso wie der Zimmerer. Darüber erzählte ein früherer Bauernbursche: „Die Schier, mit denen ich an den Sonntagen im Winter gefahren bin, hat der Bartl, der Faßbinder, gemacht. Aber auch der Oberraner, er war Zimmerer, konnte Schi machen. Beim Schrofler hatte er eine Hobelbank, auf der er schon vor dem Krieg, als er keine Arbeit hatte, die Schi gemacht hat. Wenn er beim Schimachen war, ist recht geheizt worden, damit im Schifferl (die Kupferwanne im Herd) das Wasser sehr heiß wurde. In diesem Wasser sind die Schi an der Spitze gebogen worden, und so hat man sie dann eingespannt."

Allerdings wurden Schier dieser Art eher geheim und nur für wenige Bauernburschen und Bauernmädchen verfertigt, um keine Probleme mit dem Dorfschimacher zu bekommen.

In den Nachkriegsjahren erwarb man sich dann doch mit mühsam erspartem Geld die Schier beim offiziellen Dorfschimacher. Diese Schier, wie ich sie auch noch in den vierziger und zum Teil in den fünfziger Jahren fuhr, waren echte Produkte des handwerklichen Könnens des Schimachers, der zunächst gleichzeitig auch Wagnermeister war. Als jedoch die Leiterwägen mit den großen Holzrädern all-

mählich von den Straßen verschwanden, hatte auch der
Wagnermeister in dieser Hinsicht seine Funktion verloren.
Als Schimacher konnte er jedoch nun weiterhin seinen Geschäften nachgehen, und zwar in einer Zeit, als noch nicht
alle Schier in Fabriken am Fließband erzeugt wurden. Das
Herstellen der Schier beim Schimacher war noch eine persönliche Sache, genauso wie das Schneidern der Kleidung
und das Anpassen der Schuhe.

Um zu solchen Schiern zu gelangen, mußte man sich
einiges gefallen lassen. Der Meister besah den künftigen
Schifahrer und befahl ihm, einen Arm in die Höhe zu halten.
Danach bestimmte sich die Länge der „Alpenski", wie er sie
nannte. Die Schier sollten genau bis zum Handgelenk reichen, dann waren sie nach Meinung des Meisters ideal für
den künftigen Wintersportler. Dann machte sich der Meister
an die Arbeit, und nach einiger Zeit konnten die Schier
abgeholt werden. Es waren gewöhnliche Eschenschier,
braun gebeizt und auf der Spitze das Etikett „Alpenski", aber
ohne Stahlkanten. Später machte der Chef der Schiwerkstät-
te Schier im Vorrat, und es kamen auch Stahlkanten darauf.
Der Meister war nicht kleinlich, er ließ es zu, daß man die
Schier in Raten zahlte. Beim Kauf der Schier lud der Meister
den Erwerber seines Werkes zu einem Stamperl Schnaps
ein. Mit diesem Ritual wollte der Schimacher wohl darauf
hinweisen, daß ihm die Schier am Herzen liegen, er sie mit
Liebe hergestellt habe und er nun hoffe, daß der Käufer
Freude an diesen haben werde.

Gegen Ende der fünfziger Jahre hörte der Meister allmählich auf, die Schier selbst zu erzeugen. Er wurde nun zum
Verkäufer von Markenschiern aus den Fabriken. Aber seine
Werkstätte mit der alten Einrichtung, der Hobelbank, den
vielen Spezialgeräten und den an der Wand hängenden alten
Schibindungen, blieb bis zu seinem Tode unverändert. In
dieser Werkstätte hing auch ein Bild, welches ihn als Matrosen mit anderen Matrosen auf einem deutschen Kriegsschiff
zeigte. Darauf war er, der alpine Schimacher, besonders

stolz. Übernommen wurde seine Werkstätte von niemandem. (Wer weiß, wo die alte museale Einrichtung geblieben ist!?)

Einige Zeit nach seinem Tode machte im Dorf ein Sportgeschäft auf, in dem von einem freundlichen Herrn beste und modernste Sportqualität angeboten wird. Es erinnert aber in nichts an den alten Schimacher.

Die ersten Schier, die ich besaß, hatten eine sehr einfache Bindung. Sie bestand aus einem Lederriemen für die Zehen und aus einem Lederriemen samt Federzug für die Ferse, wo sie mit einer Schnalle enger gemacht wurde. Der Halt darin war nicht gut. Besser wurde er durch eine Seilzugbindung, die man zunächst Kandaharbindung nannte. Der Seilzug spannte sich um die Fersen. Spezielle Schischuhe kamen erst später auf. Zunächst verwendete man gewöhnliche Bergschuhe, bei denen schlaue Burschen die Sohle hinten etwas einschnitten, um dem Seilzug mehr Halt zu geben. Damit die Schier auch bei schlechtem Wetter gut rutschten, „wachselte" man sie auf der Unterseite mit Bienenwachs ein. Wenn es an diesem mangelte, verwendete man gewöhnliches Kerzenwachs.

Wenn damals junge Leute auf einem tief verschneiten Hang einigermaßen elegant schifahren wollten, so mußte dieser Hang „ausgestaffelt" werden. Dieses Wort „staffeln" scheint heute ausgestorben zu sein. Beim „Staffeln" einer Schibahn marschierten mehrere Schifahrer quer zur Fallinie den Hang hinauf, dabei wurde der tiefe Schnee von den Schiern der Hinaufgehenden glattgetreten. Auch bei Schirennen mußte eifrig gestaffelt werden, um gute Abfahrtsflächen zu erhalten. Heute bedient man sich diverser Pistengeräte, die eher an Traktoren erinnern, und spricht vom „Präparieren der Pisten". Beim früheren Ausstaffeln von Schirennpisten verdienten junge Burschen für ihre Arbeit etwas Geld. Die Schirennen nach dem Krieg wären ohne diese „Staffler" nicht vorstellbar gewesen.

Eine besondere Attraktivität für junge Burschen hatte die

Sprungschanze. Bereits kleine Buben erwiesen sich als Künstler im Errichten solcher Schanzen. Mutig sprang man über diese, bei manchen immerhin bis zu zwanzig Meter weit. Einmal machte auch ich an einem von Buben privat veranstalteten Wettschispringen mit. Ich war der jüngste Teilnehmer und stürzte fürchterlich, weil ich mir einfach zuviel vorgenommen hatte. Aber die anderen Burschen bewunderten meinen Mut, überhaupt teilgenommen zu haben, immerhin derart, daß derjenige, der den ersten Platz belegte – also am weitesten gesprungen war –, mir als Anerkennung seine Siegerurkunde samt einer damit verbundenen Bäckerei überließ. Stricker Max hieß übrigens dieser edle Sieger und wohnt heute in Südtirol irgendwo bei Sterzing.

Die alte Kultur der Schifahrer und Bergsteiger war eine Kultur des Fußmarsches bis hinauf in die Berge. Sogar die Eisenbahn richtete sich an den Wandernden aus. Schon sehr früh, bereits nach der Jahrhundertwende, werden Sonderzüge für Schifahrer eingerichtet, und sogar eigene Stationen werden aufgemacht, wie die vom „Linzerhaus". Bis dorthin fuhr man im Zug, dann jedoch ging es mit Rucksack und geschulterten Schiern hinauf zu den Schihütten. Zu dieser Kultur gehörte wesentlich die Schihütte. In dem Kapitel über das Leben auf der Alm habe ich bereits einiges über heiteres Hüttenleben erzählt. In gewisser Weise führe ich hier meine obigen Ausführungen weiter.

Auf der Schihütte begegneten einander die Leute aus den nahen Städten und die Burschen vom Dorf. Am Matratzenlager war, wie ich schon in meinem obigen Kapitel über die Alm angedeutet habe, stets etwas los. Man konnte noch billig auf der Hütte leben, auch wenn die Getränke und das Essen von einigen Trägern herauftransportiert werden mußten. Die Träger entwickelten eine starke Kondition, so daß ihre Tätigkeit als Voraussetzung für den Beruf des Schi- und Bergführers gesehen wurde. Aber auch Maultiere wurden von Hüttenwirten eingesetzt, um jene Dinge zur Hütte zu bringen, die so gebraucht wurden.

Ein alter Hüttenwirt, der mit einem freundlichen Maultier viel unterwegs war, erzählte mir nicht nur über dieses: „1945 bin ich Hüttenwirt geworden. Insgesamt war ich es achtzehn Jahre. Zunächst war ich auf der Dümlerhütte. Ich war damals froh, diesen Posten zu bekommen, denn die Zeit war schlecht. Viele wollten damals Hüttenwirte werden. Heute würde man wahrscheinlich niemanden dafür bekommen. Bedingung war für meine Anstellung, daß meine Frau auch mitarbeitet. Die Hütte war heruntergekommen. Ich habe sie allmählich repariert. Jeden Tag, vor allem im Sommer, trug das Muli (das Maultier) das Baumaterial hervor. Ich war jeden Tag im Tal, um die Sachen, die wir auf der Hütte brauchten, zu kaufen. Zunächst waren wir sehr sparsam. Zu Silvester 1947 gab es Grießbrei und Heidelbeermarmelade. Das schmeckte den Besuchern besonders. Im Gegensatz zu heute gab es in erster Linie Abendgäste. Von Linz und von anderen Orten kamen sie. An manchen Wochenenden war die Hütte total besetzt. Sie schliefen auf dem Matratzenlager. Ich habe genau darauf achten müssen, daß Burschen und Mädchen streng getrennt lagen. Das war Vorschrift so, genauso wie die, daß um zehn Uhr abends die Nachtruhe zu herrschen habe. Für mich als Wirt gab es keine Freizeit. Ich war verpflichtet, das ganze Jahr auf der Hütte zu sein."

Über das Leben auf den alten Berghütten sprach ich auch mit einem früheren Bauernburschen: „Früher hat sich viel auf den Hütten abgespielt. Heute gibt es ja nur mehr Tagesgäste, denn man kann eh schon fast bis zur Hütte fahren. Früher ist viel gesungen worden auf den Hütten. Heute sind diese Lieder vergessen. Und Freundschaften wurden geschlossen. Das waren schöne Zeiten. Ich selbst habe einmal eine Almhütte in Pacht gehabt. Einmal sind zwölf Krankenschwestern auf d' Nacht gekommen. Von Ardning, dorthin sind sie mit dem Zug gefahren, sind sie aufgestiegen. Es ist Nebel eingefallen, da haben sie sich vergangen, es war Herbst. Irgendwie sind sie zu meiner Hütte gekommen. Sie haben gefragt, wo sie sind und ob sie über Nacht bleiben dürfen. Selbstverständlich. Sie haben sich getrocknet. Es waren fesche Mädchen. Ich habe ihnen einen Tee gekocht. In der Früh' habe ich eingeheizt, damit sie es, wenn sie aufstehen, warm haben. Auch Tee bereitete ich wieder zu. Wir hatten eine große Gaudi." Auf solchen Almhütten, die man während des Winters, wenn sie nicht gebraucht wurden, mieten konnte, ging es stets lustig zu. Berühmt war in früheren Zeiten auch die Hütte der Brunnsteineralm. Sie ist heute verfallen. Auf diese Almhütte, hinter dem Warscheneck am Fuße des Roßarsch gelegen, machten es sich vor dem Krieg die vom Schifahren begeisterten Burschen und Mädchen gemütlich. Der Anmarsch war hart, Getränke und Proviant mußten mitgetragen werden. Heitere Abende und Nächte machten das Hüttenleben zu prachtvollen Erlebnissen. Darüber erzählte mir ein alter Schifahrer: „Gerne waren auf dieser Hütte der Steiner-Hans und sein Bruder, der Friedl. Besonders kameradschaftlich war der Grundner-Ernst vom Gasthof zur Post, der die Leute mit Eßbarem versorgt hat. Gern sind sie mit Mädchen auf die Hütte. Einmal ist zwischen dem Hans und dem Friedl ein schönes Mädchen gelegen. Der Hans soll zu dem Mädchen hinübergegriffen haben und dabei die Hand von seinem Bruder erwischt haben. Nun hielten sich die beiden die Hand. Sie waren übrigens sehr gute Schifahrer. Zu einem Schirennen am Hochkönig sind sie einmal mit den Fahrrädern gefahren."

Auf den Schihütten, meist von alpinen Vereinen gegründet, konnte man sich vom Alltag im Dorf erholen und bei Bier und Wein scherzen.

Von dem allen erzählen die Hütten, aber auch von erotischen Abenteuern. Von einem solchen, beinahe geglückten, berichtete mir ein alter Bergsteiger: „Viel bin ich mit dem alten Sch., einem Friseur, in den fünfziger Jahren gegangen. Einmal war dieser Sch. auf der Gowilalm, am nächsten Tag wollte er auf den Kleinen Pyhrgas. Er war damals ungefähr fünfzig Jahre alt. Da ist ihm etwas passiert, worüber er sich geärgert hat. Die Hüttenwirtin war ein fesches hochbusiges Dirndl. Die hat ihm so gut gefallen. Er hat sich aber gesagt: Was willst du alter Tepp, du blamierst dich lieber nicht. In aller Früh' ist er aufgestanden, um etwas vor der Hütte auf und ab zu gehen, um frisch zu werden. Vom Schlafraum der Gowilalm hing ein Strick herunter. Auf diesem ließ er sich dazu herunter. Da sieht er, daß ein Fenster offen ist. Neugierig hat er hineingeschaut. Was mußte er da sehen, die fesche Hüttenwirtin liegt drinnen, und neben ihr lag genauso ein alter Trottel wie er. Der Sch. hat gemeint, was der gekonnt hat, das hätte ich längst können. Er hat sich darüber so geärgert, daß er ohne Frühstück auf den Pyhrgas ist."

Auf den Alm- und Berghütten war also etwas los. An Samstagen kamen Burschen und Mädchen aus den Städten mit dem Zug ins Dorf und marschierten dann, bereits da ging es heiter zu, hinauf auf die Hütten, um ein unbeschwertes und unkontrolliertes Wochenende zu verbringen. Man unternahm prächtige Schitouren, und am Abend bis zur Hüttenruhe wußte man sich bei Gesang und Hüttenspiel zu unterhalten.

Die alte Bergsteiger- und Schifahrerkultur ist verschwunden, für sie war der Fußmarsch wesentlich. Größere Berg- und Schitouren waren nur möglich, wenn man es auf sich nahm, auf einer Hütte zu nächtigen. Dahinter steht eine zumindest bis in das vorige Jahrhundert zurückgehende Tradition, als junge Mitglieder des in den sechziger Jahren des vorigen Jahrhunderts gegründeten Alpenvereins zu den Almhütten ausschwärmten, um Berge zu ersteigen. Der „Alpenverein" und dann die „Naturfreunde" waren schließlich eifrig bemüht, Hütten als Stützpunkte für Schi- und Bergwanderer zu errichten. Damit entwickelte sich eine charakteristische Schifahrer- und Bergsteigerkultur mit weiten Fußmärschen und einem heiteren Hüttenleben.

Heute erinnert nicht mehr viel daran. Autos und Lifte machen das Schifahren zu einem Eintagesvergnügen. Es ist leicht, schnell irgendwohin zu fahren, um einen Gipfel zu erreichen. Bis hoch hinauf führen die Lifte, man kann sich wohl nicht mehr vorstellen, daß einmal bis dort hinauf wackere Schifahrer und Bergsteiger zu Fuß unterwegs waren.

Es gibt allerdings noch ein paar, die den Fußmarsch vom Tal auf sich nehmen, aber es sind nur wenige (zu ihnen rechnet sich in aller Bescheidenheit der Verfasser dieser Zeilen).

Ohne Rücksicht auf die Ruhe der Alpenwelt ziehen Straßen weit hinauf, die Seilbahn bringt Menschen massenweise, und wo weiland ein paar ruhige Alm- und Schihütten standen, breitet sich ein ganzes Schidorf aus. An die Stelle der alten Schihütten sind Selbstbedienungsrestaurants und Massenausspeisungen getreten. Der alte Zauber der Hütte und des Matratzenlagers ist endgültig vorbei. Er verschwand allmählich ab den sechziger Jahren. Genauso verschwanden die Hüttenlieder.

Es ist alles perfekter geworden, das mag auch gut sein, vor allem auf dem Gebiet des Bergrettungswesens. Dazu möchte ich noch ein paar Gedanken einbringen. Die heutigen Bergretter des Dorfes, die in einem Verein zusammengeschlossen sind, leisten gute Rettungsarbeit und genießen das Ansehen der Leute. Sie sind jedoch mitunter hart gefordert, denn rasante Schifahrer in Rennanzügen auf präparierten, an Autobahnen erinnernden Schipisten verursachen die wildesten Stürze. Den Verunglückten kann heute schnell geholfen werden, zumal auch Hubschrauber eingesetzt werden.

Schwerer hatten es die alten Bergretter, die die Verletzten in sogenannten Akjas, die noch zum Teil aus Holz waren, zu Tale brachten. Es war nicht einfach, mit diesem, einem kleinen Schiff ähnelndem Rettungsgerät bergab zu fahren. Aber sie machten ihre Sache gut. Es gab aber auch noch andere Arten der Hilfeleistung. Darüber sprach ich mit einem alten Bergrettungsmann – auch mein Vater war als Arzt übrigens ein solcher –, er erzählte mir diese Geschichte: „Der Rädler (der Bäcker) ist oft mit Roß und Karren gefah-

ren, um Tote oder Verletzte vom Berg zu holen. Bis zur
Bosruckhütte sind sie mit den Rössern gefahren. Einmal
haben sie einen Toten auf dem Roß transportiert. Dabei ist
ihnen der Tote heruntergefallen. Das Roß ist derart darüber
erschrocken, daß es davongelaufen ist. Man hat lange nach
ihm suchen müssen."

Diese Geschichte deutet an, daß die alte Bergsteiger- und
Schifahrerkultur noch keine Massenkultur war, die Tausen-
de in die Alpen, in die Lifte und auf die Pisten bringt. Sie war
eine Kultur der wagemutigen, oft auch einsamen, die Berge
in ihrer gefährlichen Schönheit liebenden Menschen. Sie
lebten und vergnügten sich auf den alten Schihütten. Und
sie kannten noch die alten Lieder. In gewisser Weise mögen
sie an die alten Wildschütze erinnern, die als Bauernburschen ebenso großartige Bergsteiger waren und ihre Freude
an Fels und Eis hatten. Auch sie sangen gut. Jedenfalls
waren sie alle famose Fußgeher – dies haben sie den modernen Schifahrern und Jägern voraus.

12. Wege

Schotterstraßen und der Wegmacher – das Ende der alten Straßen

Die alte dörfliche und bäuerliche Kultur kannte viele Wege, auf denen man zu Fuß und mit Pferdefahrzeugen unterwegs war. Eine Vielzahl dieser Wege gibt es nicht mehr, heute sind es langweilige Asphaltstraßen, auf denen man schnell mit dem Auto im Dorf, am Bahnhof und wieder zu Hause ist. Früher ging man zu Fuß, und überall gab es Wege, auf denen man die üblichen Schotterstraßen, die später asphaltiert wurden, abkürzen konnte. Durch Wälder, über Hügel, entlang von Wiesen und zwischen den Feldern gab es Steige und alte Karrenwege, die heute zum großen Teil überwachsen sind oder kaum, höchstens von lustwandelnden Sommergästen, benützt werden. So gab es früher Wege zum Bahnhof und zur Kirche, die schließlich verschwanden und an die sich nur mehr ältere Leute erinnern. Hiebei handelt es sich um Wege, die nicht dem Spaziergange dienten, sondern dem schnellen Erreichen eines Zieles per pedes. Es ist übrigens bemerkenswert, daß die modernen Forststraßen sich nicht an den dem Fortkommen von Fußgängern und Pferdekarren dienenden alten Wegen ausrichten, sie zerschneiden sie vielmehr und schaffen Verwirrung für jene, die sich auf alten Pfaden bewegen.

Einige alte Wege, die seit Menschengedenken begangen wurden und an denen das Recht des Begehens besteht, verschwinden. Eine Bäuerin erzählte mir: „Der Weg hier geht zum Bahnhof, der ist schon hundert Jahre begangen, den zu gehen, darf niemand verbieten, auch wenn keiner mehr darauf marschiert. In Oberweng zum Beispiel war der Spiegelgraben ein öffentlicher Weg. Und auf einmal ist der Weg durch das Gericht gelöscht worden, ohne daß einer etwas gewußt hätte. Der Grundbesitzer dort hat sich seine

Parzelle neu ausmessen und gleichzeitig den Weg löschen lassen. So hat er an Grund gewonnen. Der Weg früher ging an der Grenze, und jetzt ist er weg. Wie das zuging, weiß ich auch nicht."

Die kleinen Wege führten meist an den Grenzen der Grundstücke entlang und waren deswegen auch oft Gegenstand des Streites, wie die Frau weiter erzählt: „Da bei uns war ein Wegerl zwischen zwei Grundstücken. Der eine Besitzer hat gemeint, das Wegerl gehört hinauf, der andere hat gemeint, es gehört hinunter. Es hat sich dann herausgestellt, daß das Wegerl hinunter gehört." Sie fügte noch hinzu: „Heute gibt es kein Wegerl mehr, weil alles zugewachsen ist."

Die kleinen Wegerln, überhaupt wenn sie über fremden Grund führen, sind ein beliebter Grund des Streites zwischen Nachbarn.

Die alten kleinen Wege erzählen von Marschierern, die durch die Jahrhunderte die Dinge des Alltags darauf beförderten, von Burschen, die zum Fenster ihrer Mädchen schlichen, von Landärzten, die ihre Krankenbesuche machten, und anderen Leuten, die noch nicht der traurigen Faszination des Autos erlegen sind. Heute sind sie am Verschwinden und werden kaum noch benützt.

Die Menschen früher waren viel zu Fuß unterwegs, und daher waren für sie diese Verbindungswege wichtig. Auch ein früherer Kleinbauer aus Molln, ein Taglöhner, war auf solchen Wegerln unterwegs, um für seine Familie Geld zu verdienen. Seinem Wohn Willi, mit dem ich befreundet bin, erzählte er vor seinem Tod noch etwas, das ich hier einfügen will und das einen Einblick in eine alte Kultur der Armut gibt, für die die alten Wegerln typisch gewesen zu sein scheinen: „Um 1934 war ich arbeitslos und ausgesteuert. Daher habe ich den Mollner Fleischhacker gefragt, ob ich für ihn gegen Prozente Wurst nach Trattenbach tragen und dort verkaufen kann. Er hat gesagt, wenn du glaubst, daß du etwas verdienst, kannst du mit der Wurst gehen. Ich hatte damit gerechnet, daß die Trattenbacher, weil sie von der Messerherstellung damals ganz gut leben konnten, gute Kundschaften seien. Einmal in der Woche am Mittwoch marschierte ich also hinüber. Um halb fünf Uhr in der Früh' stand ich auf, ging zum Fleischhacker, wo mir das Dienstmadl den Bucklkorb herausgab, in dem die von mir am Vortag bestellten Würste bereits gut verpackt lagen.

Ich marschierte nun bei einer Kapelle vorbei, dann ging's den Steig durch den Panzlgraben hinauf zum Pfafferboden. Nun ging es hinunter nach Trattenbach. Gegen halb neun war ich bei den ersten Häusern von Trattenbach, bei ihnen fing ich an, die Würste zu verkaufen. Die letzte und beste Kundschaft war der Wirt von Trattenbach, da war es schon zwölf Uhr. Oft war ich mit fünfundzwanzig bis dreißig Kilo Wurst unterwegs. Die Würste waren alle bestellt. Die Leute gaben mir ihre Wünsche für die nächste Woche mit. Wenn es recht geschneit hat, bin ich mit der Steyrtalbahn bis Grünburg gefahren, von dort ging es zu Fuß weiter nach Ternberg und von dort nach Trattenbach mit dem Zug. An einem Tag schaffte ich es hin und zurück. Um zirka sechs Uhr war ich wieder zu Hause. Ich kannte jedes Wegerl und Steigerl. Der Fleischhacker hat mir für die Jause jeweils ein paar Würste draufgegeben, die habe ich mir bei den Bauern gegen Geselchtes umgetauscht."

Einige dieser Wegerln und Steigerln, die der brave Mann ging, sind heute nicht mehr zu sehen. Aber soweit es solche noch gibt, erinnern sie an eine Zeit, in der man noch vom Staub der Landstraße sprechen konnte und in der die Verbindungsstraßen zwischen den Dörfern und über die Pässe aus Schotter bestanden.

Für die Pferde, die vor die schweren Fuhrwerke gespannt waren, bedeuteten die oft steilen Schotterstraßen der Pässe besondere Anstrengungen, aber ebenso für die Fuhrleute beim Hinunterfahren. Ein alter Wegmacher schilderte mir: „Früher hatten die Pferdewägen noch keine derartigen Bremsen, mit denen man den ganzen Wagen einschleifen konnte. Wenn es besonders steil war, wie beim Rotpichl am Pyhrnpaß, der 21 Prozent Steigung hatte, verwendete man für eines der hinteren Räder einen Radschuh zum Bremsen. Diesen Radschuh schob man unter das Rad und fixierte ihn mit einer Kette am Wagen. So konnte sich das Rad nicht mehr drehen. Beim Hinunterfahren über das steile Stück bremste also dieses starre Rad. Hätte man das Rad bloß mit einer Kette festgemacht, so hätte das auch gebremst, aber das Eisen vom Radl hätte sich abgeschliffen. Durch den Radschuh blieb also das Eisen geschont, denn nur der Radschuh kam mit dem Schotter in direkten Kontakt. Beim Hinunterfahren wurde dieser Radschuh allerdings heiß durch das Bremsen. Und unten beim heutigen Rotpichl hat er schon geglüht. Und weil dadurch der Radschuh rot war, hat man das Straßenstück Rotpichl genannt. So hieß es, bis die Straße ausgebaut wurde."

Die alten Schotterstraßen verlangten Pferd und Lenker viel ab. Aber die Schotterstraße gab es noch, als die ersten Autos kamen.

Ein alter Autobuschauffeur, der gleich nach dem Krieg und bis in die fünfziger Jahre die Straßen befuhr, erinnert sich: „Ich bin die Straßen bei schlechtestem Zustand gefahren, sie waren noch nicht so ausgebaut wie heute. Wenn ich zum Beispiel im Winter nach Hinterstoder gefahren bin, mußten die Fußgänger, die mir begegneten, auf den Schneeriedl am Straßenrand, damit ich überhaupt vorbeikam, so schmal war die Straße. Der Autobus hat die ganze Straße gebraucht. 23 Jahre lang bin ich diese Straße gefahren. Damals hatte die Straße, eine Schotterstraße, noch eine Steigung von 23 Prozent. Da durfte einem niemand entgegenkommen. Wenn ich in der Früh' hineingefahren bin, ist auch immer zu dieser Zeit der Milchwagen herausgekommen. Im Winter habe ich ihn meistens, wenn er das Licht eingeschaltet hatte, schon oben bei der Kapelle gesehen. Ich habe dann unten beim Gasthaus gewartet, damit wir uns nicht in der Steigung begegnen. Wir sind uns auch nie dort

begegnet. Immer hat einer auf den anderen gepaßt. Das war
so bis zum Beginn der sechziger Jahre, dann wurde die
Straße ausgebaut."

Diese alten und engen Schotterstraßen, die allmählich
schon ab den fünfziger Jahren asphaltiert und erweitert
wurden, waren nicht geschaffen für den modernen Autoverkehr. Für die Pferdewägen, die paar Lastautos, den Autobus
und die sporadisch daherkommenden Autos waren diese
staubigen Straßen kein wesentliches Problem. Und man
lebte mit der Schotterstraße. „Wir sind auf der Schotterstraße mit dem Fahrrad gefahren. Am Sonntag fuhren wir einspännig mit der Pferdekutsche zur Kirche", erzählte ein
Bauernbursch.

Beim Befahren der Schotterstraße wurden die am Rande
marschierenden Leute von Kopf bis Fuß in eine schmutzige
Staubwolke gehüllt. Man war daher, besonders als die ersten
Sommergäste kamen, froh, daß auch die kleinen Nebenstraßen schließlich asphaltiert wurden. „Unser größtes Problem
war – neben dem Telefon – zuerst die Straße", erzählt dazu
ein Bergbauer, „im Winter konnte man nicht zu uns herauf-
fahren, und im Sommer war es eine Schotterstraße, die zu
uns führte. Erst 1977 haben wir die asphaltierte Straße
bekommen, und ab dieser Zeit hat man von der Gemeinde
aus auch regelmäßig im Winter die Straße vom Schnee
geräumt. Bis dahin hat sie der Goslitzer, unser Nachbar, ab
und zu wegen des Milchführens geräumt. Aber einmal hat
es ihn derartig mit Schnee eingeweht, daß wir ihn ausschaufeln mußten."

Der Ausbau der eher kleinen Gemeindestraßen, durch
den steile Stücke abgeflacht und zum Teil umgangen wurden, brachte viele Vorteile und entspricht den heutigen
Anforderungen der vielen Autos, die nun statt der Pferde die
Bauernhöfe verzieren. Der Ausbau veränderte die Welt der
Bauern. Anstelle der früheren Ruhe und des Pferdegewie-
hers herrscht nun Motorengebrumm, weit hinauf. Aber
auch alte Kapellen, die am Rande der Straße standen, waren

plötzlich im Weg, als man die Straße zu erweitern begann. Von einer weiß ich, daß man sie einfach abriß. Es war die sogenannte Gatterburgkapelle, eine schöne, im Stile des ausgehenden vorigen Jahrhunderts erbaute Kapelle. Mein Vater kehrte gerne dort zu, doch plötzlich war sie weg, rüde Straßenarbeiter hatten sie verschwinden lassen. Aber die Menschen, die früher fast täglich an dieser Kapelle vorbeimarschierten, spendeten Geld, so daß 1995 zwar keine Kapelle, aber doch ein größeres Mariendenkmal in der Nähe des alten Platzes errichtet werden konnte.

Die Zeit der alten Schotterstraße kannte auch einen speziellen Betreuer, den sogenannten Wegmacher, den es heute eigentlich nicht mehr gibt. Ich will mich nun mit diesem Fürsten der Landstraße beschäftigen, denn immerhin war er über sechs Kilometer hinweg der Herr der alten Schotterstraße. Er verschwand in seiner Funktion als Wegmacher, als die Straßen asphaltiert wurden und man nun sogenannte Bautrupps schuf, in denen mehrere Leute gemeinsam und schnell die anfallenden Arbeiten verrichten.

Aber früher scheint der Wegmacher sein eigener Herr gewesen zu sein. Darauf deutet zumindest die Erzählung des alten Wegmachers, der am Pyhrnpaß in einem uralten Wegmacherhaus wohnte, hin. Er erzählte mir von seinem Vater, der auch bereits Wegmacher gewesen war: „Einmal ist im Auto ein Herr der Landesbaudirektion aus Linz, also sein oberster Vorgesetzter bei ihm vorgefahren. Er dürfte sich nicht vorgestellt haben, oder er war nicht sehr höflich. Jedenfalls hat mein Vater ihn angeschrien: ‚Was willst du von mir?' Und gleichzeitig hat er die Schaufel gegen ihn erhoben. Der Mann aus Linz ist sofort in sein Auto gesprungen und weg war er. Darauf hat man gesagt, der Mann taugt nicht für einen Vertragsbediensteten. Den lassen wir im Lohntarif. Das war um 1957." Aus dieser Schilderung spricht zumindest ein gewisser herrischer Geist des alten Wegmachers, der sich gegen einen vermeintlichen Eindringling in seine Arbeit des Wegmachens wehrt. Daß es ein Vorgesetz-

ter war, den er bedrohte, konnte er vielleicht nicht ahnen.
Als ich dem Wegmacher, dem Sohn, sage, daß der Wegmacher eigentlich ein nobler Herr ist, meinte er: „Das ‚nobel'
kann man weglassen. Als Wegmacher hat man Staub gefressen und war naß bis auf die Haut. Bei Regen war der Straßenwärter notwendiger als bei schönem Wetter. Denn da
mußte er schnell gehen, um auf der Straße kleine Wasser-
gräben zu machen, denn wenn das Wasser die Schotterstraße hinunterrinnt, reißt es ganze Gräben auf. Es ist gut für
die Straße, wenn das Wasser überall schön auf die Seite
kann. Bei schlechtem Wetter hat es der Wegmacher gnädig
gehabt, um schnell Graberln zu machen . . ." Mit den Wegmachern der angrenzenden Straßenstücke hatte er einen
guten Kontakt: „Ab und zu sind wir bei der Grenze zusammengekommen. Man hat die Grenze erkennen können, vor
allem, wenn der eine genau bei der Grenze zu schottern
begonnen hat und der andere erst am Nachmittag damit
begonnen hat."
   In alten Zeiten wurde der Wegmacher bei seiner Arbeit
durch die Bauern der Gegend unterstützt – im Gegensatz zu
heute, da die nötigen Arbeiten von der Straßenmeisterei
durchgeführt werden. „Früher haben der Lofer und der
Krennbauer mit ihren Wägen und Rössern – freilich gegen
Bezahlung – Schotter für die Straße geführt", weiß der Wegmacher weiter zu berichten. Und schließlich erzählt er über
seine alten Aufgaben als Wegmacher: „Während des Sommers bin ich die Straßen abgegangen und habe ausgebessert, was zum Ausbessern war. Den Schotter zum Ausfüllen
der Löcher brachte bis in die sechziger Jahre ein Lastwagen,
er kam nach Bedarf. Der Schotter lagerte in so drei Meter
langen Schotterbankln am Straßenrand. Von dort hat man
den Schotter genommen, den man jeweils gebraucht hat.
Auf den Bergstücken der Straße lagen die Schotterbankln
enger beisammen als im Flachen, ungefähr 60 Meter. Mit
der Scheibtruhe hat man beim Schottern oben angefangen,
damit man den Schotter hinunterführen kann. Zum Ausbes-

sern der Löcher auf der Straße verwendete man einen Pech-
schotter, das ist ein Schotter, der mit Lehm vermischt war.
Einen solch guten Schotter gab es zum Beispiel bei der
Buglalm."

Besonders anstrengend war die Arbeit im Winter: „Früher,
vor dem Krieg, sperrte man einfach den Paß im Winter, wenn
zuviel Schnee lag. Nur ein Gehwegerl schaufelte man aus.
Mit dem Krieg hat sich einiges geändert. Viele Lastautos der
Göring-Werke in Linz fuhren zum Werk in Liezen. Nun
mußte der Paß auch im Winter offengelassen werden. Zunächst hatten wir ein ausrangiertes Wehrmachtsfahrzeug,
das vorher in Rußland auf der Rollbahn zum Schneeräumen
eingesetzt worden war. In den vierziger und fünfziger Jahren war mehr Schnee als heute. Für den hydrographischen
Dienst habe ich damals um 1950 Beobachtungen gemacht.
Eine Meßlatte, drei Meter lang, stand etwas abseits hinter
dem Wegmacherhäusl, sie war oft durch den Schnee vollkommen bedeckt. Wenn es viel geschneit hat, ist sogar der
Schneepflug, den wir dann bekommen haben, steckengeblieben. Die arbeitslosen Forstarbeiter, die im Winter nichts
zu tun hatten, haben geholfen beim Schneeschaufeln, sie
wurden von der Straßenmeisterei bezahlt. Vom Gasthaus am
Pyhrn hinunter wurde geschaufelt. Auf drei Etagen haben
wir den Schnee geworfen. Der dritte Mann hat den Schnee
schon über den Telefondraht geschaufelt. So hoch war der
Schnee! Als wir dann 1952 die Schneefräse bekommen haben, ist es besser geworden. Die erste Schneefräse war vom
Landesbauhof in Wels zusammengestellt worden. Der Vor-
bau war ein französisches Panzergestell. Und der Aufbau
bestand in einer sogenannten Peterfräse. Diese Fräse wurde
am Pyhrnpaß stationiert. Zwei Tage brauchten wir mit dieser Fräse, die Straße vom Schnee frei zu machen. Später
schafften wir es mit der Unimog-Fräse schon in einem Tag.
Dann kam man auf das Salzstreuen. Jede Sache hat zwei
Seiten: eine gute und eine schlechte. Aber das Salz brachte
den Vorteil, daß die Straße nicht vereisen kann. Vorher

mußten wir bereits streuen, bevor der Schnee kam, damit
sich der Schnee auf der Fahrbahn nicht bindet. So war er
leichter wegzuräumen. Heute erspart man sich durch das
Salz das Streuen. Früher mußten wir oft zweimal streuen,
denn durch die Reifen der Autos ist der Split zur Seite
geschleudert worden. Und der Schneepflug hat ihn in die
Wiesen am Rand gekehrt, so daß wir im Frühjahr den Schotter aus diesen herauskratzen mußten."

Wie hart die Arbeit des Wegmachers im Winter war, davon
handelt diese Geschichte: „Früher wurde man nicht gefragt,
wie lange man am Tag arbeitet. Man kam ordentlich dran
im Winter. An einem Freitag vormittag im Jahre 1955 begann ein furchtbarer Schneesturm. An der Gleinkerseestraße brach bei einem Bauern ein Feuer aus. Die Feuerwehr
fuhr hin, es gab jedoch kein Wasser. Jetzt haben die Feuerwehrleute die Jauchengrube ausgepumpt. Gott sei Dank
konnten sie den Brand löschen, aber sie konnten mit ihrem
Fahrzeug nicht weiter, denn die Straße war vom Schnee
zugeweht. Sie riefen deshalb beim Holzplattenwerk Danu-
bius um einen Schneepflug an, denn dieses hatte einen. Aber
auch mit diesem Schneepflug kam man nicht voran. Ich war
an diesem Tag mit dem Schneepflug dauernd unterwegs.
Um sieben Uhr abends hielt mich der Feuerwehrhauptmann
auf und sagte mir, ich solle auf Befehl des Oberbaurates zur
Gleinkerseestraße fahren und die Feuerwehr herausholen.
‚Ja', sage ich, ‚wenn der es anschafft, muß ich es tun. Ich
probiere es.' Ich bin mit einem Hurra hingefahren, gesehen
habe ich in dem Schneesturm kaum etwas. Ich kam dorthin,
konnte aber auch nichts machen. Jetzt haben wir den Pern-
kopf, der an dem Tag mit der Schneefräse fuhr und der
bereits geschlafen hat, aufgeweckt. Der ist dann mit der
Fräse angefahren und hat die Feuerwehr herausgefräst. Bis
ein Uhr nachts waren wir unterwegs. Ich bin damals von
Freitag früh bis Sonntag auf d' Nacht ohne Unterbrechung
gefahren, um die Bundesstraße vom Schnee freizuhalten.
Die Nebenstraßen blieben unpassierbar. Meine Frau ist Tag

und Nacht beim Diensttelefon im Wegmacherhäusl gesessen, denn andauernd rief jemand an und wollte wissen, ob
man mit dem Auto über den Pyhrn fahren könne, ob man
Schneeketten brauche und so weiter. Ich werde diesen
Schneesturm mein Leben nicht vergessen."

Der Verkehr auf den Straßen nahm immer mehr zu, und
zwischen 1956 und 1961 wurde daher die Straße am Pyhrn
asphaltiert. Das Asphaltieren bedcutete einen wesentlichen
Einschnitt in das Leben des Wegmachers: „Die Schotterstraßen hat man damals mit einem Kräder aufgerissen, der hat
sie ein paarmal durcheinandergemischt und planiert. Dann
wurde sie mit Teer bespritzt, und darauf wurde mit der
Schaufel Split gestreut. Das war die sogenannte Spritzdecke.
Heute macht man es anders. Die alte Asphaltstraße mußte
auch immer wieder ausgebessert werden. Den Teer, den wir
dazu brauchten, haben wir am Straßenrand auf einem Feuer
in einem Faßl gekocht. Asphaltieren konnte man nur im
Sommer, denn bei Regen hätte der Teer nicht gebunden."

Etwas zeichnete die alten Wegmacher gegenüber ihren
heutigen Nachfahren aus: sie grüßten die die Straße benüt-
zenden Verkehrsteilnehmer. „Ja, man hat sich gegrüßt, es
bestand sogar Grußpflicht. Die trug uns der Landeshaupt-
mannstellvertreter, der für die Straßen zuständig war, 1955
auf. Er hat alleweil gesagt: ‚Die Straßen sind die Adern des
Landes, und die Straßenwärter sind das Aushängeschild des
Landes. Und die müssen freundlich und hilfsbereit sein –
und müssen grüßen!' Zum Gruß hoben wir die Hand zum
Kappl. Durch dieses Kappl waren wir erkenntlich, es war
feldgrau mit dem oberösterreichischen Wappen. Wie der
Verkehr dann zunahm, trugen wir rotweißrote Armstreifen,
und schließlich bekamen wir einen roten Brustlatz." Das
Grüßen hatte sich da aber schon aufgehört. Es ist bemerkenswert, daß der alte Wegmacher noch Kontakt zu den
damals eher sporadisch bei ihm vorbeifahrenden Autolen-
kern und wohl auch Radfahrern hatte. Hier zeigt sich noch
die alte Tradition der Straße, für die es typisch war, daß die

Wandernden sich gegenseitig grüßten. Diese Kultur der
Straße ist verschwunden. Man ignoriert sich gegenseitig und
ärgert sich, wenn man von einem anderen Autofahrer über-
holt wird.

Früher ging es auf der alten geschotterten Straße jedenfalls gemütlicher zu. Die paar Autos störten die auf der
Straße und mit ihr Beschäftigten anscheinend nicht sehr.
Doch mit dem Aufkommen des immer stärker werdenden
Straßenverkehrs änderte sich ungemein viel. Der Wegmacher verlor den Kontakt zu den Straßenbenützern, der Gruß
zwischen ihnen allen verschwand, und schließlich schaffte
man auch den Beruf des Wegmachers ab: „Mit zunehmen-
dem Verkehr ist es unmöglich geworden, daß ein Straßenwärter alleine arbeitet, denn schließlich wurde für ihn die
Gefahr, von einem Auto gerammt zu werden, immer größer.
Jetzt hat man sich in der Landesbaudirektion gesagt, den
einzelnen Straßenwärter lösen wir auf und führen die Par-
tiearbeit ein. Wenn eine Partie (Gruppe) wo arbeitet, dann
kann sie sich gemeinsam auch besser vor dem Verkehr
(durch Lastauto und Absperrung) schützen. Damit war es
aus mit den alten Wegmachern. Nun gibt es eine Straßener-
haltungspartie für den ganzen Bereich der Straßenmeisterei, das sind an die 150 Kilometer. Jetzt ist mehr Hektik."

Den alten Wegmacher, der der Herr über einen Bereich
von sechs Kilometern der alten Schotterstraße war und der
die Autofahrer freundlich grüßte, wenn er mit der Scheibtruhe unterwegs war, gibt es nicht mehr. An diese alte Zeit
erinnert übrigens der folgende Spruch aus einer alten Kultur
der Landstraße: „Der Wegmacher steht und schaut, der
Straßenmeister geht und schaut, und der Ingenieur fährt
und schaut."

Auf den alten Straßen waren nicht nur Pferde und Fuhrwerke unterwegs, sondern auch Fußgänger. Für den „kleinen Mann" bedeutete der Fußmarsch die wichtigste Art der
Fortbewegung. Und wenn man von irgendwo etwas zu holen
hatte, tat man dies zu Fuß, damit es leichter ging, bediente

man sich eines Handwagens, den man sogar über den Paß zog, wie mir ein alter Briefträger erzählte: „Als Bub bin ich einmal mit meinem Onkel, der eine kleine Landwirtschaft hatte, mit dem Handwagen über den Pyhrnpaß gegangen, um ein Fadl (kleines Schwein) zu holen. Mit dem Fadl in einer Sausteige (Kiste) marschierten wir nun zurück. Oben auf dem Pyhrnpaß, als es nur mehr bergab ging, setzten wir uns beide auf den Handwagen und fuhren hinunter. Aber der Reibstock zum Bremsen funktionierte nicht, so fielen wir um samt dem Schwein. Ich bin in die Sausteige gefallen. Uns ist aber nichts passiert."

Solche Erlebnisse hatte man, wenn man mit solchen Wägelchen unterwegs war. Wir Buben machten uns bisweilen den Spaß, mit solchen Handwägen bergab zu fahren, wobei wir mit den Füßen lenkten.

17   Die alte Paßstraße

Die alten Straßen waren auch voll mit Radfahrern. Mit dem Fahrrad fuhr man über den Paß, um kleine Einkäufe in Liezen zu erledigen, oder man nahm den Weg nach Kirchdorf, um bei der dortigen Bezirkshauptmannschaft seinen Ausweis zu besorgen. Diese Fahrten stellten auf dem Schotter eine deutliche Belastung für die Reifen dar. So kam es vor, daß kühne Radfahrer auf ihrem Weg nach Kirchdorf einige Male den Schlauch, der ohnehin von schlechter Qualität war, zu kleben hatten.

Dazu kam noch, daß in den Jahren nach dem Krieg ein Fahrradschlauch und ein Reifen nicht so leicht zu bekommen waren. Der Schleichhandel blühte auf diesem Gebiet. Für die Bauern war es nicht allzuschwer, in den Besitz solcher Dinge zu kommen, denn schließlich konnten sie in der Zeit des Mangels nach dem Krieg Lebensmittel eintauschen.

Ein Fahrrad war das wesentliche Fortbewegungsmittel der beginnenden fünfziger Jahre. Bald jedoch erhält es Konkurrenz durch das Moped und wird schließlich von ihm verdrängt. Darüber erzählte mir ein alter Briefträger, der zunächst eine tiefe Beziehung zum Fahrrad hatte: „Ich bin lange mit dem Radl gefahren. Meine Frau hat immer zu mir gesagt: ‚Kauf dir doch ein Moped!' Die anderen sind ja schon mit dem Moped (um 1955) gefahren. Ich habe mich aber dagegen gewehrt. Ich wollte weiter mit dem Radl fahren. Eines Tages hat sie zu mir gesagt: ‚Du, es ist mir zu dumm geworden, ich habe beim Haselberger ein Moped für dich bestellt. Jetzt mußt du auch fahren.' Jetzt hatte ich also ein Moped. Das war ideal."

Parallel zum Moped eroberten die Motorräder die Herzen der jungen Burschen. Auch mein Vater stieg vom Fahrrad auf das Motorrad um. Ich erinnere mich, wie gegen Ende der vierziger Jahre einzelne Bestandteile des Motorrades der Marke Puch gut verpackt geliefert wurden. Wer das Fahrzeug zusammengesetzt hat, weiß ich nicht. Ich nehme an, der Mechaniker des Dorfes. Meine Mutter, eine hervorragende Sportlerin, fuhr sogar auf dem Motorrad mit den Burschen des Dorfes um die Wette.

Die Autos kamen damals erst langsam auf. Mein Vater

hatte auch bald eines. Er war froh darüber, denn nun war er nicht mehr auf Pferdeschlitten und ähnliches angewiesen, um die Kranken aufzusuchen. Sein erstes Auto war ein sogenanntes „Steyr-Baby" mit einem Volkswagenmotor. Es war ein interessantes Fahrzeug, für dessen Fehlen eines Markennamens ich mich damals genierte. Mir erschien dieses Auto nämlich als eine Art Mißgeburt. Mein Vater hat es dann einem ehrenwerten Mann, der während des Krieges Kampfflieger war, verkauft. Diesem soll der Motor des Wagens bald darauf explodiert sein. Vielleicht war der neue Besitzer darüber verärgert. Er hat nobel geschwiegen.

Auf die jungen Leute übte das Auto eine große Faszination aus. Wenn man selbst keines hatte, so versuchte man an den Autos anderer teilzuhaben. Bei meinem Vater dürfte dies besonders leicht gewesen sein. So erzählte mir ein Mann, der damals um 1952 ein junger Bursch war: „Ich war damals der Autowart für den Arzt. Eines Tages ruft er an: ‚Hören Sie, bei mir brennt links das Licht nicht.' Sage ich: ‚Da wird das Lamperl hin sein. Ich komme gleich.' Ich bin aber nicht gleich gekommen. Und wie ich dann doch hinkam, sehe ich, wie der Doktor mit einer Zange in der Hand beim Auto steht und versucht, das Lamperl zusammenzuzwicken, und immer wieder dabei abgerutscht ist. Ich habe ihm gesagt, daß es so nicht gehe. Er brauche nur dagegen zu drücken und umzudrehen. ‚Ah so', hat er gesagt und hat gesehen, daß es so geht." Der Mann belustigte sich über die Unfähigkeit des Gemeindearztes, das Licht am Auto zu richten. Aber gleichzeitig streicht er seine Fähigkeit, selbst mit dem Auto umgehen zu können, heraus. Er ist der Könner und der Doktor der staunende Laie, der sich mit dem höchst bedeutungsvollen Auto nicht auskennt. Der Doktor gehörte zu den wenigen, die bereits am Anfang der fünfziger Jahre ein Auto besaßen. Und daher waren er und das Auto interessant für den Erzähler: „Ich hatte eine Generalvollmacht bezüglich des Autos des Herrn Doktor. Damals fuhren die Burschen im Winter noch auf den Straßen mit dem Bob. Besonders beliebt

war es, vom Pyhrnpaß bergab zu fahren. Mich baten daher
einmal der Trojer-Bertl, der Bamminger und andere, ich
solle sie und den Bob mit dem Auto des Doktor Girtler zum
Pyhrn hinaufführen. Ich sagte daher zum Doktor, ich will
das Auto ausprobieren, denn ich glaube, daß etwas zu reparieren ist, denn der Motor rauscht so komisch, irgend etwas
stimmt nicht. ‚Ja‘, hat der Doktor gesagt, ‚fahren Sie nur!‘
Darauf bin ich mit meinen Freunden, den Bobfahrern, auf
den Paß gefahren. Der Bob war am Auto hinten angehängt.
Mit sieben Leuten bin ich so auf den Pyhrn. Das Auto, das
Steyr-Baby, hatte hinten eine leichte Stoßstange. Und wie ich
oben auf dem Paß ankomme, merke ich, daß der Bob nur auf
der rechten Seite hängt. Das Eck der Stoßstange ist herun-
tergehängt. Aus und geschehen ist es, habe ich mir gedacht!
Was wird der Doktor sagen? Wie soll ich es ihm erklären?
Die Bobfahrer habe ich am Pyhrn mit ihrem Bob gelassen,
sie haben ihr Vergnügen gehabt, ich mußte aber wieder mit
dem Auto hinunterfahren. Irgendwie habe ich die Stoßstange wieder hinzugedrückt. Gott sei Dank hat der Doktor
nichts gemerkt, aber zwei Tage später ruft er mich an und
sagt: ‚Sie, ich bin nach Oberweng gefahren, und da bin ich
in einer Schneekruste hängengeblieben, dabei hat es mir die
Stoßstange auf der rechten Seite weggedrückt.‘ Ich habe
geantwortet: ‚Es wird schon nicht so arg sein. Das kann
jedem passieren.‘ Wir haben darüber alle gelacht. Der Doktor hat es nie erfahren. Jedenfalls die Bobfahrer haben sich
gefreut, denn damals gab es so gut wie keine Autos.“

   An dieser Erzählung ist nicht nur (zumindest für mich)
bemerkenswert, daß der kühne Autofahrer meinen guten
Vater hineingelegt hat, sondern vor allem, daß man im
Winter auf den Straßen noch mit dem Bob, aber auch mit
den Schlitten fahren konnte. An schönen Wintertagen waren
die Straßen zwar freigeschaufelt, aber kaum gestreut. Schlitten mit Pferden, Kinderrodeln und Bobs beherrschten das
Leben auf den Straßen. Sogar Bob- und Rodelrennen gab es
damals vom Paß herunter. Und aus der Grünau entlang des

Baches, an dem die Straße langsam zum Ort hin fällt, fuhren bei gutem Schnee in schnellem Tempo die Bobfahrer und die Kinder mit ihren Rodeln. Damit sie schneller vorankamen, hängten die Kinder die Rodeln aneinander, wobei jeweils einer bäuchlings auf seiner Rodel lag und mit den Füßen die hintere Rodel am Vorderteil einhakte. Derjenige, der auf der ersten Rodel lag, lenkte das Gefährt, das oft bis zu sechs Rodeln umfaßte. Das Lenken war keine leichte Sache. Die Aufgabe der hinteren Rodler war es, im Gefahrenmoment zu bremsen. Bei diesen Fahrten ging es oft abenteuerlich zu. Manche endeten damit, daß die ganze Gesellschaft in den Schnee fiel.

Auf den alten Straßen konnten Kinder noch spielen und rodeln. Wir selbst haben noch in den fünfziger Jahren Fußball vor unserem Haus gespielt. Heute ist dies undenkbar. Die Straße hat ihre uralte Unschuld verloren und sich dem Autoverkehr unterworfen. Bevor der Ansturm der Autos das Leben aller veränderte, genossen die wenigen Autobesitzer hohes Ansehen und man schenkte ihnen und ihrem Auto eine besondere Aufmerksamkeit, so auch dem Baumschlager-Karl. Seinen Namen will ich hier erwähnen, denn er war ein Original. Sein altes Auto setzte er für Taxifahrten ein. Man nannte ihn den „Patschen-Karl", weil es bei jeder seiner Fahrten zumindest einmal zu einem Reifenplatzer kam. Einmal soll er bei einer Fahrt auf den Hengstpaß sogar fünf Patschen gehabt haben. Er hat sie auch immer selbst repariert. Damals war das Auto noch kein Problem, überhaupt wenn es auf der Schotterstraße langsam dahinkroch.

Die ersten Autos, die ab dem Ende der fünfziger Jahre allmählich auftauchen, machten ihren Besitzern noch große Freude, und man war gegenüber dem ärmlichen Nichtautobesitzer und Fußgänger stolz darauf, ein solches Gefährt sein eigen zu nennen. Man merkte damals noch nicht, daß das Auto sich bald gegen den Menschen und die Natur wenden sollte. Gegenseitig versuchte man, sich mit dem neuen Auto zu überraschen. So erzählte mir ein Bauer, der

regelmäßig Sommergäste bei sich beherbergte: „Wir haben
1956 unser erstes Auto gekauft. Das hat sich so durch die
Motorisierung ergeben. Und die Klobs, unsere Sommergäste
aus Wien, haben sich genau damals auch ihr erstes Auto
gekauft. Jeder wollte nun den anderen überraschen. Das
war lustig."

Die Freude am Auto war groß, ähnlich wie die Freude der
jungen Burschen an den Motorrädern, Motorrollern und
Mopeds, mit denen man den Mädchen zu imponieren hoffte.

Man kurvte über die Plätze, ließ sich sehen und freute
sich, wenn ein Mädchen am hinteren Sattel saß.

Sie alle, Autos, Motorräder, Motorroller und Mopeds, verdrängten schließlich gemeinsam die Fahrräder von den
Straßen.

Aber es ist das Auto, das massiv verändernd auf die Straßen und Wege einwirkte. Für die sich rasant vermehrenden
Autos asphaltierte man in der Folge bis zu den höchstgele-
genen Höfen hinauf die Wege und erweiterte und begradigte
Straßen. Was Jahrhunderten – den Bauernkriegen, den über
den Paß ziehenden Flüchtlingen, wilden Kriegshorden und
anderen Leuten – nicht gelungen war, ist den Bürgermei-
stern und Straßenplanern gelungen, um sich der Majestät
des Autos zu beugen: die vollkommene Veränderung der
Straße. Aus der alten, gemütlich kurvenden Straße, die über
einen Hügel ins Dorf führte, wurde eine einigermaßen ge-
radlinige Schnellstraße, auf der die Autos über den abge-
flachten Hügel rasen. Den Hügel, der den romantischen
Namen „Mausmaier Höhe" hatte, gibt es nicht mehr. Nicht
nur er wurde dem Auto geopfert, sondern auch eine kleine
Tafel, die durch Jahrzehnte für den Fußwanderer, der sich
heute kaum mehr auf die Straße verirrt, den Hinweis „Echo"
trug. Hier konnte man also, wenn man laut ein Wort hinaus-
schrie, dessen Echo hören. Etwas, das mich als Kind erfreute. Der Verbreiterung und Begradigung der Straße fiel nicht
nur der Ortsplatz zum Opfer, sondern auch die alte Kloster-
mauer und ein schönes Stück der Straße bei der Kapelle

St. Leonhard. Ehedem führte die Straße entlang eines kleinen Baches, was der Straße und der Kapelle einen besonderen Reiz gab. Doch das Bächlein ließ man unter der neuen breiten Straße verschwinden.

Solche und ähnliche Ideen prägten die Situation, als man meinte, man müsse die Welt dem Herrgott Auto zu Boden legen. Wehmütig hielt mir gegenüber dazu eine alte Bäuerin, die heute noch zu Fuß geht und kein Auto besitzt, fest: „Früher hat man miteinander mehr geredet, man unterhielt sich besser. Heute setzt sich jeder in sein Auto und dahin ist er."

Sie hat recht, denn nichts erinnert mehr an die alten Straßen, auf denen Menschen noch ein Stück des Wegs miteinander gingen und sich über ihr Tagwerk unterhielten. Sogar die Bergsteiger benützen in nicht gerade menschenfreundlicher Weise die heute asphaltierten Bauernstraßen bis weit hinauf in die Berge. Ihre Wege zu den Hütten und Gipfeln werden immer kürzer. Die alten Straßen haben ihren Zauber verloren.

Der Autobus

Von großer Bedeutung für das dörfliche Leben und die Verbindung zu anderen Dörfern war – mehr noch als die Eisenbahn – der Autobus, und zwar weit bis in die sechziger Jahre hinein, als allmählich das Auto seine Herrschaft über den Menschen antrat. Der alte Autobuschauffeur stand gewissermaßen in der Tradition des Postillions, über den man sich freute, denn er überbrachte Nachrichten und nahm Leute in seiner Kutsche mit. Der Autobuschauffeur war Teil des Lebens im Dorf und war ein geachteter Mann.

Der erste Autobus, der nach dem Krieg im Dorf eingesetzt wurde, war eigentlich kein Autobus, sondern ein altes, aus Militärbeständen stammendes Lastauto, wie es bei Kriegsende irgendwo an der Straße zurückgelassen worden ist.

Dieses Lastauto baute ein früherer Bauernknecht, der
während des Krieges beim Militär die Fahrschule absolviert
hatte, so um, daß man es zur Personenbeförderung verwenden
konnte. Im hinteren Teil dieses „Autobusses" waren die
Sitzbänke aus Holz angebracht. Und über das Ganze war
eine Plache gespannt. Daher nannte man dieses personenbefördernde Lastauto im Scherz auch „Plachenexpreß". Zusteigen konnte man über eine Leiter, die am Ende des
Lastautos jeweils heruntergelassen und wieder eingezogen
wurde.

Wie er damals mit diesem „Autobus" fuhr, erzählte sein
erster, bei dem ehemaligen Bauernknecht angestellter
Chauffeur: „Bis 1949 bin ich gefahren mit diesem Lastauto.
Oft war es mit siebzig bis achtzig Personen besetzt. Damals
waren die Straßen noch Schotterstraßen. Es hat hinten hineingestaubt, so daß die Leute dreckig wurden. Auch im
Sommer war meist die Plache darüber gespannt, denn es
konnte jeden Moment zu regnen beginnen. Die Plane war
auch nicht dicht. Daher haben die Leute, wenn es geregnet
hat, ihre Regenschirme aufgespannt. Und es gab keine Heizung. Daher war es im Winter auch im Führerhaus saukalt.
Die Windschutzscheibe war immer vereist, denn es gab
noch kein Gebläse. Damit die Windschutzscheibe doch nicht
ganz vereist, haben wir in ein Leinensackerl Salz gegeben.
Mit dem habe ich die Scheibe gewischt. So hatte ich zumindest eine kleine Luke zum Hinausschauen. Meine Füße
waren ganz steif durch die Kälte. So bin ich gefahren."

Für die Menschen der Dörfer, durch die der Autobus fuhr,
war der Autobuschauffeur eine bedeutungsvolle Person,
denn er brachte den Leuten oft wichtige Dinge und nahm
für sie solche mit: „Wenn ich hereinfuhr, also bei der Rückfahrt, habe ich die Lebensmittelkarten von der Bezirkshauptmannschaft mitgehabt. Auf die mußte ich besonders
aufpassen, denn diese Karten waren damals wertvoller als
Geld. Und bei den Stationen in den Dörfern sind die Leute
zu mir gekommen und haben mich gebeten: ‚Sepp, bitte

nimm mir das oder das von der Bezirkshauptmannschaft
mit.' Dort, in der Bezirkshauptmannschaft in Kirchdorf, bin
ich aus und ein gegangen wie daheim. Ich kannte mich
schon gut aus und wußte, wo ich die verschiedenen Sachen
bekomme, um die mich die Leute gebeten haben." Der
Chauffeur kam auf diese Weise zu einigem Ansehen, auf
dieses weist seine weitere Erzählung hin: „Einmal habe ich
den alten Hochweider von Steyerling, sie nannten ihn alle
‚Vetter', wieder mitgenommen. Ich habe ihn im Führerhaus
sitzen lassen. Er mußte wegen des Holzes zur BH (Bezirkshauptmannschaft). Er hat geschimpft: ‚Wegen jedem Käs'
(Käse) muß man zur BH, so ein Blödsinn!' Es war gerade
Frühjahr, da sagte ich zu ihm: ‚Der Auerhahn wird bald
wieder gehat (gehend – bereit zum Abschuß)!' Da sagt er
glatt zu mir: ‚Willst einen schießen?' Sage ich: ‚Wissen S' was,
Vetter, ich hab' ja keinen Jagdschein!' Sagt er: ‚Da geht der
Jäger mit dir, da kannst du ruhig mitgehen.' Ich habe das,
was er da gesagt hat, nicht für bare Münze genommen. Ich
dachte mir, er macht einen Witz. Ich habe daher seiner
Tochter einmal gesagt: ‚Du Berta, der Vetter hat gesagt, ich
darf einen Auerhahn schießen bei euch. Ob ich das ernst
nehmen kann?' Sagt sie: ‚Ich glaube es nicht. Am Sonntag
war der Bezirkshauptmann bei uns, der wollte auch gerne
einen Auerhahn schießen. Der Vetter hat ihn aber abgelehnt.
Paß auf, ich werde ihn einmal so hintenherum fragen, ob er
es ernst mit dir meint.' Und sie hat den Vetter dann beim
Abendessen gefragt: ‚Du, Vetter, ist es wahr, daß du dem
Sepp gesagt hast, er darf einen Auerhahn schießen?' – ‚Freilich', hat er gesagt, ‚will er vielleicht nicht?' Sie hat mir das
dann erzählt, und ich habe mir den Spaß gemacht und bin
zum Bezirkshauptmann Dr. W. und habe ihm gesagt: ‚Ich
darf einen Auerhahn schießen, ich habe aber keinen Waf-
fenpaß und keine Jagdkarte. Muß ich da den von mir ge-
schossenen Auerhahn so in meinen Rucksack geben, daß
ihn keiner sieht?' Sagt der Bezirkshauptmann: ‚Dafür gibt es
keine Sondergenehmigung. Geht der Jäger auch mit?' Sage

ich: ‚Selbstverständlich, ich kenne ja das Revier nicht.' Sagt
er: ‚Glauben Sie, wenn Sie einen Auerhahn schießen, daß
man nachher feststellen kann, wer das Röhrl gehalten hat?'
‚Danke schön', hab' ich gesagt und bin gegangen. Ich habe
ihm ja nicht gesagt, wo ich den schießen werde. Ein paar
Tage später hatte ich die Möglichkeit und bin mit dem Sohn
des Hochweider, dem Jäger, auf die Alm. Leider habe ich
keinen Auerhahn geschossen." Auch wenn er nicht das
Glück des Abschusses hatte, so zeigt diese Geschichte doch
ganz gut das Ansehen und die Achtung des alten Autobus-
chauffeurs auf, der immerhin die Gunst genoß, zu einem
Auerhahn eingeladen zu werden – im Gegensatz zum Bezirkshauptmann, der sehr gerne einen Auerhahn erlegt hätte, aber nicht zu diesem eingeladen wurde. Der hochacht-
bare Autobuschauffeur wurde also dem Bezirkshauptmann
vorgezogen.

Ende der vierziger Jahre wurde der „Plachenexpreß"
durch einen gelben Autobus, der auch aus alten Teilen
zusammengebaut war, ersetzt. Der Kontakt zu den Passagie-
ren war jetzt für den Chauffeur ein noch engerer. Darüber
berichtet er weiter: „Ich habe die Leute der ganzen Gegend
zwischen Spital am Pyhrn und Kirchdorf kennengelernt,
denn damals hatte ja noch keiner ein Auto und jeder mußte
mit dem Bus fahren, wenn er wohin wollte. So auch der
Dr. Glaser von Hinterstoder, der entweder mit Schiern oder
mit mir im Bus auf Krankenbesuche fuhr. Ich habe viel von
den Leuten erfahren, ich habe ja geredet mit ihnen. In
Stoder drinnen kannte ich die Leute schon fast besser als bei
uns in Spital. Das ist klar, weil ich in der Früh' von Spital
weggefahren bin, da waren noch wenige im Autobus. Geredet haben wir über alles. Wenn Jäger mit waren, haben wir
über die Jägerei gesprochen, und mit Bauern über die Viecher. Wenn es mit den Fremden auf der Alm etwas gegeben
hat, so hat man das im Autobus besprochen. Oder wenn
Männer besoffen waren, so habe ich es genauso erfahren,
wie wenn jemand sich eine Frau angelacht hat. Auch wenn

jemand gestorben ist, hat man es mir erzählt. Auch Nachrichten habe ich weitergegeben. Da hat mir einer zum Beispiel in Hinterstoder gesagt, daß jemand in Windischgarsten einsteigen wird, und dem soll ich das oder das mitteilen."

Der Autobus mit seinem Chauffeur gehörte zum Leben im Dorf, und in den Gasthäusern wartete man auf ihn: „Die Leute haben drinnen im Gasthaus, zum Beispiel beim Kemetmüller in Windischgarsten oder beim Stockerwirt in Vorderstoder gewartet. Am Gasthaustisch haben sie sich getroffen: die St. Pankrazer, die Roßleithner, die Stoderer, die Spitaler und andere. Hier haben sie über dieses oder jenes diskutiert. Dann hat es geheißen: ‚Ah, da kommt der Autobus!' Und sie sind zu mir eingestiegen."

Auch wußte der Chauffeur über ärztliche Dinge Bescheid: „Wenn ich von Hinterstoder herausgefahren bin, sind oft Leute mitgefahren, die gefragt haben: ‚Ist die Frau Doktor eh daheim?' Oder jemand hat mich gebeten: ‚Kannst du einmal fragen die Frau Doktor, ob ich morgen mit den Kindern kommen kann.' Immer wieder sind welche zugestiegen, um zur Frau Doktor nach Spital am Pyhrn zu fahren. Die Leute haben zu ihr großes Vertrauen gehabt. Kein einziges Mal hat sich jemand über die Frau Doktor beschwert oder war nicht zufrieden mit ihr. Viele Frauen sind mit ihren Kindern aus Stoder heraus zur Frau Doktor. Sie war eine gute Spezialistin für Kinder. Einmal war ich selbst beim Doktor, weil ich einen Fremdkörper im Auge hatte. Der Doktor hat das Auge angeschaut und hat die Frau Doktor gerufen: ‚Poldi, komm, schau her einmal.' Die Hornhaut war schon drüber gewachsen. Gemeinsam haben sie dennoch den Fremdkörper aus dem Auge geholt. Welcher Arzt tut so etwas heute noch. Heute fährt man zum Augenarzt."

Der Autobuschauffeur, dies will ich mit der Wiedergabe des obigen Gespräches andeuten, hatte also einen intensiven Kontakt zu den Menschen. Er wußte, was sich in der Gegend abspielte, und er konnte sich sogar ein Bild oder ein

Urteil über das Können des Arztes sowie der Ärztin und
anderer Leute machen. Die bei ihm zusammenkommenden
Informationen verhalfen ihm zu einem umfassenden Wissen vom Glück und Unglück der Menschen, von den Problemen, die sie beschäftigten, und vieler wichtiger Dinge, die
die Menschen bewegten.

Mit dem Aufkommen des Autoverkehrs hat sich Wesentliches geändert. In den heutigen Autobussen fahren nur
wenige Leute, vor allem Schulkinder sind mit ihnen unterwegs, manchmal fahren sie sogar leer. Sie erinnern in nichts
mehr an den alten Autobus mit dem alten Chauffeur, für den
die Fahrt über die Straßen auch eine Fahrt durch das Leben
war. Dazu meinte der erwähnte Chauffeur: „Heute fahren
die Leute von zu Hause mit dem Auto weg und kommen mit
dem Auto daheim an. Heute treffen sie niemanden mehr so
direkt wie früher, weil sie schnell unterwegs sind und auch
keine Zeit zum Einkehren in ein Gasthaus haben. Dadurch
ist das Zusammengehörige viel weniger geworden."

Ich will noch einen anderen Chauffeur, einen Kollegen
meines Gesprächspartners, zu Wort kommen lassen. Was er
erzählt, ist auch insofern interessant, als er erzählt, wie sein
Chef, der frühere Bauernknecht, noch eine weitere Autobuslinie in ein anderes Tal – über den Hengstpaß – einrichten
wollte. Dabei bedurfte es eines persönlichen Kontaktes zu
den betreffenden Gemeindeämtern: „Eine Zeit sind wir mit
dem Plachenexpreß nach St. Gallen gefahren. Dann hat der
Eckart (der Chef) angesucht bei der Landesregierung, ob er
nicht auch die Linie nach Weyer haben könnte. Die von der
Landesregierung meinten, daß niemand über den Hengstpaß mitfahren wird. Man trug ihm nun auf, von jeder Gemeinde eine Bestätigung zu holen, daß man mit einem
Linienbus einverstanden wäre. Mich hat er nun von Gemeinde zu Gemeinde deswegen geschickt. Das war im Dezember 1949. Ich ging zu Fuß über den Hengstpaß zu den
Dörfern. Es hat geschneit. Ich kam nach Unterlaussa, dann
nach St. Gallen, dann weiter nach Weißenbach und Alten-

markt und dann nach Weyer. Alles zu Fuß und wegen der Unterschriften, die ich auch bekam. Dem Eckart wurde dann aufgrund der Unterschriften erlaubt, diese Linie einzurichten. Im Frühjahr 1950 haben wir begonnen, dort zu fahren. Ich fuhr selbst. Das Interessante war, daß von Laussa weg durchwegs Mütter mit vier oder fünf Kindern eingestiegen sind. Einmal habe ich mir den Spaß gemacht und eine Frau gefragt: ‚Sag einmal, warum haben hier die Leute so viele Kinder?‘ Sagt die Frau drauf: ‚Was täten wir im Winter, hier ist soviel Schnee?!‘ Tatsächlich sind die meisten Kinder dort im Oktober geboren worden. Die vier Stationen im Laussatal sind meist fünfzehn bis zwanzig Kinder mit vier oder fünf Müttern eingestiegen.“

Der alte Autobuschauffeur hatte also eine enge Beziehung zu den Menschen, die ihm einen tiefen Einblick in ihr Leben gestattete. Aber man freute sich auch auf ihn, denn er brachte den kleinen Leuten in den abgelegenen Tälern Abwechslung und erinnerte sie an die weite Welt.

Der Briefträger

Aber noch eine andere Figur brachte den Leuten im Gebirge Abwechslung, auch er erinnert an den früheren Postillion, nämlich der alte Briefträger, der sich vom heutigen gewaltig unterscheidet. Ähnlich einem fliegenden mittelalterlichen Boten war er unterwegs, um den Leuten persönlich die für sie bestimmten Nachrichten zu überbringen.

Er war zu Fuß unterwegs und wußte, daß er gerne erwartet wurde. Ein Briefträger, der seit 1952 Post ausgetragen hat, erzählte mir über den Abwechslungsreichtum seines damaligen Berufes: „Früher war man noch ein echter Briefträger, heute ist man Papierausträger. Um acht Uhr vormittag bin ich mit der Post vom Postamt weggegangen. Ein Stück bin ich mit dem Fahrrad gefahren, dann bin ich alles zu Fuß gegangen. Ich bin hinauf nach Mitterweng, nach

Oberweng und dann in die Au. Die Leute haben mich gefragt: ‚Was gibt es Neues?‘ Damals bin ich nur viermal in der
Woche zu den Leuten gekommen, heute gibt es tägliche
Zustellung. Montag und Freitag mußte ich beide Rayons
zustellen. Ich bin da vierzig Kilometer gegangen. Am Mittwoch war Mitterweng dran, das waren 28 Kilometer. Am
Donnerstag war ich nur in der Au. Und am Freitag war ich
in Mitterweng und in der Au. Damals gab es auch noch am
Samstag eine Zustellung, heute ja nicht mehr. Am Samstag
bin ich wieder beide Rayons gegangen. Es war anstrengend,
weil man bei jedem Wetter unterwegs war, es war aber auch
schön. Im Rucksack hatte ich die Packerln, bis zwei Kilogramm schwere mußten wir zustellen. Damals war man mit
den Leuten noch in einer engeren Verbindung. Wenn sie
mich gefragt haben, ob es etwas Neues gibt, habe ich gesagt:
‚Alle Tage gibt es etwas Neues!‘ Einmal, es war gerade der
1. April, hat mich wieder einmal eine Bäuerin gefragt, was
es Neues gibt. ‚Mei‘, sag’ ich, ‚ich weiß eigentlich gar nichts.
Ich war erst gestern da, und von gestern auf heute hat sich
nicht viel getan. Aber Jessas, jetzt fällt mir gerade ein, die
Nachbarin hat gesagt, du sollst zu ihr kommen, sie hat
irgend etwas für dich eingekauft. Das will sie dir gerne
zeigen‘. – ‚Also‘, sagt sie, ‚ist gut, daß du mir das sagst. Ich
gehe dann gleich hin.‘ Ich bin weitergegangen, und sie ist
zur Nachbarin. Wie ich in den nächsten Tagen wieder zu
dieser Frau gekommen bin, war etwas los. Sie hat gesagt:
‚Dir glaube ich nichts mehr, es war der 1. April!‘ Die meisten
haben ‚du‘ zu mir gesagt, ich auch zu ihnen. Die Leute haben
sich ja gefreut, wenn ich gekommen bin. Einmal komme ich
in ein Haus, sitzen die Tochter und die Mutter da. Sage ich
zur Tochter: ‚Gib mir deine Hand, ich kann ein wenig Hand
lesen.‘ Sie gab mir ihre Hand, ich schaute sie an und sagte:
‚Ja, ja, du bist verliebt, stark verliebt. Und schwanger bist
du auch.‘ Sie ist momentan ganz rot geworden und ist in
die Küche gegangen. Die Mutter hat mich ungläubig gefragt,
ob ich wirklich Hand lesen kann. Ich habe gesagt, ‚ja‘.

Darauf hat sie gemeint, daß die Tochter wirklich schwanger sei."

Über den engen Kontakt des Briefträgers zu den Menschen und deren Verlangen nach Neuigkeiten erzählte mir ebenso ein anderer Briefträger, der auch gerne mit den Leuten seinen Spaß machte: „Früher bist du als Briefträger in das Haus hineingegangen. Heute steckt man die Post in das Briefkastl, nur wenn man etwas zu unterschreiben hat, geht man hinein. Ich war früher gewohnt, bei den Bauern in Oberweng in deren Häusern frei ein und aus zu gehen. Ich hab' mich mit allen gut verstanden. Hier und da sagen sie heute noch, wenn sie mich treffen: ‚Fredl, wann kommst du wieder?‘ Ich habe viel erfahren von den Leuten, so auch einmal, daß Burschen gewildert haben. Aber ich habe das bei mir behalten. Und immer wieder wollten die Leute von mir etwas wissen, und wenn ich keine Neuigkeiten hatte, habe ich sie etwas angelogen: ‚Du, weißt eh, das und das ist passiert.‘ – ‚Das gibt es nicht!‘ haben sie gesagt. Ich: ‚Freilich, das ist wahr.‘ Einmal habe ich sogar jemanden sterben lassen, weil man unbedingt etwas Neues von mir wissen wollte. So als Gaudi (Spaß), das tue ich kein zweites Mal mehr. Ich habe den Bauern angelogen, und die wollten schon einen Kranz für das Begräbnis bestellen. Aber ich habe mir nachher doch gesagt: Das ist nichts, und habe sie angerufen und gesagt: ‚Das stimmt nicht, der Tote lebt eh!‘ Wie ich wieder zu ihnen gekommen bin, haben sie gesagt: ‚Du, Krüppel!‘ Auf die Idee, dem Bauern so eine Geschichte zu erzählen, bin ich gekommen, weil der Krankenkassakontrollor in Vorderstoder jemanden die Lüge erzählt hat, daß der Fleischhacker Schießer gestorben ist. Darauf hat der, den er angelogen hat, tatsächlich einen Kranz bestellt. Und wie er zum Fleischhacker kommt, sieht er den Schießer auf der Straße vor seinem Geschäft. Dem ist ganz anders geworden. Ich habe mir gedacht, wie ich davon gehört habe, das kannst du auch einmal machen."

Die Menschen, denen gute Nachrichten gebracht wurden,

haben sich gefreut, und jene, die Schlechtes erfuhren, mußten getröstet werden. Ein Briefträger, der bis in die sechziger
Jahre herumzog, erzählt dazu: „Über gute Post haben sich
die Leute gefreut. Wenn eine Bauerntochter einen Liebes-
brief erhalten hat, habe ich etwas gescherzt mit ihr. Ich habe
ihr gleich gesagt, daß ihr der oder der geschrieben hat. Wir
haben unsere Gaudi gehabt. Damals waren die Mädchen
noch am Hof. Und wenn es schlechte Nachrichten waren,
habe ich den Leuten gut zugeredet oder, wenn etwas vom
Finanzamt kam und der Bauer sich geärgert hat: ‚Ha, Gott,
schon wieder so ein blöder Brief!‘, dann habe ich lustig
gesagt: ‚Es ist eh schon wieder ein Monat vergangen, daß du
einen solchen Brief bekommen hast, sei froh, daß du etwas
zahlen kannst. Wenn du ein Stück Vieh verkaufst, hast du eh
alles wieder herinnen.‘ Man hat sich damals für die Leute
viel mehr Zeit genommen. Und man war freundlich. Es ist
auch vorgekommen, daß ich mit einem Nachnahmepackerl
gekommen bin und die betreffenden Leute kein Geld hatten,
um es zu zahlen, dann habe ich gesagt: ‚Was tun wir denn?
Dann muß ich es einstweilen zahlen!‘ An einem der nächsten Tage habe ich dann das Geld auch bekommen. Ab und
zu gab es auch traurige Briefe und traurige Telegramme, die
ich auch außertourlich bringen mußte. Ich hatte das Tele-
gramm natürlich gelesen. Wenn ich mit der Nachricht von
einem Trauerfall gekommen bin, haben die Leute schon
gefragt: ‚Ist etwas?‘ – ‚Ich weiß nicht‘, habe ich gesagt, ‚recht
Gutes steht nicht drinnen.‘ Das waren für mich die traurigen
Sachen. Ist ein alter Mensch gestorben, so habe ich gesagt:
‚Mein Gott, das kommt überall vor, damit hat man rechnen
müssen, er war eh schon alt und krank und eh schon
schlecht beisammen. Schöner wäre er nicht mehr geworden
und größer auch nicht.‘ So habe ich die Leute wieder aufgebaut. Man hatte früher einen engen Kontakt zu den Leuten,
und die Leute wollten immer wieder etwas wissen von mir,
denn damals sind gerade die Bauersleute nicht weit herumgekommen. Weil ich viel als Briefträger herumgekommen

bin, haben sie geglaubt, ich weiß jeden Tag etwas Neues. Ich wußte, ob Bäuerinnen schwanger waren, und habe anderen erzählt, daß die oder die Zwillinge bekommen hat, obwohl das gar nicht wahr war. Sie sind draufgekommen, daß das nicht stimmt. Eine Zeit haben sie gesagt: ‚Dir glaube ich nichts mehr!‘ Solche Lügengeschichten haben die Leute aufgeheitert. Man kann ja nicht traurig durch das Leben gehen. Wenn ich von Haus zu Haus gegangen bin, habe ich mir schon Gedanken drüber gemacht, was man mich wieder fragen wird. Früher hatte man einen familiären Kontakt zu den Bauern. Es ist auch vorgekommen, daß irgendwo eine Mutter ganz unglücklich ausgesehen hat. Da habe ich gesagt: ‚Heute schauen Sie wieder bedrückt drein.‘ – ‚Ja mei‘ Gott‘, hat sie gesagt, ‚es ist ein Malheur mit meiner Tochter, die will den X heiraten, mit dem sind wir aber nicht einverstanden.‘ Ich habe der verzweifelten Frau dann gut zugeredet. Ich war wie daheim bei den Leuten und habe über alles Familiäre Bescheid gewußt. Ich habe sogar von Eheproblemen, von denen niemand etwas wußte, gewußt. Ich habe aber niemandem etwas erzählt. Ich habe mit den Leuten mitgelebt. Einmal hat mir zum Beispiel jemand gesagt, er hat sein Geld im Strohsack aufbewahrt. Ich habe ihn beraten und ihm erklärt, daß das Geld besser bei einer Sparkassa aufgehoben sei. Er hat mir darauf das Geld gegeben. Ich habe für ihn dann ein Sparbuch mit Losungswort angelegt. Der war dann froh und hat gesagt: ‚Jetzt kann mir niemand mehr mein Geld stehlen.‘ In einem gewissen Sinn war ich sogar Beichtvater. Die Leute haben schon gewartet auf mich. Sie wußten ja ungefähr, wann ich komme. Wenn ich eine halbe Stunde zu spät dran war, haben sie gefragt: ‚Wo warst denn du?‘ Ich habe aber auch Nachrichten zwischen den Bauern weitergegeben. So hat man mir gesagt, wenn eine Sau abgestochen werden sollte: ‚Geh, sei so gut, sag dem oder dem, er soll zu mir kommen, um die Sau abzustechen.‘ – ‚Ja, ist in Ordnung!‘ habe ich gesagt.“
Wesentlich im Kontakt zwischen Briefträger und seinen

von ihm mit Post bedachten Leuten war der Scherz. So
wurde mir dies erzählt: „Der Briefträger Trinkl hat alleweil
beim Briefaustragen Späße gemacht. Wenn er zum Doktor
gekommen ist, dann hat er angeklopft an der Ordinationstür
und ist gleich hinein bei der Tür. Wenn eine Frau drinnen
war, hat er gesagt: ‚Es macht nichts, Herr Doktor, ich kenn'
mich eh aus. Ich werde Ihnen assistieren.' Und einmal ist er
zu einem Haus gekommen, niemand war drinnen, es war
kurz vor dem Mittagessen. Sieht er da eine Schüssel voll
Krapfen auf dem Tisch stehen. Er nimmt die Schüssel und
trägt sie zum Nachbarn gleich nebenan hinüber und stellt
sie dort auf den Tisch. Und wie die Leute im ersten Haus
zum Essen gekommen sind, sind die Krapfen nicht da. Die
alte Bäuerin hat geschrien: ‚Ich weiß nicht, wo die Krapfen
hin sind!' Es hat sich dann Gott sei Dank aufgeklärt."

Aber auch die Bauern machten ihre Scherze mit den
Briefträgern, überhaupt mit denen, von denen sie sich genarrt sahen. Ein Briefträger weiß zu berichten: „Einmal bin
ich zu einem Bauern gekommen, zu einem, den ich am
Vortag angelogen hatte. Meinen Rucksack hatte ich im Vorhaus abgestellt. Er hat mich eingeladen: ‚Trinkst eh schnell
ein Seidl Most!' – ‚Ja', sage ich. Nachdem ich den Most
getrunken habe, nehme ich meinen Rucksack und gehe
weiter mit ihm. Mir ist gleich aufgefallen, daß er so schwer
ist. Beim nächsten Bauern nehme ich den Rucksack herunter und schaue hinein. Haben die mir ein paar Steine hin-
eingegeben."

Gerade in der Zeit nach dem letzten Krieg waren die
Briefträger recht froh, von den Bauern Naturalien zu bekommen oder zu einer guten Jause eingeladen zu werden,
schließlich war die Beziehung zum Briefträger eine beinahe
familiäre. Dies erzählt mir auch ein Briefträger, der in den
fünfziger und sechziger Jahren bei den Bauern Briefe aus-
trug: „Wenn gerade bei einem Bauern abgestochen wurde,
hat man auch mir ein Stück Fleisch gegeben, oder ich bekam
ein Stückerl Geselchtes. Oft hat man mich auch gefragt, ob

ich etwas zum Jausnen will. ‚Hast eh einen Hunger?' hat es
geheißen. Manchmal habe ich mir Zeit für eine Jause genommen, manchmal mußte ich aber gleich weiter, wenn ich
spät dran war. Bei einem Bauern habe ich fast täglich ge-
jausnet. Wenn ich ins Haus kam und niemand da war, habe
ich geschrien: „Jausnen kommen!" Während der Bauer die
Post angeschaut hat, habe ich gegessen. Von den alten Bauern habe ich hin und wieder ein Stück Fleisch bekommen,
damit ich ihnen etwas für einen anderen Bauern mitnehme.
Wie der Herbert S. geheiratet hat, habe ich ihn am nächsten
Tag im Gasthaus Schrofler getroffen und ihm gesagt: ‚In
früheren Zeiten war es so Brauch bei den Bauern, daß zu
den Feiertagen auch für den Briefträger etwas abgefallen
ist.' – ‚Ach so', hat er gesagt. Wie ich das nächste Mal zu ihm
gekommen bin, ist schon ein Packerl für mich bereit gelegen. Mit den jungen Bauern hört sich das alles auf. Die Alten
waren anders eingestellt. Ich selbst habe den Bauern auch
geholfen. Einmal habe ich einem das Motorradl hergerichtet, und einem anderen habe ich beim Sauabstechen geholfen."

Der Briefträger war gerne gesehen, er war eine erfreuliche Erscheinung, der mit den Bauern mitgelebt hat. Dies
zeigt sich auch in dieser Erzählung eines Briefträgers: „Oft
kam ich ins Gasthaus Schlagiedel, dort sind die Bauern der
Au beisammengesessen, der Eibl, der Holzer, der Edhofer
und der Pöllbauer. Wenn ich mit der Post erschien, haben
sie gleich geschrien: ‚Setz dich zuwi (hinzu)!' Ich habe mich
dann zuwigesetzt. Ich habe schnell etwas zum Trinken bekommen. Wir hatten ein bisserl eine Gaudi, dann war ich
wieder dahin. Und einmal bin ich um 1965 zu einem Bauern
gekommen, der knapp davor eine Jausenstation aufgemacht
hat. Wie ich also hinkomme, waren gerade der Bauer und
die Bäuerin auf dem Feld. Nur die Oma war da. Und ein
Haufen Gäste warteten auf die Bedienung. Die Oma meinte,
ich solle ihr schnell helfen. Den Uniformrock und den Rucksack habe ich weggeben, nur die Tasche hatte ich um, die

durfte man nicht weggeben. Ich habe also bedient, ich habe gesagt: ‚Ich bin der Sohn.' Wie ich am nächsten Tag wieder komme, waren die Gäste wieder da. Nun sind sie draufgekommen, daß ich nicht der Sohn, sondern der Briefträger bin. ‚Ich muß ja der Oma helfen', sagte ich, ‚sonst werden die nicht fertig mit dem Bedienen und ihr bekommt nichts zu essen. Gestern war ich der Sohn, aber normal bin ich der Briefträger."

Der Briefträger war also ein beliebter Besucher der Bauernhäuser, aber oft war für ihn der Marsch zu diesen schwierig. Darüber erfuhr ich von einem anderen Briefträger einiges: „Im Winter war es oft schon finster, bis ich mit meiner Tour fertig war. Oft bin ich im tiefen Schnee bis zu den Knien gewatet. Manchmal habe ich erst den Pfad zum Bauernhaus gemacht, auf dem dann die Bauersleute gegangen sind. Ich habe dann scherzend zu ihnen gesagt: ‚Ihr seid mir die Richtigen, ich muß euch den Pfad machen!' Es war hart als Briefträger. Zweimal in der Woche hatte ich Vordienst, da mußte ich schon um dreiviertel sechs Uhr am Postamt sein. Um halb sieben Uhr jeden Tag ohnehin. Um halb acht oder acht ging es los. Man hat auch Kontrollen gehabt beim Briefaustragen. Hier und da ist ein Inspektionsbeamter mitgegangen, der den Weg gemessen hat und wie lange man dafür braucht. Man wollte dies wissen wegen der Dienststunden. Wenn man etwas vorgehabt hat, ist man natürlich schneller unterwegs gewesen. Oder ich habe zum Beispiel gesagt: ‚Ich müßte morgen schon um drei Uhr daheim sein. Wenn ich nichts Wichtiges für euch habe, kann ich da die Post beim Nachbarn lassen?' – ‚Freilich', haben sie gesagt. Ich war früher bis 30 und 40 Kilometer unterwegs. Eine Zeit sogar mit Schiern, später mit dem Motorradl."

Besonders schwer hatte es ein Briefträger, zu dessen Rayon das Schigebiet der Wurzeralm gehörte: „Im Sommer war ich dort zu Fuß und im Winter mit Schiern unterwegs. Einmal habe ich erfahren, was ein Schneesturm wirklich ist. Vom Linzerhaus zum Lifthaus der Gondlbahn waren es

vielleicht vierzig Meter, dennoch hatte ich am Weg dorthin
die Orientierung verloren und blieb im Schneesturm einfach
sitzen. Ich fühlte mich total verloren. Wie der Sturm sich
gelegt hat, habe ich gesehen, daß ich höchstens fünf Minuten von der Gondelbahn entfernt war. Mit der Gondelbahn
war es überhaupt ein Problem. Ich konnte nur dann hinauf,
wenn diese funktionierte, denn bei starkem Wind stellte
man sie ein."

Mit dieser kleinen Geschichte will ich dokumentieren,
wie hart es für die alten Briefträger war, ihre Post an die
Leute zu bringen, sie hatten einiges auf sich zu nehmen.
Einen guten Kontakt mußten die Briefträger zu den Hunden
aufbauen, die auf jedem Bauernhof zu finden waren. Auch
darüber erfuhr ich von einem Briefträger vieles: „Ich mußte
hinauf ins Trattenbach und dann zum Korner, dort war
meine nächste Abgabestelle. Damals war sehr viel Schnee.
Ich habe mich gefreut auf den Korner, denn dort bekam ich
immer ein Häferl mit heißer Milch und ein bisserl eine
Jause. Beim Korner hatten sie einen Schäferhund, mit dem
war ich richtig befreundet, denn für ihn habe ich immer ein
bisserl mitgehabt. Bei einem anderen Bauernhaus gab es
einen Hund, der mich nie hineingelassen hat. Jahrelang
ging es so dahin. Ich habe dann damit begonnen, ihm ein
Stöckerl zu werfen. Er ist dem Stöckerl nachgerannt, und ich
konnte hinein. Von da an hat er schon ein Stöckerl im Maul
gehabt und es vor mir niedergelegt. Ich habe es geschmissen
und bin in das Haus hinein. Bei einem anderen Hund hat das
überhaupt nichts genützt. Ihn habe ich mit ein paar Stük-
kerln Fleisch, die ich mithatte, beruhigt. Für manche Hunde
war man gefährlich, wenn man ein Kappl aufgehabt hat. Das
war ungut. Aber ansonsten bin ich ganz gut mit den Hunden
zurechtgekommen. Einmal half ich sogar einem Hund. Es
war der Hund vom Gasthof in der Grünau. Dort wollte man
ihn nicht, in das Gastzimmer durfte er nicht, der eine hat ihn
gestreichelt, der andere hat ihm einen Fußtritt gegeben. Ich
habe als einziger mich mit ihm befaßt, dafür hat mir jedes-

mal, wenn er mich gesehen hat, das ganze Gesicht abge-
leckt. Wie ich wieder einmal in das Gasthaus komme, sagt
mir die Wirtin: ‚Hast dich eh schon von dem Hund verabschiedet?' Frage ich: ‚Warum?' Sie: ‚Wir haben dem Jäger
den Auftrag gegeben, den Hund zu erschießen.' Das hat mir
einen Stich in das Herz gegeben. Ich bin weggegangen und
dann wieder zurück und habe der Wirtin gesagt: ‚Bitt' schön
behaltet den Hund noch ein paar Tage. Ich werde versuchen,
ihn irgendwo unterzubringen. Ich bin herumgegangen und
habe gefragt. Der K. vom Tierschutzverband in Windischgarsten hat mir gehofen, für den Hund einen Platz zu finden.
Ich bin gleich in die Grünau und habe gesagt: ‚Ihr müßt den
Hund noch etwas behalten!' Ein paar Tage später wurde der
Hund abgeholt, er hat in Marchtrenk einen sehr guten Platz
gefunden. Ich erhielt später eine Karte von den neuen Besitzern. Ich habe mich wirklich darüber gefreut."

Aber der Hund konnte auch eine Gefahr für den Briefträger sein: „Es heißt immer, der Briefträger hat solche Probleme mit dem Hund. Er ist selbst daran schuld. Mich hat nur
ein einziges Mal ein Hund gebissen. Und zwar der Hund vom
Schausberger. Jeder hat gewußt, der ist scharf. Ich habe
natürlich aufgepaßt, wenn der Hund heraußen war. Einmal
bringe ich dem Schausberger die Post, und wie ich die
Tasche aufmache, um ihm die Post herauszugeben, springt
mich der Hund an und beißt mich. Zum Glück hatte ich zwei
Hosen an. Die eine Hose wurde mir bezahlt. Angezeigt habe
ich ihn nicht, damit er keine Probleme bekommt."

Heute gibt es diese Beziehung zwischen Briefträger und
Hund nicht mehr, weder im bösen noch im guten Sinn, heute
kommt der Briefträger im Auto und gibt die Post in einen
Briefkasten. Zum großen Wandel in dieser Welt des Briefträgers kommt es Ende der sechziger und am Beginn der
siebziger Jahre, wie ein alter Briefträger dartut: „Ich bin
dann mit dem Moped gefahren, weil ich die Post nicht mehr
tragen konnte. Die Post ist immer mehr geworden – vor
allem durch die viele Reklame. Und es besteht auch nur

mehr wenig Kontakt zu den Leuten. Wenn ich früher zu einem Bauernhaus gekommen bin, hat man sich wirklich Zeit genommen. Heute heißt es: ‚Pfüat dich!' und weg ist man. Wenn ich früher zu einem Bauern kam und keiner daheim war, bin ich oft selbst in den Keller gegangen und habe mir schnell ein Seidel Most, wenn ich durstig war, vom Faßl heruntergelassen und ihn getrunken. Dann ging ich weiter. Am Anfang der siebziger Jahre ist die alte Zeit vorbei. Ich habe auch gemerkt, wie sich bei den Bauern alles geändert hat. Zuerst war die Bauernrente zu zweit um 1960 nur 300 oder 400 Schilling. Nach und nach ist sie gestiegen. Heute werden die Wiesen der Bauern nicht einmal mehr gemäht. Und ich habe auch mitbekommen, wie man sich allmählich die Kühltruhen angeschafft hat und die Häuser umgebaut wurden. Es ist alles anders geworden. Heute sagt keiner mehr zu mir, wenn es im Sommer heiß ist: ‚Du weißt eh, wo der Most ist, das Geselchte und das Brot.' Heute sagen sie noch in gewissen Bauernhäusern: ‚Mein Gott, wie du halt noch gekommen bist, das war eine Gaudi!'

Außerdem war man als Briefträger damals ein kleines Postamt. Ich hatte sogar Briefmarken dabei und nahm Brief und Erlagschein mit zum Postamt."

Die Bedeutung des Briefträgers als Nachrichtenübermittler zwischen den Bauern, die eine nicht geringe war, wie wir oben schon gesehen haben, hört sich auf, als das Telefon ab Ende der sechziger Jahre allmählich auch in die entlegenen Bauernhäuser eingeführt und das Telefonsystem insgesamt automatisiert wird.

Das frühere Telefon erlaubte übrigens auch noch Kontakt zwischen Beamten und Teilnehmer, darauf geht auch ein Briefträger ein, der zunächst am Postamt zu arbeiten hatte: „Nach der Rückkehr aus der Gefangenschaft habe ich 1946 bei der Post angefangen. Ich hatte großes Glück, zur Post zu gelangen. Die erste Zeit habe ich im alten Postamt beim Gasthof Grundner Dienst gemacht. Damals war das Telefon noch zum Stöpseln. Ich mußte also mit Stöpseln die Verbindungen herstellen, dadurch habe ich mit den Leuten auch geredet. Die wichtigsten Nummern vom Dorf hatte ich im Kopf. Wenn zum Beispiel der Autobusunternehmer angerufen und gesagt hat: ‚Geh, gib mir Linz‘, so wußte ich schon, wen er anrufen wollte und wählte die Nummer."

Typisch für dieses alte Telefon war, daß nach Ende des Postbetriebes am Abend und in der Nacht nur wenige Privilegierte über ein zentrales Postamt zu erreichen waren oder jemanden erreichen konnten. Dabei gab es ein raffiniertes System, an das ich mich gut erinnern kann. Zu den Privilegierten, die angerufen werden konnten, gehörte der Arzt, mein Vater. Da alle diese Bevorzugten, zu denen ebenso der Sägewerksbesitzer, der Metallwarenfabrikant und wohl auch der Pfarrer gehörten, an einer Leitung hingen, so läutete, wenn die Zentrale einen von ihnen anrief, bei allen das Telefon. Damit jedoch der Betreffende, dem ein Gespräch galt, wußte, daß er gemeint sei, hatte jeder dieser Teilnehmer seine Klingelzeichen. Beim Sägewerksbesitzer läutete es zum Beispiel viermal, beim Bürgermeister einmal und beim Arzt dreimal. Mein Vater erschrak also jedesmal, wenn das Telefon drei Klingelzeichen hintereinander von sich gab, denn dann konnte es die Bitte um einen nächtlichen Krankenbesuch sein. Bei diesem System konnte man freilich bei allen anderen Teilnehmern mithören. Es gebot jedoch der Anstand, daß man dies nicht tat. Ich bin aber überzeugt, daß nicht alle diesen Anstand aufbrachten und auf diese Weise eine Menge über das Leben der anderen erfuhren. Diese Art des Telefonierens gehört der Vergangenheit an; aber immerhin war es das Telefon, das neben den Briefträgern die wichtige Funktion der privaten Nachrichtenübermittlung innehatte.

Die alte Welt der Briefträger gibt es nicht mehr, und es erinnert kaum mehr etwas an die Zeit, in der Briefträger zu Fuß mit der Post unterwegs waren und bei den Bauern nicht nur freundliche Worte fanden, sondern auch guten Most.

Der Gendarm

Zum alten Dorf und seinen Bauern gehörte der Gendarm. Er marschierte zu Fuß weit hinauf zu den Bauern, er pflegte gute Kontakte zu ihnen, er wußte Bescheid über sie und ihr Umfeld und freute sich, wenn er zu Most und Geschichtem eingeladen wurde. Dabei erwarb er sich die so wesentlichen „Lokal- und Personalkenntnisse". Vom modernen Gendarmen unterscheidet er sich dadurch grundsätzlich, denn dieser ist mit dem Auto unterwegs und hat zu den Menschen, die er zu betreuen hat, eine sehr oberflächliche Beziehung. Diese beschränkt sich vor allem darauf, daß man sich mit den Autos begegnet und sich flüchtig grüßt.

Der Fußmarsch war charakteristisch für den früheren Dienst des Gendarmen. In einem Gespräch, das ich mit einem alten Dorfgendarmen führte, erzählte mir dieser nicht nur von seinen weiten Fußmärschen, sondern auch davon, daß seine Karriere als Gendarm mit einem solchen Fußmarsch begann: „Ich stamme aus Eferding. Nach meiner Kriegsgefangenschaft bei den Amerikanern besuchte ich in Steyr und Micheldorf die Gendarmerieschule. Ich hatte mich zum Zoll und zur Gendarmerie gemeldet, denn ich war das Uniformtragen vom Krieg her so gewohnt. Bei der Gendarmerie nahm man mich. Ich war damals, 1946, 20 Jahre alt. Zu fünfzehnt wurden wir in Micheldorf ausgemustert. Von Micheldorf sind wir zu Fuß in Richtung Spital am Pyhrn marschiert. Jedem von uns war ein Gendarmerieposten zugeteilt worden. Der eine nach Klaus, der andere nach St. Pankraz und so fort. Wir marschierten in Uniform, aber mit was für einer. Es war keine einheitliche Uniform. Der eine hatte vom Krieg her eine Flak-Uniform, der andere eine Infanterieuniform, der andere wieder eine Uniform der Feldgendarmerie und einer wieder eine Bluse von den Panzern. Ich hatte eine schöne Uniform, nämlich eine Fliegeruniform. Nur die alten Abzeichen waren durch neue von der Gendarmerie ersetzt, ansonsten waren es die alten Unifor-

men der Wehrmacht, die wir trugen. In der Früh' sind wir
also von Micheldorf weg, und am Abend waren wir in Spital
am Pyhrn. Wir waren zu viert, die wir uns beim Postenkom-
mandanten meldeten: ‚Wir sind nun da, wir sind die neuen
Gendarmen!' Wir wurden dann zum Schlafen in die größte
Baracke des alten Arbeitsdienstlagers eingewiesen. Vier Betten waren in dieser, in jeder Ecke eines. So waren wir für
die nächste Zeit untergebracht. Der Gendarmerieposten
war in der Villa Sonnblick, wo auch der Schuster Mayerhofer
seine Werkstätte hatte. Unsere erste Aufgabe war die der
Zonenkontrolle."

In einem der früheren Kapitel habe ich die Zeit nach dem
Krieg, die auch für den Wandel des bäuerlichen Lebens
verantwortlich ist, geschildert. Dabei habe ich mich auch
sehr eingehend mit dem Dienst der Gendarmen an der
Zonengrenze und ihren oft wild-heiteren Kontakten zu den
amerikanischen Besatzungssoldaten befaßt. Die hier folgenden Beschreibungen verstehen sich daher auch als eine
Weiterführung meiner obigen Gedanken. Der hauptsächli-
che Dienst der Gendarmen war von Beginn an der Patrouil-
lendienst, wie der Gendarm weitererzählt: „Diese Patrouillen waren nicht solche, wie man sie heute mit den Autos
macht. Wir mußten alles zu Fuß machen. Es gab kurze und
lange Patrouillen, bei den kurzen waren wir zehn bis zwölf
Stunden unterwegs, bei den langen waren es achtundvierzig
Stunden mit zumindest einer Nächtigung. Bei diesen länge-
ren Patrouillen waren wir zu zweit, da hieß es zum Beispiel:
‚Spital am Pyhrn, auf der Bundesstraße zum Pyhrnpaß und
dann zur Hintersteineralm hinauf.' Unsere Aufgabe war,
Kontrollen durchzuführen. Nicht nur die Fremden, die wir
antrafen, wurden kontrolliert, sondern auch das Vieh auf der
Alm. Für jedes Vieh mußten die Sennerinnen und Senner je
einen Viehpaß haben. Wir mußten die Ohrmarke der Viecher
prüfen und diese zählen. Wir haben zwar nur Stichproben
gemacht, aber damals waren Hunderte Stück Vieh auf der
Hintersteineralm, so daß dies alles Zeit kostete. Das Kontrol-

lieren, Schauen und Suchen hat eben seine Zeit gebraucht. Übernachtet haben wir bei solchen Patrouillen entweder auf einer Alm- oder einer Jagdhütte. Auf den Almhütten bekamen wir regelmäßig eine gute Jause, meist Milch und Butterbrot. Es war ein freies Leben.

Diese Almpatrouillen waren hauptsächlich im Sommer. Wenn wir müde waren, haben wir uns irgendwo auf die Seite zum Schlafen gelegt. Wir hatten allerdings einen genauen Plan, nach dem wir zu patrouillieren und zu kontrollieren hatten."

Bei diesen Märschen kamen den Gendarmen aber auch hin und wieder Fremde unter, die zur Verhaftung ausgeschrieben waren: „Wenn ein solcher Fremder auf den Almen war, haben wir ihn schon gehabt", erzählt der Gendarm weiter, „denn von den Jägern und Sennerinnen erhielten wir oft gute Informationen. Einmal war so ein Fremder in der Arlingalmhütte, er hatte sich dort eingesperrt. Dem Jager Hackl, der diese Hütte versperrt vorfand, kam dies gleich komisch vor. Durch einen Spalt in der Tür hat er ihn gesehen und hat durch die Türe hineingeschossen. Der Fremde wurde im Oberschenkel getroffen. Man hat dann uns geholt, und wir haben festgestellt, daß der Mann ein Verbrecher war, er war ausgeschrieben."

Eingesperrt wurden die Verhafteten, bis man sie mit dem Zug in das Gericht einlieferte, im Gemeindekotter. An diesen – ihn gibt es nicht mehr, er wurde abgerissen – kann ich mich gut erinnern, aber auch an die dort Festgehaltenen. Dieser Kotter war ein niederes, an die benachbarte Bäckerei anschließendes Häuschen. In seinem vorderen Teil war die Waschküche untergebracht, und seitlich links drohte die Zelle für die Gefangenen. Eigentlich paßte nur eine Person hinein. Diese Zelle hatte ein kleines vergittertes Fenster, und als Mobiliar barg sie ein Holzgestell mit einer Matratze. Gemütlich war diese Behausung nicht. Hic und da, so erinnere ich mich, gab meine Mutter, die Ärztin, einem dort Eingesperrten durch das kleine Fensterchen ein Päckchen

Zigaretten, damit sich dieser etwas Abwechslung verschaffen könne. Oft sperrten Gendarmen mehrere Verdächtige und Flüchtlinge, die keine Ausweise bei sich hatten, einfach in die Waschküche beim Kotter, weil die Zelle zu klein war. Einmal ließ allerdings – wie schon erwähnt – meine Mutter, die einen Schlüssel zur Waschküche besaß, alle dort Inhaftierten frei.

Auch Betrunkene sperrte man zur Ausnüchterung in die Zelle des Kotters. Eines Tages passierte dabei ein eigenartiges Mißverständnis, wie der Gendarm weiter erzählt: „Es gab da einen Volksdeutschen im Dorf, der hieß mit dem Familiennamen Luft. Er war ein recht lustiger Mensch, wenn er etwas getrunken hatte. Ein Kollege von mir hat ihn einmal zur Ausnüchterung in den Kotter gesperrt. Weil der Kollege anschließend heimfuhr, schrieb er für uns einen Zettel: ‚Luft im Arrest, bitte auslassen!‘ Nach zwei Tagen kam er von seinem Kurzurlaub zurück und hat gefragt: ‚Habt ihr eh den Luft ausgelassen?!‘ – ‚Ja‘, habe ich gesagt, ‚die Luft haben wir ausgelassen!‘ Darauf er: ‚Kreuzsakra, habt ihr ihn nicht ausgelassen? Die Luft, öha!‘ Er ist weiß geworden und ist sofort zum Kotter gelaufen, jetzt hat er den armen Herrn Luft ausgelassen. Wir haben diesem dann schöngetan und ihn gut gefuttert. Der Luft wird sich gedacht haben, daß es in Ordnung ist, daß er zwei Tage sitzt.“

Als früherer Dorfgendarm hatte man es kaum mit größeren Ganoven zu tun, denn sogenannte „reisende Täter“, die mit Autos unterwegs sind, gab es – im Gegensatz zu heute – grundsätzlich nicht, da ja damals kaum jemand ein Auto besaß. Jedoch meinte ein Gendarm: „Damals in den fünfziger Jahren waren noch Zigeuner unterwegs. Mit ein paar Pferdewägen sind sie hie und da aufgetaucht, meist im Frühjahr. Die Männer sind in den Wägen gesessen, und die Frauen haben Hühner gestohlen. Eine Zigeunerin, die wir angehalten haben, meinte, weil sie einen dicken Bauch hatte, sie wäre schwanger. Tatsächlich hatte sie aber zwei Hühner unter ihrem Kittel gehabt.“

Die Kontakte der Gendarmen zu den Bauern waren wichtig, denn diese verhalfen den Gendarmen nicht nur zu einer guten Jause, wie ich noch zeigen werde, sondern auch zu bedeutungsvollen Informationen, wie ein Gendarm ausführt: „Früher hat man Informationen als Gendarm gebraucht, um Erfolge nachzuweisen, nach denen man qualifiziert wurde. Solche Informationen hat man von den Bauern nur bekommen, wenn man mit den Leuten in Fühlung war. War man als Gendarm unbeliebt, so hat man nichts erfahren. Daher hat man schauen müssen, beliebt zu sein. Das war man aber nur, wenn man bei Kleinigkeiten die Augen zudrückte. Die Kollegen, die kleinlich waren, haben einem oft den ganzen Erfolg vertan, denn jemand, den man wegen Radfahrens ohne Licht bestraft hat, der hat das nachgetragen und uns nichts mehr erzählt. Auch beim Schwarzfischen oder Wildern haben wir nicht alles gesehen, außer die Wilderer haben ganze Treibjagden veranstaltet. Einer Anzeige durch den Forst mußten wir aber nachgehen. Und da war es ganz gut, wenn uns die Bauern dazu Informationen zukommen ließen."

Aber auch sonst war man als Gendarm recht froh, wenn man zu einem Erfolg gelangen konnte, wie mir ein alter und ehrlicher Gendarm erzählte: „Als junge Gendarmen waren wir unter einem gewissen Erfolgszwang. Die Vorgesetzten haben ja erwartet, daß wir einen Erfolg heimbringen. Wenn es zum Beispiel in einem Gasthaus frische Fische gegeben hat und ich mir nicht vorstellen konnte, von wo die sind, so bin ich dem nachgegangen. Kleinlich waren wir nicht unbedingt, aber wir waren froh, wenn wir etwas hatten, das wir verwerten konnten."

Schwer anzuzeigen waren die Beteiligten an Raufereien in den Wirtshäusern, über die ich schon in einem vorhergehenden Kapitel geschrieben habe, denn zum Ehrenkodex der Raufer gehörte, sich gegenseitig nicht anzuzeigen. Bei schweren Körperverletzungen allerdings, bei denen der Arzt geholt werden mußte, konnten auch die Gendarmen aktiv werden.

Die Raufer besaßen aber bisweilen auch deren Sympathie, wenn sie nicht die Angreifer waren. Interessant ist daher folgende Geschichte, bei der es um einen Raufer geht, der wegen Alimentationsschulden im Gefängnis einsaß. Dies genügte den braven Bürgern, um ihn als potentiellen Verbrecher abzustempeln. Der Gendarm jedoch schloß sich dieser Meinung nicht an: „Der B. hat nur zugeschlagen, wenn er angegriffen wurde. Gesessen ist er wegen Alimentationen. Gestohlen oder sonst etwas Kriminelles getan hätte er niemals. Er war etwas asozial, weil er wenig gearbeitet hat und sich von den Eltern erhalten ließ. Der B. war aber einer, der immer die Wahrheit gesagt hat. Als man ihn einmal verdächtigt hat, daß er einem Betrunkenen im Gasthof Grundner die Brieftasche gestohlen hat, habe ich gleich gesagt, so etwas tut der B. nicht. Nur weil der B. neben dem Betrunkenen gesessen ist, hat man ihn verdächtigt. Sofort sind sie über ihn hergefallen. Man ist dann draufgekommen, daß ein anderer der Täter war. Solche Leute wie der B. waren mir als Gendarmen sympathischer als so manche anderen guten Bürger, die andere hinterrücks hineinlegen."

Es gab aber auch echte Gauner im Dorf, die bei den Gendarmen auf Sympathie stießen. Über einen solchen erzählte mir einer der Gendarmen, mit denen ich sprach, Spannendes: „Es gab den Arthur H., der war ein Betrüger, aber er schädigte keine Armen, nur die Reichen. So zum Beispiel den M., einen großen Bauern, dessen Holz er einfach verkauft hat. Als der M. sein Holz heimführen wollte, waren bereits Leute aus Nettingsdorf da, die behauptet haben, daß sie das Holz gekauft haben, sie hatten es bezahlt. Ich war dem H. eigentlich nie böse, obwohl wir viel Arbeit mit ihm hatten.

Ein anderes Mal hat er drei Waggons Heu verkauft, ohne daß er nur ein Schüberl von diesem Heu besessen hätte. Käufer waren Bauern in St. Johann, die haben bei ihm gejammert, daß so ein schlechtes Jahr war und sie kein Futter für das Vieh haben. So hat der H. ihnen das Futter verkauft.

Sie haben gleich gezahlt, obwohl er gesagt hat, er braucht kein Geld: ‚Hauptsache, ihr habt das Futter. Ihr zahlt es mir einmal, es ist ja nicht drawi (eilig)!' Man hat ihm alles geglaubt. Er hat einen so überzeugen können, daß man ihm alles geglaubt hat. 35.000 Schilling, damals um 1950 war es viel Geld, hat man ihm gegeben. Er hat das Geld eingestreift und ist heimgefahren. Nach fünf Tagen bekommen wir am Posten einen Anruf, ob wir einen H. Arthur kennen. ‚Ja'. – ‚Der soll uns das Futter schicken', meinte der Anrufer. ‚Welches Futter?' – ‚Wir haben drei Waagons Heu gekauft vom H. Wir haben schon gezahlt!' Sage ich: ‚Um Gottes willen, der besitzt kein Schiebel Futter' (Heu). Ein paar Tage später ist er bei der Holzarbeit tödlich verunglückt. Mir war der H. sympathisch. Er war ein hagerer Mann. Mit 38 Jahren ist er noch über die Sprungschanze gesprungen."

Originale dieser Art wie der Herr Arthur H. brachten auch Leben in den Alltag der Gendarmen, ähnlich wie ein gewisser Walter B. Über ihn erzählte mir ein Gendarm: „Er war ein Urviech. Der hat sich, das war um 1954, die Kutte vom Pfarrer genommen, hat sich in den Beichtstuhl gesetzt und den Leuten die Beichte abgenommen. Jedem hat er einen Rosenkranz als Buße aufgegeben. Der Pfarrer hat die Leute beten gesehen und hat sie gefragt, was sie da tun. Sie haben gesagt, sie beten Buße. Deswegen hat der Walter B. einige Monate Gefängnis wegen Religionsstörung bekommen. Beim Kurz hat er einmal Salzheringe gekauft und ging zur Klein-Wehr. Dort setzte er sich an den Bach mit einem Stock, an den er mit einer Schnur jeweils einen Hering hing. Kam jemand vorbei, so zog er den Hering aus dem Wasser. Die Leute haben geschaut und gesagt: ‚Der fängt einen Fisch nach dem anderen.' Jemand von den Bundesforsten ist zur Gendarmerie gegangen und hat den B. angezeigt wegen Schwarzfischerei. Die Gendarmen sind ausgeschwärmt und haben ihn umstellt. Der Förster und ein Gendarm sind zu ihm und haben ihn gefragt: ‚Was machen Sie da?' Er: ‚Nichts.' – ‚Sie fischen da!' Er: ‚Ich fische da nicht!' Der

Förster: ‚Was haben Sie da?' Er: ‚Salzheringe, die sind mir zu
salzig, daher tue ich sie auswassern.' So hat er die Leute
genarrt. Er war ein Original."

Aber nicht nur mit Sachen dieser Art hatten die Gendarmen zu tun, sondern mit allem, was das menschliche Leben
an Gutem und Schlechtem bot: mit Selbstmorden, schweren
Verletzungen und auch den sogenannten Dorftrotteln, den
geistig Behinderten, die man damals noch in kein Heim
abschob.

Typisch für die Zeit nach dem Krieg, als es den Menschen
schlecht ging, waren im Gebirge jene Burschen, die sich als
Wildschütze betätigten. Sie genossen das Ansehen der „klei-
nen Leute", aber die Gendarmen mußten ihnen im Sinne der
Förster auf den Fersen sein. Man hatte zwar wohl gegenüber
Gelegenheitswilderern, wie Sennern, die auf der Alm nebenbei für sich einen Gamsbock schossen, ein gewisses
Nachsehen, aber dennoch war man daran interessiert, Wildschütze zu erwischen. So erzählt ein Gendarm: „Wenn das
Wildern ausgeartet ist und es angezeigt wurde, wie zum
Beispiel am Hengstpaß, wo die Wilderer richtige Treibjagden veranstaltet haben, mußten wir eingreifen. Das war
damals ein größerer Einsatz für uns. Der gefährlichste Wilderer der Gegend war der Pesendorfer-Sepp. Man wollte ihn
später einmal als Jäger in Hinterstoder einstellen, er hat
aber das Angebot abgelehnt und gesagt, es interessiere ihn
nicht, regulär auf die Jagd zu gehen. Einmal sind wir Gendarmen zu dritt in einem Wirtshaus gesessen. Da kommt der
Pesendorfer herein, und wie er uns sieht, hat er laut zu
anderen gesagt: ‚Morgen vormittag um neun Uhr kracht es
da oben. Ich sage aber nicht, wo das ist.' Und tatsächlich hat
er geschossen, man hat ihn aber nicht erwischt."

Derselbe Gendarm findet sogar Argumente für die Bauernburschen, die bis in die fünfziger Jahre hinein gewildert
haben: „Damals haben sie aus der Not heraus gewildert. Die
damaligen Wilderer sind heute fast alle Jäger. Jedenfalls
waren mir die alten Wilderer sympathischer als die heutigen

Wilderer, die vom Auto oder vom Hubschrauber aus das Wild
schießen."

Irgendwie scheinen Gendarmen von der Schlauheit so
mancher Wilderer fasziniert gewesen zu sein, daher rech-
nete man es sich wohl hoch an, wenn man ihnen auf die
Schliche kam. Davon erzahlt diese Geschichte eines Gendarmen: „In Oberweng gab es den Raimund H., der war ein
extremer Wilderer. Er war nicht blöd, stellte sich aber so. Er
war stumm. Ein Bauernbursch, mit dem er wildern war, ist
auf tragische Weise abgestürzt. Bei den Bauernsöhnen war
es damals in den fünfziger Jahren noch üblich, daß sie sich
die Gamslederne selbst geschossen haben. Da der Raimund H. in Verdacht stand zu wildern, haben wir bei ihm
einmal eine Hausdurchsuchung durchgeführt. Wir haben
alles umgedreht, er wohnte in einer Dachkammer. Wir haben unter den Fußboden geschaut, nichts haben wir gefunden. Da sehe ich am Plafond ein paar frische Nägel in der
Verschalung. Nur hier können die Wildererwaffen sein,
dachte ich mir. Wir haben die Bretter weggegeben und
hatten nun sein Waffenlager. Er hatte wertvolle Waffen, eine
Pistole, deren Griff mit Elfenbein ausgelegt war. Wir haben
sie beschlagnahmt. Ich hätte diese Pistole gerne gehabt. Ich
habe mich auch darum später vergebens bemüht. In Oberweng und in der Gleinkerau gab es dazumal viele Wilderer.
Es gab das Sprichwort: Aus jedem Rauchfang in Oberweng
und der Gleinkerau schaut ein Wilderer heraus."

Eine harte Arbeit für die Gendarmen war zu einer Zeit, als
es noch keine Rettungshubschrauber gab, das Bergen von
Verletzten und Toten in den Bergen. Dazu erzählt ein Gendarm: „Wir hatten damals eine gute Kondition. Wir mußten
ja zu Fuß mit dem Bergrettungsdienst stundenlang marschieren, bis wir zum Beispiel bei dem Abgestürzten waren.
Mit einer Gebirgstrage im Sommer oder in einem Ackja im
Winter brachten wir die Leute ins Tal."

Die Hauptaufgabe der Gendarmen lag jedoch im Pa-
trouillengang und in der Kontaktaufnahme zu den bäuerli-

chen Menschen. Ich möchte dazu einen Gendarm ausführlicher sprechen lassen: „Wir mußten zu den Bauern gehen, um diverse Akte zu erledigen, wie Lohnerhebungen, Alimentationsangelegenheiten und Sozialsachen, wie die Einlieferung in ein Altersheim. Heute kümmert sich die Gemeinde nicht um diese Sachen, sie lädt die Leute vor. Aber früher hat die Bezirkshauptmannschaft alles der Gendarmerie übergeben. Das war bis in die sechziger Jahre so. Ende der fünfziger Jahre haben wir zwei Mopeds für unser Rayon bekommen. Die waren aber nur beschränkt einsatzfähig. Daher ist auch nach wie vor patrouilliert worden. Bei diesen Patrouillen sind wir eben zu den Bauern gegangen und haben auch gefragt, was es Neues gibt. Uns ist da viel erzählt worden, zum Beispiel, wenn irgendwo Schweinereien vorgekommen sind oder gewildert wurde. Moralische Schweinereien hat es früher viele gegeben bei den Bauern, nämlich wenn der Bauer die Magd sexuell genötigt hat. Die Nachbarn erzählten solche Dinge, wenn sie eine Wut auf den hatten. Wir sind solchen Sachen nachgegangen. Bei den Bauern hat sich auf dem Gebiet allerhand abgespielt, denn so eine Magd hatte nicht den Mut, gegen den Bauern vorzugehen."

Ein anderer Gendarm erzählt ähnliches über seine Kontakte zu den Bauern: „Wir haben die Bauern gut gekannt, wir hatten eine persönliche Beziehung zu ihnen. Wenn wir zum Grabenbauer, zum Hinterwinkler oder sonst jemandem gekommen sind, sind wir hinein zu ihnen, haben sie gegrüßt und gefragt: ‚Was gibt es Neues?' Meistens hatten wir ein paar Akte zum Erledigen mit, vor allem Hosentürlakte, wie wir die Erhebungen wegen eines Kindesvaters oder wegen der Alimente genannt haben. Wir mußten dabei erheben, warum ein Kindesvater keine Alimente zahlt, wie hoch das Einkommen des Kindesvaters ist und ähnliches. Oft waren es Knechte, um die es ging. Von ihnen wollte die Fürsorge zum Beispiel wissen, welches Einkommen sie haben. Wir handelten dabei im Auftrag der Fürsorge. Unsere Ergebnisse gaben wir an die Bezirkshauptmannschaft weiter und damit war die Sache für uns erledigt." Der Kontakt zu den Bauern war oft ein sehr intensiver, derart, daß der Gendarm bisweilen auch am bäuerlichen Hof mitzuhelfen wußte, wenn Not am Manne war. So schilderte ein Gendarm: „Es kam auch vor, daß, während der Bauer zum Beispiel gerade bei der Holzarbeit war, die Kuh gekalbt hat. Viele von uns bei der Gendarmerie kamen ja aus der Landwirtschaft, und die kannten sich bei so etwas aus. So war ich dabei, wie der Fischil, mein Kollege, bei der Geburt eines Kalbes geholfen hat. Er hat das Kalb, das in einer Steißlage war, kunstgerecht umgedreht und zur Welt gebracht. Das war eine Hilfeleistung, über die sich die Bäuerin gefreut hat. Unser Beruf konnte sehr schön sein." Aber auch einer Bäuerin half ein Gendarm, als sie zur Niederkunft kam: „Einmal ist eine Magd von einem hoch gelegenen Bauernhof zu mir gelaufen – ich war alleine am Posten – und hat gerufen: ‚Schnell, schnell, die Rettung anrufen, die Bäuerin bekommt ihr zweites Kind!' Ich habe die Rettung angerufen, doch die konnte nicht gleich hin zum Bauernhof, weil eine Lawine abgegangen war. Ich bin zu Fuß hin. Vom Geburtsvorgang hatte ich nur soviel Ahnung, wie ich in der Gendarmerieschule gelernt habe. Dort ließ man uns einmal in einer Klinik bei einer Geburt zusehen. Ich habe die Bedienerin bei uns am Posten gebeten, mir einen sterilen Faden zu geben. Die war ein altes Weiberl, sie hat gesagt, sie kennt sich da nicht aus. Ich habe geschwitzt und mir gedacht, hoffentlich mache ich keinen Fehler. Ich wußte, daß die Nabelschnur ungefähr eine Handbreit vom Nabel entfernt abgebunden werden muß. Das habe ich getan. Gott sei Dank war dann die Rotkreuzhelferin da. Das waren so Sachen!"

Die Bauern wußten es aber auch zu schätzen, wenn Polizisten ihnen wohlgesonnen waren, und luden sie daher auch gerne ein. Dazu erzählte mir ein alter Gendarm: „Wir hatten großartige Bauern, zu denen wir gerne gingen, zum Beispiel zum Helml, zum Hinterwinkler oder zur Flinderlmühle. Bei dem einen haben wir immer drei weichgekochte

Eier bekommen. Die wären dort beleidigt gewesen, wenn wir sie nicht genommen hätten. Bei anderen wieder wurden wir auf einen halben Liter Most, ein Stamperl Schnaps oder ein Butterbrot eingeladen. Manchmal gab es auch ein Stückerl Geselchtes. Aufgehört haben sich diese Einladungen mit der Motorisierung. Bis dahin hatten wir die besten Kontakte. Wir kannten die Kinder der Bauern, wußten, wie sie hießen: das ist der Seppl, das der Franzl und das die Michi. Hier und da hatten wir Zuckerln für sie mit."

Über das Ende dieser Einladungen durch die Bauern und der guten Beziehung zu ihnen sinniert ein Gendarm: „Mit der Motorisierung haben sich die Kontakte zu den Bauern aufgehört. Wir waren nun nicht mehr zu Fuß unterwegs, und die Bauern hatten bald selbst alle ein Auto. Und wir mußten nun, damit beginnt das Problem, gegen sie einschreiten, wenn sie zum Beispiel zu schnell gefahren sind. Wenn ich jemand beanstandet habe, so mußte ich ihn auch bestrafen, obwohl er vielleicht gemeint hat, ich solle ein Auge zudrücken. Oft habe ich einfach weggeschaut, wenn jemand ein kleines Verkehrsdelikt begangen hat. Schwierigkeiten habe ich eigentlich nie mit den Leuten gehabt. Ich habe höchstens gesagt zu einem Verkehrssünder: ‚Kruzifix, du Tepp, warum machst du das? Ich muß dich leider anzeigen.‘ Der Ton macht die Musik."

Auch ich als Bub mit elf oder zwölf Jahren mußte einmal diesem Gendarmen, mit dem ich jetzt über sein Leben sprach, fünf Schilling als Strafe zahlen, weil ich freihändig mit dem Fahrrad gefahren bin. Er konnte sich zwar daran nicht mehr erinnern, meinte aber, daß auch er als Gendarm von seinem Vorgesetzten einmal mit fünf Schilling bestraft worden sei, weil er mit einem amerikanischen Besatzungssoldaten zu zweit auf einem Fahrrad fuhr.

Der große Wandel in der Kultur der alten Gendarmerie beginnt, wie schon gesagt, mit der Motorisierung. Dazu will ich noch einen alten Gendarmen sprechen lassen: „Früher hatten wir bei der Gendarmerie keine Kraftfahrzeuge gehabt. Wir gingen zu Fuß und fuhren, wo es möglich war, mit dem Fahrradl. In den fünfziger Jahren kam das Moped und eine Beiwagenmaschine. Wenn wir etwas Dringendes zu erledigen hatten, fuhren wir mit dieser. Andere gingen zu Fuß. Es gab auch kein Funkgerät. In ein Personaldienstbuch mußten wir eintragen, wo wir uns eben aufgehalten und wen wir angehalten oder was wir dienstlich so getan haben. Heute gibt es dieses Personaldienstbuch nicht mehr. Heute sind wir jederzeit durch das Funkgerät erreichbar, denn jeder Beamte hat sein Funkgerät. Heute haben die Gendarmen Autos. Wir mußten früher noch mit dem Zug zum Beispiel nach Kirchdorf fahren, um jemanden vorzuführen, der zur Vorführung ausgeschrieben war. Heute ist alles viel einfacher. Auch was die Arbeitszeit anbelangt. Am Anfang, nach dem Krieg, haben wir 380 Stunden Außendienst im Monat gemacht, 190 Tages- und 190 Nachtstunden. Diese Stundenzahl wurde allmählich herabgesetzt. Die Tagstunden waren zunächst von 6 Uhr früh bis 18 Uhr. Und die Nachtstunden von 18 bis 6 Uhr. Freizeit hatten wir keine, keinen freien Sonntag. Es gab aber die Absentierung, das waren zwei Tage im Monat, an denen wir nicht in den Dienst mußten. Aber diese Absentierung war eine Kann-Bestimmung. Der Postenkommandant konnte danach jemandem freigeben oder auch nicht, je nachdem, ob er ihm sympathisch war. Später war die Absentierung drei Tage, schließlich hat es geheißen: zwei Wochenende muß man freihaben."

Ein anderer Gendarm ergänzt: „Zuerst hat niemand nach den Stunden im Dienst gefragt. Wie ich zur Gendarmerie nach dem Krieg gekommen bin, habe ich 169 Schilling plus 30 Schilling Pauschalgebühr bekommen. Eine Zigarette hat damals schwarz einen Schilling gekostet, denn damals gab es noch Raucherkarten, mit denen man nur eine bestimmte Anzahl von Zigaretten bekommen hat."

Der Gendarm verdiente relativ wenig, aber er hatte einen sicheren Posten und der brachte ihm im Dorf und bei den

Bauern Ansehen, denn man brauchte die Gendarmen auch. Und schließlich war der Gendarm ein Mann „für alles", wie ich oben gezeigt habe. „Heute gibt es mehrere Gruppen bei der Gendarmerie," meinte ein Gendarm, „die einen sind zuständig für die Kriminalität, die anderen für den Verkehr. Wir mußten früher alles tun, ob es ein Volksfest war, bei dem es geordnet zugehen sollte, oder wenn es um die Regelung des Verkehrs ging. Heute gibt es dazu eine eigene Verkehrsabteilung."

Dadurch, daß der Gendarm ehedem ein „Mann für alles" und er zu Fuß unterwegs war, hatte er auch die oben besprochenen guten Kontakte zu den Bauern. „Man hatte Zeit zum Reden", erwähnte dazu ein Gendarm. Jedenfalls war der alte Gendarm eine Respektsperson, die er heute, wie ein Gendarm glaubt, nicht mehr zu sein scheint. Schließlich, hier liegt das große Problem, ist er durch den Autoverkehr mit vielen Menschen in einen für diese unerfreulichen Kontakt getreten. Es sind die Autos, die massenweise das Dorf und die Bergstraßen mit Lärm und Gestank überziehen. Während es früher die kleinen und größeren Ganoven waren, die den Gendarmen fürchteten, sind es heute die Autofahrer insgesamt.

Es hat sich also viel geändert bei der Gendarmerie. Aus den früheren beinahe familiären und freundschaftlichen Kontakten zu den Bauern und den Dorfbewohnern wurde eine sehr lose Beziehung. Und schließlich erschien den hohen Politikern der gesamte Gendarmerieposten des Dorfes für unnotwendig. Man löste ihn auf und ordnete ihn dem Nachbarrayon zu. Brave Gendarmen durchkämmen nun in ihren Dienstautos die Welt der Bauern und des Dorfes, aber die ehemals guten Kontakte zu den Menschen sind verschwunden. Diese gab es noch als die Gendarmen zu Fuß unterwegs waren und sich freuten, von einem Bauern auf einen Most und ein Stück Brot eingeladen zu werden.

Der Kerkermeister

Zur Kultur des alten Dorfes gehörte neben den Gendarmen auch das Bezirksgericht, das im Nachbarort angesiedelt ist, mit seinem kleinen Gefängnis und dem Kerkermeister. Ende der fünfziger Jahre wurde das Gefängnis aufgelöst und der Kerkermeister anderwärtig im Gerichtsdienst beschäftigt. Warum dies so war, darüber erzählte mir der letzte Kerkermeister von Windischgarsten: „Früher gab es für die armen Leute keine Geldstrafen, weil sie kaum Geld hatten. Daher haben sie bedingte Haftstrafen oder Arrest bekommen. Für eine Watsche hat ein Raufbold zum Beispiel acht Tage bedingt bekommen. Und wenn er innerhalb der nächsten drei Jahre wieder gerauft hat, dann ist die bedingte Strafe aufgehoben worden und er hat vierzehn Tage dazubekommen. Er ist also nun drei Wochen im Gefängnis gesessen. Nicht nur Raufer sind bei uns eingesperrt gewesen, sondern auch Schwarzfischer und hie und da auch ein Wilderer. Die Übertretungen wurden am Bezirksgericht verhandelt, die Vergehen und Verbrechen beim Gerichtshof. Wegen Übertretungen wurden sie früher zu Arrest verurteilt, heute gibt es nur mehr Geldstrafen für Übertretungen. Bei Uneinbringlichkeit der Geldstrafe müßte jemand heute nach Steyr in den Arrest fahren."

Das Gefängnis des Bezirksgerichtes war also notwendig, da bis in die sechziger Jahre das Geld für die zu zahlende Strafe von den jungen Burschen – um die handelte es sich vorwiegend – nicht so ohne weiteres aufgebracht werden konnte.

Für den Kerkermeister ergab sich schließlich das Problem, daß er die meisten der Leute, die er einzusperren hatte, gut kannte, weil sie eben auch aus derselben Gegend wie er kamen. Darüber und über die spartanischen Zellen im Gefängnis erzählt er: „Das Gefängnis in Steyr ist prachtvoll eingerichtet im Vergleich zu unseren früheren Zellen. Diese waren furchtbar, sie waren im Erdgeschoß, sie waren dunkel, ein Eisenofen stand in diesen zum Heizen, und für

die Notdurft war ein Kübel da. Also schön hatten sie es nicht
bei uns. Als Windischgarstner kannte ich ja die meisten der
Leute. Das ist schwierig gewesen für mich, denn ich war ja
per du mit den Eingesperrten. Einmal ist ein früherer Tisch-
lerkollege, der zweimal wegen Raufens bestraft wurde, zu
mir in den Kerker gekommen. Ich habe zu ihm gesagt: ‚Pech
gehabt! Ich grüße dich und führ dich ordentlich auf!' Meine
Häftlinge haben sich auch alle gut aufgeführt. Freilich hat
es hie und da kleine Reibereien gegeben, denn wenn man
jemanden den kleinen Finger reicht, will er gleich die ganze
Hand. Hie und da habe ich ein Auge zugedrückt, wenn man
geraucht hat, was verboten war. Oder wenn jemand bei
einem Besuch ein Flaschl Bier bekommen hat, so habe ich
das nicht gesehen. Die Leute waren ja keine Verbrecher,
sondern Raufer und ähnliche Typen. Sie sind meist höchstens nur drei Wochen gesessen. Ganz selten sechs Wochen.
Einmal habe ich sogar jemanden gehabt, der ist drei Monate
gesessen. Es war ein Herr aus St. Pölten, ein kleiner Dieb.
Er hat angesucht um Strafortsänderung. So ist er zu uns nach
Windischgarsten gekommen. Seine Arbeit war bei uns, die
Türschilder zu beschriften. Er war ein netter Herr."
   Die Frau des Kerkermeisters unterstützte ihn bei seiner
Tätigkeit. Über diesen Familienbetrieb sinniert der Kerkermeister weiter: „Ich habe meinen Posten als Kerkermeister
nur bekommen, weil ich verheiratet war. Das war Voraussetzung für die Einstellung. Die Aufgabe meiner Frau war,
für die Arrestanten zu kochen. Sie tat dies, ohne für ihre
Arbeit besonders bezahlt zu werden. Für jeden Häftling
waren 35 Dekagramm Brot, 10 Dekagramm Mehl und 5 Dekagramm Fett pro Tag vorgeschrieben. Sie mußte genau ihre
Ausgaben verrechnen. Jeden Monat hat sie die Rechnung
dafür eingeschickt. Das Geld haben wir dann nach zwei oder
drei Monaten bekommen. Pro Tag hat jeder Häftling sieben
Schilling für seine Aufenthaltskosten im Kerker zahlen müssen. Während des Winters habe ich oft sechs bis acht Häftlinge gehabt. Im Sommer dafür ganz wenige, höchstens ein

bis zwei. Meine Frau hat für die Arrestanten gleich mitge-
kocht. Sie bekamen also das gleiche wie wir. Einmal, als
meine Frau Palatschinken für die Häftlinge hinuntertrug,
hat der Richter neidvoll gemeint: ‚Die kriegen etwas Gutes!‘"
Interessant ist an dieser Erzählung der Hinweis auf die im
Vergleich zum Sommer relativ vielen Insassen während des
Winters. Dies ist wohl damit zu erklären, daß sich die verur-
teilten Burschen im Winter eher Zeit nahmen, eine Strafe
abzusitzen, denn im Sommer war allgemein viel los: begonnen beim Maibaumaufstellen bis hin zu diversen Trachten-
festen. Und an diesen wollte man teilnehmen.

Beschäftigt wurden die Häftlinge durch Arbeit. Einmal
jedoch passierte etwas, über das der Kerkermeister verärgert war: „Im Winter gehörte zu den Arbeiten der Häftlinge
das Schneeführen, denn damals gab es noch viel mehr
Schnee als heute. Den Schnee brachten sie auf einem Zieh-
schlitten zum Bach hinter dem Gasthaus Zöls. Meine Aufgabe war, auf die Arrestanten aufzupassen. Einmal haben sie
wieder Schnee geführt. Nach einer Zeit habe ich geschaut,
wo sie sind, sie waren jedenfalls nicht im Gefängnis. Was
war los? Ich bin zum Zöls gegangen, dort sind sie im Gastzimmer gesessen und waren leicht berauscht. Sie haben sich
durch andere animieren lassen. Und hatten eine Mordsgau-
di. Wie die Gäste mich kommen gesehen haben, haben sie
gelacht. Ich wurde richtig böse. Ich habe das dem Richter
erzählt, ich konnte diese Geschichte ja nicht verschweigen.
Er hat gleich ‚Wasser und Brot‘ angeordnet."

Wenn mehrere Gefangene im Arrest waren, dann konnte
es auch gemütlich werden: „Es gab im Arrest eine Vier-
mannzelle, drei Zweimannzellen und eine Fünfmannzelle.
Selten war eine Frau eingesperrt, die mußte alleine eingesperrt werden. Die Fünfmannzelle hieß Bauernstube, denn
dort wurde auch Karten gespielt. Einmal saß ein Elektriker
wegen Raufens bei uns. Er hatte für das Gericht die Kabel
zu verlegen. Um 22 Uhr mußte ich das Licht abdrehen, und
um sechs Uhr früh hieß es aufstehen, da war es zum Auskü-

beln (der Kübel war für die Notdurft). Eines Abends, nachdem ich das Licht abgedreht hatte, höre ich, wie in der
Fünfmannzelle gelacht wird. Was war los? Ich bin aufgestanden und bin zur Zelle, um zu sehen, was da los ist? Nun sah
ich, daß sie Licht in der Zelle hatten. Ich bin dann dahintergekommen, daß der Elektriker bei der Leitung den Schalter
überbrückt hat, so daß das Licht in der Zelle weitergebrannt
hat, obwohl es von mir abgedreht worden war. Das war sehr
gescheit von dem Burschen. Ich habe nun die Sicherungen
ausgeschraubt, jetzt war es finster. Plötzlich war es in der
Zelle still. Am nächsten Morgen habe ich ihnen gesagt: ‚Ihr
glaubt, ich komme nicht drauf, aber ich bin doch draufgekommen.' Ich habe diese Geschichte nicht dem Richter
erzählt. Wenn die Gefangenen keine Arbeit hatten, konnten
sie lesen. Sie haben Spiele gespielt, oft war es eine große
Gaudi, wenn ich am Abend mit dem Essen gekommen bin.
Einmal hat einer zu mir gesagt: ‚Hans, bleib da!' Ich habe
mich zu ihnen gesetzt und kurz mitgespielt. Auch Faust
geschoben haben sie, Hände gedruckt und Fingerhakl gezogen. Ich tat da mit, denn ich hatte damals Kraft, und da hatten
sie Respekt vor mir. Diese Sachen habe ich nicht dem Richter
erzählt."
    Das Gefängnis des Bezirksgerichtes schloß am Beginn der
sechziger Jahre seine Pforten, denn größere Ganoven, zu
denen auch Wilderer gehörten, wurden ohnehin in das Gefängnis von Steyr gebracht. Und die Raufer, die hauptsächlich
die Zellen bevölkerten, wurden immer weniger, schließlich
konnten sie allmählich ihre Strafen in bar zahlen.
    Das Gefängnis mit seinen vier Zellen im Erdgeschoß des
Bezirksgerichtes existiert noch, aber es hat seine Bedeutung
verloren. Die in Kunstschrift geschriebenen Ziffern über
den Zellentüren erinnern an einen schreibkundigen Insassen. Und der Kerkermeister lebt als Pensionist mit seiner
Frau einen Stock über den von ihm ehedem verwalteten
Zellen. Immerhin gemahnen die Zellen an eine alte Kultur
der Raufer, die weite Wege zu Wirtshäusern nicht scheuten.

13. Fremdenverkehr

*Der Wandel von den Herrschaften zu den Sommer-
gästen und das Vorspielen bäuerlicher Kultur*

Als es noch keinen von großartigen Spezialisten organisierten und durch eine bunte Werbeflut, die um die halbe Welt
geht, bestimmten Fremdenverkehr gab, der die Menschen
in die Berge locken soll, waren es nur wenige Fremde, die
auf Bauernhöfen ihre Ferientage verbrachten. Prächtige
Gasthöfe im Dorf, wie der Gasthof „Zur Post", waren wohl
seit ehedem noble Unterkünfte für mehr oder weniger feine
Leute aus den Städten.

Aber schon im vorigen Jahrhundert beginnen größere
Bauern, noble Zimmer an vornehme Fremde zu vermieten.
Diese Gäste genossen eine hohe Achtung, was sich auch in
ihrer besonderen Bezeichnung als „Herrschaften" oder
„Herrenleute" ausdrückte. Darüber erzählt in bunten Worten eine Bauerntochter: „Bereits meine Großeltern haben an
Gäste vermietet. Die Zimmer für diese waren die schönsten
im Haus. Es waren die Herrenzimmer. Sie lagen im ersten
Stock, zu ihnen gehörten eine schöne Küche, ein Kinderzim-
mer und ein Elternzimmer. Wir sagten zu den Gästen Herrenleute. Heute spricht man bloß von Sommergästen.

Unsere Gäste waren wirkliche Herrenleute. Bei uns war
in den zwanziger Jahren ein Wiener Bürgermeister und
Ende der dreißiger Jahre ein späterer Finanzminister samt
seiner Familie hier. Diese Gäste sind meist über den ganzen
Sommer geblieben. Sie hatten sogar eine eigene Hausgehilfin mit. Auch ein Ministerialrat Klob war bei uns mit Familie.
Er ist schon mit seinen Eltern zu uns gekommen. Insgesamt
war der Ministerialrat 65 Jahre unser Sommergast. Auch er
kam mit seiner Familie. Er ist sogar 1987 in unserem Haus
gestorben." Es spricht für die alten Herrenleute und vor
allem für den Ministerialrat Klob, daß der jetzige Bauer die

Straße, die an seinem Hof vorbeiführt, nach ihm „Dr.-Olav-Klob-Straße" benannte. Darauf deutet ein geschnitztes Holz-schild hin – aus Hochachtung vor einem alten Sommergast, einer Herrschaft, die es Jahrzehnte hindurch vorzog, den Sommer in seinem Haus, damals noch in dem seiner Groß-eltern, zu verbringen. Es ist wohl einmalig, daß ein Bauer oder Zimmervermieter nach seinem Sommergast eine gan-ze Straße benennt, aber diese Geschichte drückt gut die besondere Stellung aus, die der noble Sommergast, die Herr-schaft, genoß. Die Bauerntochter erzählt weiter über die Herrenleute: „Drei Wochen waren sie im Sommer meistens da. Ihre Kinder spielten mit uns. Die Herrenleute schliefen in schönen Betten auf echten Matratzen, wir, die Bauernkin-der jedoch, schliefen auf Strohsäcken. Und die Knechte und Mägde mußten im Stallgebäude wohnen. Wunderbare Mö-bel aus Nußholz waren in den Herrenzimmern, sogar ein besonderes schönes Geschirr hatten wir für sie."

Die Herrenleute, die Sommergäste, machten also auf die Bauernkinder einen besonderen Eindruck. Man sprach ehr-fürchtig von ihnen, denn sie gaben einem die Ehre, sich einzumieten. Darüber erzählt der Bruder der eben zitierten Bauerntochter, der heute der Bauer ist, weiter: „Die ersten Sommergäste hatten meine Großeltern schon im Jahre 1912. Diese kamen aus der Nähe von Prag. Angeblich hatten sie zwölf Buben mit. Bereits 1900 hat der Großvater das Bauern-haus aufgestockt, wahrscheinlich hat er damals schon an Gäste gedacht. Gäste, die einmal da waren, sind immer wiedergekommen. Wie eben die Klobs, die seit 1922 hier waren. Wegen seiner langjährigen Treue haben wir die Straße nach ihm benannt. Er hat einmal geäußert, wenn er einmal stirbt, dann möchte er hier sterben. Er ist auch hier gestorben. Er hat vor einigen Jahren gesagt, er sei bis dahin sechzigmal hier gewesen. Die meisten noblen Gäste sind nach 1938 nicht mehr gekommen. Es hat sich damals aufge-hört, endgültig knapp nach dem Zweiten Weltkrieg, daß die Herrenleute, man sagte auch Sommerfrischler zu ihnen,

ihre eigene Wohnung hatten und sogar ihr eigenes Dienst-
personal mitnahmen. Ihre Wäsche wurde mit unserer mit-
gewaschen. Diese Gäste waren etwas Besonderes für uns."
Erwähnenswert ist noch, daß man in der Zeit, als im
Sommer noch Herrschaften kamen, nicht bloß den Familiennamen dieser Leute verwendete, wenn man von ihnen
sprach, sondern ihn mit dem Begriff „Herrschaften" verband. Der Hinweis auf die „Herrschaften" war so etwas wie
ein Adelsprädikat. Man sprach daher nicht bloß von der
Familie Musil oder Klob, sondern von den „Musil-Herrschaf-
ten" oder den „Klob-Herrschaften".

In der Zeit der bäuerlichen Armut sah man in diesen
Herrschaften „anständig" verdienende Leute, die dem Bauern etwas Geld, das man damals als autarker Bauer gut
brauchen konnte, brachten. Über den Wandel von den Herrschaften zu den Sommergästen erzählt der Bauer, der heute
noch an Gäste vermietet, weiter: „Die Klobs, sie waren die
einzigen, die noch nach dem Krieg die ganzen Ferien bei uns
verbracht haben, sind vom Vater am Beginn der Ferien mit
zwei Rössern und Wagen, später dann mit dem Traktor vom
Bahnhof abgeholt worden. Nach den Klobs hat sich das dann
aufgehört, daß die Gäste so lange geblieben sind. Dann sind
die Urlauber gekommen, die waren höchstens zwei Wochen
im Haus."

Heute verfügt das Bauernhaus, in dem ehedem der Sommerfrischler oder die Herrschaft eine ganze Wohnung gemietet hatte, über mehrere Zimmer, die von Kurzurlaubern
genutzt und über das Fremdenverkehrsamt empfohlen werden. Neben der Arbeit am Hof und im Stall bringt die freundliche Bäuerin Zeit auf, sich um die Gäste, die auch am
gemeinsamen Tisch Platz nehmen, zu kümmern. Allerdings
will man sich in alter Weise nicht voll dem Geschäft mit dem
Sommergast verschreiben. Man freut sich jedoch über den
fremden Gast, denn er bringt Abwechslung und man lernt
durch ihn Neues. Während es früher nur wenige Bauern
waren, die an Gäste vermieteten, sind es heute viele, die sich

18 Sommerfrischler in Tracht und Dirndl mit zwei Sennerinnen (1. u.
    2. v. l.) – um 1950

vom Fremdenverkehr ein gutes Geschäft erhoffen – im Gegensatz zu früher.

In den fünfziger und sechziger Jahren beginnen Bauern an ein solches Geschäft zu denken. Der erste Schritt in diese Richtung ist, daß man die alten Bauernhäuser verändert und aufstockt. Dazu schildert ein Bauer aus Oberweng: „1963 haben wir aufgestockt. Zur selben Zeit haben wir das WC im Parterre installiert und im ersten Stock das Wasser eingeleitet. Unser alte Kuchl haben wir 1974 umgebaut. Auf die Idee zu vermieten sind wir schon bald nach dem Krieg gekommen, weil Fremde in unserem Haus evakuiert waren. Diese sind dann später auf Urlaub zu uns gekommen und sind als Gäste hängengeblieben. Sie waren noch echte Sommerfrischler. Damals gab es nicht einmal Warmwasser in den Zimmern. Die Gäste haben sich noch im Lavoir gewaschen. Man ist wegen der Landluft hergekommen und nicht bloß wegen der Bequemlichkeit. Der alte Sommerfrischler hat sich noch viel selbst gemacht, der Gast heute läßt sich bedienen. Aber es gibt heute wieder so etwas Ähnliches wie die früheren Sommerfrischler, nämlich Gäste, die sich Ferienwohnungen mieten. Sie sind auf sich alleine gestellt."

Langsam passen sich die Bauern den Anforderungen moderner Gäste an. Die Zimmer in den Bauernhäusern und die neuen Ferienwohnungen bekommen immer mehr den Charakter von exklusiven Hotels. Allerdings wird in den Fremdenverkehrsprospekten deren „rustikale" Ausstattung hervorgehoben. Darauf verweist auch eine Bäuerin, die ihren Bauernhof vollkommen auf Feriengäste eingestellt hat: „In den sechziger Jahren haben wir den Fehler gemacht, in die Zimmer keine Dusche und kein WC einzubauen. Wir haben es dann doch gemacht. Damit die Zimmer einigermaßen ausgebucht sind, braucht man solche Komfortzimmer. Zunächst haben wir, 1974, nur ein solches Zimmer gehabt. Eine Zentralheizung wurde eingeleitet, so daß wir seit 1980 auch Wintergäste beherbergen können. Es ist wichtig, daß

die Gäste das Gefühl haben, wir sind für sie da. Bei uns ist
1993 ein Baby zur Welt gekommen. Eine Urlauberin hat
plötzlich Wehen bekommen. Ich habe bei der Geburt geholfen. Das ist sogar in der Zeitung gestanden. Bei uns herrscht
zu den Gästen eine Vertrauensbasis. Sie müssen das Gefühl
haben, für die Tage, die sie bei uns sind, zur Familie zu
gehören. Manche Gäste kommen jedes Jahr. Es sind vor
allem Deutsche, die hierherkommen. Sie suchen die Natur.
Mit manchen ist eine Freundschaft entstanden." Es ist der
„Urlaub am Bauernhof" mit „Familienanschluß", der die
Menschen aus den Industriegegenden und den Städten lockt
und mit dem man Reklame macht. Dabei wird im Werbetext
geschickt sowohl auf moderne Ansprüche verwiesen, als
auch auf angeblich bäuerliche Kultur, die es in Wahrheit
eigentlich nicht mehr geben kann. Um den Fremden das
Gefühl zu vermitteln, auf einem „echten" Bauernhof zu sein,
schafft man sich Hühner oder auch ein Pferd an. Die Gäste
sollen glauben, bei wahren Bauern zu leben, die jedoch
inzwischen zu Fremdenverkehrsspezialisten geworden
sind.

Besonders grandios wirkt dieser bäuerliche Bezug in den
zu Großhotels umgebauten ehemaligen Bauernhäusern.
Riesige mit Holz vertäfelte Gaststuben, Holzfiguren, die offensichtlich an bäuerliche Heilige erinnern sollen, pompöse
Kachelöfen, bunt bemalte Kästen mit alten Lebensbaummo-
tiven, eine Speisekarte mit sonderbaren, in Dialekt geschriebenen „Schmankerln", eine aus Brettern gezimmerte Bar,
die die Romantik eines gemütlichen Stalles verbreitet, Bilder
an den Wänden, die Bauern mit Pflug und Pferd oder ähnli-
chem zeigen, ein „rustikal" gehaltenes Hallenbad und ein
Wirt, der sich freundlich bemüht, seine Gäste in der einheimischen Mundart anzusprechen, versetzen den so erfreuten, aus Deutschland, Holland oder Wien angereisten Gast
in einen Zustand romantischen Schwärmens.

Über Fremdenverkehrsmessen und spezielle Fremden-
verkehrsbüros wird diese Art der Erholung in der bäuerli-

chen Welt verkauft. Zu dieser Welt gehörten übrigens der
Heimatabend und ähnliche Veranstaltungen, bei denen Leute in Tracht auftreten, eine Musikkapelle, die ebenso bäuerlich trachtig bekleidet heitere Almlieder zum besten gibt,
Schuhplattler und hochbusige Jodlerinnen.

Bauern, die ihre alte Landwirtschaft nach und nach aufgegeben und sich auf den Fremdenverkehr verlegt haben,
geraten allerdings in Gefahr, sich zu verspekulieren. So hat
zum Beispiel ein Bauer seine, in einem großen Schigebiet
gelegene Almhütte, zu einem Gasthaus umgebaut. Dabei
machte er keine schlechten Geschäfte. Doch als er nun
herging und aus dem Gasthaus ein Hotel machen wollte,
geriet er in die Abhängigkeit der Bank. Der erhoffte Massen-
ansturm der Schifahrer blieb aus. Schließlich wurde das
Hotel versteigert. Es scheint aber, daß die meisten Bauern
diese Gefahr erkannt haben und ihre Fremdenverkehrsbe-
triebe geschickt mit Gästen zu füllen und Geldmittel flüssig-
zumachen verstehen. Allerdings haben sie es nicht einfach,
im internationalen Wettstreit der Fremdenverkehrsindu-
strie mitzuschwimmen. Aber es gelingt doch einigermaßen,
überhaupt dann, wenn den Fremden mit Herz und Geist alte
bäuerliche Kultur vorgegaukelt (man verzeihe mir diesen
respektlosen Ausdruck) wird. Aber immerhin können auf
diese Weise die ehemals bäuerlichen Menschen überleben
und sich gegenseitig ergänzen. So kamen die Betreiber eines
bäuerlichen Hotels auf die Idee, frühere Kleinbauern zu
bitten, für die Gäste ihres Hotels „echte" Bauernbutter herzustellen. Alle haben etwas davon.

Eine pensionierte ehemalige Kleinbäuerin, die mit ihrem
Mann in ihrem alten Bauernhaus wohnt, erzählte mir, sie
würden sich noch zwei Kühe halten. Die Milch dieser Kühe
diene dem Eigenbedarf und eben dem Rühren von Butter,
die sie an das Hotel verkauft. Sie wolle dies noch so lange
machen, als es gesundheitlich für sie möglich sei, dann
würden auch die Kühe wegkommen, denn ihre Tochter, die
als Köchin in der Volksschule arbeitet, habe kein Interesse

mehr an den Kühen. Aber immerhin verhilft die ehemalige Bäuerin dem Hotel zu bäuerlichem Ansehen. Zu dem an die Gäste kredenzten Bauernschnaps und Bauernmost gesellt sich die Bauernbutter.

Der Fremdenverkehr, dies wollte ich mit ein paar Gedanken andeuten, lebt von der alten bäuerlichen Welt, die es nicht mehr gibt, die aber den Gästen mit Bauernmusik, Jodeln, Bauernbutter, Reitpferden und trachtig gekleideten Kellnern vorgespielt wird. Das ist auch gut so, solange man einigermaßen davon leben kann und die Landschaft nicht allzuviel Schaden erleidet.

14. Der Verlust des alten unabhängigen Bauerntums

Wehmut und Suche nach dem Verlorenen

Die bäuerliche Welt hatte keine Chance, zu überleben. Dazu gestatte ich mir abschließend noch ein paar Gedanken. Der frühere stolze, fast autarke Bauer ist in Abhängigkeit von großen Verbänden geraten, und diese Abhängigkeit wird ihm immer schmerzlicher bewußt.

Der Bauer hat es heute schwer, zu überleben. Viele Bauern gaben die Landwirtschaft auf, weil sie mit dem Schritt in eine Zukunft des Spezialistentums nicht mehr mithalten können oder auch nicht wollen.

Es gibt jedoch auch Bauern, die neue Wege bäuerlichen Lebens beschreiten, um den Hof weiter bewirtschaften zu können. Vielleicht erinnern sie sich mit Wehmut vergangenen bäuerlichen Lebens und versuchen an diesem, wenn auch sehr unvollständig, anzuknüpfen.

Das alte bäuerliche Leben war kein einfaches, sondern ein hartes und bescheidenes, das aber auch – zumindest in der Erinnerung – seine Schönheit hatte.

Der frühere Bauer, der noch Hühner hielt, Getreide anbaute und noch kein Viehzuchtspezialist war, hatte einen großen Vorteil: Er war im wesentlichen unabhängig von riesigen Verbänden und überregionalen Zusammenschlüssen, die für ihn später noch zum Problem werden und das Ende der bäuerlichen Kultur beschleunigen. Es gibt den alten Bauernhof mit seinen Mägden und Knechten nicht mehr – das war alte bäuerliche Kultur, aber die kann sich der moderne Bauer nicht mehr leisten. Er hat das Geld nicht, Dienstboten einzustellen und sie zu verköstigen, wie es ehedem üblich war. Die Bauernhöfe sind leer und ruhig, nur selten kräht noch ein Hahn.

Auch die Kinder des Bauern zieht es hinaus in andere

Gewerbe, wo sie ein sicheres Einkommen haben und sozial-versichert sind.

Allmählich verschwanden aus dem Dorf auch die Klein-bauern, die einsehen mußten, daß die Arbeit in der Land-wirtschaft nichts mehr bringe. Aber in den fünfziger Jahren gibt es sie noch. Immerhin besaßen sie Naturalien wie Hüh-ner, Eier und Obst, die man sogar dazu verwendete, um zum Beispiel dem Arzt oder sonst jemandem – oft neben oder an Stelle des Honorars – eine Freude zu machen. Der Lehrer in der Schule erwartete geradezu, daß die Kinder der Bauern ihm zu Weihnachten Köstlichkeiten vom bäuerlichen Hof unter den Christbaum legten, den er im Klassenzimmer aufgestellt hatte. Die einen brachten gutes Fleisch, die anderen Eier, andere wieder Kletzenbrote und ähnliche eßbare Dinge. Für den Lehrer bedeuteten diese Gaben zu Weihnachten eine angenehme Zubuße zu seinem wahr-scheinlich kargen Lohn.

Einmal legte ihm der oben erwähnte Sohn eines Kleinbau-ern mehrere runzelige, nicht gerade appetitlich anzusehen-de Äpfel, eingepackt in schönes Weihnachtspapier, unter den Weihnachtsbaum. Der Lehrer pflegte jedes Päckchen zu öffnen und seine Freude über die dargebrachte Gabe zu äußern, jedoch beim Anblick der Äpfel sagte er gar nichts. Später meinte er zu mir, der ich sein Schüler war, es wäre eine Frechheit, dem Lehrer solche Sachen wie diese runzel-igen Äpfel zu schenken. Zum Teil sind noch heute brave Patienten bereit, dem Arzt nahrhafte Dinge wie Honig oder Schnaps zu verkaufen.

Früher, vor allem bis zum Krieg, waren es Schuster, Schneider und andere, die für einige Zeit zur „Stör"-Arbeit beim Bauern wohnten, bei ihm arbeiteten und auch aßen. Sie profitierten von der bäuerlichen autarken Kultur.

So erzählte mir ein alter Tischlergeselle: „Von den Bauern haben wir immer etwas bekommen. Einmal, um 1955, ha-ben wir Gesellen beim Hozen einen Fußboden gelegt. Da hat die Bäuerin gesagt: ‚Ihr könnt euch einen Hahn fangen.' Nun sind wir alle drei dem Hahn nachgelaufen. Erwischt haben wir ihn eh nicht gleich. Er ist in den Stall hinein, aber dann haben wir ihn gehabt. Wir waren mächtig stolz auf ihn und haben ihn mit in die Werkstatt genommen. Dort haben wir ihm mit der Bandsäge den Kopf abgeschnitten. Der Hahn ist dann noch ohne Kopf herumgeflogen. Wir haben die Frau Frühwirt gebeten, uns den Hahn zu braten. Sie hat ihn gesotten und gebraten, aber er war nicht mehr zu beißen. Er war ein alter Hahn und bestand aus lauter Flachsen. Die Bäuerin dürfte schon gewußt haben, daß der Hahn nicht mehr zu fressen ist. Darum hat sie ihn uns gegeben. Ich konnte ihn nicht essen, aber der Fadler, der andere Geselle, hat ihn als einziger gegessen. Er hat ihn auf kleine Stücke geschnitten."

In der Zeit der Kargheit freute man sich über die kleinen Gaben, die vom Bauern kamen. Jedenfalls hatte der Bauer, auch wenn er arm war, stets irgendwelche Kleinigkeiten, wie Eier und Äpfel, die er seinen Gästen verehren konnte.

Als Buben waren wir dankbar für diese Einstellung der Bauern, denn häufig schenkte man uns Eier, die wir unseren erfreuten Eltern mitbrachten. Einmal schenkte eine Bäuerin auch mir einen Hahn, allerdings müsse ich ihn selbst fangen, meinte sie. Ich erinnere mich, daß ich dem betreffenden Hahn nachgelaufen bin und einen Sack über ihn werfen wollte. Ich habe ihn nicht erwischt, obwohl ich ihn ein paarmal um das Haus gejagt habe. Vielleicht war es auch gut so, daß er nicht im Suppentopf meiner Eltern verschwand.

Erinnerungen verbinden sich für mich auch mit alten Dienstboten, besonders mit den Knechten, unter ihnen kraftstrotzende Burschen, die in den fünfziger Jahren ihre Arbeit beim Bauern aufgaben, um Arbeiter zu werden. Und schließlich wichen sie den Motormähern und den Traktoren. Mit ihnen verschwindet ein uralter Bestandteil bäuerlicher Kultur. Knechte und Mägde werden schon in der Bibel geschildert, sie gehören zum bäuerlichen Hof. Ohne sie kann es den Bauern im klassischen Sinn nicht mehr geben. Sie verliehen, wie schon oben erzählt, dem Bauernhaus Leben.

Schließlich bringt der Kauf von Maschinen den Bauern in eine prekäre Situation, die ihn in neue Abhängigkeiten führt. Der Bauer ist gezwungen, Kredite aufzunehmen. Ich möchte hier einen Bauern selbst sprechen lassen: „Manche Bauern haben sich mit den Maschinen überhoben. Zum Beispiel der M., der mußte seinen Wald, seine Gründe verkaufen, um seine Schulden zu zahlen. Wo der das Geld gelassen hat, kann ich mir nicht vorstellen. Er hat sich gehenlassen. Man muß sehr vorsichtig sein. Über die Kammer kann man ansuchen für Kredite zu vier Prozent Zinsen. Wenn man aber bei der Sparkassa einen Kredit aufnimmt, kostet das zwölf oder dreizehn Prozent Zinsen. Das ist zuviel. Wenn man einmal eine Summe von einer Million Schilling Schulden hat, dann hat man es schon schwer, so viel zu verdienen, daß man das Geld mit den Zinsen überhaupt zurückzahlen kann. Wenn man einmal in den Schulden ist, ist es sehr schwer, wieder festen Boden unter den Füßen zu bekommen. Ich habe jetzt vom Z. einen Grund von sechs Hektar gekauft. Vier Kühe hat er noch. Man muß bescheiden sein als Bauer. Man darf nicht großtun. Man kann sich nicht einen Gamsbart um 6.000 Schilling kaufen. Der Z. hat soviel Schulden gehabt, daß er pro Tag angeblich 700 Schilling an Zinsen zahlen müßte. Und trotzdem hat er wieder einen Kredit aufgenommen. Angefangen hat er mit einem Kredit von 700.000 Schilling. Wenn man es übersieht, ist es vorbei. Das geht leicht daneben mit den Krediten, wie man sieht. Uns geht es nicht schlecht. Die ganze Familie arbeitet mit. Wir haben 13 Kühe (für die Milch) und 43 Stückl Vieh (Jungtiere).“

Der Bauer muß auf den Groschen schauen, sein Spezialistentum ausbauen und ein gewisses Maß an Bescheidenheit üben, um überleben zu können.

Der Bauer ist gezwungen, sparsam zu wirtschaften, denn

hat er einmal einen Kredit aufgenommen, so kann er leicht in einen Teufelskreis geraten, aus dem er nur sehr schwer wieder herauskommt. Daher muß man vorsichtig mit Krediten sein, wie voriger Bauer weiter erzählt: „Man braucht Kredite, darüber kommt man nicht hinweg. Aber man muß schauen, daß man den Kredit schnell abzahlt. Gewisse Kredite gibt es ohnehin günstig, wenn man darum ansucht. So haben wir Zinsenzuschuß bekommen, als wir unsere Jauchengrube ausgebaut haben. Und beim Bau des Stadels haben wir sogar einen zinsenfreien Kredit bekommen. Dabei zahlt das Land die Zinsen."

Der Bauer hat heute die Möglichkeit, von öffentlichen Stellen bei gewissen Dingen finanziell unterstützt zu werden, da die Öffentlichkeit daran interessiert ist, daß es überhaupt noch Bauern gibt, die sich um Wiesen und Weiden kümmern – vielleicht im Sinne der „Landschaftsgestaltung", wie manche meinen. Aber er muß gerade mit den Krediten sehr vorsichtig sein, um nicht in eine moderne Schuldabhängigkeit zu gelangen.

Eine geradezu absurde Situation hat sich heute allerdings eingeschlichen: Durch die jetzt europaweite Vernetzung der Wirtschaft und die Konkurrenzierung der Bauern kommt es zu der höchst eigenartigen Erscheinung, daß es zum Beispiel billiger wäre, die Milch aus Holland einzuführen, als selbst im Land Milch zu melken. Und damit international der Preis nicht verfällt, ist es besser für die gesamte Wirtschaft, daß der Bauer die Felder nicht bebaut oder als Weide verwendet. Damit er dies nicht tut, bekommt er bezahlt. Für Nichtstun erhält er Geld! Eine höchst eigenartige Situation. In fernen wüstenähnlichen Gegenden hungern die Menschen, und bei uns achtet man darauf, daß nicht zu viel an bäuerlichen Produkten auf den Markt gelangt. Ein solches, pervers anmutendes System funktioniert nur so lange, als die zentrale Lenkung (z. B. von Brüssel) in Ordnung ist. Kommt es zu Störungen, wie es beispielsweise in der zentral verwalteten Sowjetunion der Fall war, so geht es allen schlecht, nämlich dann, wenn es keine autarken Bauern gibt. Und die gibt es bei uns nicht mehr. Als das kommunistische Rumänien zugrunde ging, konnten die Menschen in den siebenbürgischen Dörfern nur darum einigermaßen überleben, weil die sächsischen und landlerischen Bauern ihre Autarkie während der kommunistischen Jahre bewahren konnten. In den rumänischen Zeitungen war daher zu lesen: „Wir wollen nicht, daß unsere deutschen Bauern auswandern!"[9]

Ein ähnliches Problem kann auch uns blühen, wenn die zentrale Lenkung einen Bruch erfährt, wenn also die natürlichen Nahrungsmittel, wie Eier, Milch, Käse, Fleisch usw., nicht mehr zu den Orten transportiert werden, wo man sie benötigt. Der Bauer mußte lernen, in großen Abhängigkeiten zu leben. Begonnen hat es mit der Einrichtung des „Lagerhauses" in den fünfziger Jahren. Im Lagerhaus konnte man allerlei Dinge erwerben, für die man ehedem – wenn überhaupt – hart zu arbeiten hatte. So erzählte eine Müllerstochter: „Solange man Getreide gehabt hat, hat man gemahlen. Dann hat man das Mehl im Lagerhaus gekauft." Der Bauer wurde also abhängig. Für ihn wird das Geld wichtig, mit dem er einkaufen kann. Und er muß so wirtschaften, daß er zu Geld kommt. Für den Bauern wird das Geschäft wichtig. Darin liegt das Fatale und der Untergang der bäuerlichen Autarkie. Die Selbständigkeit des Bauern ist also verschwunden, und damit auch das alte Bauerntum.

Ein alter Holzknecht meinte daher zu mir: „Der Bauernstolz hat sich aufgehört. Es geht dem Bauern hier im Gebirge nur um die Milch und das Fleisch, mit denen er etwas verdienen kann."

Der Bauer ist nicht mehr stolz auf sich selbst gestellt,

---

9 Diese Information habe ich von einem Landler bei Hermannstadt, wo ich seit einigen Jahren Forschungen durchführe. Die Landler sind Bauern, deren Vorfahren vor über 200 Jahren wegen ihres protestantischen Glaubens aus Österreich verbannt worden waren. Siehe dazu: R. Girtler, Verbannt und vergessen, Linz 1991.

sondern er wurde in die Abhängigkeit gezwungen. Und dies bewirkte schließlich, daß er zum Subventionsempfänger wurde. Er wurde damit also zu jemandem, der gezwungen ist, laufend an irgendwelche Stellen Anträge zu richten, um irgendwelche Zuschüsse zu bekommen. Zuschüsse gibt es von seiten öffentlicher Stellen für alles mögliche, für den Ausbau des Bauernhauses, für das Errichten eines Stalles, eines Silos und so weiter. Die Höhe der Zuschüsse richtet sich dabei allerdings nach den Zonen, in denen Bergbauern wirtschaften. Nach der Steilheit der Wiesen und Flächen um den Bauernhof gibt es drei Zonen. Die Bauern der Zone 1 erhalten demnach den geringsten Zuschuß, weil sie auf einem eher ebenen Gelände wirtschaften. Die Bauern der Zone 3 werden am höchsten subventioniert. Durch Zuschüsse dieser Art will man es offensichtlich den Bauern schmackhaft machen, ihre Wirtschaft nicht aufzugeben. Man will also dem Bauernsterben begegnen.

Für den heutigen Bauern jedenfalls ist es nicht leicht, in einer solchen Welt der Abhängigkeiten zu überleben. Die Abhängigkeit von anderen, von Geldgebern und großen Verbänden, widerspricht der bäuerlichen Kultur.

Es ist ein Teufelskreis, in dem sich der Bauer befindet. Ohne Subventionen, so meinen manche, könnte sich der Bauer nicht halten.

Manche meiner Gesprächspartner spüren, daß etwas für sie Wichtiges mit dem Ende der alten bäuerlichen Kultur verlorengegangen ist. So meinte eine frühere Bauerntochter fast wehmütig: „Als Kinder haben wir im Heu gespielt und dabei manchmal ein Hühnernest mit Eiern gefunden. Aber heute gibt es auf dem Bauernhof, auf dem ich aufgewachsen bin, keine Hühner mehr, sie bauen nicht einmal mehr Erdäpfel an. Die, die heute dort wirtschaften, sind keine echten Bauern mehr. Ich würde es dort nicht mehr aushalten, denn ich könnte es mir nicht vorstellen, daß ich nur mehr Vieh – Milchvieh und Stiere zum Schlachten – halte. Auf einem Bauernhof muß der Hahn schreien. Sicherlich gibt es noch

Bauern, die Hühner haben, aber es sind nicht mehr viele. Man kann sie mit den Fingern an einer Hand zählen. Die alten Bauern gibt es nicht mehr. Und wenn es heute zu Schwierigkeiten kommt, wie nach dem Krieg, so stehen sie alle blöd da. Nach dem Krieg sind die Städter auf das Land zu den Bauern gegangen, um zu hamstern. Damals hatten die Bauern alles. Aber heute sind sie reine Spezialisten, die auch nichts haben werden, wenn es plötzlich mit der Versorgung nicht mehr hinhaut."

Es ist also vieles verlorengegangen in der bäuerlichen Welt, das Anlaß zum Nachdenken geben müßte. So ist es bemerkenswert, daß gerade die auf Viehhaltung spezialisierten Bauern heute gezwungen sind, die Eier oder die Erdäpfel, die sie benötigen, im Geschäft oder im Supermarkt zu kaufen. Früher wäre so etwas für einen Bauern undenkbar gewesen. Es war vielmehr umgekehrt. Man ist zu ihm gekommen, um Eier, Erdäpfel und andere Sachen, die der Hof hergab, zu erwerben.

Ein Bauer äußerte sich so darüber: „Wir haben früher ja alles hier gehabt: Fleisch, Milch, Getreide, Hafer, Gerste, Weizen, Hühner. Der Vater war einer der ersten, der mit dem Getreide aufgehört hat. Damit beginnt das Ende."

Die alte Zeit, wenn sie auch schwer war, hatte durchaus ihren Zauber. Nicht wenige Menschen, die der bäuerlichen Kultur entstammen, versuchen daher, zumindest symbolisch an frühere Formen anzuknüpfen, indem sie alte Gegenstände des bäuerlichen Haushaltes aufbewahren oder Bauernhäuser annähernd im alten Stil restaurieren. Allerdings geschieht dies in einer romantisierenden Weise, die den Fremden gefällt und auch grundsätzlich nicht abzulehnen ist. So führte mich ein freundlicher Herr, der vor dem Krieg seine Kindheit in einem Bauernhaus verbracht hat, durch ebendieses Bauernhaus, aus dem er schon als junger Bursch ausgezogen war. Durch Erbschaft fiel dieses nun auf ihn. Der letzte Bewohner des Hauses, der darin ein zurückgezogenes und armseliges Leben geführt hatte, hatte an diesem Haus nichts geändert. Hätte er Geld gehabt und wäre er verheiratet gewesen, so hätte er wahrscheinlich sehr bald das Haus umgebaut, wie es viele anderen Bauern auch taten. Sie stockten auf und verpaßten dem Haus oft ein Dach im Tiroler Stil, welches sich grundsätzlich von den spitzen Dächern der alten ebenerdigen Bauernhäuser unterscheidet. Das Haus, um das es hier geht, ist wegen der Untätigkeit und Nachlässigkeit des nun verstorbenen letzten Eigentümers jedoch das alte geblieben. Es war gänzlich heruntergekommen, aber ebendeshalb hatte es seinen alten Reiz bewahrt. Der freundliche Herr, der das Haus geerbt hat und in dem das alte Inventar mit Schüsseln und Brotkörben erhalten geblieben ist, stellte das Gebäude um viel Geld in der ursprünglichen, dennoch leicht veränderten Form wieder her. Die alten Dachkammern, die Stube, die Küche und das Vorhaus verweisen auf altes Bauerntum, doch es ist alles reinlich und geradezu museal, sogar die Fenster und die Türen wurden in originalem Zustand wiederhergestellt. Das alte Bauernhaus wurde zum Museum, in dem man den alten Tisch sehen kann, um den einstens die Knechte und Mägde gesessen sind und auf dem die Schüssel stand, aus der sie alle aßen. Die Milchschüsseln, aus denen täglich der Rahm geschöpft wurde, kann man ebenso bestaunen wie die aus Sprießeln, dünnen Stäben, bestehende Vorrichtung, auf der ehedem das selbstgebackene Brot aufbewahrt worden war. Auch die Petroleumlampe, die bis 1951, als das elektrische Licht hier eingeleitet wurde, den Raum erhellte, kann man betrachten. Heute dient die restaurierte gute Stube fröhlichen Abenden, zu denen der Erbe des Hauses hin und wieder noble Gäste einlädt. Bei Bier oder Most und Geselchtem, das die Frau Gemahlin bereitstellt, fühlt man sich in alter bäuerlicher, aber nun musealer Umgebung wohl. Immerhin ist dem neuen Besitzer zu danken, daß die heutigen Zeitgenossen sich noch ein Bild von Vergangenem machen können.

Je mehr die alte bäuerliche Kultur zurückgedrängt wird

und je mehr eine moderne weitverzweigte Kultur der Supermärkte und der Autos sich breitmacht, desto größer wird bei
den früheren „echten" Bauern und deren Nachfahren ein
wehmütiges Erinnern an altes bäuerliches Leben. Zumin-
des scheint dies so. Im modernen bäuerlichen Haus fehlen
zwar die Dienstboten, es ist Ruhe eingekehrt, aber es sind
noch die Kinder hier, die am Hof mitarbeiten und die das
Gefühl von einem engen Familienleben zu vermitteln vermögen. Darüber schwärmte mir eine Bäuerin vor: „Bauer
sein ist heute hart. Wenn man es zu etwas bringen will, muß
man hart arbeiten. Man hat das Vieh, und das muß versorgt
werden. Aber was mir so an der Landwirtschaft gefällt, ist,
daß die Familie beisammen ist. Dabei ist wichtig, daß wir die
Mahlzeiten gemeinsam einnehmen. Auch vom gemeinsamen Frühstück halte ich viel. Aber am Abend sind die Kinder
(die älteren) unterwegs."

Diese Bäuerin versucht also, ganz im Sinne des früheren
gemeinsamen Essens der auf dem Bauernhof Beschäftigten,
die bäuerliche Kultur der Gemeinsamkeit zu pflegen.

Aber es gibt auch noch ein paar kleinere Bauern, die sich
bewußt gegen eine reine Spezialisierung auf die Viehwirtschaft wehren. Eine solche bäuerliche Wirtschaft fand ich
auf einer meiner Wanderungen. Die alte Bäuerin, die mit
ihrer unverheirateten Tocher und dem unverheirateten
Sohn den Bauernhof gemeinsam verwaltet, schenkte mir ein
paar Erdäpfel und sagte dies: „Da haben Sie ein paar Erdäpfel, damit Sie den Unterschied zu den Erdäpfeln im Geschäft merken. Das sind keine Erdäpfel, die mit Kunstdünger gedüngt sind. Wir haben den Aodl (Jauche) verwendet.
Das sind noch richtige Erdäpfel." Ich kochte sie mir zu
Hause und genoß den Unterschied, von dem die Bäuerin
sprach.

Auch Salat baut diese Familie in einem kleinen Garten an,
und die Tocher, auf der die Hauptlast der Arbeit am Hof liegt
– der Bruder ist als Arbeiter in einem kleinen Betrieb tätig –,
ist stolz darauf, daß auf dem Hof kein Silo für das Heu

errichtet wurde. Das Heu ist in alter Weise im Heustadtl
untergebracht. „Der Geruch des silisierten Heus ist grauslich, den mag ich nicht", meinte die Tochter.

Die Familie lebt zwar, wie andere Bauern auch, von der
bescheidenen Viehwirtschaft und der Milch, aber gewisse
bäuerliche Traditionen hält sie aufrecht. Dazu gehört nicht
nur der Anbau von ein paar Erdäpfelstauden, sondern auch
das Halten von frei herumlaufenden Hühnern und einigen
Katzen. Und die Milchkühe und das Jungvieh haben die
Möglichkeit, auf der Weide zu grasen.

Wichtige Symbole alten bäuerlichen Schaffens sind übrigens der Most und gewisse Speisen, auf denen ein alter
Bauer beharrt: „Ich esse gerne das, was man nach alter
Weise kocht. Das neue Schmankerlwerk mag ich nicht. Die
Teigfleckerl machen wir selber. Man könnte sie auch kaufen, aber solche gekauften schmecken mir nicht. Meine Frau
schimpft ohnehin immer, wenn sie Fleckerl machen soll,
denn das Kaufen wäre einfacher. So muß sie einen Teig
machen, ihn auswalken und schneiden. Die selbstgemachten Fleckerl sind halt doch besser. Und ohne Most könnte
ich mir das Leben nicht vorstellen. Bier muß ich nicht haben.
Der Most ist noch etwas Echtes. Ich weiß, was drinnen ist.
Heuer zum Beispiel sind mehr Äpfel als Birnen. Einige
Bauern haben schon aufgehört mit dem Mostmachen. Der
Nachbar zum Beispiel. Sie haben einen guten Most gehabt
früher. Jetzt haben aber die Söhne des alten Bauern die
Mostbäume umgeschnitten. Das hat den alten Bauern schon
sehr geärgert. In dem Most, den es im Geschäft gibt, sind
Konservierungsmittel. In meinem Most sind keine drinnen.
Er hält sich im Faßl und in luftdicht abgeschlossenen Fla-
schen. Früher, als ich noch in das Holz ging (als Holzknecht),
bin ich mit einem Liter Most am Tag ausgekommen. Beim
Jausnen und zu Mittag habe ich meinen Most getrunken."

Der Bauer, der mit seinem Sohn einen modernen Bauernhof mit Viehhaltung bewirtschaftet, versucht zumindest, im
Essen und Trinken die alte bäuerliche Tradition aufrechtzu-

erhalten – zum Verdruß seiner Frau Gemahlin, die sich über das Fleckerlmachen ärgert.

Manche Bauern haben noch ihren Most als Haustrunk. Er erinnert sie an vergangenes bäuerliches Leben. Aber auch der Sommergast erfreut sich an diesem bäuerlichen Symbol des Trinkens.

Auch Bauernkrapfen und ähnliche Köstlichkeiten, die der alten bäuerlichen Welt entstammen und an diese erinnern sollen, werden von Bäuerinnen noch zubereitet und an Gäste verabreicht oder bei Bauernmärkten verkauft.

Diese sogenannten Bauernmärkte, auf denen Bauern an bestimmten Wochentagen „direkt" ihre Erzeugnisse „vermarkten", sind höchst bemerkenswert. Hier werden Käse, Butter, Milch, Brot, Geselchtes und ähnliches selbst auf dem Hof Erzeugtes angeboten. Der Fremde mag dabei das Gefühl haben, hiebei handelt es sich um alte bäuerliche Traditionen, obwohl diese Bauernmärkte vollkommen neue Einrichtungen sind. Allerdings erinnern sie an frühere Bauernzeiten, als Bäuerinnen und Bauernkinder, wie ich oben schon erzählt habe, mit Eiern und Butter zu den Leuten im Dorf kamen, um ihre Sachen zu verkaufen. Die Bauernmärkte und die „Direktvermarktung ab Hof" knüpfen in gewisser Weise an diese alten Formen des „Hausierens" an. Dahinter steckt aber vor allem die Absicht, den großen Verbänden, von denen man sich dirigiert sieht, zu begegnen. Aber dennoch werden sie immer weniger, die Bauernhöfe.

Mit der Abhängigkeit des Bauern hängt auch seine Isolierung zusammen. Die alte Nachbarschaft gibt es nur mehr in Resten. Dies meinte auch ein Bauer: „Früher war es so in der Nachbarschaft. Wenn jemand gebraucht wurde aus der Nachbarschaft, so ist er gekommen und hat geholfen. Hat man den Nachbarn gefragt: ‚Was bin ich dir schuldig?', so hat er gesagt: ‚Nichts, du hilfst mir ja auch, wenn ich dich brauche.' So hat man sich gegenseitig geholfen. Das hat sich eigentlich aufgehört." Die Menschen sind entbehrlich geworden. An ihre Stelle sind die Maschinen und der Traktor getreten. Ein Bauer überlegte mir gegenüber dazu: „Heute kann man nicht mehr bei der Arbeit singen, weil die Maschinen so laut sind. Früher konnte man mit Leuten bei der Arbeit reden. Heute kann man sich bei der Arbeit mit niemandem mehr ausreden. Mit einer Maschine kann man nicht reden, denn man ist alleine. Das ist ja das Problem. Früher war der Streß nicht so groß. Wenn heute eine Maschine bricht, zum Beispiel die Mähmaschine, dann muß man mit der Arbeit aufhören und sie einmal langwierig reparieren."

Bauern, die die alte bäuerliche Kultur erlebt haben, erinnern sich mit Wehmut des alten Lebens am Hof, zu dem Dienstboten, Pferde, aber auch der Most und die Bauernkrapfen gehörten. Zumindest die beiden letzteren lassen sich noch herstellen und essen.

15. Gedanken zum alten dörflichen Leben und seinem Ende

Mit der alten bäuerlichen Welt hat sich auch das Dorf gewandelt. In den vorhergehenden Kapiteln bin ich bereits auf die Bedeutung der Gasthäuser, auf die Belustigung der bäuerlichen Leute, auf ihre Feste und ähnliches eingegangen. Nun möchte ich meine Betrachtungen weiterführen.

Die Verneigung vor dem Autoverkehr, die Verwegenheit der Straßenplaner und die Verblendetheit der Dorferneuer haben einen gänzlichen Wandel des Dorfes möglich gemacht. Ein Supermarkt im Stile amerikanischer Städte wurde am Rande des Dorfes eingerichtet und ersetzt drei ehemalige Geschäfte, die sich um den Dorfplatz scharten.

Die drei alten Greißlereien, die zum Teil bis in die sechziger Jahre existieren konnten, boten den Bauern und den Dorfbewohnern ein durchaus angemessenes Arsenal an Dingen, die für das tägliche Leben wichtig waren. Sogar der Bauer mußte nicht in einen Nachbarort fahren, um jene Dinge zu kaufen, die er am Hof brauchte, denn in jedem der Kramerladen erhielt er, angefangen von Lebensmitteln über Stoffe bis hin zum Petroleum, so ziemlich alles, was er für notwendig ansah. Meine Mutter schickte mich auch regelmäßig in eines dieser Geschäfte, das dem Herrn und der Frau Huemer gehörte. Sie schrieben sich zwar Huemer, aber man sprach sie mit „Hurmer" an. (Ein Neffe dieser freundlichen Leute, der sich mit „Huemer" ansprechen läßt, ist heute ein bekannter Mann des Rundfunks.) Beim „Hurmer" war immer etwas los. Die Verkäuferinnen plauderten mit den Kunden, machten ihre Scherze und tauschten Informationen aus. So war auch das Warten, bis man an die Reihe kam, eine mitunter kurzweilige Angelegenheit, außer man hatte es eilig. Jedenfalls kaufte man für gewöhnlich nur jene Dinge, wegen derer man „einkaufen" ging. Hier zeigt sich der Gegensatz zu dem modernen Supermarkt, der heute die

einzige Einkaufsmöglichkeit des Dorfes darstellt. Hier gibt
es kein Warten, höchstens bei der Kassa, wenn es an das
Zahlen geht. Man wandert mit einem Einkaufswagen durch
die an eine kirchliche Basilika erinnernde Halle. Auch sonst
erinnert einiges an die Kirche, so das schweigsame Wandern
der Kunden entlang der bunt präsentierten Waren. Man
könnte meinen, sie würden an Heiligenbildern vorbeizie-
hen, wobei sie bei einigen ehrfurchtsvoll verharren, um sich
den Segen zu holen. Hier in Form eines würdevoll verpackten Käses, einer bewunderungswürdigen Marmelade oder
einer heilbringenden Banane, die es vielleicht in „Aktion"
gibt. Dieses an das Kirchenlatein gemahnende Wort „Aktion" ist eine eigenartige Wortschöpfung, denn die Banane
ist nicht in „Aktion", also, wörtlich übersetzt, in „Handlung"
(Aktion leitet sich von agere ab, und das heißt handeln, tätig
sein). Tatsächlich liegt die Banane ruhig in ihrem Regal. Mit
„Aktion" soll offensichtlich klargemacht werden, daß ir-
gendeine Ware für eine kurze oder auch längere Zeit verbilligt zu haben ist. In den alten Geschäften verwendete man
noch, ohne deswegen Probleme zu haben, das schöne Wort
„verbilligt", das allerdings weniger geheimnisvoll klingt.

Auch die Kassa am Ausgang des Supermarktes hat beinahe kirchlichen Charakter, denn sie hat etwas von einem
Opferstock an sich.

Durch die Supermärkte haben sich die Dörfer verändert,
denn für sie sind große Parkplätze notwendig geworden.
Während man früher zu Fuß zu den Krämern marschierte
und nur soviel einkaufte, als man tragen konnte, benützt
man heute das Auto, mit dem man Unmengen an Dingen,
auch solche, die man gar nicht kaufen wollte, abtransportie-
ren kann.

Mit diesem Hinweis soll lediglich angedeutet werden, daß
das alte Leben am Dorfplatz, auf dem die zu den Greißlerei-
en strömenden Kunden sich trafen und miteinander tratsch-
ten, verschwunden ist. Wohl gibt es noch eine Bäckerei und
versteckt die Trafik, beide haben heute noch eine wichtige

Bedeutung für die Kontakte der dörflichen Menschen, aber sie sind nur mehr Überreste alten dörflichen Lebens. Dieses war vor allem dadurch bestimmt, daß es keine Autos gab und daß der Besuch der Geschäfte für die Bauern eine geradezu abenteuerliche Unternehmung war.

Es war früher mehr los im Dorf, heute ist es still geworden, genauso wie auf den Bauernhöfen, auf denen es keine Knechte und Mägde mehr gibt. Diese und die vielen Arbeiter des Sensenwerkes machten das Leben im Dorf aus. Nicht wenige der heutigen jungen Dorfbewohner arbeiten jedoch auswärts und binden sich daher an die Autos, die kontinuierlich durchfahren und auf einem großen Platz, der früher den Ringelspielen und dem Herumgetolle der Schulkinder diente, parken.

Auch die Gasthäuser waren voller Leben, wie ich oben schon geschildert habe. Das große Gasthaus „Zur Post", der „Grundner", dominierte das Dorf. Unter seinem großen Festsaal war ein riesiger Mostkeller mit runden Gewölben, der dann zur Garage wurde. Beim täglichen Kegelspiel traf man sich im Gasthaus und genoß Most und Bier. Darüber erzählte ein alter Sensenschmied: „Wir mußten bis in die Sechziger auch am Samstag arbeiten. Zu Mittag war Schluß. Damals konnte man nicht am Samstag nachmittag einkaufen. Und am Abend am Samstag und den ganzen Sonntag ist kegelgespielt worden. Das war reine Männersache. Die Weiberleute haben dabei nichts zu tun gehabt. Ich sage immer: Die Frau soll ihren Platz haben und der Mann seinen. Beim Kegelspiel waren nur Männer dabei. Es ist aber eine Sauerei, wenn der Mann sein Geld verspielt hat und die Frau ist daheim mit den Kindern gesessen und hat nicht gewußt, von wo sie das Geld nehmen soll. Aber ansonsten war es früher lustiger im Dorf. Es war mehr los."

Die Kontakte zwischen den Männern im Dorf, dies wollte der Sensenschmied ausdrücken, waren intensiver.

Darauf weist auch ein alter Briefträger hin, der um 1960 Mitglied der freiwilligen Feuerwehr wurde: „Früher war es lustiger, auch bei der Feuerwehr. Wenn wir am Sonntag bei einem Bauern eine Feuerwehrübung hatten, da sind noch die alten Feuerwehrleute dazugekommen. Nach der Übung haben wir gemeinsam beim Bauern noch ein wenig Most getrunken, dabei ist gesungen worden, das war recht gemütlich. Solche Übungen hatten eigentlich den Sinn, zu prüfen, ob man auch zu genügend Wasser kommt, wenn es einmal brennt. Diese Übungen waren im Frühjahr und im Herbst. Heute ist alles komplizierter geworden, die Jungen haben jeden Dienstag Schulung. Das ist wichtig. Der Kontakt zu den Alten ist verlorengegangen. Der Unterschied zwischen ihnen ist zu groß. Früher war mehr Gaudi."

Ein heute ungefähr 60 Jahre alter Mann meint, daß auch bei der Musikkapelle ein ähnlicher Wandel zu sehen ist: „Bei der Musikkapelle habe ich meine Zerstreuung gehabt. Ich hatte dort meine Kameraden, mit denen ich sprechen konnte. Schön waren die Ausflüge, bei denen auch die Frauen mit waren. Dirndln nehmen wir erst seit zehn Jahren auf. Früher waren wir eine reine Männergesellschaft. Nach der Probe sind wir meistens zum Gasthaus Grundner, zum Postwirt. Wenn jemand Geburtstag gehabt hat, hat er auch ins Gasthaus eingeladen. Wenn heute jemand Geburtstag hat, nimmt er ein paar Kisten Bier und ein paar Kracherl zum Mischen auf die Probe mit. Heute geht keiner mehr nach der Probe ins Wirtshaus. Jeder fährt gleich danach mit dem Auto heim. Früher waren wir ja zu Fuß unterwegs, oder wir sind mit dem Radl gefahren."

Das Auto und die Supermärkte haben erreicht, daß das dörfliche Leben ein anderes wurde. Während ehedem im Dorf so gut wie alle für das tägliche Leben wichtigen Dinge, wie Lebensmittel, Schuhe und Kleidung, zu haben waren, muß man es jetzt auf sich nehmen, in einen der benachbarten Einkaufsorte mit seinen Großmärkten zu fahren, um vor allem Schuhe und Kleidung zu erwerben.

Nicht einmal am Sonntag vormittag herrscht Leben im Dorf, denn nach dem Kirchenbesuch besteigen die meisten der Besucher ihre Autos und entfliehen dem Platz vor der Kirche, auf dem noch in den sechziger Jahren vor allem die Männer in Grüppchen beisammenstanden. Heute stehen vielleicht auch noch ein paar Männer so herum, jedoch nur auf kleinen Plätzen, die von den Autos frei gelassen wurden.

Ein früherer Holzarbeiter umreißt die Stimmung des Dorfes, die hier lediglich angedeutet werden konnte, so: „Wir haben keinen Schneider, wir haben keinen Schuster, auch keinen richtigen Bäcker mehr, denn dieser bekommt das Brot und die Semmeln von der Bäckerei vom Nachbarort zum Verkaufen. Wir haben gar nichts mehr. Früher hatten wir jedes Jahr einen Faschingsumzug, jetzt nur alle paar Jahre gemeinsam mit den anderen Orten."

Das Auto machte es möglich, daß schnell zum Einkauf in die Nachbarorte gefahren werden kann. Die Mobilität des Menschen geriet zum Nachteil des Dorfes. Der Mensch lebt eigentlich nicht mehr im Dorf, denn durch das Auto ist es ihm jederzeit möglich, dorthin zu fahren, wohin er im Moment will, zur Arbeit oder sonstwohin. Und das Fernsehen verschafft ihm den Blick in die weite Welt.

Das alte Dorf mit seinen Handwerkern, braven Bauern, eifrig plaudernden Geschäftsleuten und anderem Volk gibt es nicht mehr.

Nachklang

Das Untergehen der alten bäuerlichen und der alten dörflichen Kultur hängt, wie ich zu zeigen versucht habe, eng zusammen.

Mein Freund Hans Reitmayr, der der alten bergbäuerlichen Tradition des Ennstales entstammt, räsoniert in einem Brief an mich über meine Arbeit und darüber, wie der heutige Bauer „vom Staat, von Verbänden und Kammern derart gegängelt wird, daß von einem freien Bauerntum nicht mehr die Rede sein kann".

Er schreibt in diesem Brief weiter von seinen Vorfahren und von einem stolzen Spruch, der an der Balkendecke einer Ennstaler Bauernwohnstube angebracht war, der jedoch, wie er meinte, heute keine Gültigkeit mehr habe. Ich will diesen Spruch, dessen Verfasser unbekannt ist, als Schlußwort wiedergeben, denn immerhin war der Bauer wichtiger Bestandteil des Dorfes:

„Ein Bauer spricht, wie es kein anderer kann:
Ich bin auf meinem Hof ein freier Mann.
Drum soll mich Fürwitz nicht nach höheren Dingen treiben,
Ein Bauer bin ich – ein Bauer will ich bleiben."

Literaturhinweise

Girtler, Roland Aschenlauge, Vom Wandel der bäuerlichen Kulur, Linz, 1987

Ders., Wilderer – soziale Rebellen im Konflikt mit den Jagdherrn, Linz, 1988

Ders., Randkulturen, Wien, 1996

Krawarik, H. (Herausgeber, mit Beiträgen von W. Keisenhofen, E. Schürrer, J. Strohmann, E. Mark, D. Neuleitner, L. Immitzer, u. a.), Das Dorf im Gebirge, Linz, 1990

Rettenegger, Gerald, Holzknecht – Das Leben der Hinterwälder, Grünbach, 1995

Sämtliche Bilder stammen aus dem Besitz des Autors.

bóhlau Wien neu

Roland Girtler
Randkulturen
Theorie der Unanständigkeit
2. Auflage, 1996. 279 S. Br.
ISBN 3-205-98559-1

„... Es ist dieser Drang nach Würde, der dem menschlichen Leben und dem Handeln der Menschen wesentlich zugrunde liegt und der gerade in Randkulturen offensichtlich wird. Ich habe daher den Menschen als „animal ambitiosum" bezeichnet, nämlich als ein Wesen, das „Beifall" erheischt. Es hängt auch mit diesem Drang nach Würde zusammen, daß Randkulturen oft von einer faszinierenden Buntheit sind. Randkulturen sind seit Urzeiten Bestandteile menschlicher Gesellschaften. Ihre Bühnen waren und sind die Landstraßen, die Städte, die Dörfer und das Felsgebirge. Fast alle haben eine lange und oft geheimnisvolle Geschichte, die von Not, Elend, Ärger, Verfolgung und Mühen kündet, die aber auch ihre Schönheiten hat und von Mut und Würde erzählt."

„Die Gefahren dürften da und dort, im Busch in Indien und in der Stehbierhalle am Wiener Westbahnhof, dieselben sein. Ein Abenteuer, als Feldforscher unter Menschen zu gehen, ist es allemal." (Roland Girtler)

Erhältlich in Ihrer Buchhandlung!

bóhlau Wien